Daear
Dyner

Llyfrau Sita Brahmachari

Artichoke Hearts
Jasmine Skies
Tender Earth

Kite Spirit

Red Leaves

Sita Brahmachari

Addasiad Cymraeg
Meinir Wyn Edwards

Daear Dyner

y lolfa

Cyhoeddwyd yn gyntaf yn Saesneg yn 2017
gan Macmillan Children's Books,
gwasgnod o Pan Macmillan

Argraffiad cyntaf o'r addasiad Cymraeg: 2025

Rhif Llyfr Rhyngwladol: 978-1-80099-676-2

Dymuna'r cyhoeddwyr gydnabod
cymorth ariannol Cyngor Llyfrau Cymru

Cyhoeddwyd ac argraffwyd yng Nghymru
ar bapur o goedwigoedd cynaliadwy gan
Y Lolfa Cyf., Talybont, Ceredigion, SY24 5HE
e-bost ylolfa@ylolfa.com
gwefan www.ylolfa.com
ffôn 01970 832 304

I Esha a'r holl bobl ifanc sy'n gorfod darganfod ffordd i dyfu o'r ddaear dyner hon.

Er cof am Simon Gould.
Gyda chariad a diolch am gadw'r Llyfr Protest yn ddiogel a'i drosglwyddo i'r genhedlaeth nesaf.

'Mae dyddiau fel sgroliau: Ysgrifennwch arnynt yr hyn yr hoffech i bobl ei gofio.'

– Bachya ibn Pakuda

RHAI O GANGHENNAU FY NGHOEDEN FFRINDIAU A

FY NGHOEDEN DEULU

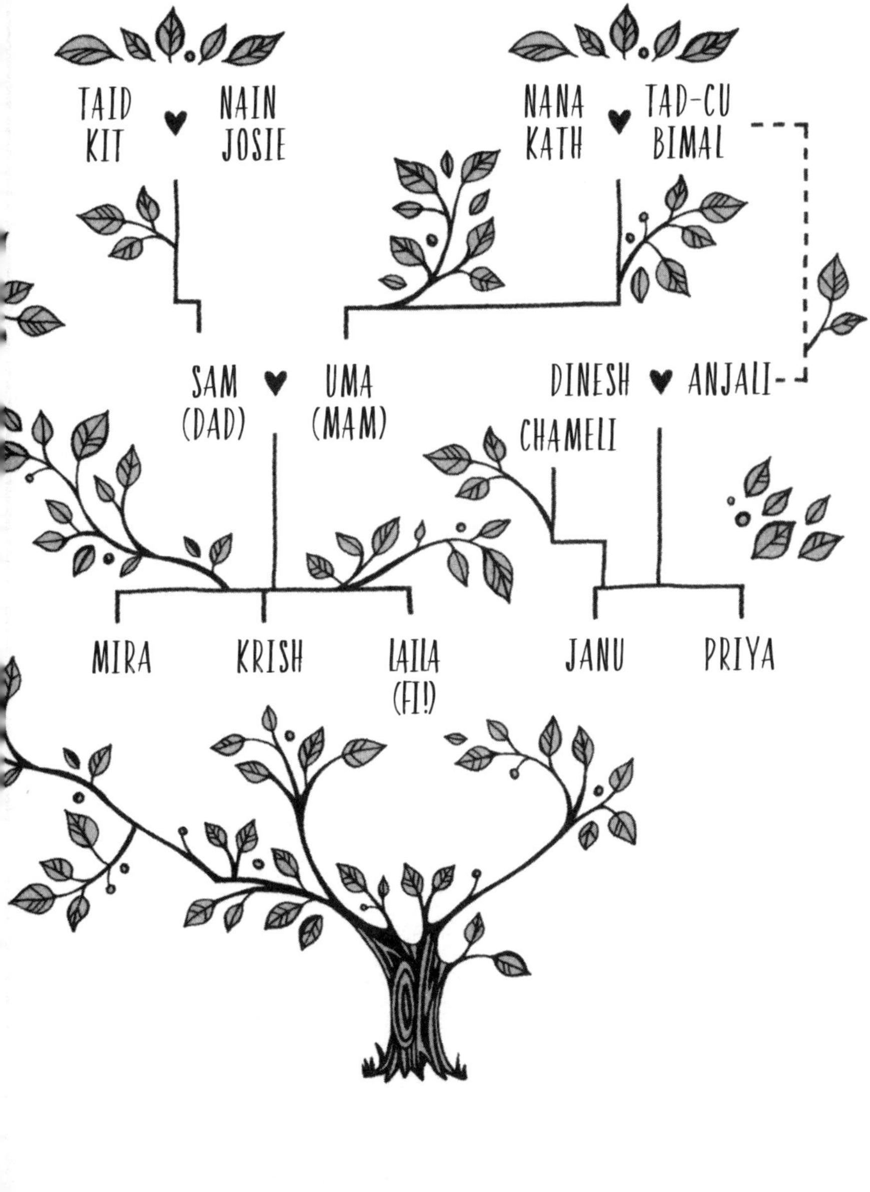

Annwyl ddarllenydd,

Sut ydyn ni'n dod o hyd i'n llais? Stori yw *Daear Dyner* am un ferch, ei ffrindiau a'i chymuned yn dod o hyd i'w lleisiau nhw.

Efallai fod rhai ohonoch chi eisoes wedi clywed am deulu'r Levensons, drwy fy storïau *Artichoke Hearts* a *Jasmine Skies*. Mae darllenwyr wedi gofyn sawl gwaith i mi sgwennu stori arall, ac mae'r tair erbyn hyn yn gasgliad am wn i, ond am amser hir doedd gen i ddim stori arall i'w hadrodd. Rhaid i straeon ddod at yr awdur – rhaid iddyn nhw dyfu o'r tu mewn i ni.

Ond o'r diwedd, daeth y stori hon. Mae'r babi oedd yn fy nofel gyntaf, *Artichoke Hearts*, bellach yn ddeuddeg oed a dyma'r amser iddi hi, aelod ieuengaf y teulu, ddarganfod ei llais… a sut y bydd hi'n ei ddefnyddio.

Gyda fy mhlant fy hun, a phan fydda i'n cyfarfod â darllenwyr mewn digwyddiadau, byddwn ni'n aml yn trafod pa mor anodd yw hi i wybod sut i ymateb i ddigwyddiadau y byddwn ni'n eu gweld yn y newyddion ac yn eu profi yn ein bywydau bob dydd: geiriau a gweithredoedd sy'n cael effaith, yn achosi ofn, yn ein gwneud ni'n flin, yn drist, yn bryderus neu'n ddi-rym. Weithiau mae'n anodd diffinio'r gwahaniaeth rhwng y gwirionedd a'r celwydd.

Mae *Daear Dyner* wedi ei gosod ar y ddaear hon y mae Laila a'i theulu a'i ffrindiau wedi eu geni iddi, ac yn gofalu amdani. Mae eu teithiau drwy eu plentyndod yn llawn dirgelion, breuddwydion a phrofiadau heriol, ac mae gan y bobl ifanc yn fy nofel nifer o gwestiynau maen nhw'n ceisio dod o hyd i'r atebion iddyn nhw.

Drwy gamu i fywydau'r bobl ifanc yma, wrth iddyn nhw gerdded ar hyd yr un ddaear dyner â chi, gobeithio y byddwch chithau'n gallu dod o hyd i'r llwybrau sy'n iawn i chi, chwifio'r baneri sy'n bwysig i chi a phenderfynu pa eiriau i'w sgwennu arnyn nhw.

Cariad mawr,

Sita x

O.N. Rhaid i mi ddiolch i'n cymydog, Billie, am ein helpu gyda'r creadur (a gaiff ei ddatgelu ym Mhennod 1) oedd wedi ymddangos go iawn yn ein cegin ni – weithiau, mae'r gwirionedd yn fwy rhyfedd na ffuglen!

1

Mae ’na neidr yn y gegin.

“Ma neidr yn y gegin!” gwaeddaf.

Does neb yn ateb.

Mae hi’n llithro’n araf ar hyd y llawr pren, wrth ymyl y ffwrn.

“Doniol iawn, ha-ha!” gwaedda Mira o’i stafell.

“Mae. Neidr. Yn. Y. Gegin!” gwaeddaf eto.

Mae Krish yn neidio i lawr y grisiau, dri gris ar y tro.

“Cod am rywbeth yw ‘neidr yn y gegin’?” Mae’n chwerthin – ac yna’n rhewi wrth y drws.

“Mam! Dad! Mira!” gwaedda ar dop ei lais. “Ma neidr yn y gegin!”

“Dwi newydd ddweud hynna!” Codaf fy ysgwyddau a gwylio’r neidr yn sleifio tuag at y gwresogydd.

Mae Krish yn brysur yn gwneud fideo ar ei iPhone.

“Jôc!” Mae’n chwerthin eto, ac o fewn eiliadau mae ei dudalen Facebook yn pingio gyda bodiau Hoffi a Sylwadau. Dyw Mam a Dad ddim wedi dod i lawr y grisiau eto.

"Mae'n mynd yn feiral!" meddai Krish gan chwerthin.

"Ti lot o help!"

Beth sydd angen ei wneud er mwyn i rywun o'r teulu fy nghymryd i o ddifri am unwaith?

Daw Dad a Mira at y drws. Mae Dad ar ei ffôn hefyd. "Beth yw'r fideo 'ma ar Facebook?"

Dwi'n pwyntio at y neidr… Mae ei phen wedi cwtsho yng ngwres y gwresogydd, felly dwi'n plygu i lawr i gael gwell golwg.

"Paid cyffwrdd ynddi, Lai Lai, falle'i bod hi'n wenwynig!" rhybuddia Mira. Fel taswn i'n mynd i'w magu neu rywbeth.

"Be sy'n digwydd?" Mae Mam yn ymddangos y tu ôl i Mira.

Dwi'n pwyntio at gynffon y neidr – a dweud y gwir, mae pob neidr fel petai'n un gynffon hir – wel, yn pwyntio at un pen i'r neidr, ond ddim ei phen, sy'n cuddio o dan y gwresogydd. Mae ceg Mam yn syrthio ar agor.

"Lai Lai, dere o fan'na nawr!" gwaedda Mam, cyn troi at Dad. "Sam! Plis cer â'r peth 'na mas o'r gegin!" Mae'n edrych arno fel petai *e*'n gyfrifol am roi'r neidr yna.

"Be ti isie i fi neud, Uma? Sai'n cyffwrdd ynddi nes i fi wbod bod hi'n saff!"

"Dwi'n meddwl bod arni hi fwy o'n hofn ni, Dad." Dwi'n edrych ar y neidr yn lapio'i hun y tu ôl i'r gwresogydd.

"Dda 'mod i 'di dal y cyfan ar fideo!" Mae Krish wedi

colli diddordeb yn barod ac yn cerdded i ffwrdd.

"Ble ti'n mynd, Krish?" gofynna Mam. Mae hi'n dal i hofran yn y cyntedd, a'i hwyneb ychydig yn wyrdd.

"Mas o'r sw 'ma!" ateba Krish, gan chwerthin a siglo'i ben.

Mae'r ffôn yn canu, a dwi'n mynd i'w ateb oherwydd does neb arall fel petaen nhw'n mynd i wneud. Nana Kath sydd yna.

"Beth yw hyn ar Facebook am neidr yn y gegin? Un o jôcs Krish? Gwell iddo beidio trio'r fath dric pan fydd e'n dod i aros 'da fi!"

"Na, Nana… mae'n un go iawn," dwedaf wrthi.

"Dwi'n gallu gweld hynny," meddai, "ond sut yn y byd gyrhaeddodd hi'r gegin?"

"Lai Lai, dwed wrth Mam 'na i ffonio'n ôl."

"Gofyn i dy dad ydy e'n gyrru lan gyda Mira a Krish dydd Sadwrn neu dydd Sul."

"Ma Nana isie gwbod ai dydd Sadwrn neu…"

"Dwed wrth Nana allwn ni ddim siarad nawr!" Mae Mam yn sgyrnygu ei dannedd fel petai'n awgrymu taw fy mai *i* yw bod Nana'n dal ar y ffôn.

"Mae'n —"

"Glywes i," meddai Nana. "*Mae* cael neidr yn y gegin yn dipyn o argyfwng. Dere i fyw gyda fi a Krish, Laila! O, aros eiliad… Helô, Beti, ti 'di cyrraedd ar amser da, ma gan Uma ni yng Nghaerdydd neidr yn ei chegin! Dwi'n gwbod! Syniad da. Gofynna i iddyn nhw. Ma Beti fan hyn yn dweud dylech chi alw'r RSPCA."

"Ma Dad yn trio'u ffonio nhw nawr," dwedaf wrth Nana.

"Da iawn! Wel, y cyfan alla i ddweud yw 'mod i erioed 'di cael neidr yn fy nghegin i!"

Dwi'n gallu clywed Beti'n chwerthin yn y cefndir.

Byddai'n dda gen i petai Nana'n rhoi'r gorau i swnian am symud i'r wlad. Mae hi'n argyhoeddedig bod byw mewn dinas yn beryglus. Mae pawb yn chwerthin ar hynny, ond pan mae'n dweud hynny dro ar ôl tro dwi'n dechrau teimlo'n fwy pryderus.

"Ond dwi'n meddwl bod nadroedd allan yn y wlad hefyd, Nana," dwedaf wrthi.

"*Plis* all rhywun fynd â'r neidr 'ma mas o'r gegin?" Mae llais Mam mor uchel â sain y larwm mwg.

"Gobeithio nad yw hyn yn arwydd drwg. Neidr yng ngardd..."

"Ma Nana'n meddwl bod e'n arwydd drwg," dwedaf, gan ailadrodd geiriau Nana.

"Rho'r ffôn 'na lawr!" sibryda Mam. Dwi ddim yn siŵr pam mae'n sibrwd fel'na rhwng ei dannedd, achos mae'n bosib ei chlywed hi'n well na phan mae'n siarad yn arferol.

"Na, paid mynd, Laila! Dwi ddim isie colli hyn!"

Dwi'n rhoi'r ffôn i lawr ar y dreser fel bod Nana Kath a'i ffrind yn gallu clywed pob peth.

"All pawb dawelu nawr, plis? Anifail anwes 'di dianc yw hi. Hollol ddiniwed, dwi'n siŵr. Dwi 'di darllen am bethau fel hyn yn y papurau," meddai Dad, gan syllu ar y gwresogydd. "Rhywun 'di gadael drws rhyw gaets ar agor. Nawr, pawb yn dawel! Dwi ffaelu clywed fy hunan yn meddwl..." Mae'n rhoi ei ffôn rhwng ei ên a'i glust. Mae'n gwgu wrth iddo gael ei roi i aros.

Pan mae'r gerddoriaeth-aros-ar-yr-alwad yn dod i ben, mae Dad yn esbonio'r sefyllfa. Mae saib wrth iddo wrando ar yr ymateb, yna...

"Na, nid jôc yw hyn... Mae'n anghyffredin, ydy, dwi'n cytuno, ond MAE neidr yn y gegin. Na, ni ddim yn gwbod pa fath. Ie, dyna'r cyfeiriad... Yn gaeth? Wel, ydy, yn sownd tu ôl i'r gwresogydd ar hyn o bryd. Fory?! Sneb yn gallu dod cyn hynny?" Mae Dad yn camu'n ôl ac ymlaen. "Naw o'r gloch, peth cynta... Iawn... Iawn, os mai dyna'r cynharaf all rhywun ddod."

Mae'n diffodd yr alwad.

"Ti'n jocan, Sam," meddai Mam. "Beth y'n ni fod i neud tan hynny?" Mae'n edrych fel petai ar fin ffrwydro.

"Ddwedodd y ddynes wrthon ni am eistedd a chadw golwg arni," meddai Dad gan godi'i ysgwyddau.

"Lot o help! Beth wedyn?"

"Sai'n gwbod, Uma!"

"Wel, rhaid i fi fynd i bacio," meddai Mira a mynd am y cyntedd.

"Helpa i ti!" Mae Mam yn ei dilyn, yn pasio heibio'r ffôn ac yn clywed Nana yn disgrifio popeth i Beti, ei ffrind.

"Roiest ti ddim y ffôn lawr, Laila?"

"Wel, roedd Nana isie clywed..."

Mae Mam yn gwrando ar Nana, ac yn ochneidio. Galla i glywed Nana yn glir. Dwi'n meddwl bod Nana'n siarad yn uchel oherwydd clyw Beti.

"Uma, ti 'na? Dwi'n sôn wrth Beti fan hyn am y neidr… Dwi 'di gorfod nôl gwydraid o ddŵr iddi – roedd hi bron â thagu wrth chwerthin! Dyma'r nos Sadwrn orau ers oesoedd, meddai hi!"

"Wel, dwi'n falch bod y sioe yn plesio! Dwi ffaelu siarad nawr – ffonia i bore fory…" Ac mae Mam yn diffodd yr alwad. "Lai Lai, amser gwely!"

Sut alla i *gysgu* ar ôl hyn?!

Felly mae Dad a fi'n eistedd ar y soffa yn gwneud yn siŵr na fydd y neidr yn mynd i unman, er dwi ddim yn gwybod beth fydden ni'n ei wneud petai hi'n penderfynu symud. Wel, fi sy'n gwylio'r gwresogydd tra bod Dad yn chwyrnu, tan i Krish daranu i mewn i'r stafell gyda'i ffrind, a deffro Dad.

"Be! Ydy hi 'di symud? Be sy'n digwydd?"

"Fan hyn, tu ôl i'r gwresogydd," esbonia Krish i'w ffrind. "Dad, dyma Ed – ma fe'n deall nadroedd, yn neud cwrs BTEC mewn ymlusgiaid."

"Wrth gwrs ei fod e!" meddai Dad dan chwerthin.

"Na! Go iawn!" Mae Ed yn edrych fel petai wedi ei frifo.

"Dwi ddim isie i neb gael ei gno—" Mae Dad yn codi ac yn cerdded draw at Ed sydd wedi gwisgo pâr o fenig uchel sy'n gorchuddio hanner ei fraich, fel y rhai mae

Dad yn eu gwisgo wrth glirio'r drain yn yr ardd. Mae Ed yn cario caets plastig draw at y gwresogydd, yn barod i ddal y neidr.

"Ma 'na ffordd arbennig i'w dal nhw," meddai Ed, gan orwedd ar ei gefn ar y llawr ac edrych y tu ôl i'r gwresogydd. "Ooo, druan bach! Rhaid bod hi 'di cael ofn!" Mae'n dechrau cosi'r neidr yn araf, fel petai'n ei hudo, a'i lais fel petai'n siarad â phlentyn bach. "Dere nawr, 'na i ddim byd i ti… ti 'di bod mas yn yr oerfel? Rhaid bod isie bwyd arnot ti. Ti 'di ffeindio lle bach cynnes fan hyn, yn do? Ti ddim yn dwp, wyt ti?"

Mae Ed yn sgleinio golau ei dortsh y tu ôl i'r gwresogydd, ac yn araf, fel petai'r neidr yn gwrando'n astud arno, mae'n troi ei chorff hir o gwmpas maneg Ed.

"Symud 'nôl, Lai Lai!" gwaedda Dad.

"Marciau da arni. Dwi'n meddwl mai neidr ŷd yw hi." Mae Ed yn swnio wedi cyffroi. "Un ifanc iawn. Hollol ddiniwed… Anifail anwes rhywun 'di dod mewn drwy'r pibau, siŵr o fod!"

"Fel Slytherin," meddai Krish gan wenu.

"Ma Harry Potter 'di rhoi enw drwg i nadroedd," meddai Ed, yn ddifrifol iawn. Fel petai e'n geidwad nadroedd neu rywbeth!

"Mae enw drwg nadroedd yn mynd 'nôl dipyn mwy na hynny!" meddai Dad yn sych.

Dyw Ed ddim yn cymryd sylw, ac mae'n codi ar ei draed yn araf, ei law'n dal y neidr y tu ôl i'w phen. Gan ei bod wedi cyrlio'n belen, dyw hi ddim yn edrych mor drawiadol ag oedd hi pan lusgai ar draws y llawr.

"Ti isie ei dal hi?" gofynna Ed i fi.

Dwi'n estyn fy mraich ond mae Dad yn camu rhyngddon ni ac yn dal y caets ar agor.

"Gadwch bopeth i fi. 'Na i roi ambell arwydd lan, i weld a ddaw rhywun i'w nôl hi," meddai Ed wrth adael.

"Gwych, mêt!" Mae Krish yn chwerthin ac yn hebrwng Ed a'r neidr at y drws, cyn taflu ei fraich i'r awyr yn fuddugoliaethus, fel petai'n arwr!

"Be? Wnest *ti* ddim byd!" meddai Mira wrth Krish wrth iddi ddod i lawr y grisiau yn ei phyjamas.

"Wel, weles i ddim un o dy ffrindiau *di*'n dod i'w hachub hi, Mira!"

"Dewch, chi'ch dau!" galwa Mam o lan llofft. "Dim ond cwpwl o ddiwrnodau sydd 'da ni ar ôl gyda'n gilydd. Beth am ddangos chydig bach o gariad rhwng brawd a chwaer am unwaith?"

Dwi'n ffonio Kez, gan feddwl y bydd hi wrth ei bodd yn clywed y stori. Ond wrth gwrs, mae hi'n gwybod popeth yn barod. Do'n i ddim yn sylweddoli ei bod hi'n ffrind Facebook i Krish. Dwi ddim yn meddwl gaf i gyfri Facebook pan fydd hawl gen i i gael un – byddai'n dda gallu rhannu newyddion â ffrindiau heb iddyn nhw wybod amdano'n barod.

Dwi'n gorwedd yn fy stafell wely, yn llithro i mewn ac allan o gwsg. Mae'n deimlad od cysgu ar fatras ar lawr, nawr fod Dad wedi datgymalu'r gwely uchel. Mae'r nenfwd i'w weld yn bell, gyda'r holl ofod uwchben y llawr. Mae Mira a Krish ar eu ffonau, yn siarad â'u ffrindiau. Dyna sut dwi'n mynd i gysgu fel arfer, yn gwrando ar eu sgyrsiau unochrog. Dwi'n teimlo wedi ymlacio, fel taswn i'n gwrando ar raglen radio ac yn adnabod pawb sy'n siarad arni.

Y geiriau olaf dwi'n eu clywed gan Krish ydy:

"Dwi'n gwbod! Gwallgo! Dim ond yn tŷ ni..."

Dwi'n syllu ar y nenfwd, yn gwenu wrth gofio'r noson anhygoel. Efallai fod Krish yn iawn, ac mai dim ond yn ein tŷ ni mae pethau fel hyn yn digwydd, ond dwi'n caru'r lle'n union fel mae e. Dyma'r tŷ lle ges i 'ngeni. Dwi ddim eisiau newid unrhyw beth am y lle. Dwi byth eisiau i'r nosweithiau Sadwrn gwallgo, rhyfedd, swnllyd ddod i ben. Dwi ddim eisiau bod yr unig un ar ôl yma gyda Mam a Dad. Dwi eisiau i bopeth aros fel mae e.

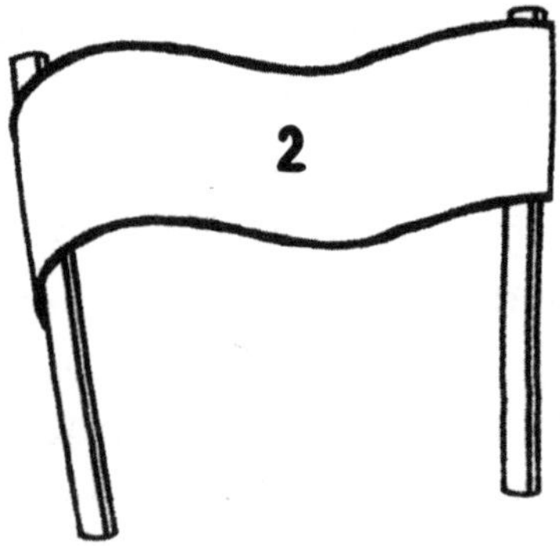

Pan dderbyniwch chi rywbeth rydych chi wedi bod eisiau ei gael erioed, pam nad yw e byth yn teimlo fel rydych chi wedi ei ddychmygu?

Mae Mira a fi'n gorwedd ben wrth draed ar ei gwely. Fy stafell i fydd hi ar ôl i Mira symud o 'ma. Bydd gen i ddigon o le o'r diwedd. Mae o leiaf dair gwaith yn fwy na'r stafell sydd gen i nawr.

"Pam mae'r lluniau 'ma i gyd ohona i'n fabi?" Cydiaf mewn llun sy'n dangos Mira yn dal 'Babi Lai Lai'.

"Owww, drycha! Newydd gael dy eni o't ti fan'na! Doedd dim syniad 'da fi nad oedd *pob* chwaer fawr yn cael gweld ei chwaer fach yn cael ei geni. Ro'n i'n meddwl bod hynny'n normal – ti'n gwbod sut rai yw Mam a Dad."

"Yyy, paid!"

"Wel, falle taw ddim dyna beth ma pobl yn arfer neud… ond…" Mae Mira'n syllu ar y llun.

"Ti'n crio?" gofynnaf.

Mae Mira'n nodio. "Mae'n iawn i grio, Lai Lai."

"Ti'n swnio fel Mam! Pam ma pawb isie i fi grio?"

"Ni ddim... ond mae'n iawn os wyt ti isie." Mae Mira wedi meddalu wrth edrych ar fwy o luniau ohona i'n fabi.

"O leia dwi'n gwbod beth i'w ddisgwyl! Falle 'na i beintio llun o hwn. Mooooor ciwt!"

"Diolch! Sai'n ciwt rhagor?"

"Ddim MOR ciwt falle! Drycha ar y llygaid llo bach 'na! Lai Lai, cer i nôl dy wisg ysgol. Fydda i ddim yma i dy weld di fel arall. Ymarfer ar gyfer y diwrnod mawr!"

Dwi'n siglo fy mhen. "Dynna i lun ar fy niwrnod cynta."

"O, dere, un llun! Ti *yn* cael fy stafell i, wedi'r cyfan!"

Wrth iddi fy mhlagio dwi'n mynd at y wisg ysgol sydd wedi ei gosod yn daclus ar y gwely. Dwi'n cydio yn y sgert.

"Beth os 'na i wrthod gwisgo hi?"

Mae Mira'n hanner gwrando arna i ac yn tecstio'r un pryd.

"Aros eiliad, dwi isie ateb hwn wrth Jidé." Mae'n gorffen sgwennu'r neges ac yna'n ei hanfon. "Sori! Rhaid i ti, Lai Lai. Dyna holl bwynt gwisg ysgol. Rhaid dilyn y rheolau."

"Ond beth os dwi'n anghytuno?"

Mae Mira'n codi ei phen o'r ffôn am eiliad.

"Does neb isie gwisg ysgol!" Mae'n gwenu arna i, ond dwi ddim yn gwenu'n ôl. "Mae'n rybish, ond jyst gwisga fe, Lai Lai. Ro'n i'n lwcus, am wn i. Pan o'n i ym Mlwyddyn 8 ddechreuodd y wisg ysgol, ond maen nhw'n strict iawn amdano fe nawr. Sdim pwynt i ti ymladd y peth."

"Beth wisgest ti ar dy ddiwrnod cynta 'te?" gofynnaf, wrth gau ac yna agor botymau'r siaced i weld beth sydd orau. Dim un o'r ddau!

Mae Mira'n edrych trwy bentwr o luniau mae hi wedi eu tynnu oddi ar y wal. Mae'n dod o hyd i lun ohoni ar ei diwrnod cyntaf yn yr ysgol uwchradd. Mae'n sefyll yn yr ardd yn gwisgo top llac hipïaidd gyda sgert *vintage*, legins a sgidiau Converse.

"Dewisest ti i wisgo *sgert*?"

Mae Mira'n tynnu wyneb chwaer fawr fe-dyfi-di-allan-ohono.

Dwi'n edrych arna i fy hun yn y drych, ac yn tynnu'r sgert i fyny. Mae'n syrthio gan nad oes gen i gluniau i'w dal yn ei lle.

"Gad i Mam brynu sgert a siaced newydd i ti. Bydd hi wrth ei bodd, Lai Lai. Ma'r rhain yn rhy fawr i ti. Yn neud i ti edrych yn llai."

"Diolch!"

"Fe 'nei di dyfu rhyw ddiwrnod."

Dwi'n troi ar fy ochr i edrych yn y drych. Dwi'n hollol fflat. Alla i ddim gweld unrhyw arwydd o dwf.

Dwi'n edrych ar y ddwy ohonon ni yn y drych:

- Fy ngwallt hir, syth. Mira a'i gwallt byr newydd mae pawb yn dweud ei fod yn gwneud iddi edrych yn debyg i'r actores yna mae ganddi lun ohoni ar gerdyn post… Audrey Hepburn.

- Fy llygaid, sy'n rhy fawr i 'ngwyneb i, dim colur. Mira a'i llinell o *eyeliner* hylif sydd wedi cael ei pheintio'n berffaith arni.
- Fy ngwefusau llydan. Mira a'i gwefusau llawn.
- Fy ngên yn bigyn. Mira a'i gên siâp calon.

Er nad ydy'r nodweddion yn union yr un fath, rydyn ni'n bendant yn edrych fel dwy chwaer. Dwi'n hoffi hynny. Dwi'n llenwi fy mochau ag aer i weld sut maen nhw'n edrych yn dewach.

"Ti'n lwcus!" meddai Mira. "Sai'n meddwl i fi deimlo asgwrn yn fy mochau i tan o'n i tua phymtheg! Pam ti'n neud wyneb *puffer fish*?" Mae Mira'n dal ei breichiau allan i gael cwtsh, ond dwi'n tynnu'n ôl. "Dere, Lai Lai, gad i Mam brynu gwisg ysgol newydd i ti."

"Oes rhywun 'di clywed am ailgylchu yn y tŷ 'ma? Beth yw'r pwynt prynu dillad newydd sbon eto? Fydda i dal yn casáu nhw."

Mae Mira'n cydio yng ngholer fy siaced.

"Wel, i ddechrau, ma'r botymau ar yr ochr anghywir… Un Krish oedd hon."

"Wel?"

"Os ydy'r botymau'n cau'r ochr yma bydd pawb yn gwbod bod gen ti siaced bachgen," esbonia Mira, gan dynnu'r defnydd yn dynnach o gwmpas y canol ac edmygu ei gwaith yn y drych.

"Ti'n gweld? Bydde siaced merch yn dangos siâp dy gorff di."

"Ma hynna'n od! Sut ma siaced yn dangos rhywedd? A sdim canol 'da fi, beth bynnag."

Mae Mira'n chwerthin erbyn hyn, sy'n rhyddhad, oherwydd tase hi'n dechrau mynd yn emosiynol eto, dwi'n ofni y byddwn innau hefyd.

Mae Mira'n taflu ei breichiau o 'nghwmpas i.

"Pam ti'n mynd yn sopi?"

"Dim rheswm! Ond falle bydd 'da ti ganol rhyw ddiwrnod, a fydda i ddim yma i weld!"

"Be ti'n feddwl?"

"O, sdim ots! Dwi jyst methu credu bod ti'n mynd i'r Uwchradd yn barod…"

Mae'n ddigon gwael fod Mam a Dad yn cwyno amdana i'n tyfu'n rhy gyflym. Y gwir yw, nid ailgylchu yw'r unig reswm pam dwi ddim eisiau i Mam brynu gwisg ysgol newydd i fi. Dwi'n hoffi'r ffaith y bydda i'n gwisgo hen ddillad Mira a Krish. Mae'n gwneud i fi deimlo'n llai nerfus – fydd dim angen i fi gwestiynu pwy ydw i, bydd hi fel tasen nhw yn yr ysgol gyda fi. Mae hynny wedi bod yn wir tan nawr…

"Dwed rywbeth, Lai Lai."

"Plis, *paid* neud hynna!"

"Be?"

"Dwi ddim isie i neb fy ngalw i'n Lai Lai o hyn mlaen. Dwed wrth dy ffrindiau hefyd."

"Ond Lai Lai ni 'di dy alw di erioed."

"Chi 'di 'nhrin i fel babi erioed."

"Ocê, ocê… Laila. Iawn!" Mae Mira yn hanner

chwerthin, hanner ochneidio. "Ond bydd e'n rhyfedd."

"Ti ddim 'di clywed? Ma 'na syniad newydd o gwmpas y lle y dyle pawb gael eu galw wrth eu henwau iawn!"

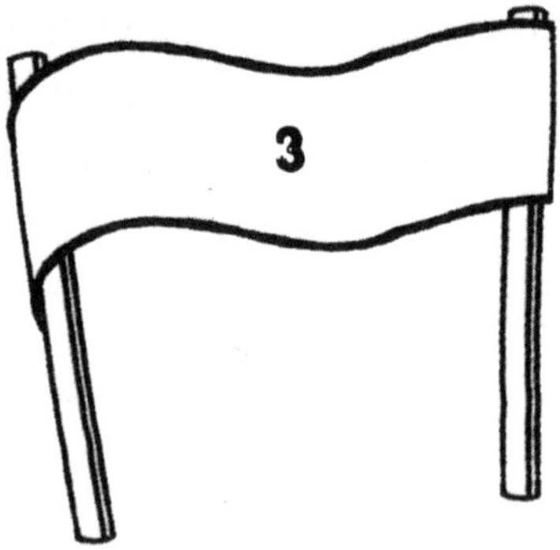

"Nawr 'te, gad i fi weld os dwi'n cofio sut i glymu tei."

Mae Mira'n anobeithiol. Bob tro mae'n llithro'r cwlwm i fyny at fy ngwddw, dwi'n dechrau panicio.

"Sdim ots am y tei. Galla i ddysgu."

Dwi'n tynnu'n ôl oddi wrth Mira, ond mae'n cydio'n dynn yn y tei, ac yn cnocio'n galed ar y wal, "Krish! Alli di ddod i helpu Lai Lai 'da'r tei?"

Pa mor anodd yw galw chwaer wrth ei henw iawn?

Dwi eisiau sgrechian!

Mae Krish yn cerdded i mewn, ei glustffonau'n hongian yn llipa o gwmpas ei wddw, a sŵn metelaidd ei gerddoriaeth i'w glywed yn dawel.

Mae'n tynnu'r tei dros fy mhen ac yn ymarfer arno'i hun. "Sut wyt ti isie fe – tew neu denau?"

"Sut dw *i* fod i wbod?"

"Wel, cymera siawns am y dyddiau cynta 'te!"

Does dim syniad gen i am beth mae e'n sôn, sydd ddim yn anghyffredin, achos mae e a Mira wastad yn dweud pethau fel'na a phan ofynnaf iddyn nhw esbonio, maen nhw'n ateb gyda rhyw bethau gwirion fel "Gei di weld" neu "Byddi di'n gwbod rhyw ddiwrnod" – a dwi'n casáu hynna!

Mae Krish yn rhoi'r darn hir drwy'r cwlwm ac mae'r tei yn llithro i fyny'n hawdd i siâp V perffaith, hyd at y botwm uchaf wrth goler y crys.

"Hawdd! Dyma sut ma cwlwm tei cyffredin yn edrych, er mwyn i ti beidio neud un fel hyn eto. Y dewis yw tei tew neu dei tenau… Neu ddim tei o gwbl!"

Mae llygaid Mira yn agor led y pen, fel petai'n rhybuddio Krish i beidio dweud mwy.

"Oes dewis?"

"Nag oes, Lai Lai! Gwna fel dwedes i, ddim fel 'nes i!" Mae Krish yn chwerthin. "Dyw anghofio neu golli tei ddim yn opsiwn, na gwrthod gwisgo un chwaith. Dwi'n gwbod yn iawn, paid gwastraffu amser yn gorfod colli gwersi oherwydd tei."

Mae Krish yn gwneud ei gerddediad robotaidd tuag yn ôl am y drws, er nad yw hynny wedi gwneud i fi chwerthin ers Blwyddyn 5. Pryd mae pawb yn mynd i ddeffro a sylweddoli 'mod i bron yn ddeuddeg oed? Mae Krish yn codi ei freichiau – sydd i fod fel rhai *dalek* – yn herciog ac yn paratoi i anelu a thanio.

"Gw-isg ys-gol y-dw i. Lladd-wch hi!!"

"Paid!" Mae Mira'n ei bwnio ar ei fraich. "Cer o 'ma!"

"A paid galw fi'n Lai Lai eto!" gwaeddaf ar ei ôl. Ac mae pen Krish yn dod yn ôl drwy ddrws y stafell.

"Beth dwi fod i dy alw di 'te?"

"Laila."

"Dwi *erioed* wedi galw ti'n Laila!" cwyna Krish.

"Dyw hynna ddim yn rheswm i 'ngalw i'n enw babïaidd am byth, ydy e?"

Mae Krish yn gwgu. "Anghofies i! Eich mawrhydi. Beth am Kez? Ydy *hi*'n mynd i alw ti'n Laila?"

Do'n i ddim wedi meddwl am Kez. Mae Mira a Krish yn cyfnewid yr *olwg* yna ar eu hwynebau eto. Pan o'n i'n fach roedden nhw'n arfer sillafu geiriau do'n i ddim i fod i'w deall fesul llythyren. Ac yna, pan o'n i'n ddigon hen i allu sillafu, dechreuodd y ddau wneud yr *olwg* yna. Byddai man a man iddyn nhw gael uchelseinydd a gweiddi ar dop eu lleisiau: "Beth yn y byd sy'n bod ar Lai Lai?"

Ond efallai y dylwn i ddiolch iddyn nhw am y sillafu. Fi yw pencampwr sillafu'r dosbarth nawr!

Fe wna i adael i Kez fy ngalw i'n Lai Lai o hyd, oherwydd fyddai hi ddim yn codi cywilydd arna i drwy ddweud 'Lai Lai' o flaen pawb, fel mae Krish a Mira yn ei wneud. Beth bynnag, Kez a Lai Lai yw hi wastad wedi bod. Fyddai hi ddim yn teimlo'n iawn i Kez fy ngalw i'n unrhyw enw arall.

"O, plis, ma dy frawd mawr yn wahanol. Sai'n meddwl *galla* i alw ti'n Laila. Bydde fe'n teimlo fel siarad â rhywun arall."

"Falle taw rhywun arall *ydw* i!" dwedaf wrtho, gan edrych arna i fy hunan yn y drych.

"Hm, clyfar." Mae Krish yn codi ei ysgwyddau ac yn cau ei hunan yn ei gerddoriaeth eto.

Dwi a Mira yn eistedd ar ei gwely am ychydig, mewn tawelwch, ac yn edrych ar y waliau gwag. Dwi'n cnoi'r tu mewn i fy moch. Mae hyn mor rhyfedd.

"Reit," meddai hi o'r diwedd, "dwi'n gadael rhai o fy hoff lyfrau ar ôl i ti."

Cerddaf draw at silffoedd Mira a chodi un o'r llyfrau yn fy llaw. Nofel yw hi, a wyneb merch ar y clawr. Mae'n gwisgo lipstig coch llachar a chanddi ddannedd braidd yn bigog. Roedd gan Kez lond silff o lyfrau tebyg pan oedd hi ym Mlwyddyn 6. Ei chyfnod fampir, meddai hi. Arferai sôn yn ddi-baid am y ffaith nad oedden nhw'n arfer brathu gyddfau. Do'n i erioed wedi gweld yr atyniad. Dwi'n rhoi'r llyfr yn ôl ar y silff.

"Fampirod! Na, sai'n credu!"

"O'n i ag obsesiwn â fampirod am sbel. Ond ma lot o ddewis. Dwi 'di cymryd y rhai alla i ddim byw hebddyn nhw. Os nad wyt ti isie rhai galli di wastad rhoi nhw i rywun arall."

Mae'n teimlo fel petai Mira yn siarad am lyfrau er mwyn siarad am unrhyw beth. Mae'n tynnu ei ffôn o'i phoced.

"Dere i ni gael selffi! Krish, dere 'ma am funud," gwaedda Mira drwy'r wal. "Dwi isie un llun ola o'r tri ohonon ni yn fy hen stafell!" Mae Mira'n agor ei llygaid yn fawr, fel petai'n methu credu 'mod i'n mynd i symud i'w stafell hi, er bod fy stafell i fel bocs o gymharu â'r stafell yma, a fydd hi ddim yma beth bynnag. Dwi'n *credu* mai tynnu 'nghoes i mae hi ond byddai'n dda gen i petai'n stopio mynd ymlaen ac ymlaen amdana i'n cymryd ei stafell, achos dwi'n teimlo'n wael am hynny, yn euog, rhaid cyfaddef.

Mae Krish yn dod i mewn ac yn neidio ar wely Mira.

"Neidia lan fan hyn, Lai Lai! Dere ar bwys fi. I ni gael eistedd yn y drefn iawn!"

Rydyn ni'n tri yn ymladd am y llefydd cywir er mwyn ffitio yn y llun.

"Pawb i ddweud 'Lai Lai'!" Mae Krish yn gwenu rhyw hen wên wirion. Dwi'n rhoi 'mhenelin yn ei ochr a thynnu tafod.

"Dyna ni, perffaith! Anfona fe ata i," meddai Krish, gan chwerthin ar y llun.

Pan dwi ar ben fy hunan eto dwi'n sefyll am amser hir yn edrych ar y person yn y drych. Y gwir yw, dwi ddim wedi ystyried bod ar ben fy hunan yn iawn o'r blaen. Pam mae'n rhaid i'r ddau adael yr un pryd? Mae meddwl am Mira'n gadael i fynd i'r coleg yn ddigon gwael, ond mae Krish yn gadael hefyd. Gallai Krish o leiaf fod wedi aros tan i fi ddechrau yn yr Uwchradd. Sut alla i gysgu'r nos heb glywed y ddau'n sgwrsio am bopeth a dim byd ar eu ffonau? Hyn i gyd… yr holl chwarae o gwmpas rydyn ni wastad wedi'i wneud. Dyna pwy ydyn ni, gyda'n gilydd. Dyna pwy ydw i.

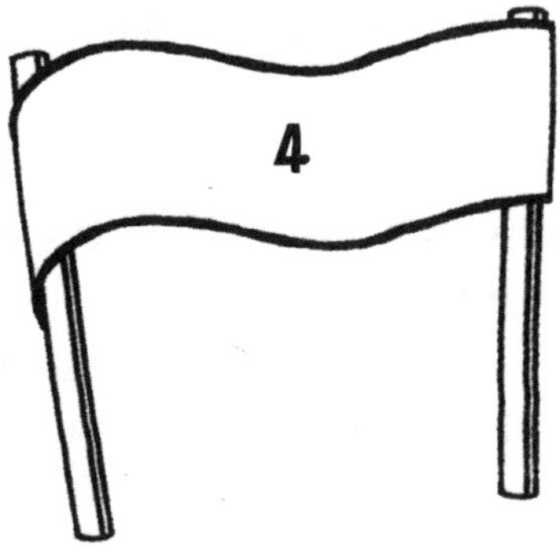

Bob tro mae cloch y drws yn canu, dwi'n neidio.

Beth oedd y pwynt trwsio'r gloch o'r diwedd, pan mae Mira a Krish ar fin gadael?

A hefyd, pwy sy'n mynd i ganu'r gloch neu gloncian y blwch llythyrau i fi?

"Jidé fydd 'na," meddai Mira, gan drio swnio'n ddigyffro.

Yna mae'r blwch llythyrau yn cloncian. Dim ond un person sy'n dal i gloncian!

"Neu… Millie!"

Mae Mira'n chwerthin ac yn rhedeg i lawr y grisiau.

Dwi'n cropian o'm stafell i'r soffa sydd ar y landing – ers dechrau gwyliau'r haf dwi wedi bod yn eistedd tipyn fan hyn. A dweud y gwir, dwi'n treulio gymaint o amser yma mae Mam wedi dechrau'r galw'r lle yn 'nyth'.

Mae Mam wedi cyrraedd y drws cyn Mira ac mae'n sgwrsio gyda Jidé a Millie.

"Tipyn o siwrnai o dy flaen di nawr, Jidé. Ble'n union fyddi di'n aros?"

"Ma gwersyll i'r gwirfoddolwyr i gyd."

"A beth fyddi di'n neud?" Dyw Mam byth yn fodlon ar ofyn un cwestiwn yn unig.

"Dysgu gan y doctoriaid sy 'na, dwi'n meddwl, a helpu yn gyffredinol. Ma 'na sôn am adeiladu ffynnon, a rhoi to ar adeilad yr ysgol… y math 'na o beth!"

"Gwaith digon caled 'te. Am faint fyddi di yno?"

"Bydda i adre erbyn Nadolig."

"Wel, da iawn ti, Jidé. Cymer ofal. A ti, Millie?" gofynna Mam. Mae Mira'n codi llaw ar Jidé a Millie wrth geisio mynd heibio Mam. "Dal i fwynhau'r sgwennu?… Yn dy ail flwyddyn yn barod…"

"Alla i basio, plis, Mam?"

"Wel, fe 'na i adael i chi ffarwelio. Dwi ar fy ffordd i fynd â'r rhain lan staer." Mae Mam yn codi'r pentwr o ddillad roedd hi wedi'u gosod ar y grisiau, yn cerdded i fyny ac yn fy ngweld i ar fy nyth.

"Ma pawb yn symud mlaen, Laila fach." Mae'n ochneidio, gan eistedd wrth fy ymyl a dechrau plygu'r dillad glân. "Rho help llaw i fi, wnei di?"

Pawb yn symud mlaen heblaw amdana i, dwi'n meddwl wrth chwilio drwy'r pentwr am hosan strae.

"Dwi'n falch 'mod i 'di cael gorchudd newydd i hon," meddai Mam, gan daenu ei dwylo dros ddefnydd newydd y soffa. "Bydd rhaid i ni edrych ar ei hôl hi nawr. Soffa fach bert… werth ei hadfer hi. Fe wnaethon nhw jobyn da, chwarae teg. Ma'r paent aur 'ma'n neis… bydde Nain Josie'n hoffi hon. Mae'n anodd cael dodrefn *rattan* da dyddiau 'ma." Mae'n cyffwrdd yn ochrau'r soffa. "Ma crefftwyr sy'n creu gwaith rhwyllo fel hyn yn brin. Dwi'n cofio'n union ble oedd hi yn fflat Nain Josie…"

Dwi'n edrych ar baentiadau Nain Josie ar y waliau – lluniau o Krish a Mira yn fach, yn eistedd ar y soffa a'i chlustogau wedi colli eu lliw. Does dim lluniau ohona i'n eistedd arni, er mai fi sydd wedi eistedd arni fwyaf, dwi bron yn siŵr. Dwi wedi penderfynu mai dyma yw fy hoff le yn y tŷ. Dwi wrth fy modd yn plygu 'nghoesau, rhoi 'nhraed dan fy mhen ôl a diflannu i ganol y clustogau melfed lliwiau gemau. Yr un fach liw rhuddem gyda'r sip yn y cefn yw'r un fwyaf cyfforddus. Weithiau bydda i'n cwtsho ar y soffa a bydd pobl yn cerdded heibio heb sylwi arna i. Er 'mod i wedi dechrau ei galw'n nyth, fel Mam, nid dim ond lle i nythu sydd arni, ond lle i glwydo. Mae'n debyg bod Nain Josie'r un maint â dwi nawr. Mae'r soffa'n fy ffitio i.

Dim ond un llun bach ohona i sydd ar wal y landing. Yr unig baentiad wnaeth Nain Josie ohona i. Dwi'n fabi bach ym mreichiau Mam. Mae Mam yn dweud ei fod e'n llun arbennig iawn gan mai dyna'r un olaf beintiodd Nain Josie cyn iddi farw. Dwi ddim yn adnabod y rhan fwyaf o'r bobl sydd yn y lluniau ar wal y landing. Dwi ddim yn eu cofio, ddim fel mae Krish a Mira… Roedd rhai wedi marw cyn i fi gael fy ngeni, fel Taid Kit.

Dwi'n hoff iawn o'r ffotograffau sydd ar wal y grisiau –

mae rhai o Krish a Mira yn fy nal i yn eu breichiau ac yn poeni y byddan nhw'n fy ngollwng i. Mae lluniau pawb yn driphlith draphlith… Un o Mam a Dad pan oedden nhw'n ifanc ac yn weddol olygus. Mae Mam yn edrych yn union fel Mira – neu Mira sy'n debyg iawn i Mam, am wn i! Tasech chi'n edrych yn fanwl ar yr wynebau, gallech weld rhyw debygrwydd ynddyn nhw i gyd, yn enwedig fi yn wyneb Nain Josie. Dwi'n teimlo 'mod i'n perthyn i'r bobl yma, a bod pawb yn perthyn i'w gilydd, ond dim ond rhai sy'n perthyn i fi…

Mae Mam wedi gorffen plygu'r dillad glân. Dwi wedi rhoi'r gorau i drio dod o hyd i barau o sanau, ac yn rhoi tair hosan unigol ar ben y pentwr.

"Un o ddirgelion mawr bywyd!" Mae Mam yn siglo'i phen. "I ble maen nhw'n mynd?"

Mae'n pwyso'n ôl ar y soffa ac yn rhoi braich o gwmpas fy ysgwyddau. Mae'n gwenu ar ei hoff lun o'i thad, Tad-cu Bimal, yr un lle mae'n clapio a chwerthin yn braf. Mae'n edrych yn ddyn cyfeillgar. Piti na faswn i'n gallu ei gofio'n iawn.

"Weithiau, pan dwi'n gweld y llun 'na, dwi'n gallu cofio sŵn ei chwerthin," dwedaf wrth Mam.

"A fi!" meddai Mam cyn i'r dagrau ddechrau powlio i lawr ei bochau. Pam na fyddwn i wedi cau 'ngheg?

Felly, tra mae Mira lawr grisiau yn ffarwelio â Jidé a Millie, dwi fan hyn gyda Mam sy'n crio ar y dillad glân. Mae hyn mor drist. Dwi eisiau i Kez fod yma, nawr. Dwi'n teimlo fel mynd i fy hen stafell a chau'r drws yn glep ar hyn i gyd. Tybed a fydda i a Kez yn aros yn ffrindiau da, fel mae Mira, Millie a Jidé?

Mae Krish yn tasgu allan o'i stafell, yn gwisgo jîns a heb grys-T. Yn dangos ei *six-pack* eto. Mae'n pwyso dros y balconi.

"Iawn, Millie? Gwallt newydd!"

"Pink Punk mae'n dweud ar y botel!"

"Edrych yn dda!"

"Be ti'n mynd i neud?" galwa Millie ar Krish.

"Prentisiaeth mewn canolfan awyr agored lan yn y gogledd – mynd i aros gyda Nana Kath."

"Well i ti wisgo rhywbeth gynta..." meddai Millie.

Mae Krish yn edrych i lawr arno'i hun fel petai *newydd* sylweddoli nad oes crys-T amdano.

"Ie, wir, cer i wisgo, Krish," meddai Mam. "Dyw Millie druan ddim isie gweld dy fola di!"

"O, dwi ddim mor siŵr..." meddai Krish yn dawel gan wenu.

"Ti'n ei ffansïo hi *gymaint*!" sibrydaf.

"O, shwsh!" meddai Krish ac esgus ymladd â fi.

"Wela i di dros Nadolig!" gwaedda Millie, ac yna mae pawb yn dechrau ar y ffarwelio. Byddan nhw wrthi am sbel.

Mae Krish yn fflopian i lawr ar y soffa rhyngdda i a Mam, gan roi un fraich o gwmpas ei hysgwyddau hi a'r llall o 'nghwmpas i, a syrthia'r pentwr dillad ar y carped.

"O, ni newydd blygu'r rheina!" cwyna Mam.

"Paid poeni, Mam! Byddwn ni 'di mynd cyn bo hir a

bydd hi'n dawel ac yn daclus 'ma 'da dim ond Lai Lai..."

"*Laila!*" dwi'n ei gywiro.

Mae Krish yn dechrau fy nghosi i drosta i i gyd.

"Paid, Krish!" Dwi'n gwingo ar ymyl y soffa. "Alli di plis beidio siarad amdana i fel tasen i ddim 'ma?!"

"Iawn. Lai Lai?"

"Sawl gwaith sy rhaid i fi ddweud? Paid..."

"Glywest ti rywbeth, Mam? Rhyw sŵn? Sai'n gallu gweld..."

"O, cau dy geg, Krish!" A dwi'n ei bwnio yn ei fraich.

"Aw! Hei, o'n i'n meddwl bod ti'n heddychwr!"

"Ydw, ond ddim pan ti o gwmpas!"

"Fydd dim angen i ti ysbïo arnon ni'n dawel bach o fan hyn rhagor, Calon Cabej! Sai'n gwbod pam wyt ti'n cwyno. Gen ti fydd y stafell orau yn y tŷ." Mae Krish yn neidio i fyny, yn cydio yndda i ac yn trio fy nghodi ben i waered.

"Gad fi fod!" gwichiaf, gan gicio 'nghoesau'n wyllt.

"O, stopiwch hi, chi'ch dau! Y peth dwetha dwi angen ar hyn o bryd yw i rywun gael anaf," ymbilia Mam wrth gerdded i fyny'r grisiau at ei stafell.

"Be ti'n feddwl, chi'ch *dau*? *Fe* ddechreuodd e!"

"Dwed sori!" meddai Krish dan chwerthin, fel taswn i'n dal yn yr ysgol feithrin.

"Sori!" A dwi'n taro ysgwydd Krish mor galed mae ei groen yn troi'n goch.

Dwi ben i waered pan wela i Mira a Jidé'n pwyso yn erbyn wal y cyntedd. Am eiliad dwi'n meddwl mai cael cwtsh mawr hir maen nhw oherwydd mae Jidé yn mynd i Rwanda lle cafodd e ei eni, ac mae'n siŵr bod hynny'n bwysig iawn iddo ac mai dyna pam maen nhw… ond na, ddim o'r ffordd maen nhw wedi gwasgu yn erbyn ei gilydd… tafodau a phopeth! Yyyych!

"Gad fi fynd!" a dwi'n pinsio Krish yn galed.

"W, cas!" Mae Krish yn chwerthin.

"Ti sy'n gas!" gwaeddaf.

Mae Mira a Jidé yn gwahanu'n araf bach ac yn ymddangos ar waelod y grisiau, fel petai dim byd wedi digwydd. Ond mae gwallt Mira yn anniben… yn *distressed*, fel mae hi'n dweud. Ie, dyna sut dwi'n teimlo.

"Iawn, Jidé? O'n i'n meddwl bod ti 'di gadael yr un pryd â Millie!" Mae Krish yn chwifio'i law.

"Dwi'n mynd nawr. Dwedwch helô wrth Nana Kath," galwa Jidé, ond mae ei lais yn swnio'n sych. Ar ôl i bawb ffarwelio mae Krish yn mynd i'w stafell. Mae Mira wedi dilyn Jidé allan o'r tŷ ac mae'r ddau'n siarad ar stepen y drws. Ar ôl rhyw hanner awr mae Mira'n rhedeg i fyny'r grisiau ac yn mynd yn syth i'w stafell.

Mae'n crio. Dagrau mawr, crio-llygaid-coch.

"Ti'n iawn, Mira?" gofynnaf wrth iddi rasio heibio. Mae'n troi ata i, yn siglo'i phen fel petai'n dweud 'paid gofyn' ac yn cau drws ei stafell wely. Ond dwi'n gallu ei chlywed hi'n beichio crio.

Dwi'n cnocio'n ysgafn ar ei drws.

"Dim nawr, Laila," meddai gan dagu.

Felly, dwi'n mynd yn ôl i fy nyth ac yn gwrando arni'n

trio ymladd am ei gwynt. Dwi erioed wedi ei chlywed hi'n torri'i chalon fel'na. Dwi eisiau iddi 'ngadael i mewn. *Dwi*, hyd yn oed, yn sylweddoli bod mwy i'w dagrau na chusan ffarwél rhwng dau ffrind.

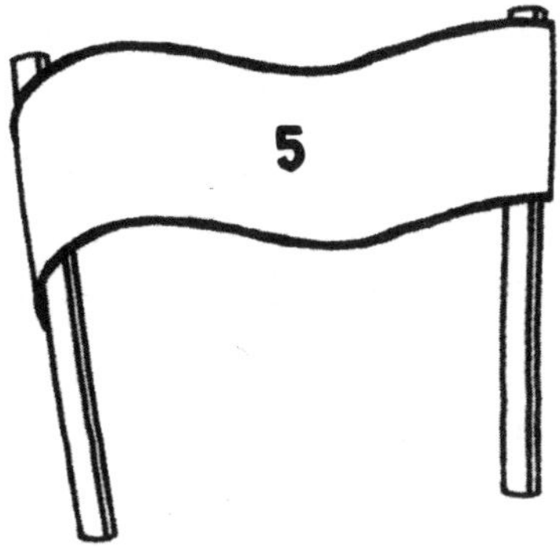

"Mira – tri pheth: Dad, tarw, clogyn coch! Eith e'n benwan… ond dwi 'di rhybuddio ti!" Mae Krish yn chwerthin wrth redeg i fyny'r grisiau.

Dwi'n gwylio holl ddrama'r gadael o'r landing. Mae Krish yn chwarae'r ffŵl wrth drio ysgafnhau hwyliau pawb, a Mam yn poeni am ryw fân bethau 'paid anghofio hwn' na fyddai Krish a Mira *fyth* yn gallu byw hebddyn nhw.

A Dad yn rhoi ei ddarlith arferol… "Bydd rhaid i ti adael peth o'r stwff 'ma adre, Mira. Car sydd 'da ni, ddim tardis! Allwn ni byth ffitio *popeth* mewn."

Yr un sgript bob tro, ac yna, yn y diwedd, trwy ryw ryfedd wyrth, *mae* popeth yn ffitio. Ac mae Dad yn hoff o frolio mai oherwydd ei bacio gwych e mae popeth wedi llwyddo i fynd i mewn i'r car!

Y cwyno, y cecru, yr anghofio a'r cweryla – dyna beth dwi'n ei garu am fynd i ffwrdd gyda'n gilydd. Fel hyn roedd pob gwyliau teuluol yn dechrau. Ond y tro yma dyw e ddim yn teimlo fel antur, nac fel gwyliau chwaith… ddim i fi, beth bynnag.

Mae Mira'n straffaglu i lawr y grisiau gan gario'r îsl peintio. Beth yw'r un peth arbennig fydda i'n mynd ag e gyda fi wrth adael cartre? Does gen i ddim byd sy'n golygu cymaint i fi ag mae'r îsl yn ei olygu i Mira. Dwedodd hi wrtha i unwaith bod ei phaentiadau gorau wedi cael eu creu ar yr îsl yma. Fel petai ganddo bwerau hud, bod darn o Nain Josie ynddo i'w hysbrydoli. Does gen i ddim byd mor bwysig â hynna, dwi'n sicr.

Mae Mira'n rhoi'r îsl i bwyso yn erbyn y wal am funud er mwyn cael ei gwynt yn ôl.

"Rho fe i fi 'te – ond paid dweud 'mod i heb rybuddio ti!" Mae Krish yn cario'r îsl yn hawdd at y car.

"O, na, na, byth – gall hwn aros tan tro nesa!" Mae Dad wedi dechrau gweiddi'n uwch ac yn uwch.

"Ond, Dad, alla i ddim peintio hebddo fe."

Mae Mira'n sefyll ar y palmant yn rhoi cwtsh i'r îsl, fel petai ar fin mynd i ryfel, a'r îsl yn darian amddiffynnol. Dwi'n gwybod nad oes pwynt i Dad ddechrau dadlau – fydd Mira byth bythoedd yn gadael yr îsl ar ôl.

"Galla i drio gwasgu mewn fan hyn os oes rhaid, ond dwi'n torri pob rheol iechyd a diogelwch! Bydd pwy bynnag sy'n eistedd yn y blaen yn gorfod mynd mewn a mas drwy ochr y gyrrwr."

"Fyddwn ni ddim yn gorfod stopio'n aml. Dyw Laila ddim 'da ni, yn chwydu'r holl ffordd!"

"Diolch, Mira!"

"Mae hyn yn strach diangen nawr," meddai Dad dan rwgnach.

Mae Mira'n pwdu.

"Eistedda *i* yn y ffrynt," meddai Krish gan neidio i mewn.

"Krish! Dere mas! *Fi* sy'n y ffrynt!" gwaedda Mira.

Cerddaf i lawr y grisiau ac eistedd ar y gris gwaelod i weld y ddrama yn well. Dyw hi ddim yn teimlo'n iawn i weld Krish a Mira'n ymladd am eu lle yn y car. Dwi'n sylweddoli rhywbeth yn sydyn. Hyd at nawr, fi sydd wedi bod yng nghanol pob ffrae deuluol. Tybed fydda i'n gweld eisiau holl halibalŵ pacio'r car a'r cweryla dros y sêt flaen? Bydda, wrth gwrs!

Ar ôl i Mam gael 'gair bach tawel' yng nghlust Dad, mae e'n gwgu ar y bŵt fel petai'n ceisio datrys cliw croesair. Mae'n ochneidio'n swnllyd i bawb ei glywed, yn agor y bŵt ac yn dechrau tynnu popeth allan, un wrth un. Mae'n rhoi'r sêt gefn i lawr yn fflat ac yn llithro'r îsl ar hyd ochr y car, heibio ysgwydd Krish.

"Gawn ni'n stopio 'da'r heddlu, dwi'n siŵr," cwyna Dad. "Beth os bydd rhaid brecio'n sydyn? Bydd coesau'r îsl mas drwy'r ffenest ffrynt."

"Fe 'na i ddal yn dynn ynddo fe," meddai Krish.

"Dad, dwed wrth Krish am ddod mas o fan'na!"

Dwi'n methu credu bod Mira'n dal i baldaruo am y sêt flaen.

"Sai'n gweld pam ddylwn i wasgu i'r cefn gyda dy jync di i gyd," mae Krish yn dadlau. "Gei di eistedd yn y ffrynt o dŷ Nana Kath i Fangor."

Bob tro mae Dad yn trio cau'r bŵt mae'n gwthio'r îsl yn agosach at ffenest flaen y car. Mae'n rhoi un gwthiad arall ac yn llwyddo i gau'r bŵt o'r diwedd.

"Aw! Fy ysgwydd i!"

"Wel, dy fai di am fod yn y ffrynt!" meddai Mira.

"O, er mwyn popeth, chi'ch dau. Tyfwch lan, wir!" meddai Dad yn flin.

Mae rhywun yn dod i lawr y stryd mewn siwt fusnes las tywyll, yn tynnu cês ar olwynion. Plis, na, ddim hi… Mam drwsiadus, drefnus Kez yw hi, ar ei ffordd i'r maes awyr. Pam oedd rhaid iddi basio ar yr union eiliad yma?

"Hannah yw hi?" sibryda Mam wrth ddiflannu'n ôl i'r tŷ.

Mae mam Kez yn syllu ar y car gorlawn fel petai'n cael ei arddangos mewn amgueddfa'n llawn pethau rhyfedd a gwallgo aeth hi â fi a Kez iddi unwaith.

"Siwrne saff i chi!" meddai hi'n reit sych.

"Diolch, Hannah! Ti isie mynd yn fy lle i?" meddai Dad gan gellwair.

"Fe 'na i wrthod y cynnig y tro 'ma, diolch!" ac mae hi'n sythu un o'r drychau bach sydd ar ochr y car.

"Bydd angen y drychau 'ma yn bendant…" Yna mae'n fy ngweld i'n eistedd ar y grisiau. "O, helô, Laila. Ni ddim 'di dy weld di ers oesoedd, ro'n i'n sôn y dydd o'r blaen.

Pan fydd hi'n fwy cyfleus," meddai gan nodio at y car, "rhaid i ti ddod draw."

"Diolch."

Dwi erioed wedi gweld golygfa fel hyn y tu allan i dŷ Kez, ond does ganddi hi ddim brawd a chwaer yn dadlau am y peth lleiaf, er ei bod hi'n dymuno y byddai ganddi.

Mae mam Kez yn aros wrth y goeden i ddarllen yr arwydd roddodd Ed arni am y neidr goll.

WEDI DOD O HYD I NEIDR ŶD
Ffoniwch Ed: 0653351511

"Dim mwy o ymlusgiaid yn y tŷ 'te, Sam?" meddai dan chwerthin.

"Ddim am wn i!" Mae Dad yn siglo'i ben.

"Wel, 'na ryddhad."

Mae Hannah yn edrych i mewn i'r car ac yn tapio ar y ffenest. "Pob lwc i chi'ch dau!"

Ar ôl iddi fynd mae Dad yn eistedd yn sêt y gyrrwr ac yn tanio'r injan. Dyna'i arwydd ei fod e'n barod. Ar yr eiliad olaf mae Mira'n neidio allan o'r car. Dwi'n symud o'i ffordd oherwydd mae hi siŵr o fod wedi anghofio rhywbeth yn ei stafell, ond mae'n cydio yndda i dan fy ngheseiliau ac yn lapio'i breichiau o 'nghwmpas i'n dynn. Dwi'n gwneud fy nghoesau'n drwm ac yn cydio yn y canllaw fel nad yw hi'n gallu 'nghodi i o'r llawr. Dwi'n gwybod 'mod i'n ysgafn ond dwi ddim eisiau i bobl feddwl eu bod nhw'n gallu 'nhrin i fel doli glwt. Dwi'n gallu teimlo'r dagrau ar foch Mira wrth iddi fy ngwasgu i mor dynn nes bod fy ochrau'n brifo. Yna mae'n troi, yn rhedeg allan, rhoi cwtsh i Mam a mynd yn ôl i mewn i'r car. Mae Krish yn agor y ffenest mor bell ag y gall hi fynd oherwydd yr îsl, ac yn gwthio'i ben allan, fel petai'n garcharor mewn cell. Yna, mae'n gwthio'i law drwy'r ffenest ac yn dweud heb sŵn, "Help!"

Mae gwddw Mam yn gwneud rhyw sŵn rhyfedd, rhywbeth rhwng chwerthin, crio a thagu. Mae'n pwyso'n ôl yn erbyn wal yr ardd fel petai honno'n ei dal i fyny ar ei thraed.

"Hwyl, Lai Lai – bydda i'n ôl am benwythnos cyn Nadolig i fynd ar dy nerfau di eto!" gwaedda Krish.

Dwi'n tynnu 'nhafod arno.

"Wela i chi mewn cwpwl o ddiwrnodau. Ffonia i!" Mae'n rhaid i Dad godi ei lais dros dwrw'r injan. Does dim sŵn da iawn arni.

Dwi'n cerdded heibio Mam ac yn mynd i fyny'r grisiau er mwyn clwydo ar fy nyth, gan ddychmygu Krish yn cyfri'r munudau tan i Dad orfod troi am adre i nôl rhywbeth sydd wedi cael ei anghofio.

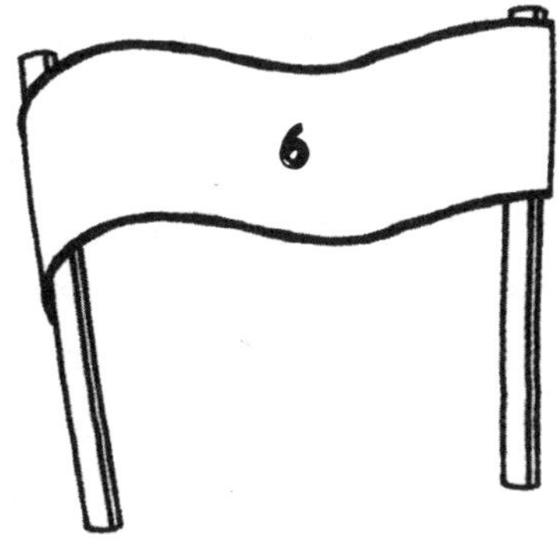

Mae Mam yn aros ar y palmant am dipyn, cyn troi'n ôl, dringo'r grisiau at ddrws y tŷ a chau'r drws ar ei hôl.

Dwi'n gwasgu fy hun i gefn y soffa, gan gyrlio 'nhraed odana i.

"Ti'n iawn lan fan'na, Lai... la?" Mae llais Mam yn wan. Mae'n peswch ac yn dechrau eto. "Ti'n gwbod be – dwi'n mynd i gael paned," meddai, fel petai wedi cael rhyw syniad arloesol. Mae'n stopio ac yn edrych i fyny. "Ti moyn un, Laila?"

Wel, mae *hynna*'n arloesol! Dyna'r tro cyntaf iddi gael fy enw'n iawn heb oedi, a'r tro cyntaf hefyd i unrhyw aelod o'r teulu feddwl gofyn i *fi* ydw i eisiau paned.

"Ydw, plis, Mam!"

"Llaeth a siwgr?"

"Ym... ie!" gwaeddaf, ond wedyn dwi dechrau amau... *Ydw i'n cymryd llaeth a siwgr?*

*

Mae Mam wedi penderfynu glanhau silffoedd y gegin.

"Pam ti'n neud hynna?" gofynnaf.

"Wel, dwi *yn* glanhau bob hyn a hyn, ti'n gwbod!" ateba, ond dwi erioed wedi gweld pethau'n cael eu tynnu oddi ar y silffoedd. Ac o weld cymaint o lwch sy'n chwyrlïo, dydyn nhw ddim wedi cael eu dwstio ers amser hir iawn.

Dwi wrth y cyfrifiadur, yn fflicio drwy YouTube. Yfaf sip o'r te. Dwi ddim yn siŵr o'r blas mae'n ei adael ar fy nhafod.

"Ydy e'n iawn i ti?" gofynna Mam.

"Chydig bach rhy felys."

"Ti'n ddigon melys fel wyt ti?" A dwi'n tynnu wyneb arni, i ddangos nad ydw i'n felys o gwbl.

"Dyna ddigon o'r cyfrifiadur am y tro," meddai Mam wrth orffen clirio silff.

"Dwi'n edrych ar fideo newydd Priya. Hi sy 'di neud y goreograffeg i'r gerddoriaeth. Ma llwyth o bobl 'di rhoi sylwadau. Ti isie gweld?"

"Ni'n deulu mor dalentog!" meddai Mam, ac mae'n dod draw i ddarllen dros fy ysgwydd: "Gŵyl Holi'r gwanwyn!"

Gwasgaf PLAY ac rydyn ni'n edrych ar y dawnswyr yn eu gwisgoedd sidan llachar yn curo'r rhythm gyda'u traed ar ddrwm enfawr. Mae'n edrych fel petaen nhw'n dathlu y tu allan i loches Janu yn Kolkata, House of Garlands… Mae un o'r dawnswyr yn torri drwy groen y drwm ac mae popeth yn cwympo'n araf, araf at ddrwm arall ac yn sydyn maen nhw ar stryd yn Efrog Newydd, yn symud i guriad *dub*. Wedyn mae'r dawnswyr i gyd yn dechrau taflu powdr o holl liwiau'r enfys - pob math o goch, glas, melyn a gwyrdd yn hedfan o ddwylo plant Kolkata i wynebau'r dawnswyr yn Efrog Newydd. Mae'n ddoniol ac yn brydferth. Yna mae'r ddwy stryd a'r holl ddawnswyr fel petaen nhw'n dod ynghyd ac yn perfformio dawns sy'n cymysgu ffurfiau, yn un don o liwiau'n llifo.

"Anhygoel! Pan o'n i'n fach ro'n i'n gorfod dychmygu dy Fodryb Anjali yn dawnsio - ches i ddim ei gweld hi'n perfformio tan i fi fynd i India. Mae hi siŵr o fod mor browd o Priya a Janu... mae'r ddau'n arloeswyr mewn ffyrdd gwahanol, on'd y'n nhw?"

Arloeswyr... beth yw hynny? Fel arloesol? Yn arloesi... Yn ddewr, o bosib?

"Laila, dyna *ddigon* o amser o flaen y sgrin nawr, iawn?"

Dwi'n tisian heb unrhyw rybudd ac yn dweud: "Dyna *ddigon* o ddwstio hefyd, iawn?!"

"Laila, pam ti'n crafu?" Mae'n cydio yn fy llaw ac yn astudio fy mraich, hyd at y benelin.

"Yr holl lwch, siŵr o fod!"

Mae'r croen yn edrych braidd yn goch a garw.

"Mae'n sych iawn 'da ti fan hyn. Rhaid i ni gadw llygad arno. Dyw e ddim 'di bod mor wael â hyn ers o't ti'n fabi."

"Mae'n iawn," dwedaf dan fwmial, a mynd i sgeipio Kez.

"Ddylen i ddim fod wedi gadael i bethau fynd mor llychlyd," twt-twtia Mam. "Dwi ddim isie i ti gael ecsema eto. Bydd rhaid i'r tŷ fynd yn waeth cyn gwella, ond dwi'n meddwl dylai popeth gael ei lanhau'n drylwyr. *Spring clean* go iawn!"

"Ond hydref yw hi!"

"*Autumn clean* felly!"

Mae Mam yn penderfynu nad yw un silff ar y tro yn ddigonol, felly mae'n tynnu popeth oddi ar bob silff a'u pentyrru nhw ar ganol y llawr.

Dwi'n gwasgu llun eicon Kez ar Skype, ac yn gwrando ar y sŵn deialu am rai eiliadau cyn i wyneb Kez ymddangos ar y sgrin. Dwi'n pwyso'n agos at y sgrin i gael gwell golwg.

Fi: Ti 'di lliwio dy wallt?

Kez: Ydw. Hoffi fe?

Fi: Siwtio ti!

Kez: Ydy Krish a Mira 'di mynd?

Fi: Ydyn.

Kez: Ti'n iawn?

Fi: Mae'n rhyfedd 'ma. Weles i dy fam. Wedodd hi wrtha i am ddod draw. Ti'n rhydd?

Kez: Sori, Laila, mae Ysgol Sadwrn 'da fi.

Fi: Tan pryd?

Kez: Trwy'r dydd, fwy neu lai.

Fi: O, ddim dim ond drwy'r bore?

Kez: Ma lot o waith paratoi ar gyfer fy Bat Mitzvah. Maen nhw'n rhoi gwersi ychwanegol yn yr ysgol.

Fi: Fory 'te?

Kez: Ma teulu'n dod draw fory.

Fi: Ar ôl y diwrnod cynta yn yr ysgol?

Kez: Mam sy'n dweud mai dydd Sul fydd y diwrnod gorau i ni gwrdd, tan ar ôl y Bat Mitzvah, beth bynnag. Mae'n poeni 'mod i'n blino gormod gyda diwrnod o Ysgol Sadwrn, a ffisio a phopeth.

Fi: Ti'n ocê?

Kez: Gweddol. Cael rhywfaint mwy o gryndod nag arfer. Nerfau, siŵr o fod.

Fi: Achos ysgol?

Kez: Ie! Bydda i'n well pan fydda i'n gallu ffeindio fy ffordd o gwmpas... gwbod ble ma'r liffts a phopeth.

Fi: Gallwn ni fynd 'da'n gilydd, os ti moyn.

Kez: Ond fyddi di ddim yn gwbod dy ffordd o gwmpas chwaith! A falle fyddwn ni ddim yn yr un dosbarth cofrestru.

Fi: Ydyn. Saith Taf. Gest ti'r llythyr? Dwi'n hoffi'r enw... Fel afon Taf. Ma enw pob dosbarth cofrestru wedi'i seilio ar bethau sy'n gysylltiedig â'r ardal, mae'n debyg. Wedodd Krish mai'r athrawon cofrestru sy'n dewis yr enwau, felly mae'r enwau'n dangos pa mor ddiddorol – neu mor ddiflas! – yw'r athrawon cyn i ni gwrdd â nhw!

Dwi'n edrych ar wyneb Kez. Mae'n plygu ei phen ymlaen ac mae ei chyrls coch llachar yn syrthio dros ei hwyneb, a dwi'n methu gweld ei hymateb.

Kez: Dyw e ddim yn wir bob tro, am gael bod yn yr un dosbarth.
Fi: Ie, ond gallwn ni dal fod 'da'n gilydd, allwn ni? Wedodd rhywun ar y Diwrnod Pontio —
Kez: Wedodd hi fydde ffrindiau ddim wastad yn cael bod 'da'i gilydd.
Fi: Ond fe fyddwn *ni*.
Kez: Dwi yn Saith Elái... mae'n debyg.
Fi: Ond na, maen nhw 'di neud camgymeriad.
Kez: Sai'n credu, Lai Lai! Mae'n iawn. Gallwn ni weld ein gilydd drwy'r amser...

Dwi'n dechrau peswch yn gas. Dwi'n trio 'ngorau i stopio, felly dwi'n cymryd llwnc o de ond mae hynny'n ei wneud yn waeth a dwi'n poeri dros y sgrin. Dwi'n trio rheoli fy hunan. Mae Mam yn dod â gwydraid o ddŵr i fi, ac mae'r peswch yn lleihau'n raddol.

Fi: Dwi'n tagu achos ma Mam ar ryw bwl glanhau gwallgo. Mae llwch dros bob man! Sori, Kez, rhaid fi fynd!
Kez: Lai Lai...
Fi: Wela i di dydd Llun!

A dwi'n gorffen yr alwad.

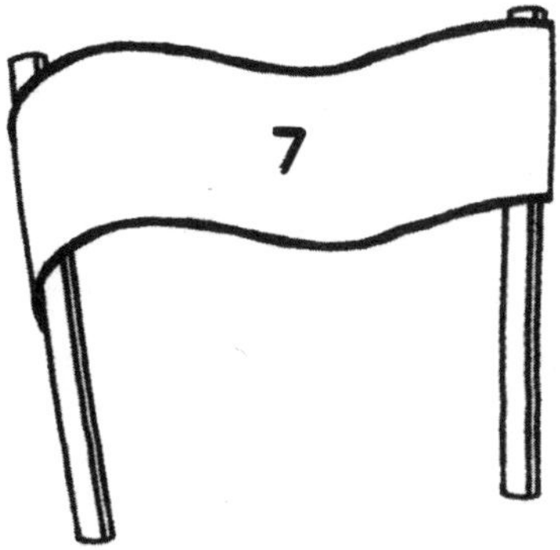

Dwi'n syllu ar neges Kez wrth i'r llwch hofran o 'nghwmpas i.

Ti'n grac 'da fi am rywbeth, Lai Lai?

Na, ddylwn i fod?

Na, ond fel'na dwi'n teimlo x

Dwi *wedi* diflasu braidd oherwydd mae gormod o bethau'n hofran o gwmpas, a does neb yn siarad amdanyn nhw… A ddim y llwch yn unig. Pam nad yw Kez yn cwyno amdanon ni'n cael ein rhoi mewn dosbarthiadau cofrestru gwahanol? Os gall unrhyw un ddwyn perswâd ar rywun i newid ei feddwl, Kez yw'r un… oni bai…

Dwi'n dechrau peswch eto, a chrafu fy mraich.

Mae Mam wedi anghofio am y llanast ar y llawr yng nghanol y stafell. Mae'r lle fel tomen sbwriel.

"Mam!" gwaeddaf, a dwi hanner ffordd i fyny'r grisiau pan mae'r blwch llythyrau'n agor, ac amlen yn llithro drwyddo. Dwi'n rhedeg i lawr i'w chodi oddi ar y llawr. I Mira mae'r amlen. Mae'r ysgrifen arni yn gyrliog a hen ffasiwn.

Af i â hi at Mira, dwi'n meddwl, ond yna dwi'n cofio nad yw hi yma. Bydd Mam yn siŵr o'i phostio ati. Dwi'n ei gadael ar fy nyth.

"Mam!" gwaeddaf eto.

"Fan hyn!"

Mae hi yn stafell Krish, yn tacluso'r dillad mae e wedi eu gadael dros y lle, ac yn eu hongian yn ôl yn y wardrob. Mae hi'n gwthio drws y wardrob fymryn fel ei fod yn cuddio'i hwyneb. Ydy hi'n crio?

"Ma Krish a Mira *yn* dod 'nôl, Mam."

"Dwi'n gwbod 'mod i'n wirion!" meddai Mam o'r tu ôl i ddrws y wardrob, lle mae'n aros yn rhy hir o lawer i fod yn cael trefn ar y dillad. Ymhen rhai munudau mae'n chwythu ei thrwyn ac yn dod i eistedd wrth fy ymyl i ar wely Krish. Mae'n rhoi ei breichiau o gwmpas fy ysgwyddau, ychydig yn rhy dynn… Mae ei llygaid yn binc ac wedi chwyddo. Mae'n codi fy mraich ac yn edrych arni. "Laila, rhaid i ti stopio crafu hwn neu bydd e'n gwaedu."

"'Na i stopio crafu os 'nei di stopio'r crio a'r glanhau!" dwedaf wrthi.

Ac mae hyn yn gwneud iddi chwerthin, diolch byth.

"Iawn! Sai'n gwbod beth sy 'di dod drosta i."

"A 'na i helpu i roi'r pethau'n ôl ar y silffoedd os ti moyn."

"Chwarae teg i ti, bach. Ti'n nabod fi. Dwi'n teimlo'n well ar ôl crio, ond dwi wir 'di difaru dechrau ar y silffoedd yna!"

Dwi'n edrych o gwmpas stafell Krish. O leiaf dyw Mam ddim wedi tacluso popeth… ddim eto. Mae pethau Krish yn dal yma. Y posteri Tottenham, y rhaglenni gwyliau pop, *beret* Taid Kit a'r medalau arno… a'r llun gwirion wnaeth Nain Josie o Taid Kit yn bwyta sgod a sglods, lle mae'r pysgodyn ar y plât yn bwyta'r sglodion! Popeth yn aros am Krish i hwylio'n ôl i mewn. Er bod y stafell yn rhyfedd o daclus, dyw'r ffaith ei fod e wedi mynd ddim yn teimlo mor derfynol rywsut – dim ond wedi mynd i aros gyda Nana Kath mae e, wedi'r cwbl.

"Dwi'n mynd i newid," dwedaf wrth Mam, gan gerdded i stafell Mira lle mae fy nillad i nawr yn daclus yn ei chwpwrdd. Mae stafell wely Mira'n teimlo'n wahanol. Dwi'n methu credu mai fy stafell i yw hi. Dwi'n edrych ar y clytwaith o fframiau gwag lle roedd lluniau, posteri a ffotograffau Mira yn arfer bod. Mae hi mor wag yma.

"Beth am i ni addurno? Gei di ddewis y lliw – o fewn rheswm!" Mae hi'n cofio am Krish yn cael dewis lliw ac eisiau peintio'r stafell i gyd yn ddu gyda sêr yn disgleirio ar y nenfwd. "Be ti ffansi?" Mae llais Mam yn fain a bron â thorri, fel petai'n gwthio'r geiriau o'i cheg. "Unrhyw syniadau?"

Dwi'n codi fy ysgwyddau. "Pryd bydd Dad 'nôl?"

"Pnawn dydd Llun. Bydd e 'ma erbyn ddoi di adre o'r ysgol." Mae Mam yn ochneidio. "Mae'n daith bell o Fangor ar ôl bod â Krish i Fannau Brycheiniog at Nana. Mae'n ddreif hir a bydd Mira'n cymryd amser i setlo. Ma fe 'di bwcio stafell mewn gwesty heno, ac ar ei ffordd 'nôl bydd e'n galw eto 'da Mam a Krish i dorri'r daith."

"Pam o't ti ddim isie mynd? A gweld lle newydd Mira?" gofynnaf. "Gallen i fod wedi aros 'da Kez."

Er, dwi ddim yn siŵr am hynny chwaith. Yr haf diwethaf dim ond am ddwy wythnos welon ni ddim ein gilydd. Ond dim ond am ddau ddiwrnod rydyn ni wedi gweld ein gilydd yr haf yma. Roedd rhywbeth ymlaen ganddi o hyd, felly, ar ôl meddwl, dwi ddim yn siŵr a fyddai hi wedi bod yn bosib i fi aros gyda hi... Bob tro ro'n i'n gofyn iddi, roedd hi'n brysur...

"Alla i ddim colli dy ddiwrnod cynta di yn yr Uwchradd! Na, af i lan at Mira cyn bo hir; gweld sut ma hi'n setlo. A sai'n meddwl byddai lle i fi yn y car! A ti'n nabod Mira a fi – y ddwy ohonon ni'n emosiynol!" Ac mae Mam yn gwenu.

Dwi'n nodio, ychydig yn rhy frwd, sy'n gwneud i Mam chwerthin.

"Pam na 'nei di ofyn i Kez ddod draw i helpu 'da dy stafell newydd?"

"Sawl gwaith sy rhaid fi ddweud? Dyw hi ddim yn dod draw rhagor!"

Mae Mam yn cael sioc.

"Sori, Laila, ie, anghofies i. Dwedodd Dad fod pethau braidd yn lletchwith y tro dwetha roedd hi 'ma."

"Oedd, braidd!"

"Pryd welest ti hi ddwetha? Ti 'di bod…?"

Mae ffôn y tŷ yn canu. Dim ond nifer fach o bobl sy'n ffonio'r tŷ nawr fod Dad wedi cael y cod yma arno i stopio'r galwadau niwsans. Mae Mam yn dweud mai Nana Kath yw'r unig reswm rydyn ni'n cadw'r ffôn, oherwydd mae hi o'r farn nad yw galwad ffôn symudol yn alwad go iawn.

"Sori, Laila, well i fi ateb hwnna." Ac mae hi'n rhedeg i lawr y grisiau.

Dwi'n eistedd ar fy nyth ac yn gwrando ar Mam yn sgwrsio â Mira fel pwll y môr. Mae'n anodd credu ei bod hi'n ffonio o'r car – dyw hi ddim hyd yn oed wedi cyrraedd y coleg eto! Yna mae'n siarad â Krish ac mae'n anodd esbonio'r teimlad sydd gen i. Fel petai dim byd wedi ei adael ar ôl yma i fi.

Dwi wedi eistedd ar rywbeth, felly dwi'n symud draw. Ro'n i wedi anghofio am y llythyr. Darllenaf yr amlen. Mae'r ysgrifen yn sigledig, fel petai'r sgwennwr yn cael trafferth dal ei law'n gadarn.

Ar y cefn, mae rhywbeth sy'n gwneud i fi feddwl nad yw'r person sydd wedi anfon y llythyr wedi cysylltu ag unrhyw un o'r teulu ers amser hir.

> *Os nad ydy'r person yn byw yma rhagor, anfonwch yr amlen yn ôl at:*

Simon Makepeace
Hafan Gofal
Stryd y Castell
Y Barri
Bro Morgannwg

Dwi ar fin gweiddi ar Mam i ddweud wrthi am y llythyr pan mae hi'n rhedeg i fyny'r grisiau, bachu'r ysgol fach bren a mynd i mewn i stafell Mira. Dwi'n ei dilyn hi.

"O'n i'n meddwl mai fy stafell i yw hon nawr. Be ti'n neud? Wedodd Mira allen i gadw'r llyfrau 'na."

Mae Mam yn sefyll ar y gris uchaf, yn estyn am rywbeth sydd wedi cael ei wthio i'r cefn. Mae'n nôl dau lyfr gyda lluniau Mira ar y cloriau.

"Beth y'n nhw?" gofynnaf.

Mae Mam yn trio eu cuddio dan ei braich fel petawn i ddim i fod i'w gweld.

"O, dim ond dyddiaduron Mira. Mae 'di anghofio nhw. Mae hi isie i fi eu cadw nhw yn yr atig."

Dwi'n estyn fy llaw i gydio yn y llyfrau oherwydd mae hi'n cael trafferth cadw'i chydbwysedd, ond mae'n gafael ynddyn nhw'n dynn.

"Ti heb eu darllen nhw, wyt ti?" gofynna, gan edrych arna i mewn ffordd ryfedd.

"Na! Wyt ti?"

"Nac ydw, wrth gwrs!" meddai Mam.

"Ti ddim hyd yn oed yn cael dy demtio?" gofynnaf wrth iddi fynd am y drws, ond dyw hi ddim yn ateb.

Mae Mam uwch fy mhen, yn rhoi dyddiaduron Mira yn y lle storio yn yr atig. Tybed beth sydd ynddyn nhw sydd mor gyfrinachol? Dwi'n cydio yn y llythyr ddaeth drwy'r post at Mira ac yn ei droi drosodd. Dwi ddim yn teimlo'n ddig gyda Mira am fod eisiau cadw'i dyddiaduron oddi wrtha i… Dyna beth yw pwynt dyddiadur, i gadw pethau i ti dy hun, ond does neb yn y tŷ yma'n credu 'mod i'n ddigon galluog i ddeall unrhyw beth.

"Ti'n iawn?" gofynna Mam pan ddaw hi i lawr ar y landing. "Beth yw hwnna?" meddai, gan edrych ar y llythyr. Dwi'n ei roi wrth fy ochr er mwyn iddi beidio â'i weld.

"Dim byd! Dim ond llythyr anfonodd Kez pan oedd hi yn y gwersyll haf." A dwi'n methu peidio ag ychwanegu, "Preifet!"

"Oes rhywbeth 'di digwydd rhwng y ddwy ohonoch chi, Laila, achos os oes e, galli di wastad siarad â fi…?"

"Na! Ma popeth yn iawn!" dwedaf.

"Iawn, iawn!" meddai Mam fel petai hi ddim yn credu dim dwi'n ei ddweud wrthi, ond mae'n dewis peidio â 'ngwthio i ymhellach am y tro. "Ti ffansi rhoi help llaw i fi 'da'r llanast lawr llawr?"

"Iawn! Bydda i 'na mewn munud," atebaf.

Pan mae Mam wedi mynd i lawr y grisiau dwi'n llithro'r amlen y tu mewn i'r glustog fach felfed, yn cau'r sip a'i chuddio y tu ôl i'r clustogau mawr. Ddaw neb o hyd iddi yn y fan honno.

Wrth gerdded i lawr y grisiau, dwi'n taro yn erbyn

ffrâm hen lun du a gwyn o Nain Josie pan oedd hi'n ifanc. Mae hi ar lan afon Tafwys ar y Southbank, Llundain, yn gwerthu ei lluniau. Dwi'n craffu'n ofalus ar y llun a dwi'n gweld 'mod i wir yn edrych yn debyg iddi.

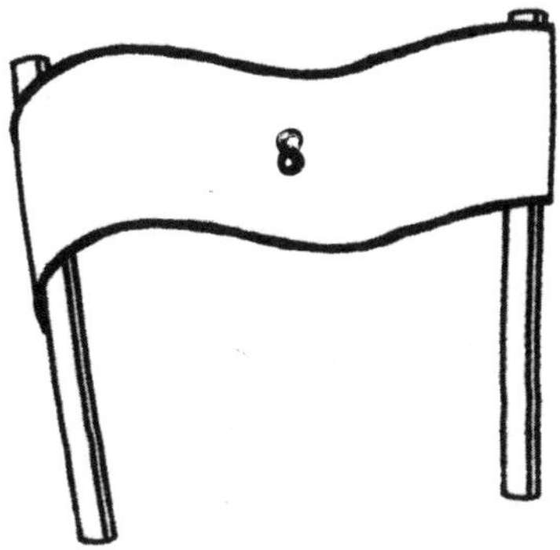

"Pam cadw'r stwff 'ma i gyd? Dylen i nôl bag bin mawr a thaflu popeth! Edrycha ar y darnau bach crochenwaith 'ma i gyd… caead rhywbeth… a hanner llond traeth o gerrig tyllog… Gallwn ni gadw ambell un ond wir…!" Mae Mam yn codi carreg wen fawr ac yn edrych arna i drwy'r twll sydd ynddi.

"Paid taflu nhw, Mam – cerrig cystadleuaeth gwyliau haf Mira a fi yw'r rhain."

Mae Mam yn gwenu ac yn rhoi'r pentwr o gerrig yn ôl ar y silff. "Wel, falle gallwn ni fynd â rhai'n ôl pan fyddwn ni'n mynd i'r traeth nesa."

Mae Mam yn cydio wedyn mewn llun dynnais i ym Mlwyddyn 6. Rhyw lun di-nod, ddim fel un o luniau Mira. Dwi'n gwybod bod Mam yn ei gadw er mwyn i fi deimlo'n well am fy arlunio.

"Galli di daflu hwnna!"

Mae Mam yn ochneidio ac yn siglo'i phen.

"Dylwn i fod wedi cadw llyfr sgrap ar gyfer dy waith

celf di… fel 'nes i gyda Krish a Mira. Falle ga i amser nawr. Dwi 'di bod yn meddwl trwsio'r hen ffrâm 'ma ers tua phum mlynedd. Ma hynna'n dweud y cyfan!" Mae Mam yn codi ei hysgwyddau ac yn gollwng y ffrâm doredig yn y bag bin.

Codaf focs llychlyd, sydd â hollt yn y caead. Dwi'n ei estyn at Mam ond llithraf fy mys dros y top a gweld y sglein odano. Mae wedi ei beintio â farnais ac mae llun cywrain o goeden bonsai ar y caead.

"Ma'r ochrau wedi tolcio. Dere, i'r bin ag e!" meddai Mam.

"Dwi'n hoffi fe. Ga i gadw hwn?"

"Ma fe 'di torri, Laila!" Mae Mam yn ochneidio. "Ni ddim yn dda iawn am glirio, y'n ni?"

Dwi'n cael yr argraff 'mod i'n mynd ar nerfau Mam, felly dwi'n taflu'r bocs i mewn i'r bag, ond wrth wneud hynny dwi'n clywed rhywbeth yn tincian y tu mewn iddo. Cydiaf yn y bocs a'i agor.

Y tu mewn, mae pwrs bach sidan du, wedi'i gau â llinyn. Dwi'n ei ddatod ac yn y pwrs mae pelen lwyd-arian, maint marblen fawr, ac arni mae patrymau sêr, lleuad a haul, fel byd bach pitw. Ar y top mae cylch lliw hufen â rhuban glas drwyddo.

Mae Mam yn dod yn nes i gael gwell golwg.

"O, diolch byth daflon ni ddim hwn!" Mae'n mynd ag e o fy nwylo a syllu arno'n ofalus. "Ro'n i'n meddwl 'mod i 'di colli hwn am byth. Ratl Nain Josie pan oedd hi'n fabi… buon ni'n chwilio a chwilio am hwn ar ôl iddi farw, achos roedd hi isie i ti ei gael e… Ydy e'n dal i neud sŵn?" Dwi'n ei siglo ac mae'n canu. "Dyna'r sŵn dwi'n ei gofio'n dda… sŵn tyner, meddal."

"Ond do'n i ddim yn meddwl bod Nain Josie 'di gadael unrhyw beth i fi."

"Babi o't ti pan fu hi farw, Laila. Ti oedd ei llun olaf hi."

"Ie, dwi'n gwbod hynna… Ond gadawodd hi rywbeth i fi, dim ond i fi?"

"Do. Roedd hi'n dwli arnot ti, Laila. Roedd cael babi o gwmpas y lle bryd hynny'n werth y byd."

Roedd Mam yn edrych ar ambell focs arall nawr, yn fwy gofalus.

"Cafodd Mira'r îsl a'r glain yna gollodd hi, a Krish fedalau rhyfel Taid Kit ac un o luniau Nain, a ges *i* ratl babi sy 'di bod ar goll ers dros ddeg mlynedd?"

"Wel, falle nad yw e'n swnio'n lot."

"Ydy, mae e'n lot. Lot fawr a dweud y gwir. Ond na'th neb feddwl sôn wrtha i? Falle bod chi isie taflu fi i'r bin hefyd!"

Mae fy llygaid yn llosgi gan ddagrau blin, ond dwi'n gwasgu fy nannedd at ei gilydd fel nad yw'r dagrau'n disgyn ac yn rhedeg i fyny'r grisiau gan ddal yn dynn yn y bocs. Dwi'n mynd i stafell Mira ac yn ei roi ar un o'r silffoedd llyfrau, yn ei agor, yn tynnu'r gloch o'r pwrs sidan du ac yn mynd â hi at fy nyth. Dwi eisiau ei chadw'n agos wrth ddarllen…

Dwi'n dod o hyd i'r glustog felfed goch, ac yn agor y llythyr sydd wedi ei gyfeirio at Mira.

Annwyl Mira,

Mae'n bosib nad wyt ti'n fy nghofio i ond fe wnaethon ni gwrdd unwaith, yn yr hosbis. Roeddwn i'n ffrind da i dy nain ac rydw i'n gwybod eich bod chi'ch dwy'n agos iawn. Rydw i'n cofio Josie'n dy alw di'n 'artist hoff cytûn'!

Beth bynnag, y rheswm rydw i'n ysgrifennu atat ti yw er mwyn dy wahodd di i gasglu'r Llyfr Protest roedd Josie wedi ei adael yn fy ngofal i... Byddai'n bosib i mi ei bostio wrth gwrs, ond mae'n drwm ac allwn ni ddim ymddiried yn y post fel roedden ni ers talwm.

Cefais i gyfarwyddiadau pendant gan dy nain i basio'r llyfr ymlaen atat ti, ar ôl i fi orffen ag e ... Roeddwn i wedi ystyried anfon y llythyr hwn at dy rieni ond wedyn fe wnaeth fy nharo i dy fod di bellach yn oedolyn, a gyda'r byd fel y mae heddiw, teimlaf mai nawr yw'r adeg i mi ei roi i ti.

Gobeithio bod y teulu'n dal i fyw yn y cyfeiriad roddodd Josie i mi... Os na, bydd rhaid i mi ymchwilio ac olrhain hanes dy deulu ar-lein... ond gobeithio na ddaw hi ddim i hynny. Felly dyma ysgrifennu llythyr yn gyntaf. Rydw i'n hoff iawn o lythyr. Rydw i a dy Nain Josie wedi ysgrifennu nifer o lythyrau dros y blynyddoedd, ac wedi derbyn atebion hefyd, ond bydd hi'n bosib i ti ddarllen y rheini yn y Llyfr Protest.

Gobeithio y cawn ni gwrdd eto yn fuan er mwyn i ni gael rhoi'r llyfr yn dy ddwylo di. Mae'n cynnwys cymaint o bethau roedd Josie a minnau'n credu'n gryf ynddyn nhw... tua 50 mlynedd o ymgyrchu, ysgrifennu a phrotestio. Does dim rhyfedd fod y llyfr yn drwm!

Yn gywir,

Simon Makepeace

Dylwn i ddweud wrth Mam am hyn. Dwi'n sylweddoli na ddylwn i fod wedi ei agor, ond dwi wedi clywed Mam a Dad yn sôn am y protestiadau roedd Nain Josie wedi bod arnyn nhw. Weithiau, pan fyddwn ni'n gwylio'r newyddion gyda'n gilydd ac mae gorymdaith fel un i groesawu ffoaduriaid, bydd Mam neu Dad yn dweud, "Bydde Josie fan'na yn chwifio'i baner." Gofynnais i Dad unwaith, "Pam nad y'n ni'n neud hynna?" a dwedodd ei fod wedi bod yn gwneud ei ran, ond dwi erioed wedi bod ar un gydag e. Doedd gen i ddim syniad bod llyfr gan Nain Josie lle roedd hi'n sgwennu am bethau roedd hi'n teimlo'n gryf amdanyn nhw. O leiaf mae Krish a Mira'n gallu ei chofio hi. A dyw e ddim fel petai'n deg bod Mira'n cael mynd i gwrdd â Simon a chael y llyfr hefyd. Dwi'n rhoi'r llythyr yn ôl yn yr amlen a'i guddio yn y glustog. Beth os af i i nôl y llyfr dros Mira, a gofalu amdano tan iddi ddod adre?

Dwi'n siglo'r ratl ac mae'n creu sain fel llais swynol, clir sy'n canu yn fy nghlust am amser, tan i sŵn canu'r ffôn dorri ar ei draws.

Mae Mam ar y ffôn gyda Dad eto.

"Ydy Krish yn iawn? Dwi'n gwbod bydd e'n cael ei sbwylio'n rhacs. Gyrra'n ofalus lan i Fangor, a phaid gorflino. Mae Laila 'di bod mewn tipyn o stad. Fe adawa i iddi dawelu am chydig bach. Ie, dwi'n gwbod, ma emosiynau pawb ar chwâl! Mae'n rhyfedd… o bob peth fe na'th hi benderfynu agor y bocs bach 'na… Na, na… 'Na i ddim, paid poeni. Fe fydda i'n mynd drwy bopeth â chrib fân o hyn mlaen."

Mae Mam yn dod i fyny'r grisiau wedyn ac yn eistedd yn dyner wrth fy ymyl, fel petawn i'n fregus a bod arni ofn rhoi pwysau arna i rhag ofn i fi frifo mwy.

"Rhyfedd bod ti'n caru'r soffa fach yma gymaint. Pan dwi'n gweld ti'n eistedd fan hyn, dwi wastad yn drist na fyddai dy Nain Josie wedi byw chydig bach hirach. Fe arhosodd hi i ti gyrraedd, ti'n gwbod. Roedd hi'n dy garu di'n llwyr."

"Ond doedd hi ddim yn *nabod* fi!" Dwi'n cydio yn y ratl eto a'i siglo.

"Dwi'n falch bod e'n dal i neud sŵn. Dwi'n sylweddoli bod pawb 'di bod yn canolbwyntio yn ddiweddar ar Krish a Mira'n gadael, a ti'n dechrau'r ysgol uwchradd," mae Mam yn fy ngwasgu ati, "ond ti *yn* gwbod faint ry'n ni i gyd yn dy garu di, on'd wyt ti?"

"Dwi'n *gwbod*, sdim rhaid i ti ddweud e, Mam."

"Iawn, 'te. Dwi 'di paratoi'r gwely i ti yn dy stafell newydd, pam na 'nei di symud dy bethau i mewn?"

"Cyn bo hir."

Ro'n i wastad wedi dychmygu y byddwn i'n treulio'r noson cyn dechrau'r Uwchradd gyda Kez, ac mewn ffordd, mae hynny'n wir… wrth i fi gofio'r diwrnod erchyll yna ar ddechrau gwyliau'r haf pan oedd popeth fel petai wedi newid rhyngddon ni. Dwi ddim yn siŵr pam dwi'n mynd dros y peth dro ar ôl tro. Dyw e ddim yn mynd i newid unrhyw beth. Dim ond Kez a fi sy'n sylweddoli pa mor ofnadwy oedd e. Dwi'n chwarae â'r ratl yn fy nwylo. Petai Nain Josie'n dal yn fyw, ac wedi gweld Kez a fi'n tyfu i fyny gyda'n gilydd, efallai y gallwn i fod wedi trafod gyda hi. Dwi wedi meddwl gymaint am y diwrnod hwnnw fel 'mod i wedi rhoi enw iddo. Mae'n teimlo'n fwy na dau fis yn ôl…

Diwrnod y Fainc Colli Ffrind

Dwi'n tecstio Dad: 'Wrth y goeden.'

Mae'n dod allan yn syth, yn agor dwy ochr ein drws gwirion o gul ac yn ymuno â ni ar y palmant.

Rydyn ni'n dechrau dringo'r grisiau, a gadael i Dad blygu cadair Kez a'i chario i fyny aton ni.

"Waw! Mae hon yn gadair a hanner. Tipyn haws i'w thrin na'r hen un," meddai Dad, wrth ei rhoi'n ofalus wrth ochr y tŷ.

"Mae'r un drydan yn dod yn yr haf," meddai Kez,

wrth oedi ar y grisiau a chydio'n dynn yn fy mraich, gan wneud i honno grynu. "Dwi 'di blino'n sydyn. Alla i byth fynd lan i dy stafell di. Gad i ni aros yn y gegin am heddi, Lai Lai."

Dyw hi ddim yn gwneud ffŷs, ond dwi'n gallu gweld ei bod hi mewn poen. Dwi wastad yn gallu gweld.

Rydyn ni'n eistedd wrth y bwrdd yn gwrando ar gerddoriaeth pan mae tecst yn ymddangos ar ffôn Kez.

"Bubbe sy 'na. Anghofies i am y ffisio heddi. Rhaid fi fynd beth bynnag. Natur yn galw!"

"Sori bod gymaint o risiau i fynd i'r tŷ bach, Kez. Ti'n iawn?"

"Ddim yn sbesial. Maen nhw 'di addasu'r feddyginiaeth i fi eto."

"Dad! Ma Kez yn gorfod mynd!" gwaeddaf i fyny'r grisiau.

"Newydd gyrraedd wyt ti!" gwaedda Dad yn ôl. "Sori, ffonia i di'n ôl wedyn." Mae'n edrych braidd yn streslyd wrth iddo redeg i lawr ac agor dwy ochr y drws eto.

"Dewch 'te, ferched!"

Mae'n mynd i nôl cadair olwyn Kez o'r cwpwrdd ochr, yn ei chario allan ac yn ei hagor ar y palmant.

Dwi'n cerdded gyda Kez at y grisiau wrth y drws ffrynt ac mae Dad yn brysio ati ac yn ei sgubo i'w freichiau, fel roedd e'n arfer ei wneud pan oedden ni'n fach.

Dwi'n clywed llais Jidé wrth iddo ddod rownd y gornel. Mae e ar y ffôn gyda Mira. Fel maen nhw o hyd!

"Ydw! Tu fas! Bydda i lan nawr. Chi isie help?" gofynna Jidé wedyn.

Mae Kez yn gwrido ac yn symud ei hwyneb o frest Dad, ond yna mae e'n simsanu a bron â cholli ei gydbwysedd.

Mae Jidé yn rhedeg draw ac yn dal cefn Kez i sadio'r ddau.

"Diolch! Lithres i am eiliad," meddai Dad.

"Haia, Kez. Sut ma pethau'n mynd?" meddai Jidé, gan gyffwrdd ysgwydd Kez. Mae hi'n gwingo wrth iddo ddringo'r grisiau. "Haia, Lai Lai!" A dwi'n symud o'i ffordd er mwyn iddo fynd i'r tŷ.

Mae Kez yn cau ei llygaid, yn gobeithio y byddai pawb yn diflannu.

Mae Dad allan o wynt wrth iddo osod Kez yn ei chadair. Mae'n sychu'r chwys oddi ar ei dalcen, fel petai'n beio'r tywydd am y ffaith ei fod yn cael trafferth anadlu.

"Dyna ti, Kez."

"Diolch!" sibryda hithau, a'i phen yn isel.

"Dim problem," meddai Dad dan bwffian. "Un dda yw hon! Tipyn ysgafnach na'r hen un."

Pam mae Dad yn mynd ymlaen ac ymlaen am y gadair, fel petai'n gar newydd neu rywbeth?

"O leia mae'r *gadair* yn ysgafnach," meddai Kez.

"O, do'n i ddim…"

Dwi'n rhythu ar Dad.

Pan mae Dad wedi mynd mae gwên Kez yn diflannu. Dydyn ni ddim yn siarad wrth i fi ei dilyn i'r parc, ac anelu am y fainc agosaf ar y llwybr sy'n arwain at yr ysgol.

"Gawn ni siarad am funud?" gofynna Kez. Dwi'n eistedd ar y fainc ac mae hi'n edrych yn syth i fy llygaid. "Dyna'r tro olaf ma hynna'n digwydd. Dwi *byth* yn mynd i gael fy nghario fel'na eto."

"Ddweda i wrth Dad am ofyn wyt ti isie help… i gael dy gario."

"Dwi *byth* isie cael fy nghario eto." Mae'n dechrau mynd yn flin.

"Sori, Kez!"

"Ddim dy fai di, Lai Lai. Mae'n fy mhoeni i nawr. Tasen i dy faint di falle byddai'n wahanol… ond mae'n teimlo'n rhyfedd, yn enwedig o flaen rhywun fel Jidé. Ro'n i'n teimlo fel babi anferth."

"Fydde Jidé ddim yn meddwl —"

"Na, ti ddim yn deall! Sai'n poeni beth ma pobl eraill yn feddwl. *Fi* roedd dy dad yn gorfod ei chario… Falle ar ôl treialu'r peth stretsio'r tendonau 'ma bydda i'n gallu mynd lan a lawr y grisiau ar ben fy hunan…"

"Pryd maen nhw'n neud hynna?"

"Sai'n siŵr pryd. Ond bydda i'n dal i fynd mewn ac allan o'r gadair 'ma am sbel fach. Ma 'nghyhyrau i'n blino. Ond galli di ddod draw unrhyw bryd." Mae Kez yn symud yn anesmwyth yn ei chadair. "Dwi wir isie pi-pi! Rhaid fi fynd nawr! Paid poeni am dywys fi adre."

Dwi'n edrych ar Kez tan iddi gyrraedd y palmant. Dwi'n dweud wrtha i fy hun, os bydd Kez yn edrych yn ôl ac yn codi llaw bydd popeth yn iawn.

Ond dyw hi ddim.

Y diwrnod hwnnw oedd y dechrau – y teimlad fod pethau'n mynd i newid. Dwi'n siglo ratl Nain Josie tan i'r sain ganu drwy fy mhen a fy llonyddu, fel petai rhywun yn canu hwiangerdd ac yn gwneud i fi anghofio.

9

Dwi'n deffro ar fy nyth, a fy llaw wedi'i chau'n dynn o gwmpas ratl Nain Josie. Mae rhywun wedi gosod dwfe drosta i. Rhaid 'mod i wedi mynd i gysgu'n gynnar. Dwi'n llithro'r ratl i mewn i'r glustog, ac wrth wneud hynny dwi'n teimlo'r llythyr oddi wrth Simon Makepeace.

"Do'n i ddim isie deffro ti. Rhaid bod ti 'di blino'n lân. O leia ti 'di cael noson dda o gwsg." Mae Mam yn dylyfu gên wrth gerdded i lawr y grisiau top. "Dwi ffaelu credu allet ti gysgu fan'na!"

"Wel, fe 'nes i!"

"All hi byth fod yn gyfforddus iawn, a sdim lle i stretsio."

"Dwi'n cyrlio fel pêl beth bynnag."

Mae Mam yn eistedd wrth fy ymyl i ac yn profi sbringiau'r seddi. Does dim sbring.

"Blew ceffyl yw'r stwffin. Gofynnodd y gorchuddiwr dodrefn os o'n i isie ei ailstwffio, a falle ddylen i fod wedi..."

Yna, mae Mam fel petai'n cael ei tharo gan fellten. Mae'n gafael yn fy mraich, yn y man mae'r ecsema wedi mynd yn waeth. Mae'r crafu wedi dechrau ar y fraich arall nawr a thu ôl i'r ddwy ben-glin hefyd. Ond y peth gwaethaf yw 'mod i ddim yn sylwi 'mod i'n crafu.

"O, falle fod 'da ti alergedd i'r soffa! Dyna'r tro ola i ti gysgu arni drwy'r nos, iawn?"

"Na, dim alergedd yw e. Dwi 'di bod yn eistedd arni ers blynyddoedd."

"Ma hynny'n wir… ond yn fwy aml yn ddiweddar. Falle bydd dy groen di'n setlo eto ar ôl i ti ddechrau yn yr ysgol newydd. Ga i eli croen i ti'n nes mlaen. Ti'n poeni am ddechrau yn yr Uwchradd? Ti isie i fi gerdded mewn 'da ti, dim ond ar y diwrnod cynta?"

"Ie, iawn, chydig bach, na! Pa gwestiwn ti moyn fi ateb?"

"Sori!" Mae Mam yn chwerthin. "Ond bydden i'n hoffi cerdded mewn 'da ti…"

Fel petai *hynny*'n mynd i helpu! Byddai man a man i fi gyhoeddi dros yr uchelseinydd i bawb pa mor nerfus ydw i: "Mae babi'r teulu 'di cyrraedd o'r diwedd, a'i mami'n gwmni!"

"Bydda i'n iawn, Mam!" dwedaf, gan daflu'r dwfe oddi arna i a mynd i wisgo yn stafell Mira.

Dwi'n edrych yn y drych ac yn sylwi ar y cylchoedd du dan fy llygaid, wedyn dwi'n gwisgo fy ngwisg ysgol sydd wedi ei gosod yn barod ar y gadair. Roedd Mira'n iawn. Dylwn i fod wedi cael fy siaced fy hun. Dwi ar goll yn hon. Tynnaf fy sgert i fyny, lle mae'n llithro dros fy nghluniau. Sdim byd yn ffitio'n iawn, heblaw am y tei.

"Mam, dwi 'di penderfynu 'mod i isie gwisg ysgol newydd."

Mae Mam yn edrych drwy ochr ei llygad arna i a fy siaced enfawr, ond yn parhau i goginio.

Pump, pedwar, tri, dau… ac ar yr union eiliad, mae'r larwm mwg yn canu. Cydiaf mewn lliain llestri a'i chwifio.

Ro'n i'n arfer meddwl bod clywed y larwm mwg yn canu yn ddoniol, pan oedd Mira a Krish yma, ond nawr, pan mae'r sgrechian yn dechrau, fi yw'r unig un sy'n trio chwythu'r mwg i ffwrdd, ac mae'n rhoi pen tost i fi.

"Laila, ma diwrnod cynta'r tymor braidd yn hwyr i sôn am wisg ysgol newydd!"

"Ond *ti* ddwedodd dylwn i gael un sy'n ffitio'n iawn."

Mae Mam yn ceisio'i gorau i gael gwared ar y bancosen sydd wedi sticio ar waelod y ffreipan.

"Iawn, awn ni penwythnos nesa," ochneidia.

Dwi'n eistedd wrth y bwrdd ac yn bwyta'r bancosen ddu yn araf. Mae Mam yn gosod paned o de o fy mlaen.

"Llaeth, dim siwgr, 'na ti! Fydd dim amser i neud pancos bob dydd, cofia, ond dwi'n dechrau gwaith yn hwyrach heddi, felly ti'n lwcus. Bydd rhaid bod yn fwy trefnus o hyn mlaen! Falle gadael y bwyd mas y noson gynt, i ti gael helpu dy hunan yn y bore…"

"Diolch, Mam." Dwi'n yfed sip o'r te. Dwi'n dechrau mwynhau'r blas.

Ar ôl brecwast mae Mam yn mynnu tynnu llun ohona i yn y stafell ffrynt.

"Bydde gwisg ysgol newydd 'di bod yn well ond diwrnod cynta yn yr Uwchradd yw diwrnod cynta yn yr Uwchradd. Diwrnod hanesyddol!"

"Dwi'n meddwl bod diwrnod fel hyn 'di digwydd i bobl eraill hefyd, Mam. Oes *rhaid*?" cwynaf.

Mae'n dal ei iPhone ac yn clicio a chlicio.

Dwi'n gwenu'n ffals.

Petai Mira yma, byddwn i wedi gofyn iddi roi *French plait* yn fy ngwallt, a byddai Krish yn ceisio 'nghodi i neu wneud fy nhei i'n fwy tenau neu'n fwy tew. Byddai'r ddau'n sefyll bob ochr i fi fel dau brop mewn sgrym, yn fy nghynnal i.

"Mae'n draddodiad!" meddai Mam. "Dyna ni… dwi 'di postio ar Facebook."

"Do't ti ddim yn postio stwff pan oedd Mira a Krish yn dechrau yn yr Uwchradd!"

"Na… ond!"

Mae'n dangos y llun i fi. Hyd yn oed ar ôl yr holl gwsg dwi'n dal i edrych wedi blino, ac mae'r siaced fel rhyw focs du amdana i.

"Hoffi fe?"

"Oes ots?"

"O, paid bod mor bigog, Laila!"

Dwi'n ochneidio pan wela i'r geiriau:

Fy nghyw melyn olaf yn mynd i'r Ysgol Uwchradd!

Grêt. Y postiad diwethaf oedd fideo Krish o'r neidr yn y gegin, sydd wedi cael llwyth o fodiau Hoffi a Sylwadau. Dwi'n darllen rhai ohonyn nhw eto:

Ble WYT ti? Yn y jyngl?

Ydy hwnna yn dy gegin di go iawn?

Mam yn dweud bod y cylch newid 'di dechrau! Janu X

Noson dawel adre 'da'r cobra!

Sori, methu dod draw nos yfory! Golchi 'ngwallt!

Chi di galw'r RSPCA? Beth ddwedon nhw?

BTEC mewn Ymlusgiaid? Chi'n sssssseriws!?

Nos Sadwrn gyffredin yn nhŷ'r Levensons!

Mae cofio gwallgofrwydd y diwrnod yn gwneud i fi deimlo'n hapusach.

"Be sy'n ddoniol?" gofynna Mam.

"Dim byd! Y sylwadau am y neidr!"

Mae ias yn mynd drwy Mam. "Yy, paid atgoffa fi! Fe ddweda i ta-ta cyn agor y drws."

Mae'n lledu ei breichiau a dwi'n gadael iddi fy nghofleidio'n dynn tan i'w ffôn hi ganu.

"Rhai sylwadau i ti!" Ac mae'n rhoi'r ffôn i fi.

Mira: Pob lwc, chwaer! xxx

Nana Kath: Mae'n gwisgo blesyr bachgen!

Krish: Criw cŵl y teis tenau 'te!

Hannah: Sut aeth yr amser mor glou? Dwi'n rhannu dy boen!

Nana Kath: Pam mae'n edrych mor flinedig? Faint o'r gloch aeth hi i'r gwely neithiwr?

Priya: Rocio'r wisg ysgol!

Anjali: Merch fach bert!

Dad: Ein babi bach biwtiffwl ni yn yr Uwchradd... Naaaaaaaaaa!

Dwi'n tynnu'r tei yn dynnach i drio stopio fy hun rhag crio. Be sy'n bod arna i? Mam a Mira sy'n crio… nid fi. Dyna fel mae hi i fod.

Dwi'n camu allan drwy'r drws a cherdded i lawr y grisiau.

"Bydd yn ofalus wrth groesi'r hewl, Laila, dyw pawb ddim yn stopio wrth y groesfan," meddai Mam wrth i fi ei hel yn ôl i'r tŷ. Mae'n chwerthin ac yn cau'r drws ar ei hôl.

Mae Jeff y postmon yn sefyll wrth y goeden, yn darllen y poster am y neidr.

"Sneb wedi ei chasglu eto?" gofynna.

"Na, sai'n credu," atebaf, gan drio cerdded heibio cyn iddo fy nal i am 'sgwrs'.

"Ti bant i'r Uwchradd, Laila? Dim ond pum munud yn ôl gest ti dy eni! Dwi'n cofio…"

O na, ddim eto! Dwi wedi clywed y stori ganwaith o'r blaen.

"… Es i i gnocio ar y drws â pharsel i dy fam, a daeth dy fam at y drws â'i pharsel bach newydd ei hunan yn ei breichiau! Dim ond oriau oed!"

Mae'r chwerthiniad bach nerfus 'ma'n dod allan o 'ngheg. "Rhaid i fi fynd!" dwedaf, gan wasgu heibio troli Jeff.

Dwi'n nabod sawl un o'r ysgol gynradd sy'n cerdded yr un ffordd â fi. Dydyn ni ddim yn dweud helô ond does dim ots ganddyn nhw os dwi'n cerdded gyda nhw. Mae pawb yn edrych yn llai yn eu gwisgoedd ysgol newydd, yn enwedig o gymharu â'r plant hŷn. Mae rhai o'r rheini fel cewri. Dwi'n gwrando ar y plant fy oed i'n siarad, yn holi ei gilydd am eu gwyliau, yn ceisio dychmygu'r athrawon, yn poeni am fynd ar goll, yn teimlo'n wirion yn eu gwisgoedd… fe *allen* i ymuno yn y sgwrs, ond dwi'n teimlo gymaint ar wahân. Ddim eu bai nhw yw hynny. Dwi ddim wedi gwneud rhyw ymdrech fawr i wneud ffrindiau â neb heblaw Kez.

Mae pawb yn cael eu gwthio oherwydd fod y palmant yn llawn disgyblion. Dwi'n gallu gweld y Fainc Colli Ffrind yn y pellter. Alla i ddim cerdded heibio'r fainc, oherwydd dwi'n dweud wrtha i fy hunan os na wna i gerdded heibio, falle bydd popeth yn mynd yn ôl fel oedden nhw rhyngdda i a Kez. Dwi'n cerdded ar hyd y llwybr arall i mewn i'r parc. Does neb arall yn cerdded y ffordd yma heblaw am un hen ddynes, gyda'i chi hŷn fyth sydd prin yn gallu cerdded o gwbl. Dwi ddim yn siŵr pa un sy'n aros am y llall. Mae'n gwenu arna i a dwi'n gwenu'n ôl. Dwi ddim yn meddwl 'mod i erioed wedi teimlo mor unig â hyn.

Dwi'n cyrraedd gatiau'r ysgol ac yn edrych ar hyd y llwybr at y fainc. Dyw'r sefyllfa ddim yn edrych yn well o'r ongl yma. Dwi'n aros munud arall i weld a ddaw hi.

"Aros am ffrind?" gofynna'r ddynes wrth y gât. Dwi'n nodio, ac yna mae'n tapio'i horiawr.

"Wel, dol! Ma 'da ti ddwy funud i fynd i'r ysgol."

Dwi'n nodio eto.

"Well i ti fynd nawr. Ti ddim isie bod yn hwyr ar dy ddiwrnod cynta!"

Yn y Cynradd dwi'n meddwl bod rhai o'r athrawon yn credu 'mod i'n helpu Kez, ei bod hi'n dibynnu tipyn arna i. Ond fel arall mae hi go iawn.

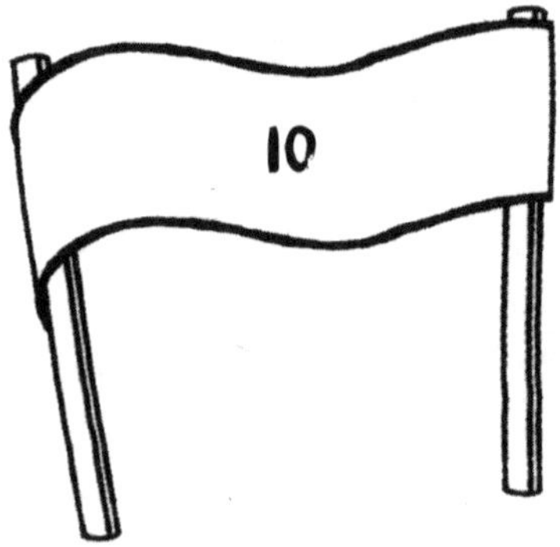

Dwi'n darllen rhestr enwau'r rhai sydd yn fy nosbarth cofrestru. A dyw Kez ddim ar y rhestr, yn bendant. Ar ôl yr hyn ddwedon nhw yn y cyfarfod pontio dwi ddim yn deall pam nad ydyn ni wedi cael ein rhoi gyda'n gilydd. Oni bai… Alla i ddim peidio meddwl mai Kez sydd wedi trefnu hyn.

Roedd hi'n bosib gofyn am ddau ffrind fyddech chi'n hoffi bod yn yr un dosbarth â nhw, ond yr unig un ro'n i wir eisiau bod gyda hi oedd Kez, felly dim ond ei henw hi sgwennais i. Mae bachgen o'r enw Carlos oedd yn y dosbarth Blwyddyn 6 arall yn yr un ysgol gynradd, ond dwi ddim yn ei nabod e. Newydd gyrraedd yr ysgol oedd e a doedd ganddo ddim llawer o Saesneg bryd hynny. Ond mae ei iaith yn anhygoel erbyn hyn. Dwi'n meddwl mai Sbaenwr yw e, ond dwi ddim yn siŵr.

Mrs Latif yw enw'n hathrawes ddosbarth. Mae'n dweud mai athrawes Athroniaeth a Moeseg yw hi, a phwnc o'r enw 'Dinasyddiaeth' mae Krish wedi sôn amdano. Dyna oedd ei hoff bwnc ac roedd e'n siomedig nad oedd hi'n bosib sefyll arholiad ynddo. Mae Mrs Latif yn esbonio pam mai Saith Taf yw enw'r dosbarth cofrestru: "Mae sawl afon wahanol yn llifo i'r ddinas, neu'n llifo i'r môr, i fod yn fanwl! Oes rhywun yn gwybod lle mae'r Taf yn tarddu?"

"Bannau Brycheiniog!" gwaedda Carlos.

Dwi wedi bod yn meddwl y dylwn i fod yn fwy llafar yn yr Uwchradd nag o'n i yn y Cynradd, yn enwedig pan 'mod i'n sicr o'r ateb cywir.

Mae Mrs Latif yn dal, a chanddi wyneb main ag esgyrn ei bochau'n uchel, llygaid tywyll ac amrannau trwchus, aeliau perffaith a styden fach ddiemwnt yn ei thrwyn. Mae ei gwefusau wedi eu peintio mewn lliw plwm ac mae ei sgarff pen lliw arian wedi ei haddurno ar yr ochr â chlip diemwntau. Mae'n gwisgo ffrog blaen ddu a gemwaith arian trwm, ac mae ei hewinedd yr un lliw â'i lipstig. Dwi'n hoffi ei sgidiau… rhai fel *brogues* ond lliw arian. Dyw hi ddim yn deg. Os oes rhaid i'r disgyblion wisgo gwisg ysgol, pam na ddylai'r athrawon?

Mae Mrs Latif yn dweud mai newydd ddechrau yn yr ysgol hon y mae hi, ac yn yr ysgol flaenorol ei bod hi'n dysgu Addysg Grefyddol.

"Chi fydd fy nghenhadon bach athroniaeth i yma!" meddai.

Uwchben y bwrdd gwyn mae hi wedi gosod arwydd ar gerdyn glas llachar:

Mae'r ysgol yn croesawu pawb o bob crefydd,
a rhai digrefydd.

Dwi'n ei ddarllen e sawl gwaith. Dwi'n credu ei fod e'n beth da ei bod hi wedi ei roi ar y wal fel bod pawb yn gallu ei weld, oherwydd pan dwi'n gwylio'r newyddion mae llawer iawn o'r ymladd sy'n digwydd yn y byd yn ymwneud â'r grefydd mae pobl yn perthyn iddi, neu ddim yn perthyn iddi: beth maen nhw'n credu ynddo, neu beidio.

Mae Mrs Latif yn cydio mewn pen marcio du ac yn gwneud colofnau ar y bwrdd gwyn dan wahanol benawdau:

Enw	Diddordebau	Tiroedd Cysylltiedig	Ieithoedd
Credoau	Crefydd	Hoff bynciau	

Do'n i ddim wedi meddwl bod amser cofrestru ar gyfer pethau fel hyn. Mae Mrs Latif yn mynd o gwmpas y dosbarth yn cofnodi'r enwau yn y gofrestr electronig, mor gyflym â phosib.

"Nawr, dwi'n meddwl dylen ni ddechrau drwy ddod i wybod ambell beth am ein gilydd! Mewn munud, bydda i eisiau i chi gerdded o gwmpas y dosbarth gyda'ch llyfr nodiadau, yn gofyn cwestiynau i'ch gilydd. Dwi wedi rhoi ambell bennawd fan hyn i chi fel man cychwyn," mae'n tapio ar y bwrdd, "ond gallwch chi ychwanegu unrhyw beth arall. Dim ond dechrau dod i adnabod ein gilydd yw hyn. Ceisiwch lenwi cymaint â phosib am gymaint o bobl â phosib yn yr amser byr sydd gyda ni. A thros yr wythnosau nesaf bydd pawb wedi cwrdd â phawb. Unrhyw gwestiwn?"

Mae merch sy'n eistedd y tu ôl i fi yn codi ei braich.

"Ydy cred yr un peth â chrefydd?" gofynna.

"Dyna'r union fath o gwestiwn ro'n i wedi gobeithio amdano… beth yw dy enw di?"

"Pari."

"Haia, Pari." Mae Mrs Latif yn meddwl yn galed cyn ateb. "Na, dwi ddim yn meddwl. Ond mae 'na gysylltiad. Mae'n gymhleth ond gallwn ni drafod materion fel hyn yn y cyfnod cofrestru. Gallwch chi hefyd gadw llygad am unrhyw newyddion gallwn ni drafod."

"Esgusodwch fi. Beth yw 'Tiroedd Cysylltiedig'?" gofynna Carlos.

"Beth wyt *ti*'n feddwl?"

"Dwi'n dod o Sbaen ond ma gen i deulu dros y byd…"

"Ble?" gofynna Mrs Latif.

"Wel, ma 'da fi ewythr yng Nghiwba… a theulu ym Mecsico, Ffrainc a Sbaen… America a Chanada…"

"Dyna ni! Ond fel dwedais i, sdim rhaid cadw at y penawdau yma yn unig. Dewch! Gawn ni weld faint o bobl gallwch chi gwrdd, a faint o'r byd allwn ni ei gyrraedd yn y munudau nesa."

Yn raddol, mae'r stafell yn llenwi â sŵn.

Y person cyntaf dwi'n cwrdd â hi yw Stella. Mae hi'n meddwl na ddylen ni fod yn siarad am 'bethau personol' ar ein diwrnod cyntaf yn yr ysgol, ac wrth i fi drio siarad â hi mae'n ateb bob tro trwy ddweud: Stella Hetherington.

"Dyw e'n ddim o'i busnes hi, nac unrhyw un arall beth dwi'n credu ynddo!"

Dyw Stella ddim yn sylwi bod Mrs Latif yn sefyll y tu ôl i ni.

"Y peth am yr ysgol uwchradd, Stella, yw ei fod e'n gallu agor drysau i fydoedd newydd sbon, os wyt ti'n barod i gamu iddyn nhw."

"Y'n ni isie agor mwy o ddrysau? Dwi'n gwbod o ble dwi'n dod!" meddai Stella gan fwmial dan ei hanadl.

Mae Mrs Latif yn ei hanwybyddu hi. Dwi'n dweud fy enw wrth Stella ond mae ei gwefusau hi wedi eu cau. Mae pethau'n dechrau mynd yn lletchwith, felly dwi'n symud ymlaen.

Y person nesaf yw'r ferch o'r enw Pari a ofynnodd y cwestiwn am grefydd. Mae'n dangos beth mae hi wedi ei sgwennu amdani hi ei hun yn ei llyfr nodiadau, dan y gwahanol benawdau.

Enw: Pari Pashaei
Ieithoedd: Cymraeg, Saesneg ac Arabeg
Diddordebau: Athletau a darllen
Tiroedd Cysylltiedig: Iran/ Y Deyrnas Unedig
Credoau: Tegwch, Cyfiawnder, Hawliau Dynol
Crefydd: Islam
Hoff bynciau: Hanes

Mae'n edrych yn fy llyfr i. "Mae dy gredoau di yn gymhleth!" Mae'n chwerthin, wrth ddarllen dros fy ysgwydd.

"Mae'n anodd." Dwi'n codi fy ysgwyddau. "Falle bod e ddim yn iawn."

Enw: Laila Levenson
Ieithoedd: Cymraeg a Saesneg
Diddordebau: ??? Dawnsio?
Tiroedd Cysylltiedig: India, Gwlad Pwyl, Y Deyrnas Unedig, America
Crefydd: Hindŵaeth, Cristnogaeth, Iddewiaeth. Pob un/Dim un?
Hoff bynciau: ?? Ddim yn siŵr.

"Ti'n credu yn un o'r crefyddau yna 'te?" gofynna Pari.

Dwi'n edrych ar yr arwydd uwchben y bwrdd gwyn.

"Ym, na, dim un."

"Ond ti'n gwbod amdanyn nhw?"

"Ddim yn iawn. Wel, rhywfaint… ma rhai o'r teulu'n gwbod."

Pam na allwn i swnio'n fwy credadwy, hyd yn oed i fi fy hun?

Mae Pari'n edrych arna i fel petai e ddim yn glir o gwbl iddi. Mae'n pwyntio at fy enw, er mwyn symud y sgwrs ymlaen, dwi'n meddwl.

"Ma dy enw di'n debyg i un Mam… Leyla."

Mae Mrs Latif yn dal ei llaw yn yr awyr ac yn defnyddio

ei bysedd i gyfri i lawr o un ar ddeg i un. Mae pawb yn syllu arni erbyn iddi orffen. Mae ganddi un ar ddeg bys. Wir!"

Mae'n dal ei llaw chwith yn yr awyr er mwyn i bawb gael gweld yn iawn.

"Dyma fy mys babi!" meddai, gan siglo'i bys bach, ac mae'r bys babi yn siglo hefyd. "Oes rhywun arall â bys ychwanegol ar eu traed neu eu dwylo?"

Does neb yn codi llaw.

"Felly, sdim un athro arall yn yr ysgol yma sy'n cyfri i lawr o un ar ddeg… un eiliad arall i chi i dawelu… ond peidiwch â'i gymryd e'n ganiataol! Mae'n hen fys bach cas weithiau!" Mae pawb yn chwerthin ar jôc Mrs Latif, ac mae hi'n dechrau cyfri i lawr eto yn gyflym ac yn edrych yn fwy ffyrnig wrth gyrraedd ei chweched bys.

"Felly… nawr, gadewch i ni weld faint y'n ni wedi dod i wybod am ein gilydd o fewn yr amser byr yna."

Mae'n sgwennu'r teitl '7 Taf, Tymor yr Hydref – Diwrnod 1' ar y bwrdd gwyn.

"Faint o ieithoedd sydd ganddon ni? Bydd Mr Keegan, Pennaeth Ieithoedd, â diddordeb yn hyn. Rhestrwch nhw i fi, heb ailadrodd." Mae Mrs Latif yn mynd o gwmpas y dosbarth, ac yn sgwennu rhestrau. Pobl o wahanol grefyddau hefyd: Crynwyr, Islam, Cristnogaeth, Iddewiaeth, Siciaeth, Catholigiaeth, Tystion Jehofa, Hindŵaeth… Alla i ddim credu pa mor hir yw'r rhestrau, yn enwedig y rhai 'Tiroedd Cysylltiedig' ac 'Ieithoedd'.

Ar ôl eu cyfri, mae'r dosbarth â chysylltiad â phum deg dau o wledydd gwahanol.

"Sawl gwlad sydd yn y byd i gyd?" gofynna merch dwi newydd fod yn siarad â hi.

Dwi'n edrych ar fy rhestr. Milena yw ei henw hi, mae ei theulu'n hanu o Fwlgaria ac mae'n Fwslim.

"Mae hynny'n ddadleuol. Cant naw deg pump neu chwech?"

Mae Milena'n chwibanu.

"Ond mae ffiniau gwledydd yn gallu symud dros amser," ateba Mrs Latif, "a ddim bob amser yn heddychlon."

Pan mae'n dweud hyn mae'n crychu ei gwefusau fel petai ar fin dweud rhywbeth arall, ond yna mae'n gwneud sŵn popio ac yn penderfynu peidio dweud dim.

Mae Mrs Latif yn rhoi cylch ar y bwrdd gwyn o gwmpas iaith o'r enw 'Lingala'. "Pwy sydd wedi nodi'r iaith yma?" Mae'n gwenu ac yn edrych arnon ni.

Mae merch dwi heb gwrdd â hi eto yn codi ei braich yn swil.

"A, Carmel!" Gwena Mrs Latif yn gefnogol ar y ferch wrth iddi ddweud bod ei rhieni o Gamerŵn.

"Mae miliynau o bobl yn ei siarad," meddai Carmel, gan edrych i lawr ar y ddesg. Mae'n edrych yn llawn cywilydd. Dwi'n deall sut mae'n teimlo. Dwi'n casáu siarad o flaen y dosbarth pan mae athro'n gofyn cwestiwn yn annisgwyl.

"Mae'n swnio fel cân… Lin-ga-la!" Mae Mrs Latif bron yn canu'r gair, sy'n gwneud i Carmel wenu. Ac er ei bod hi'n dal i edrych yn llawn embaras, mae'n edrych yn hapus hefyd.

Mae Stella'n codi ei llaw.

"Dwi'n siarad Eidaleg ac mae Tad-cu ar ochr Mam yn siarad Cernyweg – ydy hynny'n cyfri hefyd?" gofynna. Mae'n swnio braidd yn flin.

Mae Mrs Latif yn gwenu eto ac yn ychwanegu 'Cernyweg' at y rhestr ieithoedd.

"Baswn i wrth fy modd yn clywed Cernyweg. Wyt ti'n ei siarad?"

Mae Stella'n siglo'i phen.

"Allet ti ofyn i Dad-cu ddysgu ambell beth i ti a gallwn ni i gyd eu dysgu wedyn? Ac ydy, Stella, mae'n cyfri. Maen nhw *i gyd* yn cyfri." Edrycha Mrs Latif ar ei horiawr. "Nawr, dewch â'ch nodiadau i fi, a fory, bydd gen i'r rhestrau yn fwy manwl. Dim ond dechrau taith Saith Taf yw hyn… Mae'r wers ddwbl wedi bod yn ddefnyddiol i gael dechrau da, ond dim ond braslun sydd ganddon ni hyd yma, a byddwn ni'n llenwi'r bylchau bob dydd."

"Y'n ni'n cael yr un athro dosbarth *drwy'r* ysgol?" gwaedda Stella, gan grychu ei thrwyn.

"Dyna beth yw'r drefn yn yr ysgol yma." Mae Mrs Latif yn gwenu ar Stella, sy'n cicio cefn y gadair o'i blaen. "Mae'n gyfle da i ni i gyd dyfu gyda'n gilydd!"

Dwi'n meddwl bod Mrs Latif wedi sylwi ar yr olwg ar wyneb Stella, ond mae'n edrych i gefn y dosbarth fel petai heb weld.

"Nawr, byddwn ni'n mynd dros y rheolau dros yr wythnosau nesa, ond rhaid i fi ddweud wrth bawb ar y dechrau fel hyn fod gen i un rheol fydda i *byth* eisiau i neb ei thorri yn y dosbarth yma."

Mae'n wirioneddol ddifrifol am eiliad ond yna mae ei cheg yn troi'n wên lachar. Sut mae ei lipstig hi'n aros mor berffaith? Mae'n cydio mewn pen marcio gwyrdd ac yn sgwennu rhywbeth ar y bwrdd gwyn alla i ddim ei weld tan iddi orffen.

"Sdim ots be sy'n digwydd y tu allan i'r dosbarth yma, yn y byd mawr, ond dyma beth dwi'n disgwyl yn fy nosbarth *i*..."

DANGOS PARCH I BAWB.

Mae'n tanlinellu'r geiriau dair gwaith. "Ydy pawb yn deall?" gofynna, gan edrych o gwmpas y stafell am ateb a gadael i'w gwên hofran dros Stella am eiliad.

Mae rhai'n sibrwd yr ateb.

"Parchu'n gilydd! Ie. Nawr bod pawb yn deall, gewch chi fynd, ond dwi am roi cwestiwn moesegol y tymor i chi... un da i gael pawb i siarad! Mae tipyn o drafod ar 'y gwir' ar hyn o bryd. Ac mae rhywbeth o'r enw 'ôl-wirionedd' – term sydd yn y geiriadur, credwch neu beidio – felly dwi'n meddwl dylen ni ei drafod ymhellach. Pan ddwedwn ni *ôl*-rhywbeth, beth mae'n feddwl?"

Mae'n sgwennu enghreifftiau ar y bwrdd gwyn.

Ôl-fodernaidd
Ôl-enedigol

Ôl-nodyn
Ôl-wirionedd

"Ar ôl," gwaedda Milena.

"Felly beth sy'n dod ar ôl y gwir?" Mae Mrs Latif yn codi ei haeliau ac yn siglo'i phen.

Dwi ddim yn siŵr ydy hi eisiau i ni ateb, neu'n gadael i'r cwestiwn hofran yn yr aer. Mae'n troi'n ôl at y bwrdd gwyn.

"Pwy a ŵyr? Ond dwi'n teimlo mai ffordd dda i ystyried rhywbeth yw i edrych ar y gwrthwyneb. Gwrthwyneb y gwir yw..."

Dyw hi ddim yn troi i'n hwynebu ac mae rhai, gan gynnwys Pari, yn gweiddi "Celwydd".

Mae Mrs Latif yn nodio ac yn sgwennu dau gwestiwn ar y bwrdd gwyn. "Falle bod y ddau yr un peth ond weithiau mae'n helpu i chwarae o gwmpas â syniad. Troi rhywbeth ar ei ben."

Ydy hi *bob amser* yn anghywir i ddweud celwydd?
Ydy hi *bob amser* yn gywir i ddweud y gwir?

"Reit, Saith Taf, amser cofrestru ar ben! Dim cwestiynau hawdd, dim atebion hawdd! Ymarfer y meddwl – mae hynny mor bwysig. Bant â chi nawr i'ch gwersi cyntaf."

Ydy hi* bob amser *yn anghywir i ddweud celwydd?
Ydy hi* bob amser *yn gywir i ddweud y gwir?

Efallai y dylwn i ffonio Mira i ddweud wrthi ’mod i wedi agor y llythyr.

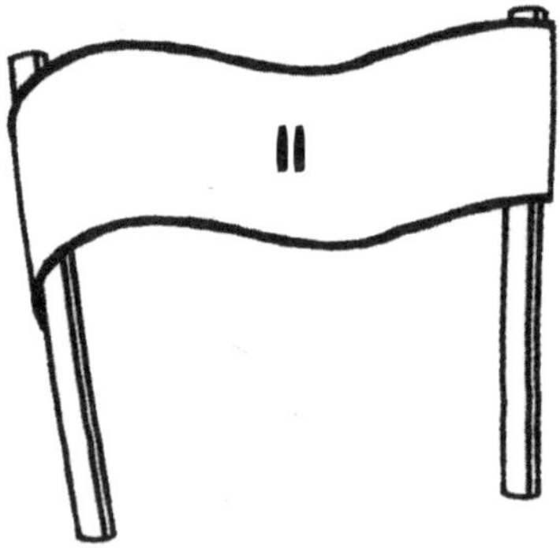

Dwi'n treulio amser egwyl i gyd yn chwilio am Kez ond mae'n amhosib ei gweld hi yng nghanol gymaint o bobl yn gwisgo'r un peth. Mae'r ysgol fel drysfa o goridorau. Pam oedd rhaid iddyn nhw gael gwared o'r bloc soniodd Mira amdano – oedd yn swnio'n fwy cartrefol, ac i Flwyddyn 7 yn unig, fel ysgol lai, ar ei phen ei hun?

Dwi ddim yn gweld Kez tan i fi sefyll yn y ciw cinio, yn aros i gael sganio fy mys bawd. Mae'n eistedd wrth fwrdd wedi ei hamgylchynu gan griw o bobl.

Nawr 'mod i yma, mae'n teimlo braidd fel bod mewn ffatri. O'r diwedd daw fy nhro i i roi fy mawd ar y sganiwr. Ac yn syth, mae fy enw'n dod ar y sgrin: 'Laila Levenson'. Mae'n nodi bod gen i £20 i'w wario. Dwi'n cerdded ar hyd y cantîn ac yn dewis brechdan gaws, sudd afal a fflapjac. Ar ddiwedd y ciw mae'r ddynes cinio'n sganio'r pacedi ar sgrin arall. "Bant â ti. Nesa!" meddai.

Mae'n costio £3.50. Mae golau'n fflachio. '£16.50 ar ôl.'

Dwi'n chwilio am le i eistedd yn agos i Kez ond does dim cadair sbâr. Dwi'n sefyll yn stond gyda fy hambwrdd o fwyd, yn dyfalu ydy hi wedi fy ngweld i neu beidio, ond mae'n rhy brysur yn sgwrsio, felly dwi'n edrych o gwmpas y stafell i weld oes unrhyw un arall dwi'n ei adnabod galla i eistedd wrth ei ymyl. Gwelaf Pari, o fy nosbarth cofrestru.

Mae'n gwenu arna i gyda'i llygaid ac yn symud draw. Mae mor swnllyd yn y neuadd fwyd, mae'n anodd clywed unrhyw beth uwchben yr holl leisiau'n adleisio a'r hambyrddau'n clindarddach.

"Iawn? Lila?"

Mae'n ynganu fy enw fel Li-la yn lle Lei-la neu Lai-la.

"Laila," dwedaf.

"O, iawn, ma enw Mam yn cael ei ddweud yn wahanol," esbonia Pari. "Be ti'n feddwl o Mrs Latif? Mae'n gwbod ei stwff, on'd yw hi?"

Dwi'n nodio. "Roedd beth na'th hi bore 'ma yn dda i ddod i nabod ein gilydd. Dwi erioed 'di neud hynna o'r blaen."

"Na fi," meddai Pari. "Ti'n nabod rhywun arall yn y dosbarth?" Mae'n rhaid i Pari weiddi uwchben dwndwr y neuadd ginio. Mae'n rhyfedd sut mae'r sŵn yn cynyddu mewn tonnau ac yna'n tawelu heb unrhyw reswm.

"Na!" atebaf gan siglo fy mhen.

"Na fi! Ti isie eistedd 'da fi yn y dosbarth?" gwaedda eto, gan bwyntio'i bys at sut rydyn ni'n eistedd nawr – ochr yn ochr.

Dwi'n nodio ac yn gwenu, ac yn penderfynu bwyta mewn tawelwch yn lle cystadlu â'r holl sŵn. Mae Pari'n cymryd oesoedd i fwyta'i brechdan. Mae sticer mawr coch ar ei phecyn gwag sy'n dangos y dyddiad gwerthu.

"Ddylet ti fynd â hwn 'nôl. Dyddiad echdoe yw e. Oedd e'n blasu'n iawn?"

Dwi ddim yn siŵr ydy hi'n fy nghlywed. Dwi'n pwyntio at y label ond mae Pari'n codi ei hysgwyddau.

"Mae'n iawn. Ddim fan hyn brynes i fe. Ma bwyd fel arfer yn iawn ar ôl y dyddiad ar y pecyn."

Does dim byd arall ganddi i'w fwyta, felly dwi'n torri'r fflapjac yn ddau ac yn rhoi un hanner iddi.

"Ma'r system talu-gyda-bawd 'ma'n rhyfedd, ti'n meddwl?" dwedaf.

"Sai'n neud e. Mam ddim yn hoffi system olion bysedd. Dyna pam dwi'n dod â 'nghinio fy hunan." Mae Pari'n troi'r pecyn drosodd fel 'mod i ddim yn gallu gweld y dyddiad.

Dwi'n difaru codi'r pwnc, a gan fod y lle wedi tawelu rhywfaint, a gan 'mod i eisiau cuddio fy embaras am ofyn yn y lle cyntaf, dwi'n dechrau dweud y stori 'Arian ar fy Mawd', er 'mod i wastad yn flin pan fyddai Krish a Mira'n sôn amdano.

"Pan o'n i'n fach roedd fy mrawd a chwaer yn dod adre o'r ysgol ac yn cwyno nad oedd arian 'da nhw ar eu bys bawd ac ro'n i'n cusanu eu bysedd nhw'n well. A do'n nhw ddim yn deall pam tan i fi esbonio rhyw ddiwrnod a wedyn ges i lond twll o ofn pan ddwedodd Krish bod yr ysgol yn rhoi meicro-tship dan y croen, fel maen nhw'n neud i gi neu gath..."

Mae Pari'n chwerthin.

Mae dwy ferch hŷn, Blwyddyn 9 neu 10 efallai, yn troi ac yn gwenu arnon ni gyda golwg 'o, didyms'! "O'n ni'n arfer edrych mor fach â hynna?" clywaf un ohonyn nhw'n gofyn.

Mae Pari'n llithro'n agosach ata i, fel ein bod ni ysgwydd wrth ysgwydd, ac mae hi'n siarad yn isel.

"Ma Mam yn poeni am gamerâu diogelwch a phopeth fel'na. Mae'n meddwl byddan nhw'n defnyddio'n holion bysedd ni a'u rhannu nhw gyda phobl eraill. Dwi 'di dweud wrthi sdim hawl 'da nhw i neud hynna, ond dyw hi ddim yn credu fi."

Dwi'n teimlo braidd yn gyffrous. Dim ond ers ychydig funudau rydyn ni'n dwy wedi bod yn siarad ond mae gymaint mwy dwi eisiau ei ofyn iddi, a dod i wybod amdani. Am eiliad neu ddwy, fe wnes i anghofio'n llwyr am Kez. Ond ar y ffordd allan o'r neuadd dwi'n gweld Kez eto. Dwi'n sylwi'n syth ar y colur sydd ar ei hwyneb, er nad oes hawl gwisgo colur i'r ysgol – *eyeliner* du, a masgara, yn ogystal â gwallt wedi'i liwio, sy'n donnau coch fel gwin ac wedi ei glymu'n uchel ar ei phen fel cwch gwenyn. Mae'n rhaid ei bod hi wedi bod yn ymarfer ambell olwg newydd ar ôl dechrau dilyn rhyw flog.

"Haia, Kez!" gwaeddaf arni. Mae'n troi i edrych arna i ac yn rhoi gwên fawr hyderus 'dwi'n iawn, paid poeni'. Mae hi yn ei hwyliau Super Kez. Byddai rhai pobl yn sylwi ar ei chadair olwyn yn gyntaf, ond â'r ffordd hyderus mae hi'n cario'i hun mae'n gwneud yn siŵr mai dyna'r unig dro byddan nhw sylwi ar y gadair.

"Dyma Becs… Rebeca," meddai Kez wrtha i, gan gyflwyno'r ferch wrth ei hymyl.

"Haia!"

"Laila yw fy ffrind gorau… o'r ysgol gynradd," meddai Kez wrthi hi.

"Haia!" Mae Rebeca'n gwenu a dwi'n trio 'ngorau i wenu'n ôl, ond mae'r ffordd wnaeth Kez ychwanegu 'o'r ysgol gynradd' yn gwneud i fi swnio fel ei ffrind gorau 'o'r gorffennol', ond efallai 'mod i'n gorfeddwl pethau. Ond dwi mor falch bod Pari'n sefyll gyda fi a 'mod i ddim ar fy mhen fy hun.

"Dyma Pari – ry'n ni yn yr un dosbarth cofrestru," dwedaf, ond dwi'n difaru'n syth wrth weld Kez yn cochi fel petai wedi deall fy mhwynt i. Mae'n teimlo'n euog am rywbeth, yn bendant.

"Sut ma'r athro dosbarth?" gofynna Rebeca.

"Clyfar, doniol, steilish, Mwslemaidd, hardd!" meddai Pari, gan ddal bysedd ei llaw chwith yn yr awyr a siglo'r bys bach ar ei llaw dde. "*Ac* ma 'da hi chwe bys ar un llaw!"

"*Random*!" meddai Rebeca gan chwerthin. "Ond chi'n lwcus, mae'n athro ni…" Mae'n gwneud wyneb difrifol, yn gwneud gên ddwbl ac yn dweud mewn llais cras, dwfn, "Dwi'n disgwyl 100% – Presenoldeb, Canolbwyntio, Cyrhaeddiad. Ar ddiwedd y dydd, ry'ch chi yma i gael addysg! Does dim byd bregus a gwan am lif yr afon yn llifo i'r môr, oes e? Saith Elái ydych chi a dwi'n disgwyl i chi wireddu'r enw!"

Dwi'n siŵr bod Rebeca'n actores dda, yn ôl y newid cymeriad sydyn wnaeth hi.

"Ddim fel'na'n hollol ddwedodd e!" meddai Kez gan chwerthin. "Ond ie… dyna sut oedd e! Sylwest ti sawl gwaith ddwedodd e 'ar ddiwedd y dydd'?"

Mae Kez yn crychu ei gwefusau ac yn rhoi ei phen ar ei brest i gael yr un ên ddwbl.

"Ar ddiwedd y dydd, Kezia, nid sioe ffasiwn yw hon! Mae colur wedi cael ei wahardd yn yr ysgol! Os gwela i golur eto byddi di mewn trwbl! Ydych chi'n gyfarwydd â'r system gosbi? Byddwch chi'n cael rhybudd… ac i fod yn glir, dyma dy rybudd *di*, Kezia. Os byddi di'n torri'r rheol byddi di mewn trwbl ac os na fyddi di'n cadw at y rhybudd… ataliad."

"Ie, dyna ddwedodd e! Gest ti gerydd!" meddai Rebeca gan chwerthin.

Mae Kez yn codi ei hysgwyddau. "Ma fe'n iawn yn y bôn, am wn i, mewn rhyw ffordd… galed."

Dwi'n meddwl bod Kez yn hoffi'r ffaith ei fod e wedi ei thrin hi'r un fath â phawb arall. Mae'n casáu athrawon yn ei thrin hi'n wahanol. Mae iPad ganddi ar ei chôl ac mae'n darllen amserlen.

"Allwch chi gredu'r ap newydd 'ma maen nhw 'di gofyn i fi dreialu? Fel *sat-nav* personol! Maen nhw 'di llwytho fy amserlen, a rhaid logio rhif y stafell – drychwch!" Mae

Kez yn dangos y sgrin i ni. Mae'n teipio 'DT 24' ac mae map a chyfarwyddiadau yn ymddangos.

Mae saeth goch yn dangos ein 'lleoliad presennol' a saeth arall yn dangos DT 24, gyda rhestr o gyfarwyddiadau:

- **Trowch i'r dde**
- **Ewch yn Lifft 3 i Lawr 2**
- **Trowch i'r dde**
- **DT 24 yw'r ail ar y chwith**

"Dere, Vimana."

"Pwy yw Vimana?" gofynna Pari.

Mae Kez yn tapio ochr ei chadair. "Dwi 'di rhoi enw i'r cerbyd 'ma!"

"Dyna beth yw enw'r elusen ti'n codi arian iddi yn dy Bat Mitzvah, ie?" gofynna Rebeca.

Mae Kez yn nodio.

Dwi wedi clywed yr enw o'r blaen ond dwi ddim yn cofio ble.

"Mae'r ap 'ma'n cŵl. Os oes dosbarth yn newid stafell, rhaid i'r athro gofnodi hynny ac mae'n ailgyfeirio'r cyfarwyddiadau. Da, yndyfe?! Ond ma'r 'tocyn aur i'r liffts' bach DBLl."

Dwi'n chwerthin.

"Beth yw DBLl?" hola Rebeca.

Mae'n drist pa mor hapus dwi'n teimlo o wybod mai dim ond fi a Kez sy'n deall hyn.

Mae Kez yn codi ei llaw i boced ei siaced lle mae'r

tocyn aur i'w weld.

"DBLl! Dros Ben Llestri! Pan ma pobl yn trio neud pethau positif fel rhoi tocyn aur i'r lifft oherwydd fy anabledd."

"Ma hynna'n digwydd i fi weithiau!" meddai Pari.

Mae Kez yn edrych ar Pari gan wneud wyneb 'Be? Rili?' arni.

"Ddim achos *fi*..." Mae Pari'n stopio'n sydyn fel petai'n cofio na ddylai rannu rhywbeth. "Wel, mae'n wahanol i ti... ond dwi'n deall be ti'n feddwl."

Mae Kez yn edrych eto ar Pari fel petai'n trio'i deall.

"O ie! Braidd yn crap, on'd yw e?"

Mae Pari'n nodio.

Mae Kez yn ymddwyn yn hyderus, ond dyw hi ddim yn fy nhwyllo i. Dwi'n gallu gweld yn y tensiwn yn ei choes a'i braich faint mae hi'n poeni.

Mae'n fy ngweld i'n edrych arni, a dwi'n dechrau deall. Dyw Kez ddim eisiau rhywun fel fi yn yr ysgol uwchradd sy'n gwybod popeth amdani... sy'n gallu gweld pan mae hi'n cuddio pethau.

"Gweld chi wedyn!" Mae Kez yn chwifio'i llaw dros ei hysgwydd wrth fynd drwy'r neuadd brysur.

Dim ffŷs. Dyma'n union mae hi eisiau, a fyddwn i ddim yn ffrind gorau iddi, neu o leiaf yn hen ffrind gorau iddi 'o'r ysgol gynradd', os na fyddwn i'n gwrando arni.

Dwi'n sylwi ar Kez a Rebeca cyn i ddrysau'r lifft gau. Mae Kez yn chwarae â chudyn o wallt hir sydd wedi dod yn rhydd, ac mae hi'n gwenu arna i. Dwi'n chwarae â chudyn o 'ngwallt hefyd. Yna mae'n dal ei thocyn aur i fyny'n uchel ac yn tynnu wyneb gwirion. O'n i'n gwybod y byddai hi'n casáu'r tocyn. Mae chwarae â gwallt fel rhyw fath o god rhyngddon ni – fi a Kez – sy'n golygu… wel, roedd e'n *arfer* golygu: 'Dwi'n gwbod pwy wyt ti, a ti'n gwbod pwy dwi, a sdim ots beth mae neb arall yn y byd yn ei feddwl ohonon ni.'

Dwi eisiau rhedeg at Kez a chymryd lle Rebeca. Dwi eisiau dweud wrth Rebeca, "Gei di fynd nawr. Fi sy'n nabod Kez orau", ond nid dyna mae Kez eisiau. Mae drysau'r lifft yn cau ac mae Kez a Rebeca wedi mynd.

Mae Pari'n edrych arna i ac yna ar y lifft, ac mae'n tacluso'r sgarff sydd ar ei phen.

"Dwi'n hoffi'r lliw gwallt," meddai Pari. "Wedi ei liwio ma fe?"

Dwi'n nodio.

"Siwtio hi."

Mae'n wir. Mae'r gwallt newydd yn ei siwtio hi, ond mae'n deimlad rhyfedd iawn siarad am y person sydd wedi bod yn ffrind gorau i fi erioed gyda merch o fy nosbarth cofrestru dwi prin yn ei nabod o gwbl… ddim eto. Ond dwi'n teimlo fel taswn i'n nabod Pari ers tipyn mwy na hanner diwrnod. Yr unig dro arall dwi wedi teimlo fel yna yw pan gwrddais i â Kez ar y diwrnod cyntaf yn yr ysgol feithrin.

*

Beth mae Dad yn ei wneud, yn cerdded at gatiau'r ysgol yn ei *beret* ac yn dal ei freichiau allan fel petai'n barod i 'nghloi i mewn cwtsh enfawr?

"Haia Lai L–"

Dwi'n edrych yn flin arno. Alla i ddim bod yn Lai Lai fan hyn.

"Haia, Laila," cywira'i hun. "Ti'n edrych mor smart! O'n i prin yn dy nabod di."

"Achos dwi'n edrych yr un peth â phawb arall!"

"Nag wyt, ddim i fi!" Mae Dad yn chwerthin ac yn trio cusanu top fy mhen, ond dwi'n plygu i lawr ac mae e'n cusanu'r aer.

"Oes rhaid i ti wisgo'r *beret* 'na?"

"Be sy'n bod arno fe? Brynes i fe ym Mangor 'da Mira. Roedd hi'n credu 'mod i'n edrych yn cŵl," meddai Dad gan gyffwrdd yn ei het newydd. "Ac mae'n cadw 'mhen i'n gynnes!"

Dwi'n rhoi edrychiad Dad-ti-mor-*embarrassing* iddo.

"O ie... ma'r cof yn gallu bod yn garedig weithiau. Ro'n i 'di anghofio'n llwyr am y cyfnod cael-fy-ngwrthod yma!"

"Dad!" Dwi'n chwerthin a'i daro ar ei fraich. Mae'n cydio yn fy llaw, yna'n clymu ei fraich yn fy mraich i. Dwi'n gadael iddo wneud.

"Ma Krish a Mira 'di setlo. Dau lawr, un i fynd!" Mae'n dechrau paldaruo am y ferch sy'n rhannu fflat â Mira, a'i gwallt piws, jîns wedi rhwygo, bresys coch, mwy o *piercings* nag o groen... "Dyna beth yw bod mewn ysgol gelf! Mynegiant yw popeth!" Mae Dad yn chwifio'i fraich fel dawnsiwr, felly dwi'n torri'n rhydd oddi wrtho.

"Dad! Cerdda'n normal!"

"Sdim hawl 'da ti fod â gymaint o gywilydd ohona i eto," meddai Dad gan dynnu coes. "Rho tan Flwyddyn 8 i fi o leia!"

"Plis, Dad!"

Yn fuan, mae'r môr o wisgoedd ysgol yn lleihau a dwi'n gadael iddo glymu 'mraich yn ei fraich e eto.

"Wel, sut aeth hi? Dy ddiwrnod cynta?" gofynna Dad wrth i ni basio'r Fainc Colli Ffrind.

"Iawn."

"Sdim hawl ateb 'da 'iawn' bob tro, iawn?! Sut oedd y system talu bys bawd?" Ac mae Dad yn rhoi ei fawd i fyny.

"Iawn!"

"A sut na'th Kez ymdopi?"

"Dim ond amser cinio weles i hi. Roedd hi'n edrych yn ia– … yn ocê."

"Dim ocês chwaith! O'n i'n meddwl bod Kez a ti yn yr un dosbarth cofrestru?"

"Na, ni ddim." A dwi'n codi fy ysgwyddau fel petai gen i ddim ots.

Mae Dad yn edrych arna i fel petai'n gwirio 'mod i'n iawn.

Rydyn ni'n croesi'r stryd ac yn cerdded heibio'r goeden y tu allan i'n tŷ ni.

"Mae Ed yn dweud dylen ni gadw'r poster lan tan i

rywun hawlio'r neidr," meddai Dad.

"Dwi 'di bod yn meddwl, os *na* fydd rhywun…"

"Na, Laila! Dim gobaith! Ma dy fam a fi'n cytuno. Rhaid eu bwydo nhw â llygod wedi'u torri lan yn fân a phethau tebyg, ti'n gwbod!"

Ych! Do'n i ddim wedi meddwl am hynny. "Ond beth fydd yn digwydd iddi os…"

Ond dyw Dad ddim yn gwrando. Mae'n syllu ar yr hollt dwfn sy'n rhedeg ar hyd y wal ffrynt. Y wal sy'n gwahanu'r ardd ffrynt a'r pafin, ac sy'n edrych fel petai ar fin dymchwel.

"Ers pryd ma'r hollt fel'na?" gofynna Dad. "Y tro dwetha edryches i, dim ond crac bach oedd yna."

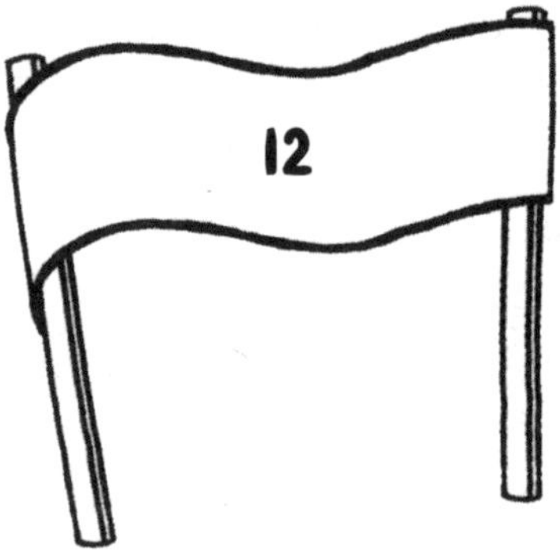

"Paned, Dad?" gofynnaf.

"Diolch, Laila." Mae golwg wedi drysu arno.

Dwi'n cario dwy baned at y bwrdd ac yn cymryd llymaid o fy nhe i.

"Ers pryd wyt ti'n yfed te?" meddai Dad gan chwerthin.

"Ers 'mod i'n hoffi te!"

"Popeth yn iawn 'da Mam? Bydd hi'n ôl o'r gwaith cyn hir. Rhyfedd! Mam yn dechrau yn dy hen ysgol gynradd a ti'n dechrau'r Uwchradd yr un pryd!"

Mae Dad yn sipian ei de ac yn edrych arna i wrth ddisgwyl i fi ateb.

"Cer i hongian dy siaced, Laila." Mae Dad yn codi'r llestri sydd ar y bwrdd ers amser brecwast, yn eu rhoi yn y sinc ac yn dechrau gwagio'r peiriant golchi llestri. "Mae angen i ni'n dau neud mwy o gwmpas y lle 'ma i helpu."

"Ma Mam 'di bod yn od… yn glanhau lot."

"Hm, ma hynny'n od iawn! Dwedodd hi bod hi 'di bod yn aildrefnu ambell beth." Mae Dad yn edrych yn amheus ar y silffoedd. Os rhywbeth, mae hi wedi rhoi popeth yn ôl yn fwy blêr ac maen nhw'n edrych yn waeth nag o'r blaen.

"Ddwedodd hi am y gloch ges i gan Nain Josie?" gofynnaf, ond dwi ddim yn credu ei fod e wedi clywed oherwydd mae fel petai ei feddwl e'n bell.

"Dad?" Dwi'n cyffwrdd â'i fraich. "Ti isie gweld hi?"

"Sori, Laila. Roedd fy meddwl i'n bell." Mae Dad yn rhoi cusan ar fy nhalcen fel roedd e'n arfer ei wneud wrth fy rhoi i yn fy ngwely yn ferch fach. "Bysen i wrth fy modd. Fe chwilion ni dros bob man am y gloch yna… O'n i'n meddwl ei bod hi ar goll am byth."

"Bron iddi fynd i'r bin," dwedaf, gan redeg i fyny'r grisiau. Dwi'n agor sip y glustog ac yn ymbalfalu am y gloch. Dyw hi ddim yn edrych fel ratl. Fyddai neb yn gadael i'r un babi roi hon yn ei geg. Roedd pwy bynnag wnaeth roi hon i Nain Josie pan oedd hi'n fabi bach yn bwriadu iddi gael ei chanu… cloch yw hi, nid ratl. Dwi'n llithro'r llythyr am y Llyfr Protest yn ddyfnach i mewn i orchudd y glustog ac yn cau'r sip.

Mae Dad yn dod i edrych ble ydw i.

"Gad i fi weld 'de."

Dwi'n eistedd ar fy nyth ac mae Dad yn eistedd wrth fy ymyl. Mae'n dal ei fraich allan a dwi'n gosod y gloch fach ar gledr ei law. Mae'n canu. Mae gwên yn lledu ar draws wyneb Dad.

"Sêr, lleuad, haul. Mor bert!" Mae Dad yn dylyfu gên ac yn gorffwys ei ben yn ôl ar y soffa. Dwi'n rhoi fy mhen ar ei frest.

"Dwi'n cofio Mam yn gofyn i ni roi hon i ti," meddai, a'i lygaid ar gau.

Mae'r ffordd mae'n dweud 'Mam' yn gwneud iddo swnio fel bachgen bach. Dwi erioed wedi meddwl am Dad fel plentyn.

Pan mae Mam yn dod adre dwi'n gwneud te iddi hi hefyd.

"Sut oedd gwaith?" gofynna Dad.

"Anodd," ateba Mam, gan roi ffeiliau i lawr ar y bwrdd. Mae'r gair 'Cyfrinachol' arnyn nhw. "Ond, unwaith dwi'n dod i arfer, bydd pethau'n haws – ar ôl dod i nabod y plant yn well. Ma gan rai anghenion cymhleth iawn. Ond dwi 'di addo i fi fy hunan na fydda i'n dod â gwaith adre."

Mae Dad yn sylwi ar y pentwr o ffeiliau ar ochr arall y bwrdd ac mae'n codi ei aeliau.

Mae tri yn nifer ryfedd i fod yn eistedd wrth y bwrdd hir sydd â lle i o leiaf bump. Mwy weithiau, os ydy ffrindiau Mira a Krish yma, a Kez. Mae Dad wedi coginio llawer gormod o fwyd.

"Fytwn ni byth hwn i gyd," dwedaf, wrth iddo lenwi fy mowlen.

"Na... Gwrddes i â'r ferch sy'n rhannu fflat â Mira. Mae'n neis, digon cyfeillgar... Steil pynci-grynji."

"Dyw hynna ddim yn *beth*, Dad!" ochneidiaf.

Mae'n mynd i fod yn ddiflas eistedd wrth y bwrdd bob nos heb y tynnu coes.

"Oes rhaid bwyta wrth y bwrdd bob nos?" gofynnaf.

Mae Mam yn nodio. "Wel, ti'n mynd i ddweud wrtha i am yr ysgol?"

"Ma'r athrawes ddosbarth yn neis. Dwi 'di sôn wrth Dad yn barod. Dwi ddim isie ailadrodd popeth eto."

Mae Mam yn edrych yn ddigalon. "Dwed un peth ddysgest ti heddi 'te."

"Sai'n y Cynradd rhagor!" ochneidiaf eto, ond mae Mam yn gwneud wyneb ymbilio ac yn dal un bys i fyny. A dwi'n ildio.

"Ma Lingala yn iaith Affricanaidd gyda miliynau o bobl yn ei siarad hi."

"Pa wledydd yn Affrica? Erioed 'di clywed amdani!" meddai Dad, gan edrych am wybodaeth ar ei ffôn. Pam maen nhw'n gofyn cwestiwn i fi ac wedyn ddim yn credu fy ateb?

"Oes diddordeb 'da ti mewn Daearyddiaeth 'te?" gofynna Mam.

"Amser cofrestru oedd e. Ma merch o'r enw Carmel yn siarad hi."

"Dyma ni. Mae'n cael ei siarad yn Angola, y Congo..."

"O Gamerŵn mae'n dod," dwedaf. "Allwn ni plis stopio siarad am yr ysgol nawr?"

"Digon teg. Rhaid bod ti 'di blino'n lân. O! Dwi 'di dod â rhywbeth ar gyfer yr ecsema, ac eli." Mae Mam yn tynnu potyn bach o eli a thiwb gwydr o'i thabledi homeopathi gwyn melys o'i bag. Mae'n tywallt un dabled i'r caead ac yn ei gosod ar fy nhafod. "Cymer un arall yn y bore. Gad i fi weld dy groen di."

"Paid â ffysian, Mam." Dwi'n dangos fy mraich ac mae hi'n taenu eli drosti.

"Ddylai hwn leddfu'r llosgi dros nos."

*

Pan dwi'n clywed Mam a Dad yn diffodd y goleuadau yn eu stafell wely yn ddiweddarach, dwi'n llusgo'r dwfe i'r landing. Dwi'n chwilio am gloch Nain Josie yn y glustog goch, yn tynnu allan y llythyr gan ffrind Nain Josie, ac yn ei ddarllen drosodd a throsodd… Pa ots i unrhyw un os mai fi fydd yn nôl y Llyfr Protest, ac nid Mira?

Ydy hi *bob amser* yn anghywir i ddweud celwydd?
Ydy hi *bob amser* yn gywir i ddweud y gwir?

Galla i ddweud wrth Mira ei fod wedi cyrraedd yn y post, a'i roi iddi pan fydd hi adre. Fyddai hi ddim yn poeni taswn i'n ei ddarllen, does bosib? Beth bynnag, mae ganddi hi ddigon o stwff Nain. Efallai fod 'Tiroedd Cysylltiedig' Mrs Latif yn golygu tiroedd sy'n gysylltiedig â'r gorffennol, yn ogystal â gwledydd y byd. Mae gan bawb yn y teulu yma gysylltiad â Nain Josie, heblaw amdana i. Edrychaf ar y cyfeiriad ar y llythyr. Dyw'r lle ddim yn bell. Fyddai e mor *anghywir* â hynny i fi fynd i nôl y llyfr?

"Ydy'r cysgu ar y landing 'ma yn rhyw fath o brotest, Laila?" gofynna Dad, gan ddal llythyr Simon at Mira. Rhaid 'mod i wedi syrthio i gysgu wrth ei ddarllen.

Dwi'n cydio ynddo'n sydyn cyn iddo allu darllen yr un gair.

"Beth yw hwn ti'n ddarllen?"

"Dim byd," atebaf, gan feddwl pam mae e'n gofyn hynna? Sut mae cysgu ar y landing yn brotest?

"Protest am be?" gofynnaf.

"Sai'n gwbod, Laila, dwed ti. Krish a Mira'n gadael? Dechrau ysgol uwchradd? Neu ydy'r teimlad o ansicrwydd 'ma'n rhywbeth i'w neud â Kez?"

Mae'n aros am funud i fi ateb, ac yn ochneidio pan dwi'n dweud dim.

"Wel, os ti isie siarad…"

"Dwi ddim," dwi'n torri ar ei draws cyn iddo gael cyfle i ddweud mwy.

"Well i ti ddechrau paratoi am yr ysgol 'de." Mae'n ochneidio eto ac yn mynd i lawr y grisiau.

Dwi'n mynd ar flaenau fy nhraed i lawr y tri gris cyntaf ac yn eistedd i wrando ar sgwrs Mam a Dad.

"Mae'n cyrlio ar y soffa 'na fel cath fach ofnus."

Ai dyna mae Dad yn ei feddwl ohona i?

"Roedd hi'n darllen rhyw lythyr, ond yn gwrthod dweud beth oedd e."

"Ie, roedd hi'n edrych ar rywbeth gan Kez y diwrnod o'r blaen… Hoffwn i wbod be sy'n mynd mlaen rhwng y ddwy 'na." Mae Mam mor bell o'r gwir.

"Paid ymyrryd, Uma… beth bynnag yw e, rhaid iddyn nhw'u hunain ei sortio fe."

Dwi ddim yn gallu clywed y sgwrs cystal wedyn… heblaw am un gair: 'aeddfedrwydd'. Mae'n air mor hyll. Fy mai i am wrando. Dwi'n gwingo, gwingo, gwingo wrth feddwl am Mam a Dad yn siarad amdana i fel'na. Dwi'n casáu'r tŷ yma heb Krish a Mira.

Ar ôl i Dad fynd i'r gwaith, mae Mam yn rhedeg o gwmpas yn cael ei phethau'n barod ac yn gofyn yr un cwestiynau dro ar ôl tro: "Ti 'di cael digon o frecwast? Popeth 'da ti?" Mae'n sythu fy nhei ac yn rhoi fy mag chwaraeon wrth y drws, er 'mod i wedi dweud nad oes gwers chwaraeon heddiw.

"Cofia adael mewn ugain munud!" meddai wrth frysio drwy'r drws.

Dwi'n casáu'r holl ffysian.

Dwi'n falch ei bod hi'n gadael y tŷ o 'mlaen i.

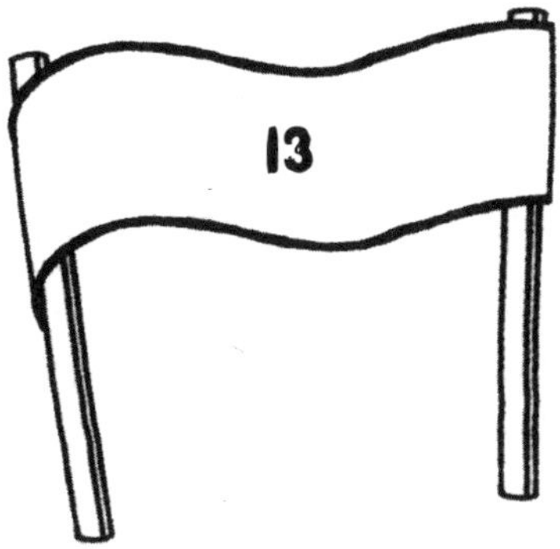

"Sut wythnos 'de, Laila?" gofynna Mam wrth iddi dacluso'r soffa ar y landing gan bwnio'r clustogau o 'nghwmpas i. Efallai nad yw'r glustog fach felfed yna'n lle da i guddio'r llythyr, wedi'r cyfan.

"Mam! Oes rhaid siarad am ysgol nawr?" gofynnaf.

Gan feddwl yn ôl dros yr wythnos aeth heibio, ges i gyfle i siarad â Kez tua wyth gwaith i gyd. Fel arfer dwi'n mynd o gwmpas gyda Pari – a dwi'n hoff ohoni, ond mae'n anodd dod i adnabod rhywun o'r dechrau. Mae gymaint o fylchau yn yr hyn rydych chi'n ei wybod neu ddim yn ei wybod am eich gilydd... a beth rydych chi'n teimlo y gallwch chi ei ofyn. Y peth gorau yw amser cofrestru gyda Mrs Latif – a'r ffordd mae hi'n gofyn cwestiynau sy'n aros yn eich meddwl drwy'r dydd wedyn. Gwers orau'r wythnos, mae'n siŵr, oedd 'Dinasyddiaeth'. Fy hoff bwnc, dwi'n meddwl. Doedd dim gwersi tebyg yn y Cynradd, ond dwi ddim yn siŵr pam chwaith; mae e fel sawl pwnc gyda'i gilydd. Mae'n cysylltu sawl peth â'i gilydd.

Dwi hefyd wedi meddwl am ailddechrau gwersi dawnsio. Gofynnodd Mrs Latif oes diddordeb gan rywun mewn ymuno â chlwb dawnsio ar ôl ysgol mae hi'n ystyried ei ddechrau'r tymor nesaf, ac mae Pari a fi wedi rhoi'n henwau i lawr ar gyfer hwnnw. Er 'mod i'n rhy swil i fynd i'r gwersi bale heb Kez pan wnaeth hi roi'r gorau iddi, efallai fod gweld fideos Priya wedi tanio rhyw ysfa yndda i eto... a phetai Pari'n dod hefyd... Ond alla i ddim dweud wrth Mam neu bydd hi'n mynd dros ben llestri ac yn mynd ymlaen ac ymlaen am ba mor dalentog ydw i ac na ddylwn i byth fod wedi gorffen y gwersi bale. Dyna'r prif bethau y gallwn i eu dweud wrth Mam am fy wythnos gyntaf petawn i'n penderfynu dweud unrhyw beth o gwbl, ond dwi ddim, a gall hi wenu arna i'n amyneddgar, ac aros am ateb, ond wna i ddim. Mae diwrnod yn yr ysgol yn teimlo fel oes a dwi ddim eisiau mynd dros bopeth eto pan dwi adre. Dwi'n meddwl ei bod hi'n teimlo rhyddhad hefyd pan mae'r ffôn yn canu...

Nid Mira, Krish na Nana Kath sydd ar y ffôn. Dwi'n gwybod hynny yn ôl y ffordd mae Mam yn ateb.

"Anjali! Dyna syrpréis braf!" meddai mewn llais uchel.

Yna, daw'r holl gwestiynau cwrtais am weddill y teulu yn India, ac wedyn...

"A, ie! Weles i hwnna ar Facebook beth amser yn ôl... Un hwb olaf i'r codi arian – mae wedi gosod targed uchelgeisiol iawn iddo fe'i hunan."

Dwi'n un dda am ddyfalu hanner arall sgwrs ffôn. Dwi'n siŵr faswn i'n gwneud codiwr da, fel y menywod yn Bletchley Park adeg y rhyfel. Dwi'n meddwl mai dyna'r ffilm olaf i Bubbe, mam-gu Kez, fynd â ni'n dwy i'w gweld. Ond, os ydw i'n iawn, y peth Facebook yw Janu yn codi arian i agor lloches newydd yn ei bentref.

"Roedd Laila'n edrych ar un o fideos Priya y diwrnod o'r blaen. Mae'n neud mor dda mas yn Efrog Newydd. Chydig bach o seren, on'd yw hi? Ar bwys Central Park! Posh… Ie, dwi'n gwbod. Soniodd Mira falle bydde hi'n mynd draw i aros."

Mae Mam yn gwrando'n astud nawr.

"Wrth gwrs. Byddai'n bleser cael Janu yma i aros. Chwarae teg i Hannah am gynnig lle iddo ond na, rhaid iddo fe aros fan hyn. Byddai'n chwith petai e ddim. Dim cwestiwn. Ry'n ni 'di bod isie talu'r gymwynas yn ôl… Wir? Oes gymaint â hynny? Dyw hi ddim yn hawdd cael fisa y dyddiau hyn, ond dim ond am amser byr mae e'n aros. Wel, ie, falle…"

Dwi'n neidio ar fy nhraed ac yn pwyso dros y canllaw i glywed Mam yn well.

"I fod yn onest, Anjali, bydd e'n rhoi hwb i bawb. Amseru perffaith, gyda Krish a Mira 'di mynd… Ni lawr i dri nawr. Mae mor dawel yma!… Dwi'n gwbod hynny, mae Laila'n fy atgoffa i o hyd byddan nhw'n dod yn ôl, ond… Rho wbod ar ôl i ti fwcio'r awyren, iawn? E-bostia'r manylion…"

Hyd yn hyn dwi wedi dyfalu'n reit dda beth sy'n cael ei ddweud gan Anti Anjali yn Kolkata, ond does dim syniad gen i am y rhan nesaf.

"I Mira? Wir? Swnio'n ddiddorol… ydy e? Beth yw enw'r elusen? Ymddiriedolaeth Traed Noeth? Wel, pob lwc iddo fe!"

Dwi'n eistedd ar y gris uchaf ac yn gwylio Mam yn cerdded yn ôl ac ymlaen ar hyd y cyntedd wrth siarad ag Anti Anjali. Maen nhw'n cymryd oesoedd i ddweud hwyl fawr er ei bod hi'n amlwg bod y sgwrs wedi hen ddod i ben. Pan maen nhw ar fin rhoi'r ffôn i lawr, maen nhw'n dechrau siarad am rywbeth arall.

Pan mae Mam o'r diwedd wedi dod oddi ar y ffôn dwi'n dod i lawr y grisiau dri ar y tro. Dwi'n pwyso'n galed ar y canllaw ac yn swingio 'nghorff o gwmpas y postyn gwaelod. Mae hwnnw'n cwyno ac yn siglo.

"Paid *ti* â dechrau hynna! Ma'r grisiau'n ddigon simsan fel mae!" meddai Mam. "Pwy ti'n meddwl sy'n dod 'ma i aros?"

"Janu!" chwarddaf.

"Glywest ti *bopeth*?"

"Fwy neu lai!" dwedaf, gan nodio.

"Wel, dwi'n falch bod gwên 'nôl ar dy wyneb di!"

Dwi'n mynd i stafell Mira, cau'r drws, gorwedd ar y gwely ac yn tecstio Kez. Dwi'n meddwl efallai fod y ffaith bod Janu'n dod yn mynd i newid pethau rhyngddon ni. Yn rhoi rhywbeth fydd yn ein cysylltu ni'n dwy eto.

Gesia pwy sy'n dod i aros?

Chi'n cadw'r neidr?

Na!

Wel?

Janu!

O ie, ddwedodd Mam falle bydde fe'n dod draw. Ti'n gwbod bod y ddau'n gweithio 'da'i gilydd ar y lloches newydd... yr un yn y pentref yn India? Dwi'n meddwl bod hi eisiau dangos rhai o'r canolfannau cymunedol iddo fe. Ti 'di gweld ei wefan e? Ti'n gwbod bod ni'n codi arian i'r elusen yn fy Bat Mitzvah?

Ydw... dwedodd dy ffrind di, Rebeca...

Alla i ddim osgoi'r dôn gyhuddgar. Daw'r sgwrs i ben yn fuan wedyn.

Dwi'n gorwedd ar y gwely, yn edrych o gwmpas waliau'r stafell lle roedd lluniau Mira'n arfer bod, ac yn meddwl fel hyn: Mae bylchau yn yr hyn mae Pari a fi'n ei wybod am ein gilydd, ond gyda fi a Kez rydyn ni fel petaen ni'n gwybod gormod. Alla i ddim cuddio'r ffaith 'mod i'n siomedig bod Rebeca'n gwybod ambell beth am Kez a finnau ddim, yn enwedig am bethau oedd yn arfer cael eu rhannu dim ond rhyngddi hi a fi, fel gwaith Janu yn y lloches, a'r ffordd mae hi'n rhannu ei mam-gu gyda fi ac yn fodlon i fi ei galw'n Bubbe hefyd. Ond does gen i ddim syniad sut i esbonio pam dwi mor flin â Kes, a dyw hi ddim yn siŵr beth i'w ddweud chwaith. Doedd hynny byth yn arfer digwydd rhwng Kez a fi, pethau'n troi'n lletchwith a... braidd yn sur. Ro'n i eisiau torri'r newyddion iddi am Janu'n dod i aros. Ond pam roedd rhaid iddi fod yn gwybod yn barod?

Dwi'n aros i glywed Mam a Dad yn mynd i'r gwely ac yna dwi'n gwglo 'Lloches Traed Noeth, India'. A dwi'n dod o hyd i wefan newydd Janu bron yn syth. Mae llun ohono a disgrifiad o'r lloches yn Kolkata wnaeth Kez a fi godi arian tuag ati yn yr ysgol gynradd. Mae llun arall o Janu yn sefyll ar ddarn o dir gerllaw afon lle mae'n bwriadu adeiladu lloches o'r enw 'Vimana'. Dwi ddim yn siŵr pam mae'n fy nghythruddo i fod Rebeca'n gwybod yr enw cyn fi, a hefyd fod Kez wedi enwi ei chadair olwyn newydd ar ei ôl heb sôn dim wrtha i. Pam na alla i ddweud wrthi sut dwi'n teimlo? Ond pan dwi'n mynd dros y peth yn fy mhen mae'n swnio'n blentynnaidd. Dwi ddim yn berchen ar Janu na dim. Does neb yn berchen ar neb arall. Efallai mai dyna beth mae Kez yn trio'i ddweud wrtha i. Ydw i wedi bod yn dal arni hi'n rhy dynn?

Mae'r meddyliau hyn yn chwyrlïo drwy 'mhen wrth i fi glicio ar dudalennau gwefan Janu. Mae'n edrych yn slic iawn, gyda dyfyniadau a lluniau a chlipiau fideo. Dwi'n gwasgu PLAY a dwi'n clywed llais Janu.

> 'Fel fy mam fy hun, mae nifer o'r plant anabl sydd wedi eu geni mewn tlodi yn cael eu gwrthod, yn aml yn cael eu gadael ar gornel stryd ar drugaredd rhai

allai gymryd mantais ohonyn nhw. Dwi'n cerdded yn droednoeth dros ddyfodol gwell i bob un ohonyn nhw.'

Mae Janu'n gwenu gyda'i lygaid. Mae'n anodd gwybod ydy e'n hapus neu'n drist.

'Ymunwch â fi ar fy nhaith droednoeth.'

Yna mae cynllun o'r adeilad yn dod ar y sgrin.

'Bydd Lloches Vimana yn cael ei chynllunio a'i hadeiladu mewn cydweithrediad â Hannah a Maurice Braverman, o'r grŵp penseiri cymunedol arobryn "Tu fas i'r Bocs" yng Nghaerdydd. Maen nhw'n arbenigo mewn adeiladau mynediad agored, ac yn cynnig eu gwasanaethau yn rhad ac am ddim.'

Feddyliodd neb sôn am hyn wrtha i. Tybed ai syniad Kez oedd yr enw Vimana? Ac os taw e, beth yw'r ots? Dwi'n casáu meddwl fel hyn, ond alla i ddim peidio… Pam *ddylai* hi ddweud popeth wrtha i? Nid fi sy'n penderfynu beth mae hi'n ei wneud… ond nid fel'na roedd pethau. Efallai ei bod hi'n teimlo mor wael â fi am yr hyn sy'n digwydd rhyngddon ni. Mae 'mhen i'n brifo wrth feddwl am bopeth. Pam na alla i ddiffodd fy ymennydd?

Mae yna ddiagram yn dangos faint o arian sydd angen i Janu ei godi i redeg yr ysgol am flwyddyn a thudalen sydd heb ei chwblhau eto, fel petai'r wefan heb ei gorffen.

> Pam Traed Noeth?
> Cewch wybod os dilynwch ôl fy nhraed!
> www.blogiwrtroednoeth.com
> Mae'r Blogiwr Troednoeth yn bwriadu cerdded o dir y lloches newydd, o gwmpas Caerdydd ac Efrog Newydd, ac yn ôl i'r pentref… gan gasglu straeon ar ei daith droednoeth a chodi arian ar hyd y ffordd.
> Cliciwch yma i gael y newyddion diweddaraf.

Dwi'n clicio ar y linc ac yn nodi fy nghyfeiriad e-bost ar y dudalen, er bod Janu yn ei wybod eisoes. Mae'n siŵr bod Kez wedi gwneud hyn yn barod.

14

"Sai'n deall pam bod rhaid i ti fynd i'w tŷ nhw, Mam."

"Dyw hi ddim yn hawdd i rai plant, Laila – i neud y newid o'r cartref i'r ysgol," esbonia Mam. "Nawr, ydy popeth yn barod 'da ti? Sori 'mod i ar frys. Bydd Dad 'nôl o'r gynhadledd mewn ychydig ddyddiau a bydd e'n mynd i'r gwaith yn hwyrach am sbel fach, felly fyddi di ddim ar ben dy hunan."

"Dwi'n iawn, Mam. Paid ffysian!"

Dwi'n mynd i'r gegin ac yn chwarae â'r radio tan 'mod i'n clywed cân dwi'n ei hoffi. Dwi'n credu bod Mira'n hoffi hon hefyd. 'O, mae bywyd mor braf…' Dwi'n gyfarwydd â'r alaw ond erioed wedi gwrando'n iawn ar y geiriau. Dwi'n troi'r sain i fyny'n uwch er mwyn clywed y gân o lan llofft. Mae'r geiriau'n codi calon…

Eisteddaf ar fy nyth yn edrych ar y llun ohona i a Krish a Mira ar ei gwely cyn iddyn nhw adael. Dwi'n teimlo'n hapus ac yn drist ar yr un pryd. Dwi'n methu aros i Janu gyrraedd yma. Mae'n rhy dawel o lawer yn y tŷ nawr. Dwi hyd yn oed yn gallu teimlo rhannau o'r tŷ yn gwichian. Mae'r grisiau fel petaen nhw'n siarad wrth i ni gamu arnyn nhw ac mae'r boeler yn gwneud sŵn hisio ac ochneidio. Dwi'n gallu ei glywed o fan hyn. Dwi'n ystyried ffonio Mira, ond mae'n siŵr mai fy euogrwydd sy'n gwneud i fi wasgu rhif Krish yn lle hynny. *Plis* ateba.

Krish: Shwt mae'n mynd, Lai Lai?

Fi: Laila. Cofio?

Krish: O ie!

Fi: Yn ocê. Shwt ma'r gwaith?

Krish: Dwli arno fe. Dwi'n helpu plant o'r ddinas i neud pethau fel abseilio, dringo, rhwyfo a stwff.

Fi: Plentyn o'r ddinas wyt ti!

Krish: Dwi'n gwbod, dyna pam dwi'n eu deall nhw. Ond gallen i fyw fan hyn, a bod yn onest. Yng nghanol y mynyddoedd a'r llynnoedd. Mor chilled. Dwi'n seiclo bob dydd. Ma geiriau caneuon yn dod yn haws.

Dwi'n clywed Nana yn dweud yn y cefndir, "Ie, da iawn, ond mae'n bwyta 'mwyd i nos a dydd!"

Fi: Ydy Nana yn sbwylio ti?

Krish: Ha, beth wyt ti'n feddwl?! Dyna pam dwi'n gorfod neud yr holl ymarfer corff! Shwt mae'n mynd yn y carchar?

Fi: Iawn, hyd yn hyn. Hoffi fe. Ma'r athro dosbarth yn wych. Mae'n dysgu Dinasyddiaeth.

Krish: O, da iawn.

Fi: Mae Janu'n dod i aros!

Krish: Wir? Dwed wrtho am ffonio fi ar ôl cyrraedd. Pa mor hir?

Fi: Ddim yn hir. Mae'n mynd i Efrog Newydd at Priya wedyn.

Krish: Gall e gael fy stafell i os ydy e moyn. Falle galla i ofyn am gwpwl o ddiwrnodau o wyliau, ond sai'n siŵr ga i, chwaith. Mae un person 'di gadael... Mae'n bosib ga i ei swydd e os bydda i'n lwcus ac wedyn galla i fyw yn y ganolfan. Ti 'di symud i stafell Mira eto?

Fi: Na, ddim eto.

Krish: Wel, well ti neud yn sydyn neu bydd Mira moyn hi'n ôl!

Dwi'n gallu clywed Nana Kath eto yn dweud wrth Krish fod brecwast yn barod ac am ddod oddi ar y ffôn.

Krish: Aros eiliad, Laila.

Mae Krish yn trio tawelu'i lais ond dwi'n gallu clywed yn iawn: "Laila sy 'na. Mae'n mynd i'r ysgol mewn munud. Dwi'n meddwl bod hi ar ben ei hunan."

Fi: Ym, helô! Dwi'n iawn ar ben fy hunan! Ddim dyna pam 'nes i ffonio.

Krish: Ocê, ocê, paid chwythu ffiws!

Fi: Dwi ddim. Isie dweud o'n i... dwi 'di ffeindio cloch

Nain Josie, mae fel rhyw fath o ratl.

Krish: O ie! Fi ddewisodd hwnna i ti.

Fi: Be ti'n feddwl, *ti* ddewisodd e?

Krish: Pan oedd Nain Josie yn sâl yn yr hosbis, dwedodd hi wrtha i am fynd i'r fflat i ddewis rhywbeth i ti.

Fi: Pam ddwedest ti ddim byd cyn nawr?

Krish: O'n i'n meddwl bod hi ar goll... Ti ddim yn cofio'i derbyn hi, wyt ti?

Fi: Ddim dyna'r pwynt.

Krish: Ond da iawn am ddod o hyd iddi. Ha! Mae'n ddoniol mewn ffordd... ti'n flin 'da ni am drin ti fel babi ac wedyn ma'r ratl 'na'n dod i'r golwg!

Fi: Cloch!

Krish: Whatevs!

Clywaf Nana yn siarad â Krish eto: "Ydy hi'n iawn ar ben ei hunan, Krish? Ble ma Sam ac Uma 'te? Dyle un ohonyn nhw fod yna. Dwed wrthi am ddod yn barod i'r ysgol nawr. Well iddi beidio â bod yn hwyr. Ydy hi 'di cael brecwast da? Gofyn iddi o's snac 'da hi at nes mlaen."

Dwi'n deall nawr o ble mae Mam wedi cael y peth gofyn cwestiynau a pheidio aros am ateb!

Krish: Wow, Nana, sai'n gallu clywed be ma Laila'n ddweud.

Fi: Krish, wyt ti'n cofio Simon, un o ffrindiau Nain Josie?

Krish: Yr artist hipi yna? Ydw! Roedd e'n arfer reidio beic hefyd. Ddim beic mynydd fel sydd 'da fi ond roedd blodau a chlychau yn yr olwynion. Dwi'n cofio hynna. Ie, tipyn o gymeriad.

Fi: Sai'n gwbod am unrhyw feic ond dwi 'di ffeindio llun ohono fe. Jyst yn meddwl o't ti'n nabod e.

Krish: Roedd e'n solid. Dwi'n cofio eistedd wrth bwll dŵr gydag e, yn edrych ar y penbyliaid. Ydy e dal yn fyw tybed...? Hei, well i fi fynd! Ma Nana yn swnian!

Dwi'n credu y dylwn i gadw llythyr Simon gyda fi rhag ofn y bydd Mam a Dad yn penderfynu tacluso'r landing a dod o hyd iddo. Felly dwi'n ei roi mewn poced fach yn fy mag ysgol ac yn cau'r sip.

Mae gen i amser eto cyn gadael am yr ysgol, felly dwi'n edrych ar fy e-byst i weld oes neges newydd. Gan Mira falle? Ond na, does dim byd ganddi hi, ond mae yna hysbysiad am ddiweddariad i flog Janu, felly dwi'n logio i mewn.

Blog Traed Noeth

Mae fideo 'Holi'r Gwanwyn' Priya welais i'r diwrnod o'r blaen wedi ei uwchlwytho ar y dudalen. I ddechrau do'n i ddim yn gallu meddwl pam ei fod yna. Ond wedyn, ar ôl ei wylio sawl gwaith dwi'n deall pam. Mae'n ffordd bositif o dynnu sylw at y plant a'r lloches, yn lle'r delweddau arferol o ddioddefaint sydd ar y teledu, sy'n gallu rhoi'r argraff o anobaith, a'ch bod yn methu gwneud dim i helpu.

Dwi wrth fy modd yn gwylio Priya'n dawnsio. Mae'n gwneud i chi feddwl y gall hi wneud unrhyw beth, y ffordd mae'n gwenu ac yn eich tynnu i mewn ar daith, ac rydych chi'n dechrau meddwl bod unrhyw beth yn bosib hefyd. Mae'n troi a throelli'n gyflym, fel petai ar fin codi o'r llawr a hedfan i ffwrdd.

Ar ddiwedd y fideo mae ôl troed fach felen lachar i glicio arni er mwyn cyfrannu arian.

Pan wyliais i'r fideo gyda Mam dwi ddim yn meddwl 'mod i wedi ei ddeall yn iawn… ond nawr, wrth edrych ar y plant yn lloches House of Garlands yn Kolkata yn taflu paent ar y bobl yn y parc yn Efrog Newydd, a'r rheini'n taflu paent powdr lliwgar yn ôl, a phawb yn chwerthin ac yn chwarae yn gytûn… dwi'n meddwl 'mod i'n deall.

Dwi'n darllen y slogan ar dop y dudalen eto.

Blog Traed Noeth

Rydyn ni i gyd yn cerdded ar yr un ddaear

O gornel fy llygad dwi'n gweld yr amser ar dop y sgrin. Naw o'r gloch yn barod!

Dwi'n cydio yn fy mag ac yn rhedeg mor gyflym ag y galla i i lawr y ffordd. Does neb bron o gwmpas. Mae un bachgen, sy'n gwisgo'n gwisg ysgol ni, yn dod oddi ar fws ond dyw e ddim fel petai'n poeni ydy e'n hwyr neu beidio.

Dwi'n rhuthro at gatiau'r ysgol ond mae Miss O'Brady, sydd bob amser wrth y gât, yn rhwystro fy ffordd ac yn rhoi cerdyn yn fy llaw i'w gymryd i'r dderbynfa.

"Nawr 'te, bach, ti'n rhy hwyr i'r gât – beth yw'r enw?"

"Laila Levenson!"

"O, mae 'na un arall o'r Levensons, oes e? O'n i'n nabod dy chwaer, Mira, rhywfaint, ond yn adnabod dy frawd yn well!" Mae'n chwerthin. "Nawr, dwi'n ffaelu'n deg cofio'i enw, be sy'n bod arna i..."

"Krish," atebaf, yn fyr fy anadl.

"Dyna ni! Nawr, cymer bwyll, Laila fach. Sdim isie bod mewn gymaint o strach. Dwi'n gallu gweld yr ymdrech i gyrraedd ar amser." Mae'n wincio arna i. "Ddweda i hynny wrth dy athro dosbarth. Gyda pwy wyt ti?"

"Mrs Latif."

"O, menyw ifanc hyfryd. Ddylet ti ddim cael trafferth felly..." Mae'n troi ac yn cydio yn ysgwydd bachgen. "Paid ti trio sleifio heibio i fi, Connor, ti a'r wên *cheeky* 'na!" Mae Miss O'Brady yn rhoi cerdyn 'hwyr' i'r bachgen cŵl welais i'n dod oddi ar y bws. "Bant â ti nawr, boi bach, ti ddim y gwbod ystyr y gair 'brysio'!" Ac mae Connor, sydd siŵr o fod ym Mlwyddyn 9 neu 10, yn rholio'i lygaid arna i, fel petai'n dweud "Pob lwc!", ac yn cerdded yn hamddenol drwy'r gatiau.

"Be 'na i ag e, dwed?" Mae Miss O'Brady yn siglo'i phen. "Reit, ti'n teimlo'n well nawr, Laila fach?"

Dwi'n nodio.

Mae Connor yn troi'n ôl aton ni ac yn codi llaw cyn

cerdded i mewn i'r ysgol. Mae Miss O'Brady'n chwerthin, yn codi ei llaw'n ôl arno ac yn siglo'i phen eto. "Dyna i ti gymeriad! Yn union fel dy frawd di. Rhaid cyfaddef, roedd gen i *soft spot* am Krish, er ei fod e'n aml *iawn* yn hwyr! Cofia fi ato fe, 'nei di?" Mae'n siglo'i bys ata i yn sydyn, fel petai newydd gofio beth yw ei swydd. "Nawr, paid ti gadael i fi dy weld di wrth y gatiau hwyr 'ma eto, Laila Levenson… bant â ti nawr!"

*

"Sori 'mod i'n hwyr," dwedaf wrth y ddynes yn y dderbynfa, gan ddangos y cerdyn 'hwyr'.

"Enwdosbarthrheswm?" Mae'n tanio'r geiriau, heb hyd yn oed edrych arna i.

"Laila Levenson, Saith Taf. Anghofies i fy allweddi ac roedd rhaid i fi fynd yn ôl achos fydd Mam ddim adre tan yn hwyrach."

Ydy hi *bob amser* yn anghywir i ddweud celwydd?
Ydy hi *bob amser* yn gywir i ddweud y gwir?

"Rwyt ti ar rybudd," meddai'r ddynes mewn llais sy'n swnio fel neges wedi ei recordio. "Bydd 'na nodyn yn mynd adre, ac ataliad y tro nesa." Mae'n gwasgu mor galed ar y papur, mae cudyn o wallt rhydd yn bownsio i fyny ac i lawr ar ei phen wrth iddi gofnodi fy enw ar y cofnod 'hwyr'.

Mae Pari wedi cadw lle i fi wrth ei hymyl. Mae'n codi ei bag o'r gadair a dwi'n eistedd.

"O'n i'n meddwl bod ti ddim yn dod," sibryda. Mae hi wir yn edrych yn falch o 'ngweld i.

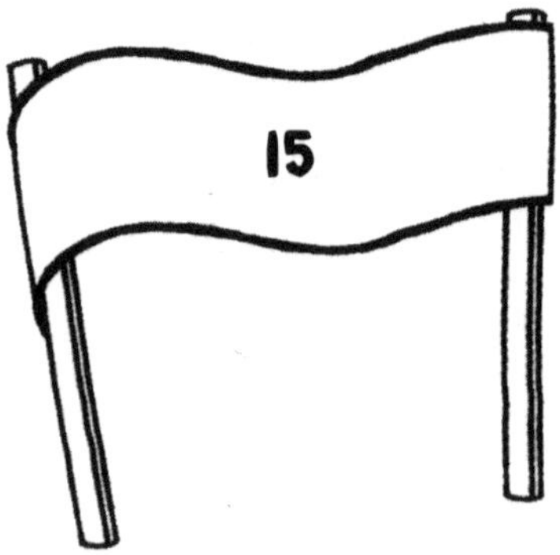

"Beth am Sunshine Yellow ar un wal? I oleuo'r stafell 'ma."

Mae Mam yn plygu'r siart lliw i ddangos un sgwaryn bach o gerdyn melyn.

Dwi'n siglo 'mhen. "Hoff liw Kez, ddim fi."

"Wel, gad i ni roi ambell boster lan o leia. Mae'r waliau 'ma'n edrych yn foel 'da'r holl le gwag. Beth am ddechrau arni?"

"Dwi'n gweld Kez heddi. Dyma'r unig ddiwrnod ma hi'n gallu cwrdd."

Mae ffôn y tŷ yn canu.

"O, Mira fydd honna..." meddai Mam. "Roedd hi allan pan ffonies i hi gynne."

Dwi'n mynd i sefyll ar y landing.

"Ti'n meddwl alli di ddod 'nôl i weld Janu? Os ti'n poeni am y gost... Rodda i wbod i ti'n iawn pan ga i'r dyddiadau. Ma fe'n awyddus iawn i dy weld di, mae'n debyg. Na, ddim eto. Mae'n dal i gysgu ar y landing. Falle alli di gael gair â hi… Na! Dim mwy o nadroedd yn y gegin nac unrhyw le arall, diolch byth! Sai'n meddwl… ma'r arwydd dal ar y goeden. Af i weld ble mae hi… galla i ddyfalu…"

"Laila, ma Mira isie gair," gwaedda Mam.

Dwi'n esgus peidio clywed.

"Falle bod hi yn y stafell molchi. Ddweda i wrthi am dy ffonio di nes mlaen."

Dwi'n mynd i mewn i stafell Mira ac yn agor caead y bocs bach sgleiniog. Dwi'n hoffi'r lliw. Rhyw fath o oren-goch, a'r goeden bonsai wedi ei pheintio mewn aur. Biti mawr bod crac ynddo. Dwi'n tynnu'r pwrs bach sidan o'r bocs ac yn rhoi cloch Nain Josie ynddo i'w chadw'n saff. Dwi'n teimlo ychydig yn nerfus wrth fynd ag e allan o'r tŷ am y tro cyntaf. Beth petawn i'n ei golli, fel wnaeth Mira golli'r glain artisiog gafodd hi gan Nain? Dwi'n rhoi llythyr Simon a'r pwrs ym mhoced flaen fy nyngarîs. Mae'r gloch yn sticio allan braidd, felly dwi'n gwisgo fy hwdi ac yn ei sipio i'r top, i wneud yn siŵr 'mod i'n ei chuddio.

"Pryd fyddi di adre, Laila?"

Mae Mam wedi bodloni i fi fynd allan ar fy mhen fy hun weithiau, ond dyma'r peth olaf mae hi'n ei ofyn bob tro cyn i fi gerdded drwy'r drws. Sy'n difetha'r teimlad o fynd allan rhywffordd.

"Sai'n gwbod! Bydda i mas drwy'r dydd, siŵr o fod. Ma 'da Kez a fi lot i drafod."

Dwi'n gweld fy hun yn nrych y cyntedd. Dwi'n trio

troi a throelli fy ngwallt a'i godi'n gwch gwenyn fel un Kez, ond mae'n llipa a sgleiniog ac yn syrthio'n syth. Dwi'n rhoi'r gorau iddi a gadael iddo hongian i lawr fy nghefn.

"Paid anghofio dy got. Mae'n debyg i'r glaw. Ydy dy ffôn 'da ti?" gofynna Mam.

Dwi'n chwilio amdano ym mhoced fy hwdi.

"Ydy, fan hyn! Wela i di wedyn!"

Dwi'n cydio yn fy nghot ond pan mae Mam yn mynd drwodd i'r gegin, dwi'n ei gadael hi yn y cyntedd. Dyw hi ddim hyd yn oed yn oer.

Mae rhieni Kez wedi troi eu fflat yn ofod i arddangos eu gwaith. Bydd Janu wrth ei fodd â'r lle. Bydd yn sbarduno gymaint o syniadau ynddo. Mae pob un wal yn sgrin sy'n gallu cael eu plygu'n ôl fel bod y lle'n un bocs mawr o stafell, ac yna eu cau'n ôl wedyn. Dwi'n caru'r ffordd mae eu cynlluniau'n gweithio mewn gofod mawr neu fach, yn ôl y nifer o focsys. Mae'n hawdd gweld pam eu bod nhw wedi ennill gwobrau am y syniad arloesol yma. Ond maen nhw'n bendant na fydden nhw wedi meddwl am y cysyniad heb fewnbwn Kez, ac mae'r gwobrau felly yn perthyn iddi hi hefyd. Maen nhw wedi defnyddio ei phrofiad hi o fethu mynd o gwmpas y cartref ac wedi addasu hynny i greu eu dyluniadau – gan gynnwys llefydd cudd i gydio ynddyn nhw yn y waliau, a lloriau â gafael da arnyn nhw, fel nad oes rhaid iddi ddefnyddio ei chadair drwy'r amser.

Dyw Mam a Dad ddim yn deall pa mor bwysig yw e i fi fod Kez ddim yn dod i'n tŷ ni rhagor. Ond pam fyddai hi'n dod, oherwydd mae'n gallu bod yn gwbl annibynnol yn ei chartref ei hun? Pan adeiladwyd ein tŷ ni tua chanrif yn ôl, doedd mynediad hygyrch a phethau fel'na ddim yn cael eu hystyried.

Dwi'n cofio pan symudodd Kez yn ôl i'w fflat ar ôl iddo gael ei ailgynllunio. Rhoddais i ddarn mawr o ddefnydd sidan iddi ei hongian o'r nenfwd i wneud i'w stafell edrych fel pabell yn lliwiau'r enfys. Roedd mam Kez wedi hongian goleuadau bach tylwyth teg ar hyd ymylon y sidan, a bydden ni'n dwy'n gorwedd ar ei gwely yn edrych ar y nenfwd ac yn siarad am oriau. Yn yr haf, byddai Kez yn agor y ffenest a byddai'r awel yn mynd o dan y sidan ac yn gwneud i'r defnydd chwythu fel hwyliau llong, gan daflu lliwiau ar hyd y waliau. A byddwn i'n teimlo fel petai'r ddwy ohonon ni mewn cocŵn. Ro'n i eisiau i'r un peth fod yn wir i ni'n dwy yn fy stafell wely newydd i hefyd, ond dyw hynny ddim yn edrych yn debygol iawn ar hyn o bryd.

Dwi'n canu cloch drws Kez ac mae Bubbe'n ateb.

"A, fy Laila fach!" Mae'n gwenu ac yn gwasgu fy ysgwydd. Mae hynny'n rhyfedd oherwydd dwi'n dalach na hi erbyn hyn.

Mae Kez yn cerdded yn araf i'r cyntedd ac yn agor ei breichiau ar led. Do'n i ddim wedi disgwyl hynny. Rydyn ni'n cwtsho am amser hir, fel ffrindiau coll wedi dod yn ôl at ein gilydd, a dyna beth ydyn ni mewn ffordd. Mae'n teimlo fel yr un math o gwtsh â'r un ges i gan Kez pan ddaeth hi adre o'r gwersyll haf, ar ôl bod ar antur fawr, a hithau eisiau i fi deimlo'n well oherwydd 'mod i wedi colli'r hwyl i gyd.

Dwi'n cael gair bach â fi fy hunan.

Laila, paid â gorfeddwl am bopeth. Galli di ddod i'w gweld hi fan hyn unrhyw bryd… ac ar ôl ei Bat Mitzvah bydd ganddi fwy o amser i ti. Os nad yw hi mewn poen a bod pethau'n gwella, falle ddaw hi draw i'r tŷ ac eistedd ar y gwely yn dy stafell newydd a gallwch chi ei hailgynllunio, falle ei haddurno, gyda'ch gilydd, a bydd pethau'n ôl fel oedden nhw o'r blaen.

"Ti 'di clywed hon? Mae'n grêt." Mae Kez yn chwarae cân ar ei ffôn dwi erioed wedi ei chlywed o'r blaen. Mae'n esgus dal meicroffon a chanu'r gân drwyddo.

"Dwi'n meddwl canu hon yn y clyweliad ar gyfer cyngerdd yr ysgol. Be ti'n feddwl?"

"Syniad da. Byddi di bownd o gael dy ddewis."

Dwi'n tynnu'r pwrs bach sidan o boced fy nyngarîs, yn datod y llinyn a thywallt y gloch ohono.

"Dwi 'di dod â hon i ddangos. Ddwedest ti bod ti isie'i gweld hi."

"O, ciwt! Dwi'n hoffi'r patrwm. Gallet ti roi polish i'r arian. Bydde hi wir yn sgleinio wedyn."

Mae Kez yn rhyw hanner edrych ar y gloch wrth chwilio am drac arall, ond wedyn mae'n edrych ar lun sydd newydd ymddangos ar ei ffôn.

"Dwi'n hoffi hi fel mae hi, mae'n dangos pa mor hen yw hi…"

“Aros funud, Laila!”

Mae’n gwyro’i sgrin oddi wrtha i, ond dwi eisoes wedi gweld llun ohoni hi gyda bachgen â gwallt du, cyrliog.

“Pwy yw hwnna?” gofynnaf.

“O, Adam,” ateba, wrth fynd ymlaen at lun arall nad oes ots ganddi ’mod i’n ei weld.

Mae hi’n gwenu ar lun ohoni hi a chriw o bobl o’r gwersyll haf â’u breichiau o gwmpas ei gilydd. Dwi’n aros iddi ddweud wrtha i pwy yw’r bobl yna i gyd, ond mae hi fel petai’n ôl yna, gyda nhw. Mae eu hwynebau’n drwch o fwd ac mae cap marchogaeth ar ben Kez. Maen nhw’n edrych fel petaen nhw wedi bod ar heic hir. Dwi ar fin ei holi am y marchogaeth a’r bobl ond mae’n sgrolio drwy fwy o luniau wedyn.

Dwi’n rhoi’r gloch yn ôl yn y pwrs sydd yn fy mhoced ac yn aros i Kez gofio ’mod i yn y stafell gyda hi.

“’Nawn ni’n hewinedd?” Mae hi’n pwyntio at fag colur wrth ei gwely. Dwi’n nôl potel o liw glas tywyll. “Fi gynta!” Ac mae Kez yn estyn ei breichiau ac yn gorffwys ei dwylo ar fy nghôl.

“Sai’n siŵr pa mor dda fydda i am neud hyn!” dwedaf, gan agor y caead. Mae’r arogl yn gryf.

Dwi’n brwsio’r paent yn ofalus dros yr ewin cyntaf ar ei llaw chwith.

“Ma hynna lot mwy llyfn na alla i neud,” meddai Kez, gan graffu ar ei gewin a dal ei llaw allan i fi gael parhau.

“Sut ma Pari?” gofynna Kez.

“Iawn.” A dwi’n codi fy ysgwyddau.

"Mae'n edrych yn ferch neis. Welais i hi'r diwrnod o'r blaen ar y ffordd adre o'r ysgol. Dwedodd hi fod rhaid iddi fynd ar y bws i'r stesion ac wedyn ar y trên. Mae'n daith hir iawn iddi."

"Sut wyt ti, ti'n iawn? Ti 'di cwrdd â phobl newydd?" gofynnaf mewn ffordd naturiol, ond mae yna bwysau y tu ôl i'r gofyn.

"Wel, ma Becs… dwi'n ei nabod hi o'r ysgol Sadwrn yn y synagog – ond do'n i ddim yn gwbod ei bod hi'n dod i'n hysgol ni. O'n i'n meddwl byddai hi'n mynd i'r ysgol Iddewig."

Mae hi'n tynnu ei llaw oddi wrtha i er mwyn ystwytho ei bysedd, ac yna'n ei rhoi'n ôl ar fy nghôl. Mae'n edrych dan straen.

"Wir, Laila, o'n i'n methu credu pan eisteddodd hi 'da fi ar y diwrnod cynta yn y dosbarth cofrestru. Mae ei chwaer hi ym Mlwyddyn 8, felly ma hi 'di 'nghyflwyno i i rai pobl…"

Mae ei llais yn tawelu wrth iddi weld fy wyneb i. Rydyn ni'n eistedd yno mewn distawrwydd am funud, yn trio dod o hyd i rywbeth i'w ddweud. Dwi ddim yn gallu dod yn gyfarwydd â'r bylchau yma o dawelwch rhyngddon ni – fel y bylchau gwag ar wal Mira, mae hyn yn troi'n gyfeillgarwch rhyfedd o dawel.

"Dwi'n gwbod 'mod i 'di gor-neud y *beehive* a'r *eyeliner*…" dechreua Kez, gan dorri'r tawelwch. Yna mae'n gwingo ac yn chwifio'i bysedd yn yr awyr.

"Sori, dwi'n brifo ti?" gofynnaf.

"Ychydig bach o boen!" Mae'n edrych yn drist, fel petai hi'n siarad am rywbeth mwy na dim ond ei hewinedd, ac yna mae'n ymlacio'n raddol, a galla i gydio yn ei llaw unwaith eto. "Dwi'n sori nad y'n ni 'di gallu gweld ein gilydd lot yn ddiweddar. Mae'n anodd credu pa mor brysur dwi, gyda *shul* bob nos Wener a dydd Sadwrn. Dwi ar ei hôl hi gyda phopeth… gwaith cartre hefyd."

"Do't ti byth yn arfer mynd i'r synagog," dwedaf.

Mae Kez yn edrych ychydig yn rhwystredig, fel taswn i ddim yn deall.

"Ar gyfer fy Bat Mitzvah mae e, Lai Lai. Dwi isie cael popeth yn iawn. Ac ma pawb, ar wahân i Becs, yn dysgu Hebraeg yn yr ysgol Iddewig, felly ry'n ni'n dod at ein gilydd nes mlaen… ma Bubbe'n helpu ni. Do'n i byth 'di meddwl bydden i'n cymryd at y peth, ond ti'n gwbod sut ma Bubbe'n gallu troi popeth yn stori."

Ydw, dwi'n gwybod hynny'n iawn. Ond fi a Kez ddylai fod yn eistedd yn gwrando ar Bubbe'n adrodd ei straeon… ddim Kez a Rebeca. Dwi'n gorffen peintio'r ewinedd mewn tawelwch. Dwi ddim eisiau teimlo cenfigen fel hyn drwy'r amser.

"Ti isie i fi neud rhai ti?" meddai Kez, gan symud ei bysedd. Dwi'n siglo 'mhen.

"Faint o'r gloch ti'n cwrdd â Rebeca heddi?" gofynnaf.

Mae Kez yn gwrido. "Ddim tan nes mlaen."

"Iawn, 'te!"

"Ond… Sori, anghofiais i sôn… golles i'r ffisio wythnos hon ac ma Dad 'di neud apwyntiad arall heddi.

Doedd e ddim yn gwbod bod ti'n dod draw a dim ond bore 'ma ddwedodd e neu fydden i 'di ffonio ti, a rhaid i fi fynd mewn rhyw hanner awr. Tasen i'n gwbod, bydden i 'di trefnu i Becs ddod draw yn hwyrach. Wir, Laila, gredi di byth faint sydd i ddysgu ar gyfer y *shul*. Dim ond nawr dwi'n dechrau dod i ddeall sut i gyfieithu'r *parsha*..."

Mae rhyw gwlwm yn fy ngwddw ac alla i ddim llyncu.

"Beth yw *parsha*?" gofynnaf yn dawel.

"Rhan o'r Torah dwi'n gorfod dysgu a siarad amdano yn y Bat Mitzvah. Dim ond ar yr Aliyah cynta ydw i..."

Dwi'n gwybod mai llyfr sanctaidd yr Iddewon yw'r Torah, felly mae'n siŵr mai adnod neu salm neu rywbeth yw'r Aliyah. Mae'n gas gen i ofyn achos dwi ddim eisiau ymddangos yn dwp.

"O'n i'n edrych mlaen at gael amser 'da ti heddi."

Mae Kez yn edrych i fyny arna i drwy ei gwallt a dwi'n sylweddoli ei bod hi'n siomedig hefyd. Er ein bod ni wedi trio cario mlaen fel petai popeth yn iawn, dyw e ddim.

Am y tro cyntaf erioed, dwi ddim yn siŵr beth allwn ni siarad amdano i lenwi hanner awr arall. Yn bendant, dwi ddim yn mynd i ddangos y llythyr am Lyfr Protest Nain Josie iddi nawr. Na gofyn ei barn ynglŷn ag ydy hi'n ddiogel i fi fynd i'w nôl e fy hunan.

"Pam ti'n crafu dy fraich?"

"Bach o ecsema, 'na i gyd."

"Do'n i ddim yn gwbod bod ti'n diodde o ecsema."

"Roedd e 'da fi pan o'n i'n fabi... a ma fe 'di dod 'nôl."

"Aros funud, mae eli 'da fi at pan mae bres y fraich yn

rhwbio." Mae'n agor y drôr wrth ei gwely ac yn estyn am diwb. "Tria hwn."

Dwi'n tynnu 'mraich oddi wrthi.

"Na, dwi'n iawn!"

"Plis, Lai Lai… gad i fi!"

Mae Kez yn dabio'r eli yn dyner dros fy mraich. Mae'n edrych arna i ac yn sibrwd, "Addo na fyddi di'n ypsetio os dria i esbonio rhywbeth i ti. Dwi 'di bod isie dweud y gwir wrthot ti ers dod yn ôl o'r gwersyll haf. Dy'n ni erioed 'di dweud celwydd wrth ein gilydd, y'n ni?"

"Tan nawr!" dwedaf. Dwi'n codi fy ysgwyddau a thynnu fy mraich yn rhydd.

"Plis, paid pwdu, Lai Lai."

Efallai na fydd dweud y gwir yn helpu'r sefyllfa o gwbl, yn yr achos yma. Oherwydd dwi bron yn siŵr 'mod i'n gwybod beth mae hi'n mynd i'w ddweud…

Mae hi'n tynnu anadl ddofn ac yna mae'n dechrau siarad fel pwll y môr, fel petai wedi aros am yr eiliad yma ers oesoedd. "'Nes i *ofyn* am beidio cael neb o'r ysgol gynradd yn yr un dosbarth cofrestru â fi."

"Neb! Ddim hyd yn oed *Becs*?"

Dwi'n yngan ei henw fel mae Kez yn ei ddweud e, fel petai hi'n ei hadnabod hi erioed.

"Paid bod fel'na, Lai Lai. Dyw hi ddim o'r un ysgol gynradd… a do'n i ddim yn gwbod bydde hi'n dod i'r un ysgol â ni…"

Dwi'n codi fy ysgwyddau yn ddi-hid.

"… O'n i'n meddwl byddai'n well i'r ddwy ohonon ni

gwrdd â phobl newydd. Rhybuddiodd Bubbe y dylen i fod wedi dweud wrthot ti cyn dechrau'r tymor, i ni gael eistedd a thrafod. O'n i isie, ac yn trio ffeindio ffordd, ond do'n i… ddim yn gallu."

"Paid becso! O'n i wedi dyfalu. Dwi'n gwbod pan ti'n dweud celwydd." Dwi'n cadw fy llais yn fflat a dwi ddim yn edrych arni, rhag ofn i'r emosiynau fynd yn drech na fi. "Diolch am sôn am Vimana hefyd!"

"Sori, dylwn i fod wedi…" ac mae ei llais yn diflannu.

Mae ar fin crio. Mae rhan fach ohona i eisiau rhoi cwtsh iddi a dweud wrthi am beidio stresio amdanon ni'n dwy, achos dwi ddim yn gweld pam mae hyn yn gorfod mynd yn beth mawr… ond dwi'n methu dweud hynny achos, a dweud y gwir, dwi erioed wedi teimlo mor grac â hyn gydag unrhyw un o'r blaen.

"Lai Lai, dwi isie i ti ddeall; roedd pawb yn y gwersyll haf fel un teulu mawr. Do'n i byth wedi meddwl gallwn i fynd i rywle heb nabod neb, a neud y gweithgareddau 'ma i gyd. Ond roedd e'n haws nag o'n i'n feddwl… cwrdd â gymaint o bobl wych. Do'n i ddim yn teimlo'n unig!"

"Ond ti erioed 'di bod yn unig! Dwi 'di bod 'ma i ti, a dwi wastad yn meddwl amdanat ti…"

Dwi'n gorfod cnoi'r tu mewn i fy moch yn galed i stopio fy hun rhag crio.

Edrychaf ar wal Kez; ar yr holl luniau o'r ddwy ohonon ni pan oedden ni'n fach. Mae un llun ar ein diwrnod cyntaf yn yr ysgol feithrin wrth ymyl ein pegiau, gyda bagiau'r un peth. Kez a Laila, ochr yn ochr bob tro.

"Sut ma dy stafell newydd?" gofynna.

"Dyw hi ddim yn teimlo fel fy stafell i rywffordd. Ma Mam isie i fi addurno."

Siarad mân yw hyn. Dyw e'n golygu dim byd. Dwi'n edrych i fyny ar y defnydd sidan a'r goleuadau tylwyth teg.

"Ma Mam 'di cael syniad da. Pam na 'nei di fideo o dy stafell newydd a gallwn ni gynllunio 'da'n gilydd," awgryma.

"Beth yw'r pwynt? Allwn ni ddim bod yna 'da'n gilydd, allwn ni? Hyd yn oed os byddet ti isie!"

"Plis, Lai Lai."

Mae'r holl frifo yn tasgu allan o 'ngheg i heb i fi drio.

"Galwa fi'n Laila o hyn mlaen."

Mae Kez yn gwingo.

"Ond..." Mae'n edrych i lawr ar ei bysedd.

"Sneb yn galw fi'n Lai Lai nawr. Mae'n fabïaidd."

"Ydw i'n *neb*?" sibryda Kez.

"Na, ond mi ydw *i*, mae'n amlwg... ti 'di mynd mas o dy ffordd i fi beidio bod 'da ti."

Mae Kez yn cydio yn fy llaw. "Dwi'n gwbod dylen i fod wedi dweud..."

Dwi'n methu edrych arni.

"Laila, plis... Iawn, os taw dyna be ti isie..."

"Paid troi pethau arna i. Dyw hyn ddim am beth *dwi* isie."

Mae Kez yn edrych i fyny ar y nenfwd am amser hir, a phan dwi'n aros yn dawel hefyd, mae'n llenwi'r tawelwch trwy ddweud, "Ni'n mynd i addurno hefyd. Mae'r parasiwt sidan yn dod lawr. Dwi'n cael stafell fwy plaen, mae hyn i gyd yn teimlo'n fabïaidd."

"Ydy, hollol fabïaidd," dwedaf, a dwi'n codi ac yn cerdded allan heb droi'n ôl.

"Ti'n mynd, Laila? Popeth yn iawn 'da chi, ferched?" galwa Bubbe arna i wrth i fi fynd heibio'r gegin.

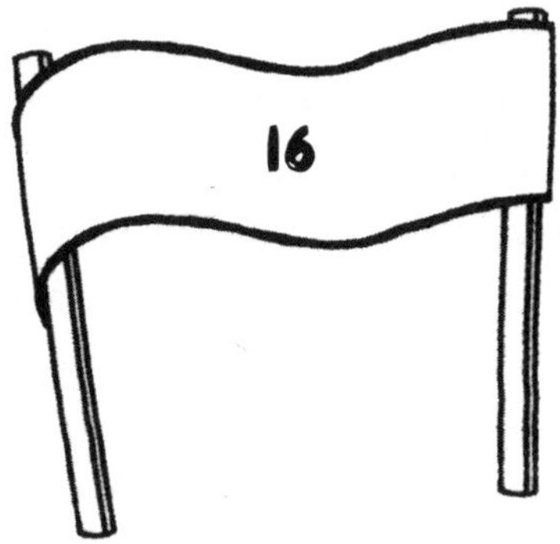

"Popeth yn iawn 'da chi, ferched?"

Mae llais Bubbe'n atseinio drwy 'mhen wrth i fi redeg yr holl ffordd i'r orsaf.

Dwi'n cyrraedd y stesion ac mae fy ffôn yn canu.

Tecst gan Kez.

Ti'n iawn?

Dwi ddim yn teimlo fel ateb, felly dwi'n mynd i mewn, ond yna'n newid fy meddwl. Y peth diwethaf dwi angen yw Kez neu Bubbe'n poeni amdana i ac yn ffonio Mam neu Dad. Dwi'n camu'n ôl i'r stryd ac yn ateb y neges.

Ydw. Sori am y pwdu.
Wela i di yn ysgol fory.

Dwi'n aros am eiliad neu ddwy i weld ydy Kez yn anfon neges yn ôl, ond yna mae'r sgrin yn mynd yn ddu. Pam alla i byth gofio ei tsiarjo? Dwi'n sganio fy ngherdyn ac yn cerdded i lawr y grisiau. Dwi'n hen gyfarwydd â'r daith yma i'r dre gyda Mira a Krish a Mam a Dad, ond mae'n teimlo'n hollol wahanol pan dwi ar fy mhen fy hun.

Dwi'n gwasgu heibio dynes o fy mlaen sy'n cario cês mawr llydan. Wrth i fi gyffwrdd â'i hysgwydd mae'n twt-twtian yn uchel, fel taswn i wedi *trio*'i chyffwrdd hi. Dwi'n gallu teimlo 'nghalon yn curo'n gyflym ac yn galed wrth gyrraedd pen y grisiau. Mae 'mhen i'n pwmpio hefyd a dwi'n teimlo braidd yn chwil. Dwi'n sylweddoli 'mod i wedi bod yn dal fy anadl. Dwi'n agor fy ngheg ac yn anadlu'r aer brwnt ac mae'r lleisiau crintachlyd yn fy mhen yn gweiddi'n gras.

"Sdim cliw 'da ti ble ti'n mynd. Dylet ti fod wedi edrych sut i gyrraedd yna."

"Jyst gwna fe! Ti'n gwbod lle mae'r Barri. Mae Pari'n neud y siwrne 'ma bob dydd ar ei phen ei hunan. Ar ôl cyrraedd galli di ofyn y ffordd i rywun."

Mae'r sgrin wybodaeth electronig uwch fy mhen yn dangos bod y trên yn cyrraedd ymhen tair munud. Dwi'n edrych i lawr lle mae nifer o lygod bach, yr un lliw llwyd â'r trac, yn rhedeg ar ôl ei gilydd. Maen nhw'n fach a ciwt. Allwn i byth fwydo llygoden fel'na i neidr. Sut yn y byd maen nhw'n gallu goroesi fan hyn heb gael eu gwasgu i farwolaeth gan drên?

Mae 'na boster gyferbyn â lle dwi'n sefyll. Mae'n nodi: 'Dwi'n geisiwr lloches.' Mae arno lun doctor mewn cot wen, yn siarad â hen wraig mewn gwely ysbyty. O dan y llun mae'n dweud, 'Dr Ahmed Habib o Affganistan, Meddyg Ymgynghorol gyda'r Gwasanaeth Iechyd'. Mae'r llun yn fy atgoffa i o'r un sydd ganddon ni ar y landing o Tad-cu Bimal ger Castell Caeredin, pan oedd e'n ifanc a newydd gymhwyso fel doctor.

Mae criw o fechgyn yn gwisgo hetiau a sgarffiau pêl-droed yn dod i sefyll ar y platfform. Tua phymtheg neu un ar bymtheg oed o bosib. Cefnogi'r tîm lleol, Caerdydd, dwi'n meddwl. Byddai Krish yn cael hwyl gyda nhw petai e yma. Bob tro mae un ohonyn nhw'n dweud rhywbeth, mae un arall yn ei ailadrodd yn uwch. Mae un bachgen â sgarff yn gwrando ar gerddoriaeth drwy glustffonau anferth ac mae e'n rapio, yn hanner dawnsio, hanner chwarae'r ffŵl. Mae'n sylwi 'mod i'n edrych arno, a dyma fe'n cydio ym mhob pen i'w sgarff ac yn siglo'i gluniau fel petai e eisiau dawnsio gyda *fi*! Dwi'n gwthio fy nwylo i 'mhocedi ac yn cerdded ymhellach i lawr y platfform. Pam na fyddwn i wedi tsiarjo fy ffôn?!

Mae bachgen â het yn dweud, "Ma hi'n ciwt!" Dwi i fod i glywed. Ro'n i'n teimlo'n flin cyn hyn, ond nawr mae fy wyneb a 'ngwddw'n teimlo'n boeth i gyd. Sut maen nhw'n meddwl ei bod hi'n iawn i wneud i fi deimlo'n nerfus fel hyn? Rhaid i fi jyst sefyll yma a gadael iddyn gael hwyl am fy mhen i.

Dyma'r tair munud arafaf erioed.

Dwi'n esgus cymryd diddordeb mawr yn y posteri ar ben draw'r platfform. Mae un yn hysbysebu cwrs athroniaeth sy'n addo cynnig atebion i gwestiynau mawr bywyd.

Mae un arall yn Boster Gwybodaeth Gyhoeddus, gyda'r geiriau wedi eu sgwennu mewn lŵp. Dwi'n darllen yr un brawddegau drosodd a throsodd. Dydyn nhw ddim yn llwyddo i wneud i mi deimlo'n well.

> **Mae'r ddinas ar Rybudd Diogelwch Uchel... Gwnewch yn siŵr bod eich bagiau gyda chi bob amser... Rhowch wybod i aelod o'r staff am unrhyw ymddygiad anghyffredin... Does dim croeso i gardotwyr ar drenau Caerdydd a'r Cymoedd nac unrhyw rwydwaith trafnidiaeth arall... Rhowch wybod i aelod o'r staff am unrhyw gardota...**

Dwi'n edrych i fyny'r platfform ond alla i ddim gweld unrhyw aelod o staff. Mae un o'r bechgyn yn codi llaw arna i ac yn chwibanu. Idiot!

O'r diwedd, mae'r trên yn cyrraedd a dwi'n camu i gerbyd lle mae gwraig yn eistedd â phlentyn ar ei chôl. Fedra i ddim meddwl am unrhyw beth arall i'w wneud, felly dwi'n dadsipio fy hwdi ac yn tynnu llythyr Simon o boced fy nyngarîs ac yn ei ddarllen eto. Does dim rhaid i fi – dwi'n gwybod y cynnwys i gyd ar fy nghof erbyn hyn. Mae gen i lun o Simon yn fy meddwl, a dwi'n methu aros i weld ydy e'n edrych yn debyg i'r llun hwnnw dwi wedi ei ddychmygu.

Mae adleisiau o eiriau ar bamffledi gawson ni ym Mlwyddyn 6 yn fy mhen hefyd: o ble ddaethon nhw mor sydyn? Dwi ddim wedi meddwl amdanyn nhw ers y wers honno. Dwi ddim eisiau'r geiriau yn fy mhen. Dydyn nhw ddim yn helpu.

Dwedwch wrth rywun ble rydych chi'n mynd bob tro.
Peidiwch ag ymweld â dieithryn, hyd yn oed os cewch chi wahoddiad.
Peidiwch â derbyn anrhegion gan ddieithriaid.

Dwedwch. Peidiwch. Peidiwch. Mae 'mhen i wir yn brifo. Dwedwch. Peidiwch. Peidiwch. Mae'r geiriau'n ailadrodd eu hunain i rythm y trên wrth iddo ruthro ar hyd y cledrau. Yna mae'r trên yn cyrraedd gorsaf…

Dyw Simon Makepeace ddim yn gwybod 'mod i'n dod, ond dyw e ddim yn ddieithryn *go iawn* oherwydd roedd e'n adnabod Nain Josie. Felly, ffrind i'r teulu yw e mewn gwirionedd, a dwedodd Krish ei fod e'n 'dipyn o gymeriad'. Y cyfan mae e eisiau ei wneud yw rhoi rhywbeth sy'n perthyn i'r teulu yn ôl i ni, ac roedd e'n disgwyl Mira, nid fi, ac mae hi'n oedolyn, felly… Pa mor hen yw e erbyn hyn? Dwi'n darllen y cyfeiriad eto. Wedi'r cyfan, dwi ddim yn mynd i'w dŷ e. Mae 'Hafan Gofal' yn swnio fel cartref hen bobl i fi.

Yn fuan ar ôl gadael yr orsaf mae'r trên yn arafu, yn dod i stop ac mae llais yn llenwi'r cerbyd. Mae'n swnio fel petai'r dyn yn dal ei drwyn ar gau wrth siarad.

"Ymddiheuriadau am yr oedi. Rydyn ni'n gorfod stopio wrth olau coch."

O'r diwedd, rydyn ni'n dechrau symud eto. Yn yr orsaf nesaf mae rhai pobl yn dod i mewn ac mae'r cerbyd yn rhyw hanner llawn. Wrth i'r drysau gau mae teulu'n camu i mewn. Mam, tad, merch ychydig yn iau na fi, a bachgen bach. Mae gan y fam bentwr o daflenni bychain wedi eu lamineiddio ac mae'n rhoi un, a phecyn o hancesi papur, ar y sedd nesaf ata i. Yna mae hi'n cerdded ar hyd y cerbyd gan adael y gweddill ar y seddi gwag.

Mae'r tad a'r plant yn sefyll wrth y drws ac yn gwylio'r fam yn dosbarthu'r taflenni. Ond yn rhyfedd iawn, does neb yn eu darllen nhw. Efallai eu bod nhw hefyd wedi darllen y poster ac yn ceisio anwybyddu cardota, oherwydd dwi'n credu taw dyna beth sy'n digwydd fan hyn… Ond dwi'n methu rhwystro fy hun rhag edrych i lawr a darllen y geiriau, sydd mewn priflythrennau:

> *RYDYN NI'N AROS AM GARTREF. DOES GANDDON NI DDIM ARIAN I FWYDO'R PLANT. RYDYN NI'N DIBYNNU AR GAREDIGRWYDD DIEITHRIAID. DOES NEB YN EIN HELPU. RHOWCH YCHYDIG O ARIAN MÂN OS GWELWCH YN DDA. BENDITH DUW ARNOCH.*

Erbyn i fi orffen ei ddarllen mae'r ferch fach yn sefyll o 'mlaen i. Mae ganddi wallt byr, a chudyn ar goll yn ei ffrinj, ac mae'n dal ei llaw allan. Mae'n anodd credu ei bod hi'n gallu edrych arna i mor hir, gyda'i llygaid mawr brown, heb flincio unwaith.

Dwi'n rhoi fy llaw ym mhoced fy hwdi.

Mae'r fenyw sy'n eistedd gyferbyn yn siglo'i phen ac yn mwmial rhywbeth dan ei hanadl am 'gypos'.

Petai Mam, Dad, Mira, Krish neu Kez gyda fi, byddwn i'n gadael iddyn nhw benderfynu. A byddwn i'n dilyn eu harweiniad. Pam mae'r ferch yn sefyll o 'mlaen *i*, o bawb? Oes ganddi ryw chweched synnwyr? Mae'n siŵr fod gan hyd yn oed rywun mor ifanc â hi ryw ymdeimlad am bobl ansicr.

Dwi'n dal llygad y tad sy'n dal llaw'r bachgen bach. Mae'n edrych arna i am eiliad neu ddwy, yna'n gwyro ei ben a gwingo fel petai mewn poen. Ydy cywilydd yn gallu achosi poen? Dwi'n edrych i ffwrdd yn gyflym ac yn gwenu ar y bachgen bach. Ond dyw e ddim yn gwenu'n ôl.

Dwi ddim yn siŵr ble i edrych, felly syllaf ar fy nhraed. Mae troed y ferch yn tapio ar y llawr. Mae ei sandalau'n ddi-raen ac wedi torri, a bysedd ei thraed â chrwst o fudreddi arnyn nhw. Dwi'n methu dioddef hyn rhagor, felly dwi'n nôl darn punt o fy mhwrs, yn ei roi i'r ferch, ac yn rhoi'r hancesi papur yn ôl iddi hefyd. O leiaf gall hi eu gwerthu eto. Mae'n rhedeg yn ôl at ei thad fel petai wedi darganfod trysor. Mae yntau'n nodio ddwywaith heb godi ei ben. Mae'r fam nawr yn dod yn ôl ar hyd y cerbyd, yn casglu gweddill y nodiadau a'r pecynnau.

Pan mae'n cyrraedd ei theulu mae'r ferch yn pwyntio ata i, ac yn dweud rhywbeth – dwi ddim yn deall yr iaith mae'n ei siarad. Mae wyneb y fam yn flin. Mae'n gwthio'r ferch yn galed ar ei hysgwydd ac mae'n baglu i

’nghyfeiriad i. Mae’n rhoi’r pecyn o hancesi i fi ac mae ei llygaid hi’n llawn dagrau a phoen. *Fi* ddylai fod yn rhoi hances iddi *hi*.

Mae’r drysau’n agor ac mae’r teulu’n mynd oddi ar y trên. Wrth i fi roi’r pecyn yn fy mhoced mae’r ddynes gyferbyn yn dal fy llygad.

“Well peidio’u hannog nhw, bach. Cardotwyr proffesiynol ydyn nhw. Maen nhw’n trio rhoi stop ar y fath beth.”

Dwi’n teimlo ’mod i wedi cael cerydd. Dwi’n falch mai dim ond un stop arall sydd i fynd. Wrth i fi aros wrth y drysau mae hen ddyn tal mewn cot lwyd yn rhoi ei law yn ei boced, yn gwenu arna i, ac yn dangos cornel fach o becyn hancesi papur i fi.

Erbyn i fi gyrraedd y Barri dwi’n teimlo ’mod i wedi bod yn teithio ers diwrnodau. Dwi’n methu credu bod Pari’n gwneud hyn bob dydd i gyrraedd yr ysgol.

Pan dwi’n camu oddi ar y trên dwi’n anadlu llond ceg o awyr iach. Ond mae’n bosib arogli’r llygredd yn yr aer o hyd. Dwi’n gwirio’r cyfeiriad ar y llythyr eto ac yn edrych o gwmpas am fap stryd. Does dim un. Dwi’n cael fy ngwthio wrth i fi chwilio am rywun i’w holi am gyfarwyddiadau, ac mae bachgen yn cario gitâr dros ei gefn yn taro yn fy erbyn. Mae e ryw ddau ben yn dalach na fi, ond mae’n bosib ei fod e tua’r un oed.

“Sori! Dwi wastad yn neud hynna! Dylen i gael drych ar fy nghefn!”

Dwi ddim yn gwybod beth i'w ddweud, felly dwi'n gwenu ond yn aros yn dawel. *Gofyn y ffordd, Laila – pam na wnei di ofyn y ffordd iddo?*

Dwi'n edrych ar y ddrysfa o ffyrdd, goleuadau traffig a strydoedd prysur ac yn sylweddoli nad oes gen i ddim syniad pa ffordd i fynd. Dwi ar fin troi'n ôl a mynd adre pan mae rhywun yn fy nharo ar fy ysgwydd a dwi'n troi i'w wynebu.

Y bachgen â'r gitâr.

"Sori! Dwi ddim isie codi ofn arnot ti. Jyst yn meddwl ti isie help?" Mae e'n edrych i lawr ar yr amlen yn fy llaw.

Dwi'n dangos y cyfeiriad iddo ar gefn yr amlen ac yn dal fy nwylo i fyny fel taswn i'n dweud, "Dwi ddim yn deall a dwi ddim yn gwbod ble dwi'n mynd."

Mae'r bachgen yn gwgu ac edrych yn ddryslyd. "Iawn! Ocê. Dwi'n nabod yr adeilad. Yr un â'r paneli solar." Mae'n pwyntio'n syth o'i flaen. "Ddim yn bell o ble dwi'n byw. Dangosa i i ti!"

"O ble ti'n dod?" gofynna'r bachgen wrth i ni gerdded ar hyd y stryd.

Dwi'n siglo 'mhen fel taswn i ddim yn deall.

"Ble mae adre? Pa wlad?"

"India… Kolkata," dwedaf, gan drio gwneud acen fel un Janu.

Be dwi'n neud?

"Ma ffrind gorau Mam o India. Dwi isie mynd i deithio yno rhyw ddiwrnod."

Pam mae e'n dal i siarad â fi? Dwi'n siŵr nad yw e'n

credu 'mod i ddim yn deall. Rydyn ni'n cerdded mewn tawelwch wedyn, ond mae e'n edrych draw arna i bob hyn a hyn a gwenu gyda'i lygaid brown golau meddal. Pa mor dwp ydw i?

"Dyma'r lle ti'n chwilio amdano… Rhyfedd, dwi 'di pasio'r lle ganwaith ond erioed 'di sylwi ar yr enw. Dyma fe… Hafan Gofal." Mae'n gwenu ac yn pwyntio at yr arwydd. Pan mae e'n gwenu, mae ei wyneb yn goleuo i gyd.

Mae fy wyneb i'n teimlo'n boeth. Dwi'n sylweddoli 'mod i'n gwrido, felly dwi'n edrych i lawr ac yn nodio. Dwi'n teimlo'n gas wrth iddo gerdded i ffwrdd.

"Diolch," galwaf, ac mae e'n edrych arna i ac yn gwenu eto. Ydw i'n breuddwydio? Does dim un bachgen wedi edrych arna i yn y ffordd yna o'r blaen.

"Dim problem, Mira!"

Dwi'n troi'r amlen drosodd. Mae'n rhaid ei fod wedi darllen yr enw a meddwl mai fi oedd Mira.

Wel, pa ots? Dwi byth yn mynd i'w weld e eto.

Dwi'n aros iddo droi'r gornel, ac yna dwi'n cerdded i fyny'r llwybr sy'n arwain at res o hen fythynnod brics.

Mae Hafan Gofal yn rhes o fythynnod wedi eu troi'n un adeilad. Mae bylchau'r hen ddrysau wedi eu troi'n ffenestri bwaog. O flaen pob un mae gardd rosod, gydag ambell betal coch neu wyn yn dal i ddisgleirio. Mae rhywun wedi bod yn palu winwns, eu gwreiddiau brown yn gorwedd ar y gwair. Rhyngddyn nhw mae tair pwmpen anferth, un ag wyneb Calan Gaeaf wedi ei gerfio arni, ond mae wedi dymchwel a'r geg yn syrthio'n isel.

Dwi'n dilyn llwybr sy'n arwain at ddrws glas yng nghanol y rhes. Mae cloch hen ffasiwn i'w thynnu. Dwi'n ei chanu unwaith. Mae'n adleisio drwy'r coridor tu mewn. Dwi'n teimlo cloch Nain Josie ym mhoced y dyngarîs. Mae sain y gloch yn tawelu ond does neb yn dod at y drws. Dwi'n pendroni a ddylwn i ei chanu eto pan mae dynes dal sy'n gwisgo sgarff oren lachar ar ei phen yn agor y drws. O'n i wedi meddwl mai Simon fyddai'n ateb… Dwi'n ffwndro braidd.

"Dwi yn… Nain…"

Yn lle trio eto, a chael y geiriau yn y drefn gywir, dwi'n stopio. Dwi fel taswn i wedi colli'r gallu i siarad.

"Dwi'n nain, ond dwi ddim yn meddwl bod *ti*! Dechrau eto." Mae gan y ddynes acen Ffrengig ysgafn, ac mae'n gwenu arna i. Mae ganddi lygaid caredig.

"Sori! Be dwi'n feddwl yw… Roedd Nain yn ffrind i Simon Makepeace. Dwi 'di dod i nôl llyfr wrtho fe."

"Oes gan wyres ffrind i Simon Makepeace enw?" gofynna.

"Laila Levenson," llwyddaf i ateb.

"Levenson… Leven-son… Le-venson…" Mae'n ailadrodd fy enw, fel petai ei ddweud mewn ffyrdd gwahanol yn tanio rhyw atgof. Ac mae'n gweithio. "O, jiw! Nawr dwi'n deall, wyres Josie! Ond rwyt ti'n —"

"Chwaer fach Mira dwi," esboniaf wrthi, ac yn sydyn dyma hi'n agor ei breichiau, yn dal fy llaw'n dynn yn ei dwylo ac yn fy nhynnu i mewn i'r cyntedd.

"Hope dwi. Fues i'n rhannu pabell 'da dy nain am sawl noson… sawl blwyddyn yn ôl! Roedd hi mor ddifyr. Mae gen i *dessin*… darlun wnaeth hi ohonon ni'n dwy…" Mae ei llais fel aderyn bach yn ymarfer ei gân.

Mae gwên Hope yn lledu ar draws ei hwyneb. Mae'n estyn ei braich ac yn cyffwrdd â fy ysgwydd.

"Mor drist bod hi 'di'n gadael ni mor gynnar. Byddai 'di cael croeso mawr yn ein cymuned ni. Ond nawr, *je crois*, dwi'n credu bod rhan ohoni yma gyda ni. Mae'r un tân yn dy lygaid di ag oedd gan Josie! Dwi mor hapus i dy weld di. Ma Simon 'di bod yn poeni am gael y llyfr yn ôl i dy deulu."

Mae'r cyntedd yn hir a heulog, gyda drysau wedi eu peintio mewn lliwiau llachar yn arwain i'r stafelloedd gwely. Dwi'n dilyn Hope heibio'r drysau melyn, oren, piws a choch. Mae darn o gelf yn hongian ar y wal rhwng pob drws. Mae Hope yn rhoi ei bys ar lun pabi melyn ar draeth caregog wrth gerdded heibio. "Josie na'th hwn."

Mae'n sicr yn edrych fel llun gan Nain. Dwi erioed wedi meddwl am rywun arall, heblaw ein teulu ni, yn berchen ar un o luniau Nain Josie. Dwi'n aros i edrych arno. O'r lliwiau llwyd golau yn y cerrig a'r awyr lydan dwi'n dyfalu mai llun o rywle ym Mro Morgannwg yw e.

Mae'r cyntedd yn agor i stafell sy'n llawn goleuni. Mae fel stafell haul, a'r wal gefn wedi ei pheintio'r un lliw glas â'r drws ffrynt… wel, gymaint ag y galla i ei *weld* o'r wal oherwydd mae wedi ei chuddio bron yn llwyr â gwinwydd. Mae'r planhigyn enfawr mewn potyn, a'r rhisgl cnotiog yn troi a throelli i bob cyfeiriad, gan agor yn frigau fel ffaniau, sy'n edrych fel bysedd cawr yn ymestyn am y gwydr. Dwi erioed wedi gweld planhigyn mor anferth mewn tŷ o'r blaen. Mae'r stafell fel tŷ gwydr.

"Ma Simon yn addoli'r haul, fel hen gath ddiog!" Mae Hope yn fy nhywys i mewn i'r stafell, ac wrth i fi fynd i mewn dwi'n taro yn erbyn olwyn beic sy'n pwyso yn erbyn y wal. Mae blodau a chlychau bach wedi eu plethu drwy sbôcs yr olwynion, yn union fel roedd Krish yn ei gofio. Mae Hope yn dal y beic wrth i fi basio.

"Hen feic Simon," meddai.

"Ma 'mrawd i'n cofio hwn."

“Wel, nid dy frawd yw’r unig un! Ma’r beic yma ’di teithio’n helaeth iawn!” meddai Hope.

Dwi’n trio chwerthin, ond dwi mor nerfus mae’n swnio’n ffug.

Efallai ’mod i wedi gweld llun o Simon rhywbryd o gwmpas y tŷ, oherwydd dwi’n teimlo’i fod e’n gyfarwydd. Yng nghanol y stafell mae bwrdd, ac ar fat bach yn y canol mae cannwyll dew mewn fas. Mae hen ddyn yn eistedd yn gefnsyth ar gadair, yn hollol lonydd, a’i lygaid ar gau. Mae croen cloriau ei lygaid fel hances bapur wedi ei sgrwnsio’n bêl. Mae ganddo aeliau blewog sy’n codi fel adenydd tylluan fach a barf drwchus fel gwrych, sy’n cuddio’r rhan fwyaf o’i geg, ond mae ei wefusau’n codi mewn hanner gwên. Mae ei wallt yn hir a blêr, yr un lliw ac ansawdd â’r cŵn terier mae Anti Mairi, chwaer Nana Kath, yn eu bridio. Y cŵn mae Krish wedi trio perswadio Mam a Dad i’w cael sawl gwaith. Nid llwyd, na brown, ond rhywbeth rhwng y ddau.

Mae gan y dyn dalcen llydan ag un llinell rychiog ddofn yn rhedeg o un ochr i’r llall. Mae ei drwyn yn hir a syth, ei fochau’n goch a sgleiniog, a rhychau tenau o gwmpas ymylon ei lygaid. Mae’n gwisgo trowsus tracwisg a chrys-T glas tywyll â’r geiriau ‘Free Tibet’ mewn oren ar draws y blaen. Mae ganddo freichledau cyfeillgarwch ar ei arddyrnau a mwclis sy’n debyg i hadau wedi’u peintio. Dwi erioed wedi gweld hen berson yn gwisgo fel hyn o’r blaen. Dillad fel hyn fyddai rhywun fel Krish yn fwy tebyg o’u gwisgo. Dim sgidiau, dim sanau. Mae ei ddwy law yn gorffwys ar ei ddwy ben-glin, â'r cledrau i fyny, fel petai'n aros i rywbeth syrthio iddyn nhw. Mae hen bâr blêr o dreinyrs ar y llawr wrth ymyl y bwrdd.

"Myfyrio," sibryda Hope. "Weithiau bydd e'n eistedd fel hyn drwy'r dydd, ond gobeithio fydd dim rhaid i ti aros mor hir â hynny!"

"Dwi ddim isie amharu," sibrydaf yn ôl.

"Na, na, 'nei di ddim. Dim problem. Amynedd sydd angen. Dyw e ddim yn cysgu, bydd e'n gallu'n clywed ni yn y stafell. Ond falle bydd hi'n cymryd amser iddo ddod yn ôl aton ni. Fe af i i neud te tra'n bod ni'n aros." Ac mae Hope yn cerdded i'r cyfeiriad arall a 'ngadael i ar fy mhen fy hunan gyda'r dyn yma o'r enw Simon Makepeace – ffrind Nain Josie ac awdur y llythyr.

Dwi'n teimlo mor anghyfforddus yn sefyll yma, yn aros i'r dieithryn agor ei lygaid. Dwi'n syllu o gwmpas y stafell. Mae'n fy atgoffa i o'r tŷ gloÿnnod byw aeth Mira a fi i'w weld yn Sw Bryste – ac mae bron mor boeth yma hefyd. Dwi'n agor sip fy hwdi, yn eistedd ar hen fainc capel ac yn aros iddo sylweddoli 'mod i yma. Dwi'n edrych ar y beic ac yn meddwl pam roedd dod yma yn syniad da.

Mae adlewyrchiad yr haul drwy'r to gwydr yn creu cylch ar y llawr pren. Mae treinyrs Simon reit yng nghanol y pwll o olau haul. Dwi'n pwyso'n ôl ac yn edrych ar frigau'r goeden sydd y tu allan, uwchben y to. Mae ambell ddeilen liw mwstard yn hofran i lawr.

"Helô, chlywais i neb yn dod mewn!" Mae llais Simon

yn sych ac yn gryg. Mae'n agor ei lygaid yn araf bach, fel petai'n deffro o drwmgwsg hir.

"Josie?" sibryda, gan wasgu ei figyrnau ar y bwrdd, a phwyso'n drwm arno i wthio'i hun i fyny.

Dw innau'n sefyll hefyd.

"Ti sy 'na, Josie?" gofynna eto. Ydy'r hen ddyn wedi colli ei bwyll? Dwi'n edrych allan i'r cyntedd i weld ydy Hope ar ei ffordd yn ôl. Dylai hi fod wedi sôn am ei feddwl dryslyd. *Plis, Hope, dere'n ôl glou.*

Mae Simon yn rhythu arna i fel petai wedi gweld ysbryd neu rywbeth.

"Dwi 'di dod i nôl Llyfr Protest Nain Josie. Anfonoch chi lythyr at fy chwaer?" esboniaf.

Dwi'n rhoi'r amlen ar y bwrdd sydd rhyngddon ni.

"Wrth gwrs!" Mae e'n chwerthin ac yn siglo'i ben. "Mae'n ddrwg 'da fi! Dwi newydd ddod o blaned arall yn y gorffennol!" Ac mae'n chwerthin eto.

Dwi ddim yn siŵr a ddylwn i ddweud rhywbeth neu beidio.

"Beth yw ystyr hyn, tybed?" gofynna. "Ychydig funudau'n ôl, cyn dechrau myfyrio, roedd Josie ar fy meddwl i… roedd hi'n dal rhyw bêl fach – pelen o heulwen yn ei llaw – a nawr dwi'n agor fy llygaid ac rwyt ti'n fy nallu i!"

Dwi'n pwyntio at ei dreinyrs yng nghanol y pwll o heulwen. "Mae'n heulog 'ma!"

Mae Hope yn dod i mewn ac yn diffodd fflam y gannwyll.

"Gest ti daith heddychlon?" gofynna, gan gario hambwrdd.

Ydy hi'n siarad â fi?

Mae Simon yn codi ei ysgwyddau ac yn edrych ar ei dreinyrs. "Ma'r sgidiau 'na'n fwy heddychlon na 'mhen i!" Mae Hope yn chwerthin, fel petai'n deall. "Roedd fy meddwl i'n llawn protestiadau. Falle 'mod i wedi synhwyro fy ymwelydd!" Mae'n gwenu arna i. "Ar ôl i fi roi'r hen lyfr yn dy ddwylo di, mae'n bosib galla i adael fynd. Roedd fy mhen i dros y lle i gyd, yn neidio o brotest i brotest…" Mae'n syllu arna i. "Felly, mae'n rhaid mai ti yw'r chwaer fach, Lai…"

"Laila."

"Dyna ni! Protestiwr bach o'r crud!"

"Be?"

"Dyna beth oedd Josie'n arfer dy alw di! Ei jôc hi pan es i'w gweld hi ar ôl i ti gael dy eni. Dwi'n cofio bod gen ti lais fel taran am fabi mor fach! Dwedodd hi, 'Mae hon yn mynd i gymryd fy lle i nawr, Simon! Un protestiwr yn gadael ac un arall yn cyrraedd!' Un fel'na oedd Josie. Roedd ganddi hiwmor tan y diwedd. A dwi'n mynd i fod yr un fath." Mae e'n edrych ar Hope. "Bydd hynny'n ddigon hawdd, gyda Hope wrth fy ochr i!"

Mae hi'n gwenu arno mewn ffordd sy'n dangos eu cariad tuag at ei gilydd.

"Dere i eistedd fan hyn!" meddai Simon, gan bwyntio at gadair gyferbyn ag e. "Sori am dy ddychryn di, ond mae'n anghredadwy pa mor debyg wyt ti i Josie!"

"Ma pawb yn dweud hynna."

Mae Simon yn gwenu arna i gyda'i lygaid disglair glas. Mae dant ar goll yn un ochr o'i geg. Fyddech chi ddim yn sylwi oni bai ei fod yn gwenu'n llydan, fel mae e nawr. Mae'r rhychau chwerthin o gwmpas ei lygaid yn lledu fel crychau ar ddŵr llyn, fel petai blynyddoedd o chwerthin a gwenu wedi eu cerfio yno.

"Dwi'n falch bod y llythyr wedi cyrraedd. Ble ma Mira 'te?"

"Wedi mynd i ffwrdd i'r coleg. Gofynnodd hi i fi ddod i gasglu'r llyfr drosti."

Ydy hi *bob amser* yn anghywir i ddweud celwydd?
Ydy hi *bob amser* yn gywir i ddweud y gwir?

Dwi'n hanner disgwyl gweld mellten yn taro drwy'r to gwydr – 'Celwydd, Lai Lai! Celwydd, Lai Lai!' – ond daw cwmwl i guddio'r haul ac mae'r stafell yn tywyllu.

"Beth mae'n astudio yn y coleg?" gofynna Simon.

"Celf – ym Mangor."

Mae llygaid Simon yn disgleirio fel dwy seren las lachar, hapus.

"Artist ddwedodd Josie! A beth am dy frawd… Krishna?"

"Krish," dwi'n ei gywiro. "Cerddoriaeth a chwaraeon yn bennaf. Mae'n neud prentisiaeth mewn canolfan gweithgareddau awyr agored ym Mannau Brycheiniog. Mae'n chware'r gitâr ac yn canu… yn cyfansoddi ei ganeuon ei hunan."

"Pa fath o gerddoriaeth?"

"Stwff amgylchol – *ambient* – fwyaf. Sai'n siŵr. Mae'n gwisgo clustffonau o hyd!"

"Amgylchol." Mae Simon yn ailadrodd y gair yn araf, araf, gan edrych i fyny ar y dail. Mae'n dilyn deilen felen wrth iddi hofran a glanio ar y to gwydr. "A tithe, Laila…? Be sy'n mynd â dy fryd di?"

"Sai'n gwbod eto."

"Digon teg. Roedd dy Nain Josie yn breuddwydio am fod yn ddawnswraig. Ti'n gwbod hynny? Roedd hi'n edrych fel dawnswraig bale, fel ti."

Dwi'n siglo fy mhen. Na, do'n i ddim yn gwybod hynny. Dwi ddim yn gwybod llawer amdani o gwbl… ddim eto.

"Ma fy nghyfnither, Priya, yn ddawnswraig; mae'n wych. Dawnsio Indiaidd a modern… cymysgu arddulliau."

"Geiriau da – *amgylchol… arddulliau…*"

Mae Simon yn berson mor rhwydd i siarad ag e. Dyw e ddim fel hen ddyn o gwbl. Mae'n debyg i siarad â Krish. Y ffordd mae e'n meddwl ac yn siarad, fel petai'n gêm.

"Sut ddest ti yma, Laila?" gofynna Hope wrth arllwys te. "Dy deulu ddaeth â ti? Ydyn nhw'n aros tu fas – ydyn nhw isie dod i gael te?"

"O na! Ar y trên, ar ben fy hunan," atebaf.

"Da iawn ti. Ddim fel dy ferch *di*, Hope, yn disgwyl i dy wyrion gael eu cario i bob man."

"Dwi'n gwbod, Simon. Maen nhw wedi cael eu… sut mae dweud, eu *moli-codlo*, ond mae'n fyd gwahanol heddi."

Mae Simon yn crychu ei wefusau ac yn codi ei aeliau blewog sawl gwaith. Mae'n ddoniol.

"Hm, dwi ddim mor siŵr! Yr un byd, ond meddylfryd gwahanol," meddai, gan dapio ochr ei ben. "Dwi'n cofio fi a fy ffrindiau yn neud drygioni pan o'n ni'n blant, yn perchnogi'r strydoedd ar ein beics…"

"Beth yw *moli-codlo*?" gofynnaf.

"Beth sy'n digwydd i wyrion Hope!"

Mae hi'n esgus gwgu'n flin ar Simon.

"Bod yn orofalus o rywun," esbonia Simon.

"Faint yw dy oed di, Laila?" gofynna Hope.

"Tair ar ddeg," dwedaf yn betrus. Dydw i ddim yn swnio'n gredadwy iawn.

"Ti'n gweld, dwy flynedd yn hŷn na Corinne fach fi."

Mae golwg ddifrifol ar Simon am eiliad, fel petai'n gwneud syms yn ei ben. Yna mae'n wincio arna i. Mae e'n sylweddoli 'mod i'n dweud celwydd.

Mae'n pwyso ymlaen ac yn edrych yn syth i mewn i'm llygaid i, ond heb ddweud gair. Dyw oedolion ddim fel arfer yn edrych arnoch chi fel mae Simon… Mae'n teimlo fel y bachgen bach ar y trên yn pwyso a mesur, yn rhythu arna i, ond mae hyn yn fwy cyfeillgar. Mae 'na dawelwch, fel petai'n aros i fi ddweud rhywbeth. Pan dwi'n siarad, mae fy llais yn swnio'n rhyfedd, hyd yn oed i 'nghlustiau i. Dwi'n sylweddoli 'mod i byth yn dechrau sgwrs, ond yn ymuno wedyn. Dwi byth yn gallu meddwl am rywbeth i'w ddweud, yna dwi'n cofio beth ddwedodd Mrs Latif y diwrnod o'r blaen. Os na allwch chi feddwl am unrhyw beth, gofynnwch gwestiwn. Tybed ai dyna pam mae Mam yn holi o hyd?

"Pryd 'naethoch chi ddechrau myfyrio?" gofynnaf.

"Wel, nawr, gad i fi weld… dwi 'di bod yn ymarfer ers tua thri deg o flynyddoedd, ond dim ond yn y deg mlynedd diwethaf dwi 'di'i gymryd e o ddifri."

Dwi'n chwerthin yn nerfus, ond mae'r ffordd mae e'n siarad yn gwneud i mi wenu.

"Bwdist y'ch chi? Roedd fy athro dosbarth yn sôn am y Dalai Lama. Ma fe'n myfyrio, on'd yw e?"

"Ydy, mae e! Ond dwi ddim yn Dalai Lama o bell ffordd! Dwi'n fwy o Simon chwilfrydig!" Mae'n gwenu arna i, fel petai ei ateb yn gwneud synnwyr. "Nawr 'te, os ydy'r cwestiynau athronyddol 'ma wedi dod i ben, cer i nôl llyfr dy Nain Josie. Ma fe ar y silff draw fan'na mewn bag Jiffy," meddai, gan bwyntio at y planhigyn *yucca*.

Yna, mae Simon yn codi'n araf bach, fel petai'n gwirio bod pob rhan o'i gorff yn barod iddo sefyll, gan ddechrau gyda'i draed.

Mae Hope yn sefyll hefyd, yn barod i'w helpu, ond mae Simon yn siglo'i ben ac yn tapio cefn ei gadair, fel petai'n dweud, "Eistedda di, dwi ddim angen help."

Mae'n dal yn dynn yn ochr y bwrdd tan iddo gael digon o gydbwysedd i fynd yn ei flaen. Mae'n cerdded fel petai mewn ffilm wedi'i harafu. Dyw e ddim yn troi ata i, ond mae'n codi ei law ac yn cyffwrdd yn un o ddail anferthol y goeden.

"Esgusodwch fi, rhaid i fi fynd i bi-pi. Fe fydd hi'n cymryd yr un faint o amser i fi gyrraedd y tŷ bach ag oedd hi'n cymryd i fi redeg 5k ers talwm!" Mae'n gafael yn un o frigau praff yr *yucca* wrth basio. "Rhaid ffeindio ffordd rhwng yr holl frigau 'ma… Josie roddodd hwn i fi, ti'n gwbod. Roedd gan dy nain fysedd gwyrdd. Ddwedodd hi y byddai'n blodeuo, ond dwi'n dal i aros! Ond dyn dail dwi 'di bod erioed, nid dyn blodau. Mewn potyn bach oedd hwn pan ges i e… nawr drycha ar ei faint e!" Ac mae Simon yn cyrraedd y drws o'r diwedd.

Dwi'n dringo dros ac o dan ddrysfa'r planhigyn, sy'n lledu ei ddail siâp ffan bapur ar draws y to. O'r ongl yma mae'n edrych fel petai'r brigau'n ceisio torri drwy'r gwydr.

Dwi'n gwyro o dan ddeilen enfawr ac yn symud rhai o frigau'r gwinwydd i weld y silff.

Dwi'n gweld y bag Jiffy ac yn ei godi. Mae'n drymach nag o'n i wedi'i ddisgwyl. Dwi'n dringo'n ôl dros y ddrysfa ac yn gweld bod Hope wedi gadael y stafell hefyd, gan fy ngadael ar fy mhen fy hun i agor Llyfr Protest Nain Josie.

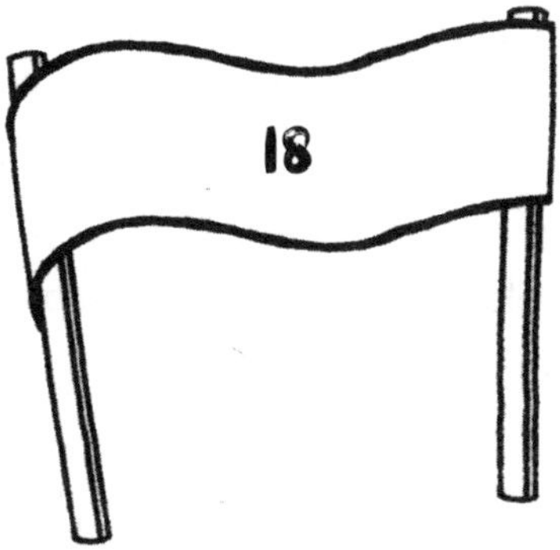

Mae'r geiriau ar y clawr yn dweud 'Llyfr Protest Josie', mewn llawysgrifen gyrliog. Do'n i ddim wedi dychmygu teimlo mor nerfus â hyn cyn ei agor. Fel taswn i'n cwrdd â Nain am y tro cyntaf. Dwi'n tynnu'r gloch o'r pwrs sidan yn fy mhoced, yn ei dal yn fy llaw, ac yn troi i'r dudalen gyntaf. Mae yna lun o Nain mewn het wellt, a'i gwallt mewn plethi hir trwchus. Rhaid ei bod hi tua ugain oed. Mae'n gwenu arna i.

Dwi'n troi i'r dudalen nesaf. Mae cerdyn wedi ei ludo arni yn dweud 'Josie Levenson' – cerdyn aelodaeth y Mudiad Gwrth-Apartheid. Mewn amlen fach sydd wedi ei glynu odano mae ffotograffau du a gwyn, a rhan o bapur newydd sy'n dangos pobl mewn gorymdaith yn chwifio baneri. Mae un o Nain Josie mewn gorymdaith Hawliau Dynol yn America. Mae'n anodd credu bod gwahanu plant duon a gwynion yn dal i ddigwydd mewn ysgolion tan yn weddol ddiweddar. Mae hynny'n codi ofn. Dwi'n syllu ar lun arall. Mae'n bosib mai Hope yw'r ddynes dal mewn ffrog hir, laes. Mae'n rhyfedd gweld hen bobl pan oedden nhw'n ifanc. Dwi'n gallu gweld Simon yn y dorf, yn gwthio'i feic. Yr un beic yw e, dwi'n meddwl… a dyw Simon heb newid llawer, heblaw bod ei wallt a'i farf yn drwchus ac yn olau, yn fframio'i wyneb fel mwng. Mae'r un olwg chwareus yn ei lygaid. Tybed ydy e erioed wedi torri ei wallt neu eillio'i farf?

Dwi'n troi'r tudalennau eto. Mae'r llyfr yn llawn erthyglau a phamffledi am orymdeithiau, ymgyrchoedd, protestiadau a gwylnosau… dwi wedi gweld rhai fel hyn ar y teledu, lle mae pobl yn sefyll wrth ymyl blodau ac yn cynnau canhwyllau. Dwi wrth fy modd gyda'r ffordd mae Nain Josie wedi trefnu'r tocynnau a'r erthyglau ar bob tudalen – roedd hi'n deall eu pwysigrwydd. Mae hi wedi sgwennu rhestr o'r protestiadau fuodd hi arnyn nhw, ac mae tudalen arall yn llawn sloganau. Ar dop tudalen arall wedyn mae hi wedi sgwennu geiriau caneuon protest. Byddai Krish wrth ei fodd yn darllen y rhain. Pam mae hi wedi cofnodi hyn i gyd mor ofalus? Er mwyn cadw'r atgofion, siŵr o fod, fel pobl ar Facebook… ond na, mae'n teimlo fel petai hi'n gwybod y byddai rhywun yn y teulu yn cydio yn y llyfr ac yn ei drysori…

Mae yna erthygl am arbrofi gyda cholur ar gwningod. Pwy yn y byd feddyliodd am wneud y fath beth? Mae llygaid y cwningod wedi chwyddo ac mae rhai'n mynd yn ddall, yn ôl yr erthygl – dim ond er mwyn i bobl allu gwisgo colur. Petai Kez yn gwybod am hyn, efallai fyddai hi ddim mor awyddus i wisgo'i masgara a'i cholur llygaid.

Bydd rhaid i fi ofyn iddi ydy ei cholur hi wedi cael ei brofi ar anifeiliaid. Efallai nad yw pobl yn meddwl am hynny. Do'n i ddim wedi ystyried y peth tan nawr. Mae lluniau o anifeiliaid wedi cael eu lladd. Dwi'n methu edrych arnyn nhw.

Dwi'n troi yn gyflym i dudalen arall, ac yn difaru'n syth! Mae llun o Simon ar ei feic, gyda blodau wedi'u plethu drwy'r olwynion, a rhai o gwmpas ei wddw, ac ar wahân i'r blodau, mae e'n gwbl noeth! Mae merch â gwallt coch cyrliog ar feic wrth ei ymyl, a'i gwallt gwyllt, hir yn llifo fel clogyn, gan guddio ei chefn gwyn glân. Mae'n fy atgoffa i o Kez. Ac ar wahân i'r blodau a'i gwallt hir, mae hi'n noeth hefyd. Y tu ôl iddyn nhw mae rhywun yn dal placard sy'n dweud, 'Reidio Beic Noethlymun – Ymgyrch yn erbyn Newid Hinsawdd'. Gyda phob un yn reidio beic yn noeth, mae'r neges yn mynd i fod yn glir i bawb!

Dwi'n troi tudalen eto wrth i Simon ddod yn bwyllog tuag at y bwrdd, gam wrth gam. Dwi'n teimlo y dylwn i ei helpu ond dwi'n gwybod o brofiad gyda Kez y byddai hi'n gofyn petai angen help, ac mae'n siŵr fod yr un peth yn wir gyda Simon.

"Dyna ni… dyna'r job fach honno wedi'i gwneud! Un Llyfr Protest wedi ei roi'n ôl!"

Mae Simon o'r diwedd yn setlo yn ei gadair ac yn troi'r llyfr tuag ato…

"Dwi heb edrych ar hwn ers amser hir. Dyw hi ddim yn hawdd gadael fynd pan ti'n edrych ar y gorffennol, ond fydd un cip sydyn ddim yn neud niwed!"

Mae'n gosod sbectol ar flaen ei drwyn ac yn troi'r tudalennau'n araf.

"Y tro dwetha i fi neud hyn oedd ar ôl i dy nain farw. Doedd hi ddim yn un am daflu pethau, oedd hi! Mae tua hanner canrif o ymgyrchu yn y llyfr yma."

Mae Simon yn agor un o ddroriau'r bwrdd ac yn tynnu amlen allan.

"Drycha – galli di roi'r rhain yn y llyfr hefyd… cwpwl o bethau dwi 'di bod yn ymwneud â nhw ers iddi farw… Mae popeth yn perthyn gyda'i gilydd."

Dwi'n cymryd yr amlen oddi wrtho.

"Oes diddordeb 'da ti yn hyn i gyd?" gofynna Simon.

Dwi'n nodio.

"Wel, cymer dy amser, edrych ar y cyfan… neu unrhyw beth sy'n cymryd dy ffansi di!" Mae'n troi i ddiwedd y llyfr. "A, ie! Dyna'r orymdaith ddwetha i Josie ddod gyda fi. Yn erbyn Rhyfel Irac… a nawr, wel, ble mae dechrau?" Mae ei lais yn sigledig. "Ti'n gweld, ddylen i ddim bod wedi edrych!"

"Mae gen i ffrind, Pari. Mae hi o Irac," dwedaf.

Mae Simon yn nodio. Mae'n aros i fi ddweud rhywbeth arall.

"Sai'n ei nabod hi'n dda eto. Newydd gwrdd â hi ydw i. Falle bod ei theulu hi 'di dod fan hyn oherwydd y rhyfel yn Irac. Sai'n siŵr."

"Ro'n ni i gyd yn y brotest yna yn erbyn y rhyfel," meddai Hope gan siglo'i phen. "Ond na'th e ddim gwahaniaeth."

Mae Simon yn gostwng ei ben ac yn cau ei lygaid.

Dwi'n sefyll oherwydd dwi'n meddwl ei fod e'n blino a'i bod hi'n bryd i fi fynd. Mae Hope yn cerdded draw at Simon ac yn rhoi ei llaw ar ei ysgwyddau yn dyner.

Daw dagrau i lygaid Simon. "Dwi ddim yn gwbod o ble daeth y dagrau 'ma!" meddai, a'u sychu â'i law.

Dwi'n agor y pecyn o hancesi papur ges i gan y ferch ar y trên ac yn rhoi un i Simon. Mae'n gwyro'i ben i un ochr ac yn gwenu arna i â'i wefusau ar gau; mae ei geg yn troi am i fyny, ar goll yn ei farf.

"Wyt ti'n crio'n aml, Laila Levenson?"

Dwi'n siglo 'mhen. "Na, bron byth."

"Na finne chwaith, ond yn ddiweddar, ma'r dagrau'n llifo'n haws. Profiad newydd i fi!" Mae'n edrych i fyny ar Hope, yn disgwyl am ei hymateb. "Falle am 'mod i'n gweld yr holl apartheid sy'n digwydd nawr, brwydrau sy'n fwy anodd i ymladd yn eu herbyn nag o'r blaen, yndyfe, Hope?"

Mae Hope yn nodio ac mae hithau hefyd ar fin crio.

Mae Simon yn ceisio codi'r Llyfr Protest, ond dyw e ddim cweit yn llwyddo. Mae'n ei osod yn ôl ar y bwrdd.

"Mae'n rhy drwm i fi ei gario nawr."

Mae rhywun wedi peintio llun neidr gyda marciau oren a du ar y clawr ôl. Mae Simon yn estyn ei law ac yn rhedeg ei fysedd dros y llun.

"Pam ma llun neidr ar y cefn?" gofynnaf.

Mae Simon yn codi ei ysgwyddau. "Dwi ddim yn siŵr! Roedd Josie'n deall yr holl symboliaeth Ddwyreiniol yna, Karma ac ati..."

"Roedd neidr yn ein cegin ni!"

Mae dagrau Simon yn troi'n chwerthin. "Dim ond dod am dro bach, ife? Ddylen ni fyfyrio dros Josie? Oes tân 'da ti, Hope?" Mae'n gwenu arni, yn amlwg yn rhannu jôc bersonol. Mae hi'n nodio, yn teimlo yn ei phocedi, yn tynnu matsys allan ac yn cynnau'r gannwyll sydd ar ganol y bwrdd eto.

Yna mae Hope a Simon yn aros yn stond. Dim ond eistedd a syllu ar y fflam. Dwi'n gwneud yr un peth ond dwi'n teimlo'n ffug. Mae'n fy atgoffa i o wylnos – wel, i ryw raddau, taswn i'n deall beth dwi i fod i feddwl amdano. Ar ôl syllu am hydoedd, y person sy'n dod i fy meddwl wrth wylio'r fflam yn troelli, yn lleihau ac yn chwyddo yw… Pari.

Dwi'n difaru na faswn i wedi ffarwelio â Hope a Simon cyn i hyn ddechrau, oherwydd mae'r ddau ohonyn nhw'n eistedd yno'n anadlu'n ysgafn â'u llygaid ar gau. Byddai'n anghwrtais gadael nawr, ond pa mor hir mae hyn yn mynd i bara? Dwi'n dechrau poeni beth fydd yn digwydd os bydd Mam a Dad yn sylweddoli nad ydw i wedi bod gyda Kez. Dwi'n ystyried peswch neu wneud sŵn wrth godi, pan mae aderyn yn dechrau canu'n swnllyd. Mae Simon yn agor ei lygaid ac yn edrych i fyny ar frigau noeth y goeden drwy'r to gwydr.

"Llais cryf am rywbeth mor wan! Protestiwr bach! Sgwn i ydy e'n teimlo newid yn y tywydd?"

Dwi'n cofio am gloch Nain Josie ac yn meddwl y byddai Simon eisiau ei gweld. Dwi'n ei thynnu allan o boced fy nyngarîs, yn agor y pwrs sidan a'i rhoi yn nwylo Simon.

"Nain Josie roddodd hwn i fi pan o'n i'n fabi," dwedaf. "Roedd e ganddi hi pan oedd hi'n fabi hefyd."

Mae Simon yn ei astudio'n ofalus wrth i olau'r haul belydru drwy'r to gwydr, ac mae'r gloch yn sgleinio yn y goleuni.

"A! Dyna ni! Y belen o haul ro'n i'n breuddwydio amdani!" Mae e'n siglo cloch Nain ac yna'n ei rhoi'n ôl i fi. "Mae fel cloch myfyrio. Hope, rho'r Bag Baneri i Laila hefyd."

"Ti'n siŵr, Simon?"

"Ydw, berffaith siŵr! A cer i dynnu baner Josie oddi ar fy wal. Geith Laila honno hefyd."

Mae Hope yn oedi am eiliad, fel petai am wneud yn siŵr mai dyna mae Simon wir ei eisiau.

Mae e'n nodio, felly mae hi'n mynd allan o'r stafell.

Mae Simon yn gwenu'n llydan arna i a dwi'n gallu gweld twll ei ddant coll.

"Hwyl fawr, Laila," meddai, gan gau ei lygaid eto.

Dwi'n cerdded heibio darlun pabi melyn Nain Josie ac yn aros am Hope.

Mae hi wedi mynd i stafell arall. Mae'n cymryd oesoedd. Dwi ar fin gweiddi i weld ydy hi eisiau help, ond yna mae'n dychwelyd gyda hen fag cynfas gwyrdd tua'r un maint â bag cit criced Krish. Mae hi'n brin o anadl.

"Sori, Laila, mae'r bachau'n hen ac yn stiff ac roedd

rhaid dadfachu baner dy nain. Mae 'di bod yn hongian ar wal Simon ers blynyddoedd maith!"

Mae gan y Bag Baneri strapiau lledr yn ei gau ynghyd â dau glo pres. Mae'n edrych fel antîc.

"Cadw di hwn yn saff, Laila." Mae Hope yn cymryd y Llyfr Protest oddi wrtha i, yn agor y bag gyda chryn drafferth, ac yn rhoi'r llyfr ynddo. "Ma'r cloeon 'ma'n rhydlyd, ond dylai'r strapiau gadw popeth yn saff," esbonia wrth gau'r strapiau lledr. "Fyddi di'n gallu cario'r rhain i gyd? Mae'n reit drwm, gyda'r baneri a'r holl siang-di-fang tu fewn! Tasen i'n gwbod, bydden i wedi clirio peth o'r hen baent… a'r placardiau. Wyt ti angen help i fynd adre?"

"Bydda i'n iawn."

"Rwyt ti wedi etifeddu natur annibynnol dy nain!" meddai Hope, gan agor y drws a gweld y glaw. "Wel, cymer fy ymbarél, o leia." Mae'n codi ymbarél oren o'r stand wrth y drws ac yn ei roi i fi.

Dwi'n diolch iddi, yn gwasgu'r botwm sy'n agor yr ymbarél yn llydan ac yn cerdded allan i'r glaw gan gario Llyfr Protest Nain Josie yn y Bag Baneri.

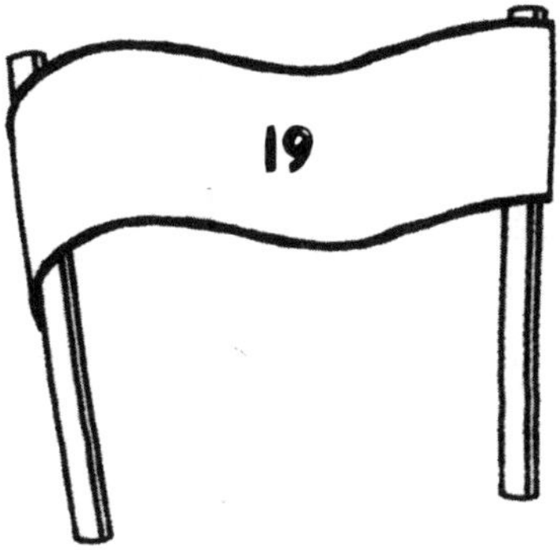

Mae'n dal i lawio'n drwm wrth i fi gerdded i'r stryd o'r trên. Dwi'n ddiolchgar am ymbarél Hope ond dwi ddim yn hoffi'r ffaith ei fod e'n oren llachar. Dwi eisiau cyrraedd adre heb i neb sylwi arna i a chuddio'r bag yn rhywle saff. Dwi'n meddwl y bydd rhaid i fi ei adael wrth wal ochr y tŷ, y tu ôl i'r bins am y tro, tan i fi gael cyfle i fynd i'w nôl pan fydd neb o gwmpas. Taswn i'n cerddded i'r tŷ yn cario'r bag byddai'r cwestiynau yn ddiddiwedd.

Wrth basio fflat Kez, dwi'n gweld Bubbe'n sefyll yn y ffenest yn edrych allan i'r stryd, yn aros i Kez ddod adre, mae'n rhaid. Mae'n codi llaw arna i ac yn dod at y drws.

"Ble yn y byd ti 'di bod, Laila?" gofynna, gan syllu ar y bag.

"Am dro." Dwi'n teimlo'n ofnadwy am ddweud celwydd wrthi.

"Yn y glaw? Daeth dy fam draw â chot i ti oriau'n ôl. Mae 'di bod yn poeni. Pob un ohonon ni. Aros funud."

Mae Bubbe'n tynnu ei ffôn o'i phoced ac yn tecstio Mam. Dyw hi ddim yn trio cuddio'r neges oddi wrtha i.

> Mae'n ôl. Yn saff ac yn iach. Dwi'n ei hanfon adre nawr.

Mae neges yn dod yn ôl yn syth ac mae Bubbe'n dal ei ffôn fel 'mod i'n gallu gweld geiriau Mam.

> Diolch byth!

"Well i ti fynd adre i wynebu'r gelyn, Laila. Ddwedes i wrth Uma byddai popeth yn iawn. Bod Kez a ti 'di cweryla..."

"Ddwedodd Kez hynny?"

Mae Bubbe'n nodio. "Roedd hi wedi ypsetio. Mae pob cyfeillgarwch yn cael amser anodd weithiau, cofia. Dere'n ôl i gael sgwrs fach cyn bo hir. Ond well i ti frysio adre nawr."

"Bubbe... alla i adael hwn fan hyn?" gofynnaf, gan ddangos bag Simon iddi.

Mae'n edrych braidd yn rhyfedd arna i.

"Beth yw e?"

"Bag Baneri. Ffrind Nain oedd bia fe. 'Na i esbonio wedyn..."

Mae'n cymryd y bag.

"Gallwn ni siarad am hyn eto. Cer adre nawr... Ma dy fam yn poeni ei henaid."

"Plis peidiwch sôn am hyn wrth Mam a Dad. Mae'n

bwysig. Nac wrth Kez," ymbiliaf.

"Ma hynna'n fy rhoi i mewn sefyllfa gas, Laila."

"Plis, Bubbe," sibrydaf. "Dwi'n addo dweud popeth. Am Nain mae e."

Mae'n siglo'i phen fel petai'n mynd i wrthod ond wedyn mae'n newid ei meddwl. "Iawn… am y tro! Ond dwi angen esboniad. Ffonia i Kez. Mae hi'n poeni amdanat ti hefyd, cofia."

Dwi'n rhedeg yr holl ffordd adre ac yn pwyso yn erbyn y wal am funud i gael fy ngwynt yn ôl. Pan dwi'n camu oddi wrth y wal, mae darn mawr o'r plastr yn dod i ffwrdd, gan wneud i'r crac edrych yn ddwbl y maint. Dwi'n trio'i roi'n ôl ond dyw e ddim yn aros, felly dwi'n taflu'r darn plastr i'r ardd ac mae'n briwsioni'n bowdr llychlyd.

Dwi'n sefyll hanner ffordd i fyny'r grisiau yn siglo ymbarél Hope, pan mae Mam yn agor y drws. Dwi mor dwp! Dylwn i fod wedi gadael hwn gyda Bubbe hefyd.

Mae Mam yn neidio arna i a dwi bron â syrthio'n ôl. Mae'n fy nal i mewn ffordd ryfedd, fel petai eisiau rhoi cwtsh ac eisiau fy lladd i'r un pryd. Mae'n gwasgu mor dynn dwi'n gallu teimlo'i hanadl hi wrth iddi grio'n flin. Yna, yn sydyn, mae'n gadael fynd, ac yn sychu ei llygaid yn galed fel petai'n ddig gyda hi ei hun am grio. Mae'n tynnu sawl anadl ddofn ac yn troi ei hwyneb i fod yn ddiemosiwn. Dwi wedi ei gweld hi'n gwneud hyn o'r blaen gyda Krish a Mira, pan mae hi eisiau sgrechian a gweiddi ond yn ei ddal i mewn ac yn cadw'n dawel. Dwi'n casáu hyn a dwi eisiau iddi adael fynd a chael popeth allan. Mae'n rhaid bod hyn yn wirioneddol ddrwg, oherwydd mae'n sefyll i'r naill ochr ac yn gadael i fi fynd heibio iddi i mewn i'r tŷ.

"O ble ma hwn 'di dod?" gofynna, gan bwyntio at yr ymbarél sy'n dripian dros y llawr wrth y drws.

"Roedd e ar fainc," atebaf.

"Cyfleus iawn."

Dyw hi *ddim* yn credu gair.

"Ble ti 'di bod, Laila?"

"Cerdded."

"O, cerdded drwy'r prynhawn yn y glaw a ffeindio ymbarél… am faint, pedair awr?"

Mae Mam yn rhoi ei llaw ar fy ysgwydd, yn fy arwain at y bwrdd ac yn fy ngwthio, bron, i'r gadair. Dwi'n gwybod 'mod i'n mynd i gael fy holi'n dwll. Mae'n anfon tecst at Dad ac mae'n pingio'n ôl yn syth. Mae'n dangos ei negeseuon ar y sgrin.

Dwi wedi galw'r heddlu i ddweud ei bod hi'n saff. Dod adre nawr.

Rho gwtsh iddi drosta i. Caru ti. X

Dwi'n teimlo mor euog. Do'n i ddim wir wedi ystyried beth fyddai'n mynd trwy eu meddyliau. Mae Mam yn dod i eistedd wrth fy ymyl ac yn rhoi ei dwylo ar ei chôl; y llaw uchaf yn mwytho'r un isaf wrth iddi geisio'i thawelu ei hunan.

"Wel? Dwi'n aros."

Ydy hi *bob amser* yn anghywir i ddweud celwydd?
Ydy hi *bob amser* yn gywir i ddweud y gwir?

Mae llais Mrs Latif yn adleisio yn fy mhen. Mae rhan ohona i'n meddwl beth fyddai'n digwydd taswn i'n dweud y gwir i gyd, ond wedyn byddai'n rhaid i fi roi'r Llyfr Protest i Mira a chawn i ddim cyfle i'w ddarllen e'n iawn, hyd yn oed. Mae Mam yn mynd i 'ngwahardd i rhag mynd allan beth bynnag.

"Na'th Kez a fi gwympo mas ac es i am dro. Dyna i gyd," dwedaf wrthi.

Mae'n nodio'n araf bach.

"Pam 'naethoch chi gwympo mas?"

"Sai'n siŵr… ddim yn mwynhau cwmni'n gilydd, dyna i gyd."

"Ocê, gad i fi ddeall yn iawn. Roedd y ddwy ohonoch chi'n dadlau, est ti am dro am oriau ac oriau a digwydd dod o hyd i'r ymbarél drud yma ar y ffordd? I ble est ti?"

"Lan i Fryn Lluest… Eistedd ar y fainc ma Mira'n hoffi, ac roedd rhywun 'di gadael yr ymbarél arni."

Mae wyneb Mam yn meddalu rhywfaint. Ydy hi'n meddwl 'mod i'n hiraethu am Mira a Krish? Mae'n codi ofn arna i pa mor hawdd dwi'n gallu rhaffu'r celwyddau.

"Pam na fyddet ti 'di tecstio Dad neu fi i ddweud?"

"Sdim batri ar ôl."

Mae Mam yn dal ei llaw allan. Dwi'n rhoi fy llaw yn fy mhoced ac yn rhoi fy ffôn iddi.

"Neu ei droi e bant 'nest ti? Gad i fi weld."

Mae'n chwarae â'r ffôn am ychydig, a phan mae'n sylweddoli ei fod e wir wedi marw mae'n ei roi ar y bwrdd.

"Alla i fynd nawr?" gofynnaf, gan godi, a chyrraedd mor bell â'r grisiau.

"Na! Ti 'di *mynd* am ddigon hir! Dere'n ôl fan hyn nawr!"

Dwi'n dechrau dringo'r grisiau.

"Ti'n sylweddoli pa mor beryglus yw hi i fynd bant ar ben dy hunan fel'na heb ddweud wrth unrhyw un, heb fod mewn cysylltiad?"

Mae Mam yn stompio i fyny'r grisiau ar fy ôl i. Dwi'n llwyddo i fynd i stafell Mira a hanner cau'r drws… dwi'n dal i gydio yn yr handlen pan mae Mam yn gwthio'r drws yn galed a dwi'n baglu am yn ôl.

"O'n i bron cwympo, Mam!"

"Ffonion ni'r heddlu, Laila. Meddwl falle bod rhywun 'di mynd â ti. Os na fyddet ti'n ôl o fewn awr bydden nhw mas yn chwilio amdanat ti!" gwaedda Mam.

"Sori. Dwi'n iawn, Mam."

"Wel, dwi'n falch am hynny, ond dwi *ddim* yn iawn!"

Mae Mam yn tynnu anadl ddofn ac yn eistedd ar wely Mira. Mae'n tapio'r dwfe i fi eistedd wrth ei hymyl.

"Plis paid byth neud hyn i ni eto, Laila," meddai gan ochneidio. "Beth allwn ni neud i sortio hyn rhyngddot ti a Kez?"

"Dim byd! Alli di ddim sortio popeth drosta i, Mam. Plis ga i fod ar ben fy hunan nawr?"

Mae Mam yn nodio ac yn edrych o gwmpas waliau stafell Mira. Mae'n agos at ddagrau eto. "Dwed pan ti'n barod i siarad, Laila..."

Mae'n sefyll, yn gadael y stafell gan gau'r drws yn dawel ar ei hôl ac yn cerdded i lawr y grisiau. Pan mae Dad yn dod adre dwi'n mynd allan i'r landing ar flaenau fy nhraed ac yn eistedd ar fy nyth.

Mae Mam yn siarad a siarad. Mae llais Dad yn codi. Maen nhw'n swnio fel petaen nhw'n trio fy argyhoeddi nad ydyn nhw'n dadlau.

"Dyw hi ddim fel tase Krish a Mira erioed 'di mynd ar goll am oriau heb ddweud wrthon ni, Uma. Ti'n cofio pan redodd Krish bant ar ôl i Mam farw? Roedd e dipyn iau na Laila, a doedd dim ffôn 'dag e. Amser a llonydd sydd angen arni! Mae'n newid mawr iddi hi hefyd, cofia."

Mae Dad yn camu i'r cyntedd. Dwi'n trio codi'n dawel bach a sleifio'n ôl i stafell Mira, ond mae Dad yn fy nghlywed i ac yn dod i fyny.

"Beth glywest ti nawr?" gofynna.

Dwi'n codi fy ysgwyddau.

"O'n i'n meddwl!" Ac mae Dad yn agor ei freichiau'n llydan ac yn fy ngwasgu mewn cwtsh.

"Dad! Sai'n gallu anadlu!" Dwi'n trio tynnu'n rhydd.

"Wel, dyna be ti'n haeddu am ein poeni ni'n wirion fel'na!"

"Sori!"

"Well ti ddweud sori wrth dy fam hefyd. Fyddi di ddim yn cael gadael y tŷ 'ma eto heb fod y ffôn wedi'i tsiarjo'n llawn, ti'n deall? Rhaid i ni allu trystio ti i ddweud y gwir." Mae Dad yn oedi ac yn pwyso yn erbyn y canllaw. Mae'n siarad yn uwch, er mwyn i Mam gael ei glywed e'n rhoi cerydd i fi. "A… ti'n *grounded*."

"Tan pryd?"

"Tan i ti ddangos y gallwn ni drystio ti eto."

"Dwi byth yn mynd i unman, beth bynnag," dwedaf, ond yr unig beth sy'n mynd drwy fy meddwl i nawr yw: sut alla i gael y Bag Baneri a'r Llyfr Protest gan Bubbe…?

"Wel, fe est ti i rywle heddi!"

"Dwi'n mynd i sortio ambell beth yn fy stafell," cyhoeddaf ar ôl swper.

Mae Mam a Dad yn edrych yn bles, a dwi'n cael llonydd tan iddyn nhw baratoi i fynd i'r gwely. Ond dwi ddim wedi sortio unrhyw beth, dim ond gorwedd ar wely Mira a cheisio cofio popeth ddarllenais i yn y Llyfr Protest. Byddai'n dda ei gael e gyda fi nawr.

"Nos da, Laila, cysga'n dawel," galwa Dad.

"Ga i ddod mewn, Laila?" Mae Mam yn cnocio ar y drws ac yn sbecian i mewn i'r stafell.

"Dwi wir yn sori am godi ofn arnoch chi, Mam!"

Ac mae'n dod draw a rhoi ei breichiau amdana i.

"Be ti 'di bod yn neud lan fan hyn drwy'r nos?" gofynna, gan dynnu oddi wrtha i ac edrych o gwmpas y stafell i weld a oes unrhyw beth wedi newid.

"Hongian mwy o ddillad!" dwedaf, gan bwyntio at ddrysau caeedig y wardrob.

"O, da iawn ti. Bydd e'n neud lles i ti pan fyddi di 'di setlo fan hyn." Mae'n cyffwrdd â'r matres. "Ma hwn yn wely cyfforddus, braf, Laila. Noson dda o gwsg nawr a deffro'n ffres i'r ysgol bore fory."

Wedyn, heb ofyn hyd yn oed, mae'n cydio mewn un fraich ac yna'r llall, yn estyn am yr eli o'r bwrdd bach wrth ymyl y gwely ac yn dechrau ei rwbio ar fy nghroen.

"Bydd rhaid i ti wisgo menig i stopio'r crafu 'ma. Neu wisgo *onesie* gyda menig arno. Dwi 'di gweld rhai'n cael eu hysbysebu."

"Be? Fel *babygrow*? Na, sai'n credu."

Mae'n fy anwybyddu ac yn parhau i rwbio. Dwi ddim yn siŵr ai lleddfu 'mhoenau i mae hi neu ei rhai hi ei hunan, ond dwi'n cau fy llygaid ac yn dechrau teimlo tonnau o flinder yn dod drosta i. Ond dim ond mewn un lle dwi eisiau cysgu.

Pan mae'r tŷ yn dawel ar ôl i Mam a Dad noswylio, dwi'n mynd â'r dwfe a chloch Nain Josie ac yn gadael i'r sain ganu drwydda i tan i fi syrthio i gysgu.

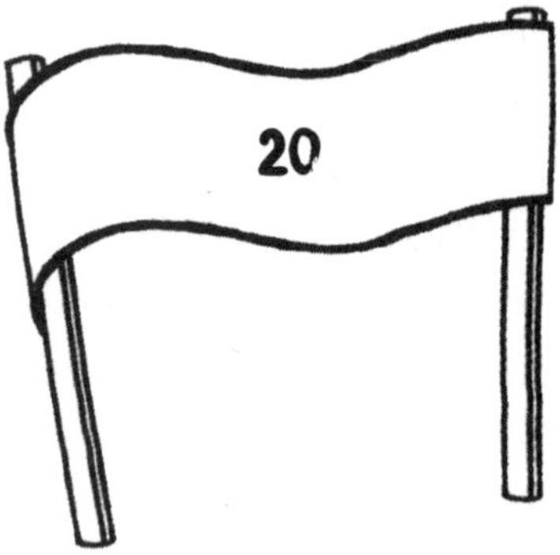

"Anwybydda'r peth, Uma, dal dy dafod," sibryda Dad. "Os 'nawn ni ffŷs, bydd hi'n dal ei thir yn hirach!"

"Dal pa dir?" sibryda Mam.

"Y protestiadau 'ma ar y landing!"

Mae oglau bacwn yn nofio i fyny'r grisiau. Dyw Dad byth yn gwneud brechdanau bacwn i frecwast ganol wythnos. Dwi'n mynd i lawr yn fy ngwisg ysgol ac yn eistedd wrth y bwrdd.

"Dyma ti! Brecwast penwythnos ar fore ysgol! Gwledd fach ben bore!" Mae Dad yn gosod rôl facwn boeth a gwydraid o sudd oren ar y bwrdd.

Mae fy stumog i'n chwyrnu'n llwglyd.

"Ma'i angen e arnot ti, ddweden i!"

Dwi'n eistedd ac yn edrych ar y plât, ac er bod yr oglau yn fy ngwneud i'n chwil, a dŵr yn dod o 'nannedd, alla i ddim dileu'r lluniau o'r lladd-dai yn Llyfr Protest Nain o 'mhen.

"Alla i ddim bwyta hwn, Dad."

"Pam? Dere, Laila. Brecwast i godi calon! Byta fe nawr!"

"Cig yw e!"

"A? Ti'n dwli ar gig."

"Ddim rhagor. Mae'n neud i fi deimlo'n sâl."

"Mae'n dod o foch sy'n crwydro'n rhydd. Byddan nhw 'di cael bywyd da."

"Cyn i'w gyddfau nhw gael eu hollti."

Mae Dad yn edrych arna i fel taswn i'n tynnu ei goes.

"Sai'n bwyta fe. Dwi'n llysieuwraig nawr."

"Ers pryd?"

"Ers i fi ddarllen am sut maen nhw'n lladd anifeiliaid. A tase pawb yn troi'n llysieuwyr byddai'n help i'r amgylchedd. Y'ch chi'n gwbod faint ma gwartheg yn rhechu?"

Mae Dad yn chwerthin. "Dyna be sy'n digwydd pan ti'n bwyta gormod o fwyd cwningen!"

Dwi'n taflu golwg 'dyw e ddim yn ddoniol' ato.

"Wel, dyna ni 'te. Mae ar ben! Ai fi yw'r unig un yn y tŷ 'ma sy'n bwyta cig tan i'r mab afradlon ddod adre?" cwyna Dad.

"Edrych yn debyg!" Dwi'n meddwl bod Mam yn swnio'n fodlon. "Ble dwi 'di rhoi'r nodiadau achos yna?" Mae'n rhedeg o gwmpas fel iâr heb ben yn trio dod o hyd i un o'i ffeiliau gwaith.

"Ar y soffa yn y lolfa," dwedaf wrthi.

"O, diolch, Laila!"

Dwi'n agor drws yr oergell i gael llaeth i'w roi ar

rawnfwyd. A'r cyfan alla i ei weld yw *cig*. Cig eidion, cyw iâr, bacwn… Dwi'n edrych ar y bacwn. Cig digon cyffredin. Does dim byd ar y pecyn yn nodi bod rhywun wedi sicrhau bod yr anifail wedi cael bywyd da. Dwi'n cau'r drws ac yn aildrefnu'r magnedau bach. Y llythrennau roedd Mira a Krish yn eu defnyddio i sgwennu neges i Mam neu Dad pan oedden nhw'n mynd allan. Mae'n cymryd amser i fi sgwennu.

Anifeiliaidwedieu
CAM-DRINsyddynyffrijyma

"Ddwedest ti gelwydd, Dad," dwedaf wrth i fi orffen rhoi trefn ar y llythrennau.

"Celwydd am be?"

Dwi'n pwyntio at yr oergell. "Sdim byd fan hyn o anifeiliaid rhydd, ddim hyd yn oed yr wyau."

"Ma 'na fel arfer, on'd oes e, Uma?"

Mae Dad wedi mynd i siarad yn y ffordd ryfedd yna, gan glensio'i ddannedd a chodi ei aeliau lan a lawr i gael Mam i gytuno ag e.

"Na! Ti'm yn cofio? Roedd Krish yn bwyta gymaint roedd prynu bwyd yn mynd yn ddrud… ond gan mai ti yw'r unig un sy'n bwyta cig, well i ni i gyd droi'n llysieuwyr! Slogan gwych, Laila!" Mae Mam yn chwerthin wrth ddarllen y neges ar yr oergell.

"Diolch am dy gefnogaeth, Uma!" meddai Dad gan wgu.

"Ddwedest ti gelwydd er mwyn cael dy ffordd dy hunan, Dad!"

"O dere mlaen, Laila! Dwi yn y lleiafrif fan hyn. Gobeithio bydd Janu —"

"Dim gobaith caneri! Mae e'n llysieuwr hefyd – yn figan falle… bydd rhaid i fi tsiecio." Mae Mam yn chwerthin wrth weld yr olwg druenus ar wyneb Dad.

Mae e'n rhoi ei dalcen ar y bwrdd, ei freichiau'n hongian bob ochr iddo, fel petai ei fyd wedi dod i ben.

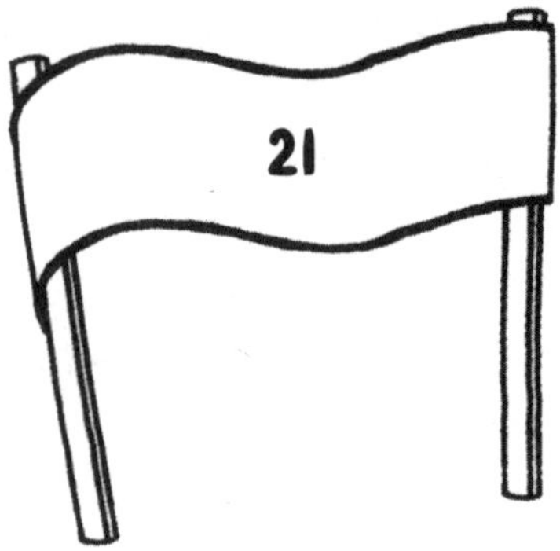

"Barod!" gwaedda Miss Green, gan ostwng y faner goch.

Dwi'n teimlo 'nghoesau'n crynu a dwi'n mynd, fy mreichiau a 'nghoesau'n pwmpio'n galed, fy nghalon yn curo yn fy mrest. Dwi'n edrych i'r ochr ac yn gweld Pari wrth fy ymyl. Mae hi ychydig bach yn dalach na fi ond mae'n ysgafn. Mae'n gwenu arna i. Yn barod am her!

Rydyn ni'n mynd ar y blaen ac yn rasio at y llinell derfyn, gan orffen yn union yr un pryd.

Mae Miss Green yn clicio'r oriawr. "Amser cystadleuol iawn. Ry'ch chi'ch dwy yn y tîm, hoffi hynny neu beidio!"

Rydyn ni'n plygu drosodd i gael ein gwynt yn ôl.

"Da iawn, Pari. Ras wych a…" Mae Miss Green yn edrych arna i, yn pwyso a mesur. "Chwaer Krish Levenson wyt ti, ie?" Mae'n tapio fy ysgwydd wrth i mi sythu.

Dwi'n nodio oherwydd dwi'n dal yn rhy fyr fy anadl i siarad. Mae Pari'n cael ei gwynt yn ôl yn gynt na fi.

"O'n i'n meddwl. Bydd rhaid i ti ymarfer, i wella dy ffitrwydd."

"Dwi ddim 'di rhedeg mor gyflym â hynna erioed!" dwedaf wrth Pari wrth i ni newid ein dillad.

"Wnest ti rasio yn y Cynradd?"

"Wel, dim ond ar ddiwrnod mabolgampau. Ond mewn tîm oedd hynny. Ddim cystadlu go iawn."

"Y, fydden i ddim 'di hoffi hynna! Dwi'n hoffi gallu ennill rhywbeth."

Ro'n i'n meddwl mai tynnu coes oedd hi i ddechrau, ond roedd ei hwyneb hi'n hollol o ddifri.

"Ond dwi'n casáu hyn," meddai wrth i ni gerdded i floc y gampfa. Mae'n dal ei thrwyn ac yn edrych yn ffiaidd ar y stafell newid. Mae'n wir bod y lle'n drewi o chwys, ond ddim cynddrwg â hynny.

Mae darnau o wisg ysgol wedi syrthio oddi ar y bachau. Mae'n dillad ninnau wedi cael eu taro i lawr hefyd, ac rydyn ni'n dechrau edrych drwyddyn nhw i weld pa rai sy'n perthyn i bwy. Pan dwi'n codi siaced Pari dwi'n gweld bod label enw wedi cael ei dynnu i ffwrdd a label 'Pari Pashaei' wedi cael ei wnïo yno yn ei le, gyda phwythau syth, perffaith. Fe wnes i lanast o fy label i. Sgwennais i fy enw dros enw Krish gyda phìn ffelt du trwchus, oedd yn gamgymeriad oherwydd does dim posib darllen y llythrennau o gwbl nawr. Taswn i'n colli'r siaced rhywle o gwmpas yr ysgol fyddai dim un ffordd i rywun allu darllen pwy sydd biau hi.

Dwi'n estyn siaced grychlyd Pari iddi.

"Mae ôl treinyrs drosti i gyd!" Mae'n cipio'r siaced oddi arna i, yn rhedeg draw at y sinc ac yn dechrau ei rhwbio â thywel papur.

"Pwy na'th hyn?" gwaedda. Dwi ddim yn adnabod ei llais hi fel hyn. Mae'n galed ac yn siarp. Mae'n troi ac yn edrych ar bawb yn gyhuddgar.

"Beth yw dy broblem di?" gofynna Stella, gan syllu ar Pari fel petai wedi colli'r plot. "Paid edrych arna i, ddim fi oedd e!"

"Sai'n meddwl bod neb wedi *trio* sefyll arni… ma dillad wastad yn syrthio off y pegs," dwedaf, gan drio tawelu pethau.

"Dyw pobl ddim yn ddigon gofalus. Drycha! Ôl traed brwnt drosti… ac ar fy sgert i. Maen nhw wastad yn neud e, fel yn y Cynradd… *Rhaid* i fi lanhau nhw!"

"Drycha, tria hwn." A dwi'n estyn hances bapur iddi.

Mae'n rhwbio'n galed… ond mae'n mynd i edrych yn waeth oherwydd mae'r papur yn glynu at y llawes.

"Dyw hwn ddim yn dod bant nawr!" Mae Pari'n sgrwbio'n galetach ond mae hynny'n gwneud i'r papur lynu'n ddyfnach.

"Dyw e ddim yn rhy ddrwg!" dwedaf. Alla i ddim credu ei bod hi'n mynd mor flin am ei gwisg ysgol. "Sai'n poeni am fy un i. Hen ddillad fy mrawd a chwaer y'n nhw eniwei."

"A? Fe ddylet ti boeni. Ddyle pawb boeni mwy!" Mae'n gweiddi erbyn hyn ac allan o wynt, fel petai newydd orffen rhedeg eto.

"Beth yw'r holl weiddi 'ma? Popeth yn iawn fan hyn, ferched?" Mae pen Miss Green yn ymddangos.

"Ymarfer rhywbeth ar gyfer Drama y'n ni, Miss," dwedaf.

Mae Miss Green yn edrych ar Pari ac yna arna i, ac yn nodio. "Wel, actio da iawn!"

Mae Pari yn dal i droi ei chefn arna i wrth iddi drio tawelu.

"Pari?" Mae Miss Green yn cerdded draw ati ac yn rhoi ei llaw ar ei chefn. "Eistedda, ac anadlu'n ddwfn."

Mae Pari yn eistedd ac yn anadlu'n araf, gyda'i phen i lawr.

"Well?" gofynna Miss Green.

Mae Pari'n nodio. "Cer di, Laila," meddai'n dawel.

Mae'n rhyfedd mynd o adnabod Kez mor dda ac yna gorfod dechrau o'r dechrau gyda ffrind newydd. Roedd y ffordd roddodd Miss Green ei llaw ar gefn Pari yn gwneud i fi feddwl bod yr athrawon yn gwybod mwy amdani nag ydw i. Pam na fyddai hi'n fy ngadael i mewn? Dwi ddim yn siŵr pam mae rhywun eisiau dod i adnabod rhai pobl yn fwy na rhai eraill ond dwi wir eisiau bod yn ffrind agos i Pari.

Dwi'n aros y tu allan i'r bloc ymarfer corff. Mae Miss Green yn dod allan ac yn gwenu arna i.

"Bydd Pari'n barod mewn munud."

Ond mae'n fwy na munud o lawer! Pan ddaw Pari allan o'r diwedd dyw hi ddim yn gallu edrych i fyw fy llygaid.

"Sori am neud gymaint o ffŷs. Dwi'n panicio weithiau," meddai. "Dwi jyst isie cadw'r wisg yn daclus. Dwi ddim isie neud mwy o waith i Mam."

Mae gymaint o gwestiynau dwi eisiau eu gofyn i Pari ond dwi'n aros yn dawel oherwydd dwi'n cael y teimlad, taswn i'n gwthio gormod arni, y byddai hi'n cau ei hun oddi wrtha i yn llwyr.

"Diolch am ddweud hynna am ymarfer Drama… ac am aros amdana i," meddai Pari wrth i ni groesi'r iard.

"Laila! Pari!" Kez sy'n gweiddi, a dwi'n troi. Dwi'n methu deall o ble mae'r llais yn dod, ac yna dwi'n gweld ei gwallt fflamgoch wedi ei glymu'n gynffon. Mae platfform y bws mini'n cael ei ostwng a dwi'n mynd draw i aros iddi ddod oddi arno. Mae'n agor ei breichiau ac rydyn ni'n cael cwtsh.

"O'n i'n poeni amdanat ti… sori am gwympo mas," sibryda.

"A fi!" sibrydaf yn ôl.

"Ddwedodd Bubbe nad wyt ti'n cael mynd allan o'r tŷ am sbel."

Dwi'n nodio, ac yn trio penderfynu ydy Bubbe wedi cadw'r gyfrinach am y Bag Baneri. Dwi ddim yn meddwl bod Kez yn gwybod.

Y tu ôl iddi mae un o'r athrawon ymarfer corff yn dod draw i gael gair â Miss Green.

"Mae'r cyfleusterau'n wych, roedd hi'n werth mynd yr holl ffordd yno, a'r awyrgylch yn arbennig gan fod yr ysgolion i gyd yno ar yr un diwrnod. Mae'n anferth." Mae'n siarad yn uchel, yn amlwg eisiau i ni ei glywed. "Erioed wedi gweld dim byd tebyg!" meddai wrth Miss Green. "Ac roedd Kezia a Selina yn an-hyg-oel. Rhedodd

Selina 200 metr am y tro cyntaf."

Mae Kez yn codi ei haeliau ata i ac yn meimio DBLl.

Dwi'n chwerthin. Mi *oedd* yr athro braidd dros ben llestri o frwdfrydig!

Mae Stella'n mynd at Miss Green. "'Naethoch chi sôn wrth y Pennaeth, Miss? Alla i fynd gyda nhw tro nesa, neu ddim?" gofynna.

"Aros funud, Stella." Mae Miss Green yn edrych yn flin fod Stella wedi torri ar draws. "Mr Bamford, allwch chi fynd i drafod y cynllun 'da Stella yn y swyddfa plis?"

"Oedd hi'n tynnu coes? Pam fydde hi isie dod 'da ni?" gofynna Kez.

"Iawn, wel, mae pob un ohonoch chi â photensial i fod yn y tîm 'te!" cyhoedda Miss Green, ac i ffwrdd â hi i helpu athro arall i ddadbacio offer o'r bws mini.

"Selina… dyma Laila, a Pari," meddai Kez, gan gyflwyno pawb i'w gilydd.

"Ble est ti i gael ymarfer corff?" gofynna Pari i Selina, ac maen nhw'n siarad am ffisio wrth i fi a Kez gael sgwrs. Mae'n debyg eu bod nhw'n adnabod ei gilydd yn barod.

"Dwi'n mynd i'r pwll hydro yn syth ar ôl ysgol. Ma 'nghyhyrau i'n gwingo ar ôl yr holl ymarfer!" meddai Selina.

"A'n rhai i hefyd," ateba Kez. "Wela i di dan y dŵr wedyn!"

Dwi'n loetran o gwmpas y parc am dipyn ar ôl ysgol, yn rhoi digon o amser i Kez fynd i ffisio. Fydd Mam ddim adre o'r gwaith tan bump o'r gloch, felly fydd dim rhaid iddi ddod i wybod 'mod i'n mynd draw at Kez. Ac os bydd hi, galla i ddweud 'mod i wedi mynd i ymddiheuro i Bubbe am ei rhoi hi mewn sefyllfa anodd dros y penwythnos. Fydd Mam ddim yn mynd yn rhy flin am hynny, siawns. Alla i ddim aros diwrnod arall heb gael edrych ar y Llyfr Protest eto a gweld beth sydd yn y Bag Baneri.

Ar fy ffordd i weld Bubbe dwi'n ystyried ydw i'n dweud y gwir wrtha i fy hunan. Iawn, roedd y llythyr i fod i Mira, a'r Llyfr Protest. Ddylwn i ddim bod wedi ei agor na'i ddarllen, felly fe ddwedais i gelwydd am hynny, ond dwi'n mynd i gyfaddef y gwir wrth Mira a'i roi e'n ôl iddi… Ond i fi wnaeth Simon roi'r Bag Baneri. Roedd e eisiau i *fi* gael y bag. Felly galla i gadw hwnnw. Dwi ddim yn meddwl 'mod i'n dweud celwydd wrtha i fy hunan.

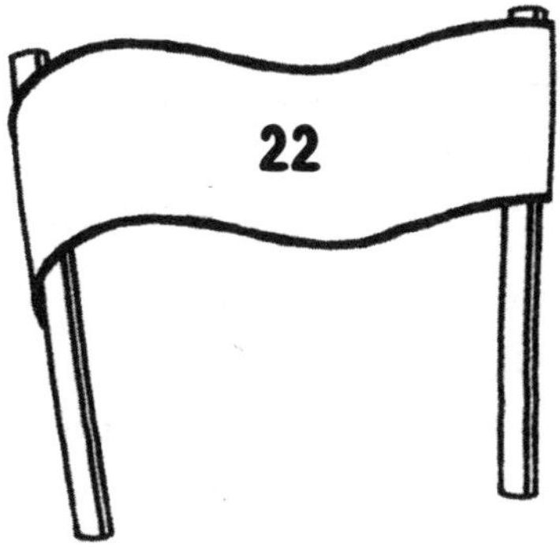

Mae camau twt Bubbe yn clician drwy'r cyntedd.

"O, Laila – dyma syrpréis hyfryd!" meddai wrth agor y drws, ac estyn i fwytho 'ngwallt. Mae wastad yn gwneud hynny: ac yn ei wneud i Kez hefyd. "Ond dyw Kezia ddim 'ma. Ddwedodd hi fod ganddi ffisio?"

"Do… ond dwi 'di dod draw i nôl y bag."

"A ie, y bag dirgel. Dere mewn, dere. Dwi'n falch o'r cwmni. Estyn gadair!" gorchmynna Bubbe.

"Wel, dwi ddim i fod yma… Rhaid i fi fod 'nôl cyn i Mam gyrraedd adre."

"Dwi'n siŵr fyddai ddim ots gan Uma amdanat ti'n treulio chydig o amser 'da fi. Anfona i decst ati i adael iddi wbod," meddai Bubbe, gan dapio'r bwrdd.

Dwi'n eistedd wrth ei hymyl. Mae cannwyll wedi ei goleuo mewn jar wydr, a phlanhigyn dwi erioed wedi ei weld yno o'r blaen. Mae'r gannwyll fel petai wedi bod yn llosgi ers amser hir.

"Mae'n ddiwrnod *Yahrzeit* Stan," esbonia.

"O, sori, dwi ddim isie tarfu..."

"Na, na, byddai cwmni yn dda. Mae'n braf cael rhywun yma i rannu atgofion."

"Dwi'n hoffi'r goeden fach 'na!" dwedaf, gan bwyntio at goeden bonsai fel yr un oedd ar y bocs ffeindiais i gloch Nain ynddo.

"On'd yw hi'n bert? Brynodd Hannah hon i fi heddi," meddai Bubbe. "Mae mor ddelicet ac yn edrych mor hen! Ei hatgoffa hi ohona i, mae'n siŵr!" Mae Bubbe'n chwerthin. "O, drycha, mae'r label yn dal arni – beth mae'n ddweud? Dwi ffaelu ffeindio'n sbectol."

Dwi'n darllen y tag bach sgwâr iddi:

> Bydd y goeden hon yn dod â harmoni, heddwch, trefn i'r meddwl, cydbwysedd a phopeth sy'n dda ym myd natur. Mae gofalu am y goeden bonsai yn hawdd. Digon o olau a lle. Mewn man cysgodol. Mae'n perthyn i deulu Llwyfen Tsieina (*Ulmus parvifolia*) – coeden harmoni. Mae'r llwyfen yn symbol o gryfder mewnol, greddf a doethineb.

"Wel, ma hynna'n dipyn o ddweud! Dwi erioed 'di cael fawr o lwyddiant wrth dyfu pethau, ond dria i 'ngore." Mae hi'n chwerthin eto. "A chroesi bysedd! A sôn am harmoni, ro'n i 'di gobeithio cael gair bach 'da ti, Laila. Dwi ddim isie busnesa rhwng Kez a ti ond ma un peth dwi isie dweud... clirio'r aer." Mae'n chwifio ei breichiau o gwmpas ei phen, fel petai'n cael gwared ar fwg.

"Ni'n iawn nawr, Bubbe."

"Dwi'n falch o glywed, wir, ond fel ddwedes i wrth Kezia, tase hi ond wedi siarad â ti dros yr haf am ei phenderfyniad ynglŷn â'r dosbarth cofrestru fyddai dim o'r tensiwn 'ma 'di digwydd. Ry'ch chi ferched yn tyfu lan mor gyflym… mae'n digwydd ym mhob cyfeillgarwch. Mae'n rhaid i chi fod yn onest, trio deall beth mae'r person arall yn mynd drwyddo, a gofalu am y bobl chi'n eu caru.'

Byddai Kez yn galw hyn yn 'ddarlith'. Mae Bubbe yn gallu mynd ymlaen ac ymlaen am rywbeth, ond Bubbe yw hi, a does dim ots gen i.

"Wir, ma popeth yn iawn nawr, Bubbe," ceisiaf ei hargyhoeddi. "Ga i'r bag?"

Mae'n nodio ac yn mynd i'r cyntedd. Mae'n gwasgu botwm ar un o'r waliau, sy'n cuddio cwpwrdd. Mae'r drws yn llithro'n ôl yn llyfn.

"Ma fe wedi ei guddio fan'na tu ôl i'r sgidiau i gyd… a dwi 'di taflu cot drosto." Mae Bubbe'n pwyntio ato.

Dwi'n mynd ar fy mhedwar i gael gafael yn handlen y bag. "Diolch am beidio'i ddangos e i unrhyw un," dwedaf.

Mae Bubbe'n nodio ac yn syllu ar y bag eto fel petai'n disgwyl i fi ddweud mwy amdano.

"Reit! Wel, dwi 'di cadw fy ochr i o'r fargen," meddai.

Dwi'n cario'r bag drwodd i'r gegin.

"Rho hwnna ar y gadair am funud. Gawn ni ddiod, darn o *apple strudel* a sgwrs. Hwn oedd ffefryn Stan."

Mae Bubbe'n dod â phlât â lliain drosto at y bwrdd,

yn torri darn yr un i ni ac yn estyn plât bach i fi. Mae'n fendigedig, a'r afal yn llifo allan o'r toes tenau. Mae Bubbe'n chwerthin ar y llanast dwi'n ei wneud wrth ei fwyta, ac yn agor drôr i nôl serfiét.

"Da iawn – falch i weld bod rhywun yn ei werthfawrogi."

Dwi'n gweld darn o bapur newydd ar agor ar y bwrdd. Mae'r papur yn frown, fel petai lliw te wedi sychu arno.

"Ro'n i ar fin darllen coffâd Stan. Dwi'n neud hyn bob blwyddyn," esbonia. "Ond dwi ddim yn gwbod ble dwi 'di rhoi fy sbectol. Dylwn i ei chadw ar linyn o gwmpas fy ngwddw."

"Beth yw coffâd?" gofynnaf.

Mae Bubbe'n dawel am funud.

"Hanes bywyd person mewn un paragraff, am wn i."

"Galla i ddarllen e i chi, os chi moyn," cynigiaf.

"Diolch, Laila. Gad i fi nôl diod i ti ac wedyn fydda i'n glustiau i gyd. Beth hoffet ti? Sudd afal?"

"Te, plis!"

"Te!" Mae Bubbe'n ochneidio. "Chi ferched yn tyfu lan mor glou… sai'n gwbod wir. Ond dwi'n lwcus iawn i allu byw'n ddigon hir i weld Bat Mitzvah Kezia." Mae Bubbe'n troi'r tegell ymlaen ac yn nodio, i ddangos ei bod hi'n barod i fi ddechrau darllen.

"Bu farw Stanley Levi Braverman (1930–2000), gŵr annwyl Dara Braverman a thad Hannah, yn dawel yn ei gwsg ar Hydref 15fed 2000.

"Roedd Stanley yn un o blant y Kindertransport.

Cyrhaeddodd o'r Almaen yn 9 oed yn 1939. Bu'n byw mewn hostel am flynyddoedd cyn cael ei fabwysiadu gan Dr a Mrs Feinstein o Fanceinion. O oedran ifanc, roedd e'n blentyn galluog gyda diddordeb arbennig mewn cyfiawnder cymdeithasol. Ar ôl gorffen yn yr ysgol aeth o Fanceinion i Lundain i astudio'r Gyfraith. Cyfarfu â'i ddarpar wraig, Dara, mewn dawns yn Camden Town, Gogledd Llundain. Roedd hi'n hyfforddi i fod yn athrawes ar y pryd..."

Dwi'n stopio. Mae Bubbe'n sefyll wrth y sinc yn syllu drwy'r ffenest. "Caria mlaen..." meddai. "Mae'r gorau eto i ddod!"

"... Fe wnaethon nhw sylweddoli ei bod hithau hefyd yn un o'r *Kinder*. Priododd y ddau yn 1956 a ganwyd un ferch iddyn nhw, Hannah, yn 1966. Bu Stanley a Dara yn aelodau parchus o'r Synagog Ddiwygiedig yng Ngogledd Llundain ac yna yng Nghaerdydd. Mae ein meddyliau gyda'r teulu ar yr adeg anodd hon."

Mae Bubbe'n aros â'i chefn ata i am dipyn. "Roedd e'n drysor o ddyn, Stan bach." Yna mae'n troi ata i. "Bydde fe 'di dwli ar Kez a ti, wedi teimlo gymaint o *nachas* tuag atoch chi."

"*Nachas*?" gofynnaf.

"Ie, bydde fe 'di bod yn browd iawn o'r teulu." Mae Bubbe'n gwenu ac yn dal ei llaw allan i fi roi'r darn papur newydd yn ôl iddi. Yna mae'n ei roi'n ofalus mewn bocs lliw arian gyda'r llythrennau SLB wedi eu hysgythru ar y caead.

"Rhywbeth tebyg sydd yn y bag yma, Bubbe. Gawson ni lythyr gan hen ffrind i Nain i fynd i gasglu rhai o'i phethau. Ddylen i ddim bod wedi mynd ond…"

Do'n i ddim wedi bwriadu dweud y gwir wrth Bubbe am y llythyr ac am fynd i gasglu'r Llyfr Protest, a bod Simon wedi rhoi'r Bag Baneri i fi. Do'n i ddim wedi bwriadu dweud unrhyw beth, ond mae gan Bubbe'r ddawn i wneud i rywun siarad. Mae hi'n eistedd yn dawel ac yn gwrando. Mae'n teimlo'n dda i allu cyfaddef popeth wrth Bubbe.

"Dyna pam roedd rhaid i fi guddio'r bag fan hyn, achos sneb arall yn gwbod amdano. Y'ch chi'n mynd i ddweud wrth Mam lle ro'n i?"

"Dwed ti wrthi pan ti'n barod," meddai Bubbe. "Ond alla i ddim cuddio'r ffaith 'mod i isie cael golwg ar y Llyfr Protest pan ti'n barod i'w ddangos e i fi! Roedd dy nain a fi tua'r un oed, dwi'n meddwl. Ti byth yn gwbod, mae'n bosib i ni'n dwy fod ar yr un gorymdeithiau."

Mae Bubbe'n edrych ar focs arian Stan.

"Na, Laila… dal dy afael yn dynn ar bethau gwerthfawr dy nain. Fe ddaw'r amser iawn i ti ddweud wrth dy deulu." Mae Bubbe'n mwytho fy llaw. "Nawr, paid dweud hyn wrth neb, neu byddan nhw'n meddwl 'mod i'n honco bost, ond weithiau, pan dwi'n edrych drwy bethau Stan dwi'n teimlo'i fod e yma gyda fi, yn eistedd yn yfed te… yn gwrando ar y radio… ddim fel ysbryd na dim byd, jyst yn gwmni." Mae Bubbe'n chwerthin. "Mae'n wirion, dwi'n gwbod."

"Na, sai'n meddwl hynny," dwedaf.

"Wel dwed wrtha i, Laila!" Mae'n newid y pwnc. "Sut ma pethau'n mynd yn yr ysgol? Ma Kezia 'di sôn fod 'da ti ffrind newydd."

Dwi'n nodio ond yn dweud dim.

Mae'n aros am funud i weld a ddyweda i fwy am fy ffrind newydd, ond dwi ddim, felly mae hi'n dal ati. Mae Bubbe'n fy nabod i gystal â dwi'n nabod Kez. Weithiau, does dim rhaid i fi ddweud unrhyw beth ac mae hi'n deall beth sy'n mynd drwy fy meddwl i.... "Ti'n gwbod, mae'r Bat Mitzvah yn mynd â lot o amser Kezia. Mae hi'n benderfynol o ymarfer a neud ei gorau glas, ond bydd popeth 'di dod i ben erbyn mis Rhagfyr a gallwch chi gael mwy o amser 'da'ch gilydd wedyn."

"Sai'n deall y Bat Mitzvah yn iawn. Do'n i ddim 'di sylweddoli ei bod hi'n grefyddol tan nawr."

Mae Bubbe'n plethu ei dwylo gyda'i gilydd. Dwi'n dilyn fflam y gannwyll sy'n siglo o ochr i ochr, ac am eiliad dwi'n poeni 'mod i wedi dweud y peth anghywir.

"Sut alla i esbonio? Mae'n rhoi teimlad o berthyn i rywbeth y tu hwnt i ti dy hunan – dwi'n meddwl bod angen hynny ar Kez ar hyn o bryd. Ma 'na ddywediad yng ngweddi'r Shabbat, gad i fi drio cyfieithu..." Mae Bubbe'n mwmial rhywbeth mewn Hebraeg. "*Rhaid i ti ddarganfod dy hun yn gyntaf ac wedyn ddarganfod sut i gysylltu â dy gymuned...* Fel dwi'n ei gweld hi, mae'r Bat Mitzvah yn... dangos y ffordd i neud hyn. Dy oedran di, mae'n naturiol i gwestiynu ble rwyt ti'n perthyn yn y byd yma, a dwi'n meddwl bod Kezia yn dechrau deffro a sylweddoli beth sydd o'i blaen hi – ond nid hi yw'r unig un, ife, Laila?"

Mae Bubbe'n edrych ar y Bag Baneri ar y gadair ac yn cydio yn fy ngarddwrn.

"Ac wedyn ma'r gwisgo lan, a'r parti i ddilyn! O, mam bach, 'na beth yw hwyl! Ches i ddim un. Dim ond Bar Mitzvahs oedd bryd hynny, i fechgyn."

"Ma hynna'n *sexist*!" dwedaf, ac mae hi'n chwerthin.

"Wel, ma pethau 'di newid, Laila fach… neu dyna o'n i'n ei feddwl, ta beth."

Mae Bubbe'n dal ei breichiau yn yr awyr fel petai'n dweud, "Aros funud…", heb sylweddoli mai hi ei hun oedd yn siarad, nid fi.

Ar ganol unrhyw sgwrs gyda Bubbe, os oes rhywbeth yn tynnu ei sylw ar y newyddion, mae hi'n aros i wrando. Nawr mae'n mynd draw at y radio, yn troi'r sain i fyny'n uwch ac yn pwyso yn erbyn y cownter. Mae gwleidydd yn cael ei gyfweld.

"Gwranda ar yr iaith maen nhw'n ddefnyddio! Cwota, haid… fel tase pobl yn drychfilod, neu'n bryfed!" Mae Bubbe'n dal y tsiaen fach aur mae'n ei gwisgo o gwmpas ei gwddw wrth ganolbwyntio.

Mae'r cyflwynydd nawr yn cyfweld â bachgen o'r enw Amit, ei lais yn ifanc ac yn ddiniwed.

> *"Dwi'n ddeg mlwydd oed. Dwi'n neud y daith yma ar fy mhen fy hun. Mae 'nhraed i'n brifo*

drwy'r amser oherwydd yr holl gerdded. Sdim cartref gen i ar ôl. Popeth wedi cael ei ddinistrio gan fomiau. Dwi ddim yn gwbod ble mae Mam, Dad, fy chwiorydd... Does dim dŵr glân, dim digon o fwyd, a dim lot o bobl dda, chi'n gwbod? Plis cadwch ni'n ddiogel. Agorwch eich calonnau. Sut allwch chi gau'ch ffiniau? Dim ond plant y'n ni. Os byddwch chi'n troi'ch cefnau arnon ni, byddwn ni'n marw. Dwi wedi marw unwaith yn barod ar ôl colli fy nheulu. Nawr ry'n ni'n marw eto."

Mae'r cyflwynydd wedyn yn symud ymlaen i siarad am rywbeth arall, ond mae Bubbe'n syllu'n dawel ar fflam y gannwyll yn tywynnu am oesoedd. Yna mae'n mynd i droi sain y radio i lawr yn is, yn cerdded draw at silff ac yn gafael mewn dau lun. Dwi'n cofio gweld y lluniau pan ddaeth hi i roi sgwrs i ni yn y gwasanaeth ym Mlwyddyn 6. Mae'n eu rhoi'n dyner ar y bwrdd.

Mae llun du a gwyn o fachgen bach yn gwisgo siorts a merch dal â gwallt hir mewn dau fwnsh sy'n edrych yn weddol debyg i Kez.

"Stan a fi. Do'n ni ddim yn nabod ein gilydd bryd hynny... ond roedd e'n siŵr ei fod e'n fy nghofio i ers y trên. Fel dau enaid hoff cytûn... dyna beth roedd e'n arfer dweud!"

"Ond ry'ch chi mor dal!" dwedaf.

Mae Bubbe'n sefyll yn dalsyth ac yn gwthio'i gên allan, fel petai'n trio cofio sut deimlad oedd bod yn dal.

"Falle mai dyna pam roedd e'n fy nghofio i! Ro'n i'n dal pan o'n i'n ddeg oed, Laila. Roedd pobl yn meddwl 'mod i'n blentyn tal, ond dyfes i ddim llawer talach wedyn!" Mae hi'n chwerthin.

Mae'r ferch ifanc i'w gweld yn wyneb Bubbe o hyd, er gwaetha'r holl grychau a llinellau.

"Pa liw oedd eich gwallt chi?" gofynnaf.

"Wel, rhyw fath o frowngoch, mae'n siŵr. Fel un Kezia cyn iddi ei liwio. Roedd gen i dipyn o fwng!" Mae hi'n cyffwrdd â'i hysgwydd fel petai'n dal i deimlo'i chyrls.

"Roedd Stan yn arfer dweud y stori yma wrth bobl: roedd e'n sicr ein bod ni'n dau yn eistedd gyferbyn â'n gilydd ar y trên rhwng Harwich a Liverpool Street. Ti'n cofio'r cerflun es i â ti a Kez i'w weld?"

Dwi'n nodio.

"Weithiau, byddai Stan a fi'n mynd i eistedd ar blatfform y stesion lle gyrhaeddon ni. Dwi ddim yn credu am eiliad bod e'n fy nghofio i… do'n i ddim yn ei gofio fe. Ond dwedodd e 'mod i'n crio gymaint fydden i ddim wedi sylwi beth bynnag. Mae'n wir 'mod i 'di crio'r holl ffordd. Ma llais y bachgen bach yna…", mae'n nodio at y radio, "… wedi mynd â fi'n ôl yna. Dyna sy'n rhyfedd am wahanu. Dwi'n ei gofio fel tase fe'n ddoe." Mae Bubbe'n edrych ar fy mag. "Ti'n cofio'r cês bach ddes i mewn i'r ysgol pan 'nes i'r sgwrs yna?"

"Ydw."

"O't ti isie gwbod beth oedd tu fewn…"

"Atgofion, ddwedoch chi. Dwi'n cofio."

Mae Bubbe'n gwenu. "Wel, hoffet ti weld beth sydd ynddo fe?"

Dwi'n nodio.

Mae Bubbe'n mynd i'w stafell wely. Dwi'n edrych ar y llun o Bubbe ddeg mlwydd oed, yn cario'r cês. Mae golwg ofnus arni.

Mae Bubbe'n dod yn ôl gyda'r cês bach lledr wnaeth hi adael i ni ei ddal pan ddaeth hi i'r ysgol. Mae'n ei roi ar y bwrdd, yn agor y clo ac yn tynnu pâr bach o sgidiau allan ohono.

"Gall pobl edrych ar rhain," mae'n pwyntio at y Bag Baneri ac yna'r cês, "a gweld dau hen fag!" Mae'n tynnu coes ond dwi ddim yn teimlo fel chwerthin, na hithau chwaith, dwi ddim yn meddwl. "Maen nhw'n dweud ddylech chi byth roi sgidiau newydd ar y bwrdd... ond mae'r rhain yn hen. Doedd 'da fi ddim lot o bethau, ond rhain oedd y sgidiau oedd am fy nhraed i, Laila."

Sgidiau plaen du ydyn nhw, gyda byclau arian. Yn debyg i sgidiau dawnsio tap.

Mae Bubbe'n plygu i lawr ac yn tynnu ei sgidiau. Mae'n llithro'r hen rai am ei thraed.

"Maen nhw'n dal i ffitio! Ma'ch traed chi'n fach, fach!" dwedaf gan chwerthin.

"Ti'n gwbod be sy'n rhyfedd, Laila? Na'th fy nhraed i ddim tyfu ar ôl cyrraedd y wlad 'ma. Ddim hanner maint hyd yn oed! Drycha, dwi'n cael fy nghario gan draed plentyn deg mlwydd oed!" Mae Bubbe'n tynnu'r sgidiau ac yn eu rhoi'n ôl yn y cês. "Dwi ddim yn eu tynnu mas o'r cês yn aml."

Wrth edrych i lawr ar hen draed bach Bubbe dwi'n teimlo mor drist. Mae fel petai hi wedi methu tyfu i fyny'n iawn ar ôl iddi gael ei gorfodi i adael ei chartref.

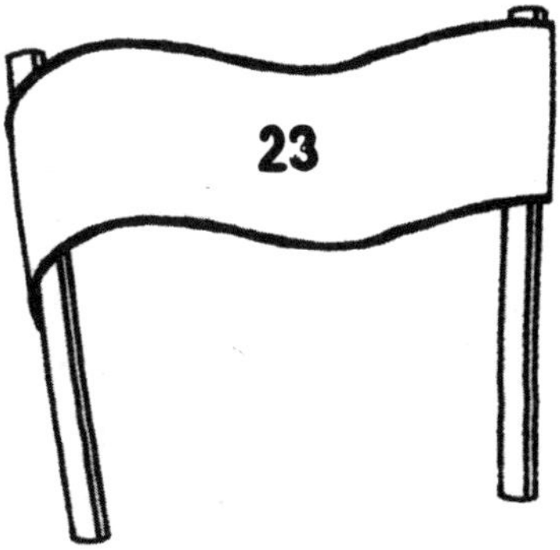

Dwi'n rhoi cadair o flaen y drws ac yn tynnu'r Bag Baneri o'i guddfan o dan y gwely.

Mae'r strapiau lledr yn stiff ac mae'n arogli braidd yn damp hefyd, fel petai wedi bod dan glo ers blynyddoedd. Rhaid gwasgu'r cloeon yn galed i agor y bag. Dwi'n codi amlen y Llyfr Protest allan yn ofalus. Mae sawl rhan i'r bag tu mewn ac mae hen we pry cop ym mhlygiadau'r defnydd cynfas melyn, ac olion paent. Ar un ochr mae poteli paent. Dwi'n eu tynnu allan. Mae paent lliw gwaed, glas tywyll, oren a glas golau, a photel o baent du sydd bron yn wag. Dyw potel y lliw glas golau heb ei hagor eto ond mae paent yn grwst ar du mewn y poteli eraill i gyd. Mae rhan arall ar gyfer brwshys paent, rhai tew a rhai tenau. Yng ngwaelod y bag mae rholyn o hen lieiniau gwely wedi eu rhwygo a pholion bambŵ tua hyd fy mraich. Mae un shîten anferth sy'n lliwiau llachar i gyd. Dwi'n ei thynnu allan a'i dadrolio ar y carped. Rhaid mai hon yw'r faner dynnodd Hope i lawr o wal Simon.

Dwi'n dal fy anadl wrth ei hagor, fel petai'n femrwn gwerthfawr. Darlun gan Nain Josie sydd arni, sy'n fôr o wynebau llachar pobl sy'n gwisgo dillad o holl liwiau'r enfys ac yn dal baneri. Yn eu dal i fi. Dwi'n gwybod hynny. Dwi'n gallu teimlo hynny. Mewn llythrennau glas golau ar gefn y defnydd mae hi wedi sgwennu 'Women's March'. Yn y cefndir, allwch chi ddim gweld nodweddion yr wynebau gan fod cannoedd ar gannoedd o bobl – ond ym mlaen y llun mae tri o bobl sy'n gyfarwydd, er eu bod nhw'n ifanc yn y llun. Mae Nain yn gwisgo sgert hir felen hyd at y llawr. A dyna Hope, a'i gwallt Affro gwyllt, a Simon yn gwthio beic â blodau yn yr olwynion. Hipis go iawn, yn gorymdeithio'n droednoeth.

Dwi'n methu credu bod gen i'r llun yma, a'r paent ddefnyddiodd hi i'w beintio. Ydy paent yn mynd yn hen? Dwi'n troi'r caead ar y botel baent glas golau ond yn cael trafferth i'w agor, ac yn gorfod defnyddio fy holl nerth. Mae'n arogli braidd yn hen.

"Laila, dwi adre!" Mae Mam yn dringo'r grisiau, felly dwi'n brysio i glirio'r paent ac yn gwthio'r bag a'i gynnwys o dan y gwely.

Mae Mam yn galw drwy'r drws ac yna mae'r handlen yn troi: "Pam ti'n blocio'r drws?"

"Aros funud, Mam."

Dwi'n symud y dwfe er mwyn cuddio'r bwlch rhwng y gwely a'r llawr, ac yna'n mynd i dynnu'r gadair o'r drws.

"Be sy'n mynd mlaen?" gofynna, gan arogli'r aer.

"Ro'n i'n newid. Ma angen clo ar y drws 'ma!" atebaf.

"Sdim cloeon i fod yn y tŷ 'ma, Laila."

"Man a man i fi gysgu ar y landing 'te!"

Mae trwyn Mam yn dal i sniffio. "Oes arogl tamprwydd 'ma?" Mae'n mynd draw i agor y ffenest. "Sut ma'r ecsema… yn well?" Mae'n cydio yn fy mraich.

Byddai'n dda gen i petai hi ddim yn gafael yndda i fel'na. Fy nghorff *i* yw e. Dwi'n ei hysgwyd i ffwrdd a thynnu fy mreichiau oddi wrthi.

"Dwi 'di dod â siartiau lliw i ti edrych arnyn nhw. Beth am biws?" Mae Mam yn cipedrych ar draws y lliwiau porffor.

Dwi'n esgus gwthio fy mysedd i lawr fy nghorn gwddw.

"Ddim piws, 'te! Rhywbeth mwy niwtral?" Ac mae'n dangos y lliwiau hufen a gwyn.

"Mam, dwi 'di dweud sawl gwaith. Sdim ots 'da fi am addurno stafell Mira."

"Ond dyna'r pwynt, Laila. Ddim stafell Mira yw hi rhagor. Rhaid i ti roi stamp dy hunan arni a byddai'n dda gorffen y cwbl cyn i Janu gyrraedd." Mae Mam yn rhwbio ar staen ar y carped. "Gallen ni gael rŷg i ti. Mae golwg digon blêr ar y carped gyda holl staeniau paent Mira! Sai isie i Janu gael yr argraff bod y tŷ 'ma'n llanast." Mae Mam yn ochneidio.

"Ma Janu'n rhedeg lloches i blant y stryd, Mam. Sai'n meddwl bydd ots 'da fe sut ma'r stafell yn edrych."

Mae Mam yn taro'i throed yn erbyn rhywbeth, ac yna'n teimlo dan y gwely.

Wel, dyna ni, bydd rhaid i fi gyfaddef popeth.

"Beth yw hwn?" gofynna, gan godi'r botel o baent glas golau.

Efallai na welodd hi'r Bag Baneri.

"Ges i fe gan Kez… dwi'n hoffi'r lliw!"

"O, os ti'n hoffi'r lliw…" ac mae'n edrych ar y rhesi o liwiau glas ar y siart.

"Ti'n gwbod, un o hoff liwiau Nain Josie hefyd oedd y lliw glas 'ma! Ma sawl un o'i lluniau â'r lliw yma ac aur ynddyn nhw. Falle bydd e'n ormod i beintio pob wal, ond bydd un wal yn y lliw 'ma'n gweithio'n dda."

Mae Mam yn edrych yn hapus, fel petai fy nghlywed i'n sôn am y lliw glas yn gam ymlaen.

Mae'r ffôn yn canu ac rydyn ni'n taro yn erbyn ein gilydd wrth rasio i lawr y grisiau i'w ateb. Fi sy'n cyrraedd gyntaf. Mira sydd yna. Mae Mam yn gwneud yr union beth mae hi'n casáu gweld Nana Kath yn ei wneud, sef gofyn i fi holi cwestiynau wrth 'mod i'n trio siarad.

"Ma Mam isie i fi ddweud bod Janu'n dod penwythnos nesa. Ma hi isie gwbod pa benwythnos sy'n gyfleus i ti ddod adre i'w weld e. Bydd hi'n hanner tymor," dwedaf wrth i Mam barhau i siarad yn fy nghlust.

Dwi eisiau sôn wrthi am lun baner hardd Nain. Ond sut alla i ddweud hynny heb sôn hefyd am y Llyfr Protest?

"Mae'n dweud sdim hanner tymor 'da hi, Mam."

Dwi'n dweud wrth Mira y bydda i'n ei ffonio'n hwyrach oherwydd mae hi'n gallu clywed Mam yn siarad yn fy nghlust.

"Ti'n mynd yn flin 'da Nana Kath pan ma hi'n neud hynna!" dwedaf wrth roi'r ffôn yn llaw Mam. Ond y gwir yw 'mod i'n teimlo'n rhyfedd yn siarad â Mira. Ers i Mrs Latif ofyn y cwestiwn ynglŷn â dweud celwydd, dyna i gyd dwi wedi bod yn ei wneud. Dwi wir eisiau cyfaddef popeth i Mira. Mae'n anodd bod yn agos at rywun pan mae gymaint o gelwyddau rhyngddoch chi, a dwi'n casáu'r teimlad o fod ar wahân. Ond dwi eisiau'r cyfle i ystyried popeth cyn cyfaddef fod y Llyfr Protest gen i. Dwi'n credu bod Bubbe wedi deall hynny. Dwi eisiau dal gafael yn Llyfr Protest Nain Josie am ychydig bach, dim ond hi a fi, a phopeth roedd hi'n angerddol amdano.

Dwi'n eistedd ar y carped, yn tynnu'r Llyfr Protest o'r Bag Baneri, ac yn dechrau darllen am yr holl orymdeithiau y bu Nain Josie arnyn nhw. Mae yna dudalennau di-ri! Ac nid yn unig gorymdeithiau, ond llythyrau ac ymgyrchoedd a deisebau hefyd. Mae hyd yn oed lythyrau gan brif weinidogion. Wel, rhywun ar ran y prif weinidogion. Margaret Thatcher a Tony Blair gan fwyaf… ac ambell un gan Glenda Jackson, oedd yn actores adnabyddus, ond hefyd yn Aelod Seneddol… rhaid ei bod hi'n Aelod Seneddol da oherwydd ysgrifennodd hi'r holl lythyrau yma'n ôl at Nain, yn esbonio pethau. Mae'r llythyrau swyddogol gafodd eu hanfon at Nain gan wleidyddion a sefydliadau yn dueddol o fod yn eitha diflas, a dweud y gwir. Rhai cyffredinol oedd yn cael eu hanfon at bawb. Mae'n rhyfeddol mor ffurfiol yw eu Saesneg nhw – y math o lythyrau rydych chi'n cael eich dysgu i'w sgwennu yn yr ysgol. Ond er eu bod nhw'n llawn geiriau mawr, dydyn nhw ddim yn dweud llawer o ddim byd. Byddai pawb yn ateb drwy e-bost erbyn hyn, mae'n siŵr. Byddai'n fwy diddorol i fi petai gen i'r llythyron sgwennodd Nain Josie atyn nhw.

Dwi'n darllen tudalennau a thudalennau o doriadau papur newydd. Mae'n anodd cymryd popeth i mewn ar un darlleniad, felly dwi'n gwneud nodyn o'r holl ymgyrchoedd er mwyn gwneud mwy o ymchwil i'r rhai sydd o ddiddordeb i fi, fel dwedodd Simon wrtha i am wneud. Bydd rhaid i fi roi hwn yn ôl i Mira yn fuan ac mae'n bosib y bydd hi'n grac gyda fi am beidio sôn wrthi amdano ac y bydd hi'n mynd ag e gyda hi, ac wedyn fydd dim cyfle i edrych arno eto.

- Gorymdaith Menywod
- Gorymdaith i Gofeb Lincoln, 1963 – roedd Nain yna i glywed araith Martin Luther King, 'I Have a Dream'
- Mudiad Gwrth-Apartheid (ANC – cerdyn aelodaeth cenedlaethol) – cyfarfodydd lle roedd Simon a Hope yn arfer cwrdd, medden nhw
- 'Nid yn Fy Enw I' (Baner roedd Nain yn ei defnyddio ar gyfer sawl peth)
- Comin Greenham
- CND
- Lles Anifeiliaid
- Gwrthwynebu'r Fasnach Arfau

- Gwrthwynebu Arbrofi ar Anifeiliaid Byw
- Rhyddhau Pobl Tibet (gwylnos y tu allan i Lysgenhadaeth Tibet, Llundain) – llun o Nain a Simon yn eistedd a dal canhwyllau
- Reidio Beic Noethlymun ar gyfer Newid Hinsawdd (Y llun yna!)
- Apêl Feddygol Bhopal (Simon yn rhedeg marathonau i godi arian)
- Gorymdaith yn erbyn rhyfel Irac
- Gorymdaith Croeso i Ffoaduriaid (un olaf Simon)

Mae nifer o ymgyrchoedd lleol eraill dwi ddim yn eu nodi ond sy'n annwyl iawn, fel 'Arbedwch y dderwen leol' (dylwn i sôn wrth Kez am honno!). Dwi'n hoffi'r llun o Nain a Simon a rhai eraill yn plethu breichiau o gwmpas y goeden. Dwi'n meddwl 'mod i wedi cerdded heibio'r goeden ym Mharc y Rhath – felly rhaid bod eu protest wedi gweithio.

24

Dwi'n cerdded ar hyd y palmant yn meddwl am y gwahanol brotestiadau roedd Nain yn rhan ohonyn nhw. Gweithiodd y brotest dros y goeden dderwen a rhai o'r protestiadau mawr byd-eang, fel yr ymgyrchoedd Gwrth-Apartheid a Hawliau Dynol. Ond mae nifer o'r pethau eraill roedd Nain wedi ymgyrchu drostyn nhw heb eu datrys hyd heddiw. Oedd y protestio a'r ymgyrchu yn werth yr holl weithredu gan nad oes unrhyw beth wedi newid? Tybed a *aeth* Nain a Bubbe ar yr un gorymdeithiau? Mae'r llun o Bubbe'n gwrando ar y bachgen ar y radio yn dal i chwyrlïo o gwmpas yn fy mhen. Gan ei bod hi nawr wedi dweud ei stori hi ei hun, dwi'n deall pam mae hi'n teimlo mor drist wrth weld yr holl blant…

Mae rhywun yn rhedeg ata i o'r tu ôl ac yn rhoi llaw ar fy ysgwydd.

"Sori, do'n i ddim yn meddwl rhoi sioc i ti!" Mae Pari'n fyr ei hanadl. "O'n i'n meddwl 'mod i'n mynd i fod yn hwyr. Roedd rhaid i fi ddal y bws o'r orsaf." Mae rhywbeth yn sgleinio ar ochr ei phen.

"Dwi'n hoffi gemwaith dy sgarff di!" dwedaf.

"O, diolch! Mrs Latif ddwedodd wrtha i ble i brynu nhw!" meddai Pari, gan droi ei phen er mwyn i fi gael gweld y blodau bach diemwnt yn well. "Dyw hi ddim yn siŵr os ga i wisgo nhw yn yr ysgol ond ddwedes i, os oes hawl gwisgo gemau yn dy glustiau dylai fod hawl gwisgo nhw ar dy sgarff... Roedd hi'n cytuno, a dwedodd hi byddai'n dadlau o 'mhlaid i petai rhywun yn gofyn i fi eu tynnu nhw bant! Ni mor lwcus o'n dosbarth ni, on'd y'n ni?" Mae Pari yn gwenu arna i.

Dwi ddim yn credu mai dim ond Mrs Latif sydd ar ei meddwl.

"Ydyn!" dwedaf.

Rydyn ni'n cerdded gweddill y daith i'r ysgol gyda'n gilydd, ac yn pasio'r Fainc Colli Ffrind.

"Ble'n union ti'n byw?" gofynnaf.

"Y Barri. Na'th hi gymryd oesoedd i fi ddod bore 'ma, roedd cymaint o rwystrau."

"Es i i'r Barri yn ddiweddar. Ma ffrind Nain yn byw mewn lle o'r enw Hafan Gofal. Ti'n gwbod amdano fe?"

Mae Pari yn siglo'i phen. "Dyw e ddim yn swnio'n debyg i'r lle dwi'n byw..."

Dwi ddim yn siŵr ydy hi'n bod yn sarcastig neu beidio. Mae gan Pari un o'r wynebau hynny sy'n anodd ei ddarllen, oni bai ei bod hi'n gwenu neu'n chwerthin neu mewn stad ofnadwy. Mae ganddi'r un olwg o hyd, fel petai'n ceisio rheoli ei hemosiynau a pheidio â datgelu gormod o'i theimladau.

"Ti mor lwcus i gael nain," meddai, ac rydyn ni'n cerdded i ddosbarth Mrs Latif ac yn eistedd wrth ymyl ein gilydd.

Mae'n mynd i gymryd gormod o amser i esbonio bod Nain wedi marw… ond mae'n gwneud i fi feddwl. Dyw Pari ddim yn adnabod fy nheulu, felly pam na alla i sôn wrthi am fynd i weld Simon i nôl y Llyfr Protest?

"Sdim nain a taid 'da ti?" gofynnaf wrth i ni nôl ein llyfrau amserlen.

Mae'n siglo'i phen.

"Dim ond fi a Mam a —"

"Setlwch nawr, bawb," meddai Mrs Latif.

"Dwi'n hoffi ei gwisg hi!" sibryda Pari. Mae'n gwisgo ffrog hir a brodwaith arni, legins a sgidiau fflat aur.

"Llyfrau darllen allan!" mae'n gorchymyn, gan edrych ar hyd y desgiau a llenwi'r gofrestr ar ei chyfrifiadur. Mae hi wedi dysgu'n henwau ni i gyd yn barod, dwi'n siŵr.

Dwi'n codi fy mraich.

"Sori, dwi 'di anghofio fy llyfr darllen."

"Bydd rhaid i fi wneud nodyn o hynny. Wna i ddim dy gosbi di y tro 'ma, Laila, ond ti'n gwybod bod rhaid dod â llyfr darllen i'r ysgol bob dydd."

Mae hi'n edrych yn ei bag.

"Gei di fenthyg hwn. Fe wnes i orffen e bore 'ma ar y bws. Ro'n i bron â cholli'r stop! Mae'r ddynes ifanc yma yn ysbrydoliaeth."

Mae Mrs Latif yn rhoi *I am Malala* ar fy nesg. "Ti ddim *wedi*'i ddarllen e, wyt ti?"

Dwi'n siglo fy mhen.

"Reit 'te. Hanner y dosbarth…" ac mae Mrs Latif yn ddarllen y rhestr sydd ar ei sgrin, "Carlos, Nita, Lara, Stella, Chirelle, Christopher, Lycette, Owen, Carmel, Rikesh, Pari, George, Nathan, Omar, Kelly, Milena… ewch â'ch llyfrau i'r llyfrgell i gael eich asesiad darllen."

Mae Pari'n dal yn ôl rhag ofn y byddai'n rhaid iddi gerdded gyda Stella. Mae'n gwneud wyneb 'hen dro nad y'n ni 'da'n gilydd' ac yn dilyn Milena o'r stafell.

Mae Mrs Latif yn tapio fy ysgwydd.

"Helô! Laila! Glywest ti'r gloch?"

Dwi'n edrych i fyny ac yn gweld y person diwethaf yn gadael y stafell ddosbarth.

Ro'n i wedi anghofio 'mod i yn yr ysgol, hyd yn oed, gan 'mod i wedi ymgolli'n llwyr yn y llyfr. Dwi'n methu credu beth dwi'n ei ddarllen: pa mor ddewr all merch fy oed i fod. Mae'n amhosib meddwl am yr aberth aeth hi drwyddo er mwyn cael yr hawl i fynd i'r ysgol. Dwi eisiau mynd adre'r eiliad hon i swatio ar fy nyth a darllen gweddill y llyfr. Wrth ddarllen dwi'n methu peidio meddwl am Lyfr Protest Nain Josie. Mae lleisiau Simon a Bubbe'n hedfan yn fy mhen… Pam mae bywydau pobl mor wahanol? Pam nad oes rhai pethau y dylai pob un person eu cael? Dwi'n meddwl am Bubbe a Stan pan oedden nhw'n blant, ac am y bachgen ar y radio yn nhŷ Bubbe, llygaid y Bubbe fach yn llawn ofn, a llygaid y ferch oedd yn gwerthu'r hancesi papur ar y trên… a Pari.

"Dyna'n union sut o'n i'n teimlo," meddai Mrs Latif. "Methu stopio'i ddarllen. Wyt ti isie menthyg e?"

"Alla i? Ydw, plis, Miss!"

"Ond dwi isie fe'n ôl, cofia! Mae'n un ar gyfer silff lyfrau fy mhlant i!"

"Oes plant 'da chi, Miss?"

"Ddim eto, Laila!" Mae hi'n chwerthin. "Ond gobeithio… rhyw ddiwrnod, pan fydd e neu hi'n ddigon hen, bydda i'n gallu rhoi'r llyfr iddyn nhw i'w ddarllen. Reit, well i ti fynd… mae gen ti un rhybudd 'hwyr' yn barod, a ti ddim isie un arall!"

Dwi'n cwrdd â Pari y tu allan i'r llyfrgell amser egwyl.

Rydyn ni'n mynd i'r toiledau gyda'n gilydd, a phwy sydd yno ond Kez. Rydyn ni'n golchi'n dwylo ochr yn ochr.

"Popeth yn iawn?" gofynna.

"Dal yn *grounded*!"

Mae Kez a fi wrth y sychwyr dwylo, ond mae Pari'n dal wrth y sinc yn golchi ei dwylo pan mae Rebeca yn rhoi ei phen i mewn. "Dod, Kez?"

Mae wyneb Kez yn syrthio rhywfaint, ond mae hi'n mynd beth bynnag. "Ydw… wela i chi wedyn, *guys*!"

Pan oedd Bubbe'n disgrifio'r sefyllfa rhyngdda i a Kez roedd hynny'n swnio'n normal, felly pam dwi'n teimlo 'mod i'n cael fy rhannu'n ddau drwy'r amser?

"Pam ti'n *grounded*?" gofynna Pari.

"Es i o gartre heb ddweud."

"I ble?"

"Mynd ar y trên i weld ffrind Nain yn y Barri."

"A beth yw'r broblem 'te?"

"Ddwedes i ddim wrth neb 'mod i'n mynd. A sdim hawl 'da fi fynd ar y trên ar ben fy hunan."

"Pam? Dwi'n mynd bob dydd."

Mae bod yng nghwmni Pari yn gwneud i fi deimlo fel y gair ddwedodd Simon – 'mod i'n cael fy '*moli-codlo*'. Pam ddylwn i gael fy nghosbi am rywbeth mae Pari'n gorfod ei wneud bob dydd?

Wrth i ni gerdded ar hyd y coridor prysur amser egwyl, mae'r sŵn siarad fel mil o straeon yn tasgu oddi ar y waliau. Does dim un llais i'w glywed yn uwch na'r llall. Mae Pari'n pwyso'n agosach ata i i glywed yn well. Dwi'n dweud wrthi am Nain Josie ac amdana i'n mynd i nôl y Llyfr Protest a'r Bag Baneri...

"Fues i ar brotest unwaith 'da Dad, pan oedd e'n byw 'da ni," meddai Pari.

"Pa fath o brotest?" gofynnaf.

"Sai'n cofio – o'n i'n ifanc iawn. Dwi jyst yn cofio cael fy nghario ar ei ysgwyddau a phawb yn canu cân am heddwch... 'Give Peace a Chance' neu rywbeth."

"Ti isie dod adre 'da fi rhywbryd i weld Llyfr Protest Nain a'r faner?"

Mae Pari'n gwenu fel petawn i wedi cynnig rhywbeth anhygoel iddi.

"Hola i Mam. Ma angen lot o help arni weithiau, felly gawn ni weld. Ble ti'n byw?"

"Gyferbyn â'r ysgol fwy neu lai."

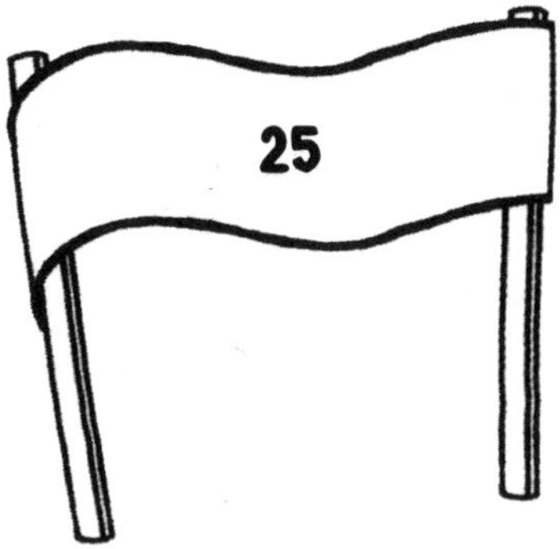

Dwi'n gorwedd ar wely Mira yn darllen llyfr Malala pan mae Mira'n ffonio o'r diwedd.

Mira: Haia, Laila! Sori golles i dy alwad di. Popeth yn iawn adre?

Fi: Ydy, sbo. Dwi'n *grounded*. Wedodd Mam?

Mira: O do, gaethon ni gyfarfod teulu am hynna! Roedd e'n ddoniol y ffordd roedd Mam yn mynd mlaen a mlaen am yr ymbarél oren, fel tase fe'n dystiolaeth bwysig o rywbeth!

Fi: Ie, sai'n siŵr pam mae'n mynd mlaen am hynna. Dim ond mynd am dro 'nes i, ond dyw hi ddim yn credu fi.

Mira: Pam? Gyda pwy est ti? Ti isie dweud wrtha i am rywun?

Fi: Na.

Mira: Sut ma pethau rhyngddot ti a Kez nawr?

Fi: O, iawn. Ma'r holl stwff Bat Mitzvah 'da hi. Sai 'di

gweld hi llawer. Sut ma'r coleg? Ti 'di gorffen y llun ohona i...? Pam ti'n chwerthin?

Mira: Ti byth yn arfer siarad fel'na 'da fi.

Fi: Sut?

Mira: Mmm, sai'n siŵr.

Fi: Ydy'r llun ohona i'n fabi? Fel... ar y diwrnod ges i 'ngeni?

Mira: Bydd rhaid ti aros i weld! Beth arall sy'n digwydd?

Fi: Ma Pari, y ferch 'ma sy'n yr un dosbarth cofrestru â fi, yn dod draw dydd Gwener nesa.

Mira: O, da iawn. Sut un yw hi?

Fi: Neis. Dwi'n meddwl! Sai'n nabod hi'n iawn eto. Rhaid fi fynd nawr – ma *loads* o waith cartre 'da fi.

Dwi'n clywed rhyw sŵn tagu ar ben arall y ffôn.

Fi: Ti'n iawn?

Mira: Paid mynd eto, Laila. Ma Mam yn dweud mai glas golau fydd lliw y stafell.

Fi: Na! Dyna be ma hi'n feddwl... ond na.

Mira: Dylet ti symud mewn yna, ti'n gwbod. Sdim isie i ti gadw'r stafell i fi. Paid cysgu mas ar y landing...

Dwi'n gallu clywed dagrau yn llais Mira. Am y tro cyntaf erioed dwi'n teimlo ei bod *hi* angen siarad â *fi*.

Fi: Sut ma Bangor?

Mira: Dwi'n caru'r lle, ma'r bobl mor gyfeillgar. Ma'r cwrs

yn anodd ond dwi'n dysgu lot fawr... Do'n i ddim yn disgwyl colli pawb gymaint â hyn, a Jidé bant hefyd...

Fi: Ydy e'n iawn?

Mira: Ydy. Lwyddon ni i sgeipo'r diwrnod o'r blaen. Ma fe'n meddwl cael gwaith yna ar ôl cymhwyso. Ma gymaint iddo fe neud yna.

Fi: Ond byddet ti'n colli fe lot.

Mira: Wrth gwrs. Dwi'n colli pawb.

Fi: Hyd yn oed Mam a Dad?!

Mira: Hyd yn oed nhw!

Fi: A Krish?

Mira: Daeth e draw dros y penwythnos, felly roedd hynny'n grêt! Dwi'n colli *ti*, Lai Lai.

Fi: Colli ti hefyd, Mimi. Pam na ddoi di adre pan ma Janu yma? Am benwythnos?

Mira: Sai'n gallu, Laila.

Mae Mira'n chwythu ei thrwyn yn swnllyd.

Mira: Dyna beth yw sŵn hiraeth, Laila!

Fyddai Mira byth yn credu 'mod i'n crio hefyd. Dwi'n falch 'mod i yn ei stafell hi, a'r drws ar gau, oherwydd petai Mam neu Dad yn dod i fyny'r grisiau nawr bydden nhw eisiau trio datrys pob problem drwy siarad, a dyna'r peth diwethaf sydd ei angen arna i. Er 'mod i adre drwy'r amser dwi'n meddwl bod hiraeth arna *i* hefyd – am sut oedd pethau'n arfer bod.

Cyn mynd i gysgu dwi'n canu cloch Nain sawl gwaith. Roedd y sŵn yn arfer gwneud i fi ymlacio ond weithiodd hynny ddim y tro yma, felly dwi'n agor llyfr Malala. Mwyaf dwi'n darllen, mwyaf dwi eisiau codi a gweiddi ar dop fy llais. Sut allai rhywun saethu merch am ei bod hi eisiau dysgu?

Mae Mam yn sbecian drwy'r drws.

"Mae'n hwyr iawn, Laila! Cer i gysgu nawr."

Dwi'n gorwedd ar wely Mira am dipyn ac yn gwrando ar Mam a Dad yn symud o gwmpas yn eu stafell wely. Pan mae popeth yn dawel dwi'n sleifio allan i'r landing. Mae fy mreichiau'n dal i gosi, hyd yn oed ar ôl rhwbio'r eli newydd arnyn nhw, ond dwi byth yn mynd i wisgo'r menig mae Mam yn trio 'nghael i i'w gwisgo dros nos i'm hatal i rhag crafu yn fy nghwsg.

Dwi'n syllu ar baentiad Mira o ddynes mewn niwl yn mynd â'i chi am dro wrth y môr. Dwi'n hoffi'r ffordd mae popeth fel petai mewn breuddwyd.

"Laila! Beth yn y byd wyt ti'n neud, yn sefyll fan'na? Mae'n ganol nos! Laila, ti ar ddihun?" Mae Mam yn cydio yn fy ysgwyddau ac yn fy arwain i'n ôl i stafell Mira. Mae'n sefyll drosta i tan i fi fynd i mewn i'r gwely. Dwi'n gorwedd yn llonydd ond alla i ddim cysgu o gwbl.

*

"Beth oedd yn mynd mlaen neithiwr, Laila?" gofynna Dad wrth estyn paned o de i fi amser brecwast. "Sai'n gwbod alla i ddiodde rhywun arall yn y tŷ 'ma'n cerddded yn ei gwsg. Roedd Krish yn ddigon gwael. Tasen i'n gwbod bydde symud stafell yn achosi gymaint o bryder i ti fydden i byth wedi tynnu'r gwely uchel yna'n ddarnau. Gallet ti fod wedi aros yn dy hen stafell. Ro'n i'n mynd i ofyn i Mira sut oedd hi isie aildrefnu'r stafell, ond dwed ti os wyt ti isie symud 'nôl mewn. Gallwn ni wastad brynu gwely newydd… un isel, os ti moyn."

Dim ond hanner gwrando ydw i oherwydd dwi'n edrych ar wefan am Malala.

Mae Dad yn codi ei lais yn uwch. "Laila, plis paid anwybyddu…"

"Sai'n symud 'nôl. Sori, Dad. Dwi'n cysgu'n well ar y landing, 'na i gyd." Dwi'n llwyddo i ddweud hyn wrth ddylyfu gên.

"Hmm, ie, edrych yn debyg!" Mae Dad yn siglo'i ben.

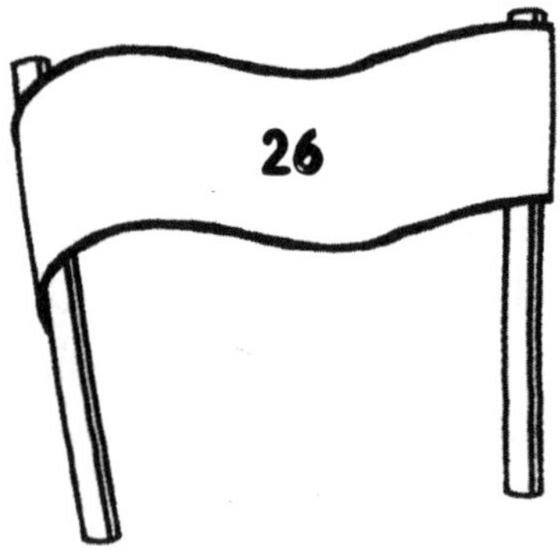

Mae Mr Rivera yn sefyll wrth ddrws y Bloc Cerddoriaeth wrth i ni gerdded i mewn i'r dosbarth. Mae e'n gwisgo gwasgod smotiog lliw mwstard heddiw. Dwi a Pari wedi penderfynu mai fe a Mrs Latif sy'n ennill y wobr am fod yn athrawon mwyaf steilish yr ysgol.

Rydyn ni'n cerdded yn un rhes drefnus i ddosbarth Mrs Latif fel arfer, ond rydyn ni'n debycach i sgrym yn mynd i'r stafell gerdd. Mae Mr Rivera a Mrs Latif tua'r un oed, ond dim ond eleni mae e wedi dechrau dysgu. Dwi'n hoffi'r athrawon sydd ddim yn nabod Krish na Mira, oherwydd does dim rhaid i fi gael un o'r sgyrsiau yna pan maen nhw'n gofyn i fi sut maen nhw'n dod ymlaen yn y coleg a beth maen nhw'n ei wneud nawr. Ond mae'n siŵr y dylwn i fod yn ddiolchgar eu bod nhw eisiau gwybod eu hanes.

"Setlwch nawr, Blwyddyn 7. Allwch chi fynd i eistedd mewn parau wrth yr allweddellau?"

Mae'n rhaid i Mr Rivera ailadrodd y cyfarwyddiadau sawl gwaith cyn i bawb setlo. Mae rhai ohonon ni'n dal i gecru dros gadeiriau.

"O dewch! Faint o amser sydd angen i ddilyn un cyfarwyddyd bach syml, wir? Mae 15 allweddell a 31 o bobl yn y dosbarth. Sdim eisiau bod yn Einstein i weithio'r peth allan… Bydd rhaid i un grŵp fod yn dri."

Mae Stella'n sefyll ar ganol y stafell ddosbarth ar ei phen ei hun. Mae'n gwasgu ei gwefusau gyda'i gilydd. Maen nhw'n reit sych ac yn cracio ac mae ei gwefus isaf hi'n gwaedu ychydig bach.

"Ti isie eistedd 'da ni?" gofynna Pari, ond mae ei llais mor dawel dwi'n synnu bod Stella wedi ei chlywed.

Mae Stella'n aros am eiliad ac yna'n tynnu cadair aton ni, gan adael gofod rhyngddi hi a Pari.

"'Nest ti gwyno wrth Mrs Latif amdana i?" gofynna Stella heb oedi.

Mae llygaid y ddwy wedi'u hoelio ar ei gilydd ac mae'r tensiwn yn drydanol, fel petaen nhw ar fin ymladd. Dwi'n teimlo y dylwn i fynd rhwng y ddwy, fel reffarî. Mae Pari'n troi at Stella ac yn nodio'n hamddenol.

"Ddwedes i wrthi 'mod i'n sori. Dwedes i bydden i'n dweud sori."

Mae Pari'n edrych yn syth i lygaid Stella.

"Sori am be?" Mae Pari'n ei herio.

"Sai'n gwbod. Dweud pethau i ypsetio ti, am fewnfudwyr a stwff. Ond ddim fi yw'r unig un…"

"Ac wyt ti'n sori?" meddai Pari, gan dorri ar ei thraws.

"Dwi newydd ddweud sori!" Mae Stella'n chwarae ag edau rhydd sydd ar ei siaced.

"Ond dyw hynna ddim yn sori go iawn, ydy e? Ti'n gwbod beth ddwedodd Mrs Latif am gelwydd a gwirionedd?" Mae Stella'n nodio. "Wel, dwi ddim isie i ti ddweud sori os nad wyt ti'n meddwl e," sibryda Pari, wrth i Mr Rivera esbonio'r wers.

"Dyna welliant. Bach o dawelwch… Nawr, dwi eisiau arbrofi, Blwyddyn 7, i weld faint o gyfansoddwyr y'ch chi. Dwi eisiau i bawb feddwl am deitl. Dyma ambell enghraifft o'r hyn dwi'n chwilio amdano…" Ac mae Mr Rivera'n troi ei ben at y cyflwyniad Pwerbwynt y tu ôl iddo.

Bore Niwlog
Blodau Haul
Afon Wyllt
Corwynt
Llifogydd

Mae pawb yn edrych yn syn.

"Neu rywbeth mwy diriaethol." Ac mae'n dechrau sgwennu eto:

Tyrbeini Gwynt
Ffatri
Trên
Bws

"Sai'n deall, syr," meddai Carlos.

Mae Mr Rivera yn esbonio eto mewn Sbaeneg i Carlos. Dwi'n methu credu pa mor gyflym maen nhw'n siarad.

Yna, mae Carlos yn edrych yn hapusach. "A, dwi'n deall," meddai, gan droi'n ôl i siarad Cymraeg.

Mae'r lle'n llenwi â mwmial wrth i bawb ddechrau siarad, ac mae Mr Rivera'n gorfod gweiddi i gael ein sylw. "Gallen i gyfansoddi darn o'r enw Dosbarth Saith Taf fyddai'n codi'r to. Darn byddarol, swnllyd, ôl-fodernaidd, aflafar!"

Mae Mr Rivera yn mynd i siarad â rhywun am rai munudau ac mae sain y dosbarth yn codi'n uwch ac yn uwch. Dwi'n siŵr bod rhai'n gofyn cwestiynau dim ond er mwyn tynnu ei sylw.

"Ma'r dosbarth 'ma'n hala fi'n nyts! Dwi'n dod â phlygiau clust tro nesa," meddai Stella.

"Ydy pawb yn glir beth i neud nawr?" gwaedda Mr Rivera uwchben y sŵn. "Teitl gynta, wedyn gallwch chi ddechrau cyfansoddi, a rhoi lleisiau os y'ch chi eisiau ar y diwedd... Dim mwy na thair munud o hyd. O ie, bron i fi anghofio. Cadwch y teitl yn gyfrinachol. Byddwn ni'n chwarae gêm ddyfalu yn nes mlaen i weld allwn ni ddyfalu pa gyfansoddiad sy'n cyd-fynd â pha deitl! Gallwch chi hefyd ychwanegu offerynnau taro..."

Does neb braidd yn gwrando erbyn hyn. Ond mae e'n sefyll wrth ein hymyl ni, felly glywon ni bob gair. "Zane, os ti'n defnyddio'r bongos, rhaid iddyn nhw fod yn berthnasol i'r syniad, nid dim ond i greu sŵn!"

Mae Stella'n gwingo. Dwi'n meddwl bod ganddi ben tost go iawn.

"Ti'n iawn?" gofynnaf iddi.

"Dyna pam dwi'n hoffi dosbarth Mrs Latif. Dwi'n casáu sŵn! Mae'n neud i fi deimlo mor *stressed*."

Do'n i erioed wedi meddwl am hyn o'r blaen, ond dwi'n sylweddoli bod sawl ochr i bob person. Ro'n i'n meddwl y byddai cydweithio mewn grŵp gyda Stella yn hunllef, a hithau fel arfer mor gegog, ond mae ochr dawel iddi, ac mae hi'n trio gwrando'r rhan fwyaf o'r amser.

"Ti'n dod i'r ysgol ar y trên hefyd, on'd wyt ti?" gofynna Pari i Stella.

Mae'n nodio.

"Pam na 'newn ni rywbeth am y daith i'r Barri?" awgryma Pari. "Ry'n ni'n tair wedi neud hynna."

"Ti'n dod ar y trên hefyd?" gofynna Stella i fi.

"Na, ond dwi 'di neud y daith."

Felly, rydyn ni'n trio ambell beth i ddal naws y daith trên. Mae'n anodd.

"Weithiau ma rhywbeth doniol yn digwydd pan ma rhywun yn chwarae'r ffŵl, ond fel arfer mae mor ddiflas!" meddai Stella. "Pawb yn esgus bod yn eu byd bach eu hunain. Beth am ddechrau gyda rhythm cyson? Rhywbeth fel…" Ac mae'n chwarae pum nodyn isel drosodd a throsodd.

"Syniad da, ac wedyn cael stwff i symud odanodd… pobl yn ymddwyn mewn un ffordd, ond eu meddyliau'n mynd i gyfeiriadau eraill," meddai Pari.

"Ie..." ac mae Stella'n nodio.

"Pa fath o beth?" gofynnaf.

"Ti'n gwbod, fel..." ac mae Stella'n siglo'i bys:

Paid dod yn rhy agos,
Ond cadw'n ddigon pell,
Paid dod yn rhy agos,
Mae cadw draw yn well.

Mae Pari'n chwerthin. "Hei, ma hwnna'n dda. Dwi'n deall be ti'n feddwl! Gallwn ni deithio 'da'n gilydd weithiau os ti moyn."

"Ie, iawn." Mae Stella'n edrych fel petai wedi cael sioc, ond mae gwên wan ar ei hwyneb.

Mae cwnselydd yr ysgol yn dod i mewn ac yn mynd i siarad â Mr Rivera. Mae e'n edrych ar Stella ond mae hi eisoes wedi codi ar ei thraed.

"Rhaid fi fynd. Fel arfer fydden i ddim yn meindio gadael y *migraine*... y miwsig, dwi'n feddwl," meddai Stella gan gellwair. "Ond o'n i'n eitha joio hynna!" Mae'n nodio at y cwnselydd i ddangos ei bod hi ar ei ffordd.

"Diolch, chi'ch dwy," meddai wrth gerdded i ffwrdd.

"Am be?" gofynna Pari.

Mae Stella'n codi ei hysgwyddau. "Wel, am beidio 'nghau i allan."

"Gariwn ni mlaen wedyn?" gofynna Pari.

Mae wyneb Stella'n newid yn llwyr pan mae'n gwenu.

Mae wyneb pawb yn newid, am wn i, ond anaml iawn mae Stella'n gwenu, felly mae'n fwy amlwg wedyn.

"Ma hi'n ocê, on'd yw hi?" meddai Pari ar ôl iddi fynd.

Dwi'n nodio. Ond dwi'n sylweddoli bod Pari'n llawer mwy dewr na fi. Fyddwn i byth wedi cynnig i Stella ddod i eistedd gyda ni. Byddwn i efallai wedi ei hosgoi hi am byth. Petai Pari heb ei hwynebu hi fydden ni byth yn cydweithio â hi ar hyn, na dim byd arall. Nawr mae'n teimlo'n anghywir i fwrw mlaen â'r cyfansoddiad hebddi, achos hi sydd wedi cyfrannu'r syniadau bron i gyd hyd yn hyn. Trueni fod rhaid iddi fynd fel'na. Dwi'n gorfod gwyro i mewn yn agos at yr allweddellau i glywed Pari'n ymarfer yr hyn rydyn ni wedi ei wneud yn barod. Mae'n edrych fel petai hi eisiau dweud rhywbeth wrtha i, oherwydd mae'n rhoi cip fach slei draw weithiau, ond yn pwyso a mesur a ydy hi'n gallu ymddiried yndda i neu beidio.

Mae Pari'n closio ata i. "Ti'n gwbod pan ddwedodd Stella am bobl ddim yn dweud beth sydd ar eu meddwl? Mae'n iawn. Weithiau ma pobl ddieithr yn edrych arna i fel tasen nhw'n amheus ohona i, neu ddim yn hoffi fi oherwydd 'mod i'n Fwslim. Ma Mam yn meddwl dylen i stopio gwisgo'r benwisg a dyw hi ddim yn hoffi'r rhain –" mae'n pwyntio at y clipiau sgarff sgleiniog, "– maen nhw'n tynnu gormod o sylw."

"Ond dyw hynna ddim yn wir! Pam na 'nei di sôn wrth Mrs Latif?"

"Sut gall hi reoli beth sy'n digwydd tu allan i'r ysgol?

All hi ddim cael gair 'da pob un, fel na'th hi 'da Stella. Sdim rhaid i bobl ddieithr ddweud sori, oes e? Ond falle 'mod i'n anghywir. Sneb byth *yn* dweud unrhyw beth. Ond ma Mam yn meddwl bod pethau'n mynd yn waeth i ni nawr. Sneb yn trystio'i gilydd."

"Dwi'n sori!"

"Sdim bai arnot ti!"

Rydyn ni'n mynd yn ôl i ymarfer ein cyfansoddiad eto. Mae Pari'n meddwl bod Stella'n iawn. Mae'n rhy llyfn ac yn rhy gyson. Rhaid i ni adeiladu'r tensiwn.

Dwi'n chwarae ambell gord, i drio dal naws y teimladau oedd o dan yr wyneb ar y daith trên pan ddaeth y teulu i werthu'r hancesi papur. Dwi'n mynd i'r nodau top ac yn chwarae cordiau uchel, yn dawel i ddechrau, yna'n gynt ac yn gryfach...

"Ie, 'na'r teimlad!" meddai Pari, gan daro'i brest fel petai'r gerddoriaeth wedi gwneud i'w chalon guro'n gynt. "Wedyn mynd yn ôl i rywbeth mwy fflat ar y diwedd, ond cadw hwnna i mewn hefyd, a dal i glywed e. Fel tase fe yn y cefndir o hyd, unwaith i ti glywed e? Sai'n siŵr... dyna sut mae'n teimlo."

Dwi'n credu 'mod i'n deall beth mae hi'n ei feddwl. Fel cloch Nain yn dal i ganu yn dy glustiau er bod y nodyn wedi cael ei daro eiliadau'n ôl.

"Amser i roi popeth gadw!" gwaedda Mr Rivera uwchben y dwndwr, ac mae pawb yn codi o'u desgiau. Mae e'n sefyll wrth y drws i atal pawb rhag gadael cyn iddo gael cyfle i sôn am y gwaith cartref.

"… Felly cariwch mlaen i weithio ar eich cyfansoddiadau. Dwi'n sylweddoli bod hon yn dasg reit heriol i Flwyddyn 7, ond mae gen i ffydd ynddoch chi. Dyma'ch asesiad chi, a gewch chi bum gwers i weithio ar y prosiect. Ydy pawb yn gwybod pryd mae'r stiwdio ar agor? Os na, ewch i edrych ar yr amserau ymarfer, maen nhw…" mae Mr Rivera yn agor y drws ac yn gweiddi ar ein holau ar ôl i ni lifo allan, "… ar yr hysbysfwrdd ar yr ochr dde!"

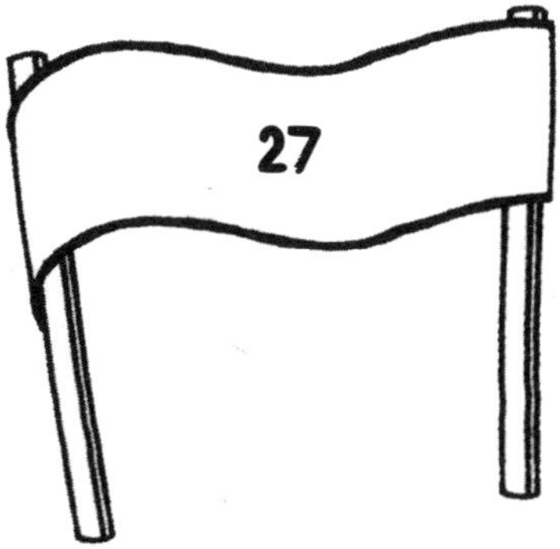

"Dwi'n gwbod 'mod i'n *grounded* ond alla i gael ffrind draw dydd Gwener? Ma mam Pari wedi dweud bod e'n iawn iddi ddod."

Mae Mam a Dad yn cyfnewid yr olwg siarad dieiriau yna dros y bwrdd bwyd.

Ar ôl aros am amser hir – sy'n teimlo fel oesoedd i fi – mae Mam yn nodio.

"Dim ond bod ti adre, ma hynny'n iawn am wn i… Ffrind newydd?" gofynna Dad.

"Ie."

"Ma hynna'n dda!" Mae Mam yn gwenu'n llydan.

Ydyn nhw'n meddwl 'mod i ddim yn gallu gwneud ffrindiau newydd neu be?

"Sut ma paratoadau Bat Mitzvah Kez yn dod mlaen?" gofynna Mam.

Pam maen nhw'n holi am Kez o hyd? Mae'n gwneud i fi deimlo'n euog ac yn ddryslyd am bopeth eto. Dydyn ni ddim hyd yn oed yn tecstio'n aml erbyn hyn.

"Iawn."

"O, mae'n neud hynna i gyd, ydy hi?" gofynna Dad.

"Pam ti'n dweud e fel'na, Dad?"

"Dim rheswm… ond do'n i ddim yn sylweddoli bod Luke a Hannah yn ymarfer, dyna i gyd!" meddai Dad gan godi ei ysgwyddau.

"Ymarfer be?" gofynnaf.

"Ddim yn grefyddol, o'n i'n feddwl." Mae Dad yn codi ei ysgwyddau eto ac yn estyn am ei ffôn.

"Sdim rhaid i ti fod yn grefyddol *iawn* i gael Bat Mitzvah. Mae'n rhan o'u diwylliant nhw… bod yn rhan o gymuned. Ma Kez yn dweud bod e'n ffordd o ddangos bod ti ddim yn blentyn rhagor."

Mae Dad yn teipio neges.

"Ffordd i ddangos bod ti ddim yn blentyn rhagor!" dwi'n ailadrodd ychydig yn gryfach.

"Sam!" Mae Mam yn rhythu ar Dad oherwydd mae hi'n casáu pobl ar eu ffonau wrth y bwrdd bwyd. Mae Dad yn edrych arni hi, ac yna arna i… fel petai wedi colli trywydd y sgwrs.

"O, wel, da iawn Kez, os 'na be ma hi moyn."

"Falle ga *i* Bat Mitzvah."

"Alli di ddim! Heblaw bod dy fam yn fodlon newid crefydd!" meddai Dad gan dynnu coes.

"O beth i beth, wir?" Mae Mam yn chwerthin, gan daro Dad dros ei ben â lliain sychu llestri. Mae Dad yn cydio yn Mam o gwmpas ei chanol. Maen nhw'n chwarae ymladd! Yyyychchch!

Dwi'n gadael y stafell, yn mynd i fyny i stafell Mira ac yn gwrando arnyn nhw'n cael hwyl. Byddai rhai teuluoedd yn falch petai eu plentyn yn ymddiddori mewn crefydd.

Dwi'n gosod cadair yn erbyn y drws, yn tynnu'r Bag Baneri allan a dadrolio baner Nain Josie dros garped Mira i gael golwg arall arni. Baswn i wrth fy modd yn ei hongian ar y wal, ond wedyn byddai'n rhaid esbonio popeth. Mae'n bosib y byddai Mam a Dad yn dweud mai baner Mira oedd hi. Y Llyfr Protest, ie, ond y faner… Roedd Simon wir eisiau i fi gael honno.

Agoraf laptop Dad a theipio 'Tibetan vigil' yn y blwch chwilio. Dwi'n edrych trwy ambell erthygl ac yn gweld llun o Simon a Hope yn sefyll y tu allan i Lysgenhadaeth Tsieina yn Llundain. Mae Hope mor dal a hardd. Yn sefyll yn dalsyth yn y llun yma. Dwi'n fflicio drwy ambell beth arall, yn teipio enwau'r ymgyrchoedd roedd Nain Josie a Simon wedi bod yn rhan ohonyn nhw, ond dwi'n penderfynu wedyn i ganolbwyntio ar un peth ar y tro, oherwydd roedd e'n mynd yn rhy gymhleth. Fel ddwedodd Mrs Latif… os wyt ti'n dechrau drwy feddwl bod hwn neu'r llall yn iawn neu'n anghywir, ac rwyt ti'n deall yn glir beth yw dy safbwynt di, mwyaf rwyt ti'n darllen amdano, mwyaf anodd yw hi i fod yn bendant. Ond dwi'n teimlo bod rhai pethau naill ai'n iawn neu'n anghywir, pa ffordd bynnag rwyt ti'n edrych arnyn nhw. Fel peidio rhoi addysg i ferch, a'i saethu hi am iddi sefyll yn gryf. Mae hynny'n anfoesol ym mhob ffordd.

Mae'r geiriau olaf sydd wedi cael eu sgwennu yn Llyfr Protest Nain Josie fel petaen nhw wedi cael eu hychwanegu'n ddiweddarach na phopeth arall. Maen nhw mewn pensil… fel petai hi wedi meddwl am rywbeth yn sydyn a'i sgwennu'n syth… ac mae'r llawysgrifen yn fwy sigledig.

> *Wna i fyth anghofio fy mhrotest gyntaf na pheintio fy maner gyntaf.*

Dwi'n gwglo gorymdeithiau yng Nghaerdydd… mae un yn cael ei chynnal fory. Gorymdaith Menywod. Dwi'n teimlo 'mod i wedi bod yn byw â fy llygaid ar gau. Doedd dim syniad gen i am hyn i gyd… Mae'n dweud fan hyn mai'r un ddiwethaf oedd gorymdaith Hawliau Menywod oedd yn digwydd mewn llefydd ar draws y byd i gyd. Dwi'n mynd o un wefan i'r llall, yn edrych am brotestiadau gwahanol.

Dwi'n dod o hyd i glip o araith Martin Luther King. Mae'n rhyfedd meddwl bod Nain yn sefyll yno, yn Washington, yn gwrando arno'n siarad. Sut ar y ddaear allai unrhyw berson fod yn hiliol ar ôl gwrando ar yr hyn mae e'n ei ddweud, a'r ffordd angerddol mae e'n ei ddweud e? Daeth ei freuddwyd e'n wir, ond efallai mai dyna oedd pwynt popeth wnaeth Nain a Simon. Yr un peth mae Malala'n ei ddweud hefyd. Rhaid i bobl ddal i freuddwydio, neu fe fyddan nhw'n anghofio. Does dim ots os ydw i wedi cael fy ngwahardd rhag gadael y tŷ;

rhaid i fi ffeindio fy ffordd i'r orymdaith fory. Dwi'n edrych i lawr ar faner hardd Nain. Dwi, a Nain, yn mynd ar yr orymdaith!

Dwi'n clymu polion bambŵ i ddwy ochr y faner a'u clymu ag elastig ar y top. Mae'n rhy fawr i un person ei dal, ond dwi'n mynd â hi beth bynnag.

Dwi'n tynnu'r gadair o'r drws pan glywaf Mam a Dad yn dod i ddweud nos da.

"Nos da, Laila!"

"Nos, da, Mam a Dad!"

"O leia mae hi yn ei stafell newydd *rhywfaint* nawr," clywaf Mam yn dweud, wrth iddyn nhw gerdded i fyny'r grisiau top.

Dwi'n rhoi laptop Dad i lawr am y tro, rhag ofn y bydda i eisiau ymchwilio i rywbeth arall, ac yn gorwedd i lawr gyda llyfr Malala yn fy nwylo. Dwi'n methu stopio'i ddarllen. Dwi'n meddwl wna i ei orffen heno. Dwi erioed wedi darllen hanner llyfr mewn un noson o'r blaen. Mira yw'r un sydd fel arfer yn darllen am oriau. Ddwedodd hi y byddwn innau hefyd rhywbryd, ond do'n i ddim yn ei chredu bryd hynny.

Dwi ddim yn siŵr pryd yn union es i i gysgu, ond rhaid ei bod hi tua phedwar o'r gloch oherwydd roedd yr adar wedi dechrau canu. Ar y pryd dwi'n cofio meddwl bod adar yn canu yn y tywyllwch yn rhyfedd… ond efallai ei bod hi bron yn fore pan sgwennais i hwn yn fy nghofnod darllen:

Themâu: Mae un ferch yn gallu newid byd annheg. Dylai oedolion wrando ar blant. Dylai oedolion warchod plant. Dylai pob plentyn gael hawl i addysg. Mae plant yn gallu gweld y pethau creulon mae oedolion yn eu gwneud. Mae plant yn gallu newid y byd.

Sylwadau: Dyma'r llyfr gorau dwi wedi ei ddarllen erioed. Hoffwn i gwrdd a Malala Yousafzai rhyw ddiwrnod.

Fy hoff ddyfyniadau: 'One child, one teacher, one book, one pen can change the world.'

'When the whole world is silent, even one voice becomes powerful.'

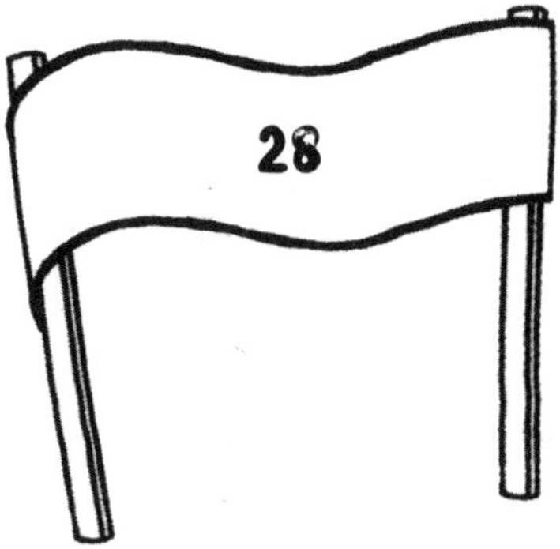

"Ma gorymdaith anferth yn y dre heddi," meddai Dad, gan droi sain y radio yn uwch. "Bydd y traffig yn ofnadwy. Well i fi fynd nawr! Rhaid sortio'r wal 'na, cyn iddi syrthio ar ben rhywun!" Mae'n ffluwchio fy ngwallt wrth afael yn ei allweddi.

"Sdim byd 'ma i fwyd heno," meddai Mam.

"Bryna i rywbeth ar y ffordd adre… bydda i'n ôl erbyn saith ar yr hwyra! Wela i chi nes mlaen!"

"Dwi'n ofni bod rhaid i fi fynd i'r gwaith heddi, Laila… i orffen gosod fy swyddfa newydd. Ti isie dod i helpu?"

"Dwi'n *grounded*!" dwi'n ei hatgoffa, wrth gnoi darn o dost a thrio peidio gwenu.

"Wyt, ond gei di ddod 'da fi, os ti moyn."

"Mae'n iawn!" dwedaf. "Ma llwyth o waith cartre 'da fi."

Mae Mam yn gwenu arna i fel petai'n credu 'mod i'n cael trefn ar bethau eto. Mae hi'n gwrando ar y radio – mae rhywun yn siarad am yr orymdaith.

"Ma croeso i deuluoedd, dynion, menywod a phlant. Ry'n ni'n cerdded heddiw i atgoffa'r bobl mewn grym ein bod ni'n gorymdeithio i amddiffyn ein hawliau, ein diogelwch, ein hiechyd a'n teuluoedd. Ry'n ni isie dangos mai ein cymunedau amrywiol a lliwgar yw cryfder ein gwlad..."

"Os bydd gorymdaith arall, awn ni 'da'n gilydd," meddai Mam gan dwt-twtian. "Tase ddim rhaid i fi weithio..."

"Iawn!" dwedaf, gan sipian fy nhe a thrio peidio ymddangos yn rhy gyffrous. "Pryd byddi di adre?"

"Tua pump! Os byddi di 'di diflasu, ti'n gwbod lle ydw i. Ffonia fi a galli di ddod draw i helpu."

Dwi'n gwylio Mam yn croesi'r ffordd ac yna dwi'n rasio i fyny'r grisiau. Dwi'n estyn baner Nain o dan y gwely ac yn ei rholio fel sgrôl, mor dynn â phosib. Dwi'n nôl dau fag bin du i'w gorchuddio. Mae cymylau duon yn llenwi'r awyr, felly dwi'n cydio yn ymbarél Hope hefyd. Dwi wedi cynllunio sut i gyrraedd dechrau'r orymdaith, ond does dim rhaid i fi ddilyn fy nghyfarwyddiadau oherwydd pan dwi'n agor y drws dwi'n gweld criwiau o bobl yn cerdded tuag at yr orsaf: teuluoedd cyfan, rhai'n gwthio pram, grwpiau o fenywod a merched, a rhai bechgyn hefyd. Mae dyn yn cario babi bach mewn sling, yn cerdded fraich ym mraich â'r fam. Mae'r babi mor fach a dim ond ei het fach felen sydd yn y golwg. Mae'r palmant yn reit llawn, felly mae'n hawdd cuddio y tu ôl i bobl wrth i fi gerdded heibio fflat Kez. Mae Bubbe wrth y ffenest yn gwylio'r dorf. Mae wedi gosod arwydd:

**RHY HEN I ORYMDEITHIO.
DDIM RHY HEN I BROTESTIO!**

Mae'n codi llaw ar bobl, ac mae rhai'n codi llaw'n ôl arni. Dwi'n gweld eisiau Bubbe, nawr 'mod i a Kez ddim yn gweld ein gilydd yn aml.

Dwi'n gorfod aros i ddau drên gorlawn fynd heibio cyn gwasgu ar un o'r diwedd. Ond mae'r awyrgylch yn hwyliog. Efallai am fod pawb bron yno am yr un rheswm, yn teithio i'r un cyfeiriad. Mae rhai â baneri'n sticio allan o'u bagiau, ac mae'n rhyfedd gweld dieithriaid llwyr yn siarad â'i gilydd, yn chwerthin a thynnu coes. Mae merch â *dreadlocks* lliwgar sy'n dal gitâr yn dechrau canu cân werin. Mae ei llais yn gryg… ddim cystal â hynny. Tybed ydy'r bachgen ddangosodd y ffordd i fi i Hafan Gofal yn canu yn ogystal ag yn chwarae'r gitâr? Ond dwi'n teimlo'r emosiwn yn ei geiriau. Efallai mai hi sydd wedi cyfansoddi'r gân… oherwydd mae'r gytgan yn mynd rywbeth fel hyn:

> *"Mae 'ngwallt i fel enfys*
> *Ond rydw i'n hapus."*

Ar ddiwedd y gân mae rhai'n clapio. Mae sawl un ohonon ni'n mynd oddi ar y trên – a dwi'n meddwl am y daith trên i dŷ Simon. Dwi erioed wedi teimlo'n llai unig nag ydw i ar hyn o bryd. Hoffwn i petai Simon yn gallu 'ngweld i nawr. Tybed a fydd Hope ar yr orymdaith heddiw?

Dyw hi ddim yn bwrw glaw pan ddown ni allan o'r orsaf, ond mae'r gwynt wedi codi. Mae pawb yn ymgynnull ym Mharc Bute. Mae rhai pobl yn rhoi araith – rhyw wleidydd dwi wedi ei gweld hi o'r blaen yn rhywle – ond dwi ddim yn gwrando oherwydd mae eu lleisiau'n swnio'n rhyfedd ac yn aneglur drwy'r uchelseinydd. Dwi'n sefyll yno, yn blasu'r awyrgylch ac yn edrych ar y baneri a darllen y sloganau arnyn nhw. Mae rhai swyddogol gan wahanol fudiadau, rhai wedi'u sgwennu â llaw, rhai'n ddoniol ac eraill yn cynnwys dyfyniadau neu linellau o gerddi.

#1984: 'UNTIL THEY BECOME CONSCIOUS THEY WILL NEVER REBEL, AND UNTIL THEY HAVE REBELLED THEY CANNOT BECOME CONSCIOUS.'

DYW DYNION CRYF DDIM YN OFNI CYFARTALEDD

'IF THE SOUL OF THE NATION IS TO BE SAVED, YOU MUST BECOME ITS SOUL': CORETTA SCOTT KING

CARIAD NID CASINEB

CEFNOGWN EIN CHWIORYDD TRAWS

DYW EIN HAWLIAU, NA NINNAU, DDIM AR WERTH

DWI'N FENYW – DWI'N HEDFAN

CHWALWCH WALIAU CASINEB A CHELWYDDAU

FY NGHORFF YW FY MYD. PEIDIWCH Â'I GYFFWRDD.

MAE PLANT FFOADURIAID YN BLANT I FI

MAE'R FAM DDAEAR YN WYLO

MAE MERCHED EISIAU HAWLIAU SYLFAENOL

MAE MAM-GU YN WYLLT GACWN!

Dwi'n chwerthin ar hwn, a'r hen ddynes ddu sy'n ei ddal yn uchel. O'i chwmpas mae nifer o bobl ifanc sy'n dal baner yn nodi:

A CHREDWCH NI – WELL I CHI BEIDIO GWYLLTIO MAM-GU!

Mae baner Nain dan fy nghesail. Mewn ffordd, dwi'n gorymdeithio gyda fy mam-gu hefyd.

Mae'r dorf yn dechrau symud tuag at y ffordd ac yn chwifio'u baneri.

Mae merch tua'r un oed â fi yn cerdded o fy mlaen i, yn dal baner sy'n dweud:

DWI'N FWSLIM.
DWI'N 13 OED.
12 OED OEDD MALALA PAN NEWIDIODD HI'R BYD.
PA OED FYDDWCH CHI?

Hoffwn ddal i fyny â hi ond dwi'n cael trafferth dadrolio baner Nain. Wrth i fi drio, mae ymbarél Hope yn cwympo i'r llawr ac mae'n anodd ei godi oherwydd mae pawb yn cerdded ymlaen. Dwi'n cael fy nal ynghanol yr holl draed a bron â chwympo. Ond mae dynes sy'n gwthio pram yn ei godi cyn i rywun sefyll arno.

"Diolch!" dwedaf mewn rhyddhad.

Wrth iddi ei roi'n ôl i fi mae'r awyr yn goleuo a darn o'r haul yn disgleirio drwy'r cymylau. Dwi'n gweld llun o Simon yn fy mhen, yn torheulo yn y stafell haul.

"Be sy 'da ti fan'na?" gofynna'r ddynes, wrth i fi ddadrolio baner Nain. "Gad i fi helpu!"

Mae'n chwibanu pan mae hi'n ei gweld.

"Waw, ma hon yn hardd!"

Mae'r ferch fach yn y pram yn dechrau gwichian pan

mae hi'n gweld y faner ac yn ceisio dod yn rhydd o'r strapiau sy'n ei chadw'n sownd.

"Ti isie dal dy faner gyntaf erioed, Fliss?! Pam na 'nei di roi'r ymbarél yn y pram? Fydd dim angen e arnot ti nawr," meddai, gan edrych i fyny ar yr awyr. Dyma hi'n tynnu ei chot law ac yn ei rhoi yng nghefn y pram. "Jackie dwi… a dyma Fliss. Beth am i ni helpu'n gilydd? Gall Fliss fynd ar fy ysgwyddau i a galla i ddal un pen i'r faner, a tithe y pen arall!" Mae'n codi Fliss ar ei hysgwyddau ac mae'r un fach yn cydio yn un o'r polion bambŵ. Pan mae ei mam yn trio cydio ynddo hefyd, mae'r ferch yn gwichian eto.

"Ocê, ocê!" Mae'r fam yn chwerthin.

Protestiwr bach o'r crud! Mae geiriau Nain yn chwyrlïo drwy fy mhen.

"Diolch!" Dwi'n chwerthin ar Fliss, sy'n trio gwthio braich ei mam i ffwrdd. "Laila dwi."

"Faint o amser gymerodd e i beintio hwn?" gofynna Jackie.

"Nain beintiodd e, ar gyfer ei gorymdaith gynta."

Mae rhywun wedi dechrau llafarganu slogan, felly mae Jackie'n pwyso'n agosach ata i i siarad. Mae'r faner yn plygu, gan greu rhyw fath o babell o'n cwmpas ni.

"Ble ma dy nain nawr?" gofynna'n dyner.

"Mae 'di marw. Do'n i ddim wir yn ei nabod hi, ond gadawodd hi hon i fi!"

Mae Jackie'n dal y faner yn uwch ac yn gweiddi dros y llafarganu, "Ond mae ei hysbryd hi dal yn fyw!"

Mae rhywun yn dechrau taro drwm, sy'n fy atgoffa i o gerddoriaeth Priya. Dwi'n gadael i'r holl synau a lliwiau lifo drosta i, ac rydyn ni'n cerdded yn ein blaenau, yn chwerthin ar Fliss sydd mor hapus yn dal y faner gam yn uchel ar ysgwyddau ei mam…

"Brenhines y castell!" meddai Jackie gan chwerthin.

Mae'r llafarganu'n dod mewn tonnau o sain. Mae'n tawelu ac yna'n adeiladu eto, yn ymchwyddo dros y dorf. Wrth droi cornel yn y ffordd, mae'n tawelu, gydag ambell un yn chwibanu bob hyn a hyn… Mae rhai'n tynnu llun o faner Nain.

"Dyma dy orymdaith gynta *di*?" gofynna Jackie.

Dwi'n nodio.

"A Fliss hefyd!" meddai, gan edrych ar ei merch fach yn cydio'n dynn ym mholyn bambŵ baner Nain Josie.

"Sori 'mod i mor hwyr! Roedd lot o waith i neud," meddai Mam wrth gerdded drwy'r drws a fy ngweld i'n cwtsho ar fy nyth fel taswn i wedi bod yno drwy'r dydd! Dwi'n methu stopio gwenu. Yr hyn sydd wedi fy mhlesio fwyaf am yr orymdaith heddiw yw fod neb yma'n sylweddoli 'mod i yno. Dwi'n canu'r gloch… Heblaw am un person arall efallai… Nain Josie.

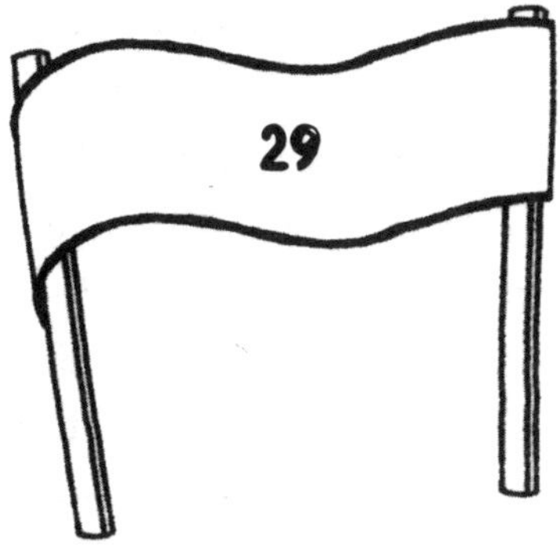

Mae'r wythnos ar ôl yr orymdaith wedi hedfan heibio. Yn y gwersi ysgol mae popeth wedi bod yn chwarae drosodd a throsodd yn fy mhen, wrth i mi drio rhesymu sut wnaeth hynny ddigwydd. Pam es i? Ro'n i wedi meddwl dweud y cyfan wrth Pari, ond doedd yr amser byth yn iawn rhywffordd. Dwi'n hoffi'r teimlad o gael yr atgofion, y synau a'r lluniau yn fy mhen sy'n berchen i fi a'r holl ddieithriaid oedd yna. Mae'n gwneud i fi deimlo fel taswn i'n rhan o rywbeth sy'n fwy na fi, yr un teimlad, efallai, ddwedodd Bubbe sydd gan Kez am ei Bat Mitzvah. Bob tro dwi'n meddwl amdana i ar yr orymdaith, yn dal baner Nain Josie gyda Jackie a Fliss, dwi'n teimlo'n gryfach.

Dwi ddim yn gallu disgrifio'r teimlad yn iawn… mae fel petai rhywbeth yn ffrwtian y tu mewn i fi.

"Laila, ti 'di gweld fy laptop i?" gwaedda Dad i fyny'r grisiau.

"Sori! 'Nes i fenthyg e neithiwr," dwedaf gan fynd â'r laptop ato i'r gegin.

"Wel, sdim rhyfedd bod ti'n ffaelu cysgu. Ti'n gwbod y rheol am fod ar sgrin ar ôl wyth o'r gloch."

Dwi'n ei anwybyddu, yn agor drws yr oergell ac yn gweld hanner cyw iâr ar blât. Dwi eisiau chwydu.

"Be ti moyn i fi neud i ti a dy ffrind i swper heno? Beth yw ei henw hi eto? Ti dal yn llysieuwraig?" gofynna Mam.

"Pari yw ei henw hi. Pam fydden i ddim? Wyt *ti* dal yn llysieuwraig?" Dwi'n pwyntio at y slogan ar ddrws yr oergell. "Ma Pari hefyd."

"Aaa… ma hynny'n esbonio'r peth!" mae Dad yn rhoi ei big i mewn.

"Be? Na, fi sy'n penderfynu pethau drosta i'n hunan, ti'n gwbod, Dad!"

"Ie, wrth gwrs, dwi'n clywed yn glir! Dwi'n cofio Krish unwaith yn mynd yn llysieuwr – heblaw brechdanau bacwn a chyw iâr…"

"Ond ma Mira'n llysieuwraig go iawn, ers amser hir," dwi'n dadlau.

"Ma hynna'n wir," cyfaddefa Dad. "Dwi'n dy feio di, Uma, am wthio syniadau ar y merched 'ma!"

Mae Mam yn tynnu wyneb ar Dad.

"Dyw e ddim byd i neud â Mam!" dwedaf gan wgu.

A bod yn onest, dwi'n gweld eisiau bacwn a chyw iâr, ond dwi byth yn mynd i gyfaddef hynny wrth Mam a Dad. Mae mor rhwystredig eu bod nhw'n meddwl na alla i benderfynu gwneud rhywbeth a dal ati.

Mae Mam yn dechrau torri winwns a garlleg. Mae wedi bod yn gwneud hyn bob bore, bron, cyn mynd i'r gwaith. Mae ganddi'r sosban newydd yma mae'n ei throi ymlaen amser brecwast ac yn gadael i'r bwyd goginio'n araf drwy'r dydd. Mae hi wrth ei bodd oherwydd mae wedi ffeindio ffordd o goginio sydd ddim yn tanio'r larwm dân! Dwi wrth fy modd hefyd oherwydd pan fydda i'n dod adre o'r ysgol yn llwglyd, mae'r arogl yn fy nharo pan gerdda i i mewn, a hyd yn oed os ydy'r tŷ yn wag, mae'n arogli fel cartref – yn enwedig nawr ei bod hi'n tywyllu ac yn oeri'n gynt. Nid Mam yw'r cogydd gorau yn y byd, ond mae'r bwyd mae'n ei goginio yn y sosban newydd yn flasus iawn bob amser. Ond y bore yma, mae arogl swper yn coginio yn troi arna i. Mae'n rhoi trefn wahanol i'r diwrnod. Winwns a garlleg amser brecwast! Pych!

"Galli di a Pari helpu'ch hunain pan ddewch chi adre. Bydda i'n ôl ar ôl y cyfarfod. Stiw llysiau heno, ac ma 'na fara *pitta*, a chaws i gratio arno os chi moyn. A iogwrt i bwdin. Ydy hynna'n ocê?"

"Allwn ni ddim cael pitsa neu rywbeth hawdd? Falle fydd Pari ddim yn hoffi stiw."

Mae Mam yn fy anwybyddu ac yn parhau i dorri llysiau.

Mae Dad yn troi'r laptop ymlaen, yn siglo'i ben ac yn edrych ar yr amser wnes i ei ddiffodd. Pam mae'n rhaid iddo fod mor fanwl? Dwi'n gwybod ei fod e'n edrych ar hanes fy ymchwiliadau.

"2.56 y bore!"

Alla i ddim credu'r peth! Ac ar ôl hynny dechreuais i ddarllen. Does dim rhyfedd 'mod i wedi blino. Dim ond rhyw ddwy awr o gwsg ges i!

"Bron tri y bore! Sdim rhyfedd bod ti'n flin, Laila. Drycha ar hyn, Uma..." Mae Dad yn clicio ar linc y fideo ro'n i'n edrych arno neithiwr am orymdaith olaf Simon yn erbyn newid hinsawdd.

"Sut alli di fynd i gysgu ar ôl gwylio'r holl stwff 'ma? Alli di ddim cario mlaen fel hyn, Laila. A dyw gwylio *unrhyw* beth ar sgrin cyn mynd i'r gwely ddim yn mynd i helpu. O hyn mlaen chei di ddim mynd â'r laptop i dy stafell o gwbl."

"Ma'r ecsema'n cadw fi ar ddihun," dwedaf.

Mae Mam yn edrych ar fy mreichiau. Maen nhw'n goch. Rhaid 'mod i wedi bod yn crafu yn yr amser byr fues i'n cysgu.

"Ble ma'r menig 'na brynes i i ti? Bydd rhaid i ni fynd 'nôl at y doctor."

Mae Mam yn diffodd fideo'r orymdaith ac yn sibrwd rhywbeth yng nghlust Dad. Efallai *fod* gen i uwch-bŵer clyw fel mae Krish wastad wedi'i ddweud, oherwydd dwi'n gallu clywed pob gair:

"Ma hyn 'di digwydd o'r blaen, Sam."

Mae Mam yn eistedd wrth fy ymyl. Does dim dianc.

"O ble ma dy ffrind yn dod, ddwedest ti?"

"Pam ma hynny'n bwysig nawr? Ma'i mam o Irac, dwi'n meddwl."

Mae Dad yn tapio caead y laptop. "A'i thad?" gofynna.

"Sut dwi fod i wbod? Dyw Pari ddim yn dod draw os y'ch chi'n mynd i holi ei pherfedd hi!"

"Ni'n edrych mlaen i gwrdd â hi," meddai Mam, gan roi ei llaw ar fy ysgwydd i geisio fy nhawelu. Pam maen nhw'n gofyn gymaint o gwestiynau o hyd?

"Bydda i adre tua pump. Helpwch eich hunain i'r stiw. Nawr, tria fyta chydig o dost, Laila."

"Dwi ddim isie bwyd!" Dwi'n codi o'r bwrdd bwyd ac yn stompio i fyny'r grisiau.

"Holi ei pherfedd!? O mawredd! Dyma ni, rownd tri!" dwi'n clywed llais Dad. Eisteddaf ar y gris uchaf i glywed mwy…

"Mae'n atgoffa fi fwy a mwy o Mam bob dydd… nid dim ond sut mae'n edrych chwaith…"

Dwi'n troi fy mhen a gweld y llun du a gwyn o Nain Josie yn gwenu arna i.

"Ers iddi ffeindio'r gloch 'na!"

"Paid gadael iddi dy glywed di'n dweud hynna, Uma! 'Neith hi byth gysgu!"

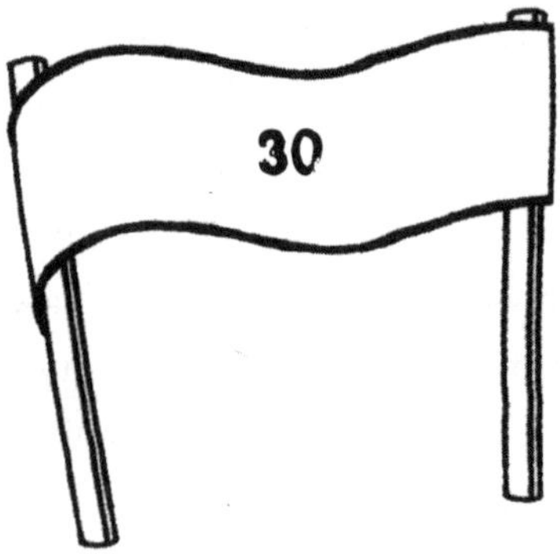

"Dewch nawr, dîm!" gwaedda Miss Green. "Ychydig bach mwy o ymdrech!"

Dyw fy nghoesau ddim yn gweithio heddiw. Maen nhw'n brifo ac yn drwm a dwi'n teimlo fel cwympo. Mae Pari'n ennill y treialon yn hawdd.

"Ras dda, Pari," gwaedda Miss Green eto.

Ro'n i eisiau i Pari a fi fod yn gyntaf, fel o'r blaen, er mwyn i ni fynd trwodd i'r rasys terfynol gyda'n gilydd.

"Be sy'n bod, Laila? Ti'n iawn?" gofynna Miss Green.

"Ches i ddim lot o gwsg neithiwr," dwi'n trio esbonio.

"Wel, ma pawb yn cael ambell ddiwrnod gwael." Ac mae Miss Green yn mynd gyda'r lleill tuag at y stafelloedd newid.

Pan mae Pari'n cael ei gwynt ati mae'n dod i eistedd gyda fi ar y fainc. Mae wedi dod â bag arbennig i gadw ei dillad ysgol yn lân ac wedi'u plygu'n daclus, fel nad oes modd i rywun sefyll arnyn nhw eto. Dyw hi ddim yn dweud gair, dim ond edrych arna i bob hyn a hyn i weld ydw i'n iawn.

*

Ar ddiwedd y cyfnod cofrestru ar ôl cinio mae Mrs Latif yn galw arna i i fynd draw at ei desg.

"Laila, mae sawl un o'r athrawon wedi dweud wrtha i heddi pa mor flinedig wyt ti, a soniodd Miss Green nad wyt ti o gwmpas dy bethau. Wyt ti'n sâl? Oes rhywbeth yn dy boeni di?" Mae Mrs Latif yn edrych i lawr ar fy mraich a dwi'n sylweddoli'n sydyn 'mod i wedi dechrau crafu eto.

Dwi'n siglo fy mhen.

Mae diferyn o waed ym mhlyg fy mhenelin wedi dod trwodd ar gotwm gwyn fy nghrys.

"Beth yw hwnna?" gofynna Mrs Latif.

"O, dim ond ecsema…"

"Ga i weld?"

Dwi'n datod botwm fy llawes ac yn dangos fy mraich iddi. Mae'r croen yn sych ac wedi cracio ac mae gwaed i'w weld.

"Www, cas. Ydy dy rieni'n gwybod am hyn?"

"Ydyn, ond ma fe 'di gwaethygu. Anghofies i wisgo'r menig neithiwr. Ma Mam yn neud apwyntiad doctor arall."

"Dyma pam ti'n cael trafferth cysgu?" gofynna, gan ollwng fy mraich.

Dwi'n nodio.

"Wel, os oes rhywbeth yn yr ysgol yn dy boeni di, rho wybod. Gobeithio gei di benwythnos o ymlacio."

*

"Beth oedd hi moyn?" gofynna Pari wrth i fi fynd yn ôl at y ddesg.

"Dweud bod golwg 'di blino arna i!"

"Ma 'na!" meddai Pari. "Ti'n siŵr bod ti'n ddigon da i fi ddod draw nes mlaen?"

"Ydw!" dwedaf yn bendant.

"Rhaid i fi aros ar ôl i fynd ar y cyfrifiadur gynta. I orffen y gwaith cartre hanes. Rho'r cyfeiriad i fi a ddo i draw yn syth ar ôl i fi orffen."

"Galli di orffen y gwaith cartre yn y tŷ," awgrymaf.

"Siŵr?" gofynna, fel petai gwneud ei gwaith cartref yn bwysicach na dod draw.

"Siŵr!"

Ond mae'n rhyfedd hefyd oherwydd fyddwn i byth *bythoedd* yn gwneud gwaith cartref ar nos Wener. Ond wedyn, yng nghanol y wers Maths, dwi'n dechrau difaru na fyddwn i *wedi* dweud wrthi am ddod draw yn hwyrach, oherwydd mae gen i ryw deimlad yn fy mol amdanon ni'n taro i mewn i Kez ar y ffordd allan o'r ysgol – sy'n wirion, achos rydyn ni wedi dweud y byddwn ni'n onest gyda'n gilydd am bopeth. Dwi ddim yn siŵr pam dwi'n dal i deimlo fel hyn – pam *na* ddylai Pari ddod adre gyda fi? Mae Kez yn nabod gymaint o bobl dwi ddim, ond… Os bydd hi'n gweld Pari'n dod i'n tŷ ni, dwi'n gwybod y bydda i'n teimlo'n ofnadwy, fel petai Pari'n cymryd ei lle hi neu rywbeth.

Dwi'n cerdded allan drwy gatiau'r ysgol gyda Pari, yn mwmial yr un geiriau drosodd a throsodd yn dawel wrth basio'r Fainc Colli Ffrind… "Plis, Kez, cadw draw. Plis, Kez, cadw…" Pan dwi'n chwilio amdani, dwi byth yn ei gweld hi.

"Haia, Laila! Sut mae'n mynd?" Mae Kez yn dod draw ata i ac yn cyffwrdd yn fy mraich.

Dwi'n neidio. "Grêt!"

"Haia, Pari." Mae Kez yn gwenu arni. "Mynd i'r orsaf? Dwi'n mynd ffor'na! Ti isie i ni fynd 'da'n gilydd?"

"Diolch, ond dwi'n mynd i dŷ Laila." Mae llais Pari ychydig yn wan, fel petai hi hefyd yn sylweddoli pa mor lletchwith ydy hyn.

Dwi'n methu edrych ar Kez.

"Grêt!" Mae llais Kez yn rhy wichlyd i fi ei chredu hi. "Iawn. Rhaid fi fynd… Joiwch!"

Mae mymryn o oedi cyn i Kez droi a wynebu am adre, ac yn yr eiliad dawel honno dwi'n sylweddoli bod gweld Pari a fi gyda'n gilydd wedi gwneud i Kez deimlo'n gymysglyd hefyd.

"Siŵr bod ti dal isie i fi ddod?" gofynna Pari wrth i ni groesi'r ffordd. Dwi wedi bod mor brysur yn meddwl am Kez fel 'mod i heb ddweud gair wrth Pari.

"Wrth gwrs!" Dwi'n twrio yng ngwaelod fy mag am yr allwedd ac yn mynd ar hyd y llwybr i'r tŷ.

Mae Pari'n rhedeg ei bysedd dros y ffenestri gwydr lliw, gan ddilyn y patrymau ar y drws ffrynt.

"Ydy hyn yn saff? Byddai'n hawdd torri hwn."

"Pam fydde rhywun isie neud hynna?" gofynnaf.

"Dim rheswm!" ac mae Pari'n codi ei hysgwyddau.

Dwi'n edrych arni am eiliad cyn agor y drws, ac yn sydyn dwi'n difaru gofyn iddi ddod draw. Dyw hyn ddim byd tebyg i pan oedd Kez yn arfer dod draw, a'r ddwy ohonon ni'n gallu dyfalu beth oedd yn mynd trwy feddwl y llall.

Ond mae'n rhy hwyr nawr.

"Gad dy bethau draw fan'na," dwedaf, gan bwyntio at y pentwr o sgidiau a bagiau sy'n gorlifo dros y silff ac yn cyrraedd y grisiau.

Mae Pari'n rhoi ei bag a'i chot yn daclus yn y gornel ac yn dechrau tynnu ei sgidiau.

"Sdim rhaid… dim ond os ti moyn!"

Mae'n datod y lasys ac yn gwasgu ei sgidiau i fwlch ar y silff.

"Sawl fflat…" Mae Pari'n edrych i fyny'r grisiau at y ffenest yn y to ar y landing sy'n arwain at stafell Mam a Dad yn yr atic. "Hynny yw, faint o bobl sy'n byw 'ma?"

Do'n i byth yn arfer teimlo cywilydd pan oedd Kez yn dod draw… wel, dim ond am y llanast, ond mae cael Pari yma'n gwneud i fi edrych ar bopeth yn y tŷ gyda llygaid newydd. Mae'n bosib bod tua phedwar deg pâr o sgidiau, treinyrs, bŵts, sliperi a welis wrth y grisiau. Hen rai Mira a Krish, rhai Mam a Dad, a hyd yn oed hen bâr o sgidiau gwaith sgleiniog du Tad-cu Bimal mae Mam wedi eu cadw oherwydd mae'n hoffi eu gweld nhw bob tro mae'n cyrraedd adre.

"Pump ohonon ni… fel arfer – ond ma fy mrawd a chwaer i ffwrdd yn y coleg."

"Dwi'n gwbod lle i ddod am sgidiau!" meddai Pari gan chwerthin.

Dwi'n agor y drws i'r gegin ac mae arogl stiw Mam yn taro'n ffroenau.

Wrth i Pari sefyll, mae ei bol yn gwneud sŵn grwnian.

"O ble ddaeth hynna?" Mae hi'n chwerthin eto. "Sori, ond ma'r arogl yn anhygoel."

"Ddwedes i wrth Mam bydde pitsa'n iawn, ond roedd hi'n mynnu neud stiw i ti."

Rydyn ni'n mynd i mewn i'r gegin a dwi'n tynnu'r caead oddi ar y *slow cooker*. Mae stêm yn chwys ar fy wyneb.

"Dwi'n cael pitsa o hyd. Ma hwn yn wych!"

"Ma Mam yn gadael bwyd yn barod i ni achos weithiau dyw hi ddim adre tan yn hwyr," esboniaf.

"Ydy hi'n neud shiffts nos 'te? Roedd Mam yn arfer neud hynny," meddai Pari.

"Na, bydd hi'n ôl mewn rhyw awr," dwedaf.

Mae Pari'n syllu o gwmpas y gegin, yn edrych ar y silffoedd a thrwy'r drws. Galla i weld wrth ei hwyneb bod ein tŷ ni, gyda'i lanast, ei waliau di-raen a'i hen garped staenllyd, rhaflyd, yn balas yn ei golwg hi.

"Dylet ti weld lle Kez!" dwedaf. "Ma fe mor… fodern. Maen nhw wedi addasu'r lle fel ei bod hi'n haws i Kez symud o gwmpas."

"O, da iawn," meddai Pari.

Dwi'n cael y teimlad nad yw hi'n gwrando'n iawn.

Mae popeth dwi'n ei ddweud yn swnio'n anghywir.

Roedd pethau'n well yn yr ysgol. Rydyn ni'n dwy'n fwy tebyg yn yr ysgol.

"*Anifeiliaid wedi eu cam-drin sydd yn y ffrij yma...*" Mae Pari'n darllen y neges dwi wedi ei rhoi ar ddrws yr oergell. "Pwy sgwennodd hwnna?"

"Fi!"

Dwi'n dweud wrthi am fy mhenderfyniad i fod yn llysieuwraig oherwydd beth ddarllenais i yn Llyfr Protest Nain Josie am sut mae anifeiliaid yn cael eu lladd, a pham nad oes rhaid i unrhyw un fwyta cig, achos mae e'n ddrud iawn i'w gynhyrchu ac yn wastraff o adnoddau'r byd. "Do'n i ddim yn sylweddoli bod gwartheg yn creu cymaint o lygredd drwy dorri gwynt," dwedaf, gan bwyntio at fy mhen ôl.

Mae Pari'n chwerthin ac mae ei bol yn grwnian eto.

"Ti isie bwyd nawr?"

"Ydw, dwi'n meddwl!"

Felly dwi'n tynnu dwy bowlen o'r cwpwrdd ac yn eu llenwi â'r stiw llysiau. Dwi'n mynd i nôl caws, gratiwr a bara, ac yn eu cario at y bwrdd.

"Ga i olchi 'nwylo?" gofynna Pari, ac mae hi'n estyn am y sebon sydd wrth y sinc.

Dwi'n gratio caws i'r ddwy bowlen.

Mae'n teimlo fel amser hir cyn i Pari ddod yn ôl at y bwrdd, yn arogli'n gryf o sebon. Mae'n codi ei llwy ac yn bwyta llwyaid ar ôl llwyaid heb stopio i ddweud gair. Weithiau bydd hi'n edrych arna i a gwenu, ond yna'n bwyta a bwyta tan bod ei bowlen yn hollol wag.

"Ma dy fam yn gogydd da!" meddai, gan bwyso'n ôl yn ei chadair.

"Dwed hynna wrthi a bydd hi'n ffrind i ti am byth!"

Rydyn ni'n clirio'r llestri ac mae Pari'n pwyntio at y llythrennau ar yr oergell eto.

"Ti'n gwbod be… ddylet ti ddim neud jôcs fel'na."

"Dim jôc yw e," dwedaf wrthi. "Ddangosa i luniau i ti o be maen nhw'n neud i anifeiliaid. Mae'n warthus sut maen nhw'n cael eu trin, eu gwasgu mewn lorïau fel bod dim lle i anadlu… mae e'n artaith."

Mae Pari'n nodio, ond mae ganddi olwg yn ei llygaid sy'n dangos ei bod hi braidd yn flin gyda fi. "Dy'n ni ddim yn bwyta cig chwaith… ond mae'n warthus sut ma *pobl* yn cael eu trin hefyd."

"Sai'n dweud…" ond mae fy llais yn mynd yn ddim.

Dwi ddim wir yn gwybod beth i'w ddweud wrth Pari. Roedden ni'n dod yn ffrindiau mwy agos yn yr ysgol, ond nawr ei bod hi adre gyda fi rydyn ni'n fwy ar wahân rywffordd.

"Well neud y gwaith cartre 'te? Cael e allan o'r ffordd?" gofynna.

"Af i i nôl laptop Dad. Galli di ddefnyddio'r cyfrifiadur draw fan'na os ti moyn," dwedaf wrthi.

Mae hi'n cerdded draw at y bwrdd ac yn eistedd.

Pam astudio hanes? Dyna yw pwnc ein gwaith cartref.

"Os nad yw'r athro hanes yn gwbod pam ddylen ni astudio hanes, sut yn y byd y'n *ni* i fod i wbod!" meddai Pari gan chwerthin.

Mae'n amlwg yn trio ysgafnhau'r awyrgylch.

Ein tasg ydy ateb y cwestiwn ar ffurf map meddwl. Sgwennu geiriau a meddyliau mewn swigod ar dudalen ac wedyn siarad amdanyn nhw yn y dosbarth.

Rydyn ni'n edrych ar restr o wefannau sydd ganddon ni i'n helpu i greu'r map meddwl. Wedyn, rhaid i ni greu symbol sy'n golygu rhywbeth i ni mewn hanes.

Dwi'n methu meddwl am un ond dwi'n sgwennu rhestr o resymau pam dwi'n meddwl y dylen ni astudio hanes, tra bod Pari'n sgwennu ar y cyfrifiadur.

Mae fy rhestr i'n cynnwys yn fras beth dwi wedi ei ddarllen ar y gwefannau. Mae'n reit ddi-fflach. Dwi ddim yn meddwl bod gen i fwy o resymau na phetawn i heb edrych ar y we o gwbl.

Dysgu gwersi oddi wrth y gorffennol.
Dysgu am bobl gyffredin ac arweinwyr mawr.
Dysgu sut mae problemau hen a newydd wedi digwydd.
Dysgu gwersi ar sail hanes.
Dysgu sut mae pobl wedi ymddwyn yn y ffordd wnaethon nhw mewn gwahanol gyfnodau.
Dysgu am ein cyndeidiau.

Wedyn mae'n rhaid i ni sôn am ddigwyddiadau mewn hanes rydyn ni'n gwybod amdanyn nhw sydd wedi effeithio ar ein teulu ni. Dwi'n sgwennu:

Yr Holocost
Annibyniaeth India
Y Rhyfel Byd Cyntaf
Yr Ail Ryfel Byd
Gorymdaith Menywod

Dwi eisiau ychwanegu llyfr Malala oherwydd mae darllen ei stori wedi cael effaith fawr arna i, ond dwi ddim yn meddwl mai dyna'r math o beth sydd ei angen.

Mae'n siŵr fod sawl digwyddiad arall ond dwi'n methu meddwl am unrhyw beth pwysig ar ôl hynna. Ac wedyn dwi'n ystyried pa mor bell yn ôl yn y gorffennol sydd rhaid i hanes fod. Ddoe… neu ymhell yn ôl? Dwi'n sylweddoli bod Llyfr Protest Nain Josie yn bwysig i'r teulu, ac er nad yw e'n hen iawn, mae'n perthyn i'n hanes ni wedi'r cwbl.

Mae Pari'n llygadu'r offer celf mae Mam wedi eu rhoi'n daclus mewn potiau ar fwrdd y cyfrifiadur.

"Alla i ddefnyddio'r rhain?" gofynna.

Mae'n dod at y bwrdd i eistedd wrth fy ymyl ac yn dechrau dwdlo.

"Beth yw dy symbol di'n mynd i fod?" gofynna eto.

"Baner, dwi'n meddwl." Dwi'n ystyried sôn wrth Pari am yr orymdaith ond dwi ddim yn siŵr ydw i'n ei nabod hi'n ddigon da eto. Efallai y bydd hi'n meddwl 'mod i'n rhyfedd, yn mynd ar fy mhen fy hun fel'na.

"Syniad da," meddai, ond dwi'n cael y teimlad ei bod hi'n mwynhau defnyddio'r Sharpies a'r pensiliau dyfrlliw a'i bod hi'n trio bod yn gwrtais a pharhau i sgwrsio fel esgus i'w defnyddio am fwy o amser. "Be fydd y slogan? Ar y faner?"

"Sai'n siŵr eto. Ti isie i fi argraffu dy daflen di?"

"Diolch!"

Mae'n cymryd ei hamser i sgwennu ei henw ar waelod y dudalen gyda'r beiro Sharpie italig, gyda dwy P fawr chwyrlïog.

PARI PASHAEI

Heb edrych i fyny arna i mae'n dweud, "Sori os dwi ddim lot o hwyl i ti. Sdim cyfrifiadur 'da fi adre – na lliwiau fel hyn, ti'n gweld."

"Sdim ots! Bydd fy rhieni'n caru ti! Fi yw'r person cyntaf yn y teulu i neud ei waith cartre ar nos Wener! Bydd hi'n Chwyldro Levenson yma!"

Mae Pari'n chwerthin.

Dwi'n teipio fy enw ar fy ngwaith cartref, gwasgu Print a'i wylio'n llithro fesul milimetr o'r argraffydd. Mae tudalen 1 yn cwympo i'r llawr a thudalen 2 yn dechrau ymddangos.

"Ti 'di neud *loads* mwy na fi!"

"Stwff o Lyfr Protest Nain yw e fwya. Ddangosa i i ti pan awn ni lan llofft."

"Ydy hi'n byw 'ma 'te?" gofynna Pari.

"O, na, mae 'di marw ers sbel."

Mae Pari'n edrych arna i yn rhyfedd.

"Reit! Felly, dim dy stwff di yw e 'te?"

"Stwff y teulu..."

Mae Pari'n dal i edrych yn amheus.

"Ti'n meddwl 'mod i 'di neud e'n anghywir?" gofynnaf iddi.

Mae hi'n estyn ei gwaith cartref i fi.

Dwi'n darllen drwy restr Pari. Mae e'n wahanol i f'un i. Mwy personol.

Stopio rhyfel
Stopio casineb ar sail crefydd
Stopio arteithio
Gwneud i bobl ddeall ei gilydd yn well
Rhyfel Iran/Irac
9/11
Ymosodiadau terfysgol yn unrhyw le, ym mhobman
Statws ffoaduriaid
Syria

Dwi'n teimlo braidd yn dwp. Mae fy rhestr i fel gwaith cartref, ond mae ei rhestr hi fel cofnod o'i bywyd. Os wyt ti'n rhan o'r digwyddiadau mae'n siŵr ei fod e'n teimlo'n wahanol. Mae gen i lun ohona i'n dal baner Nain ac yn cerdded gyda Jackie a Fliss fach. Dwi ddim yn mynd i anghofio fy ngorymdaith gyntaf, fel roedd Nain wastad wedi cofio'i gorymdaith gyntaf hi. Efallai mai dyna'r gwahaniaeth rhwng rhestr Pari a fy rhestr i. Mae *popeth* ar ei rhestr hi'n fwy personol.

"Ga i ddefnyddio'r rhain cyn mynd lan llofft? Oes ots 'da ti?" Mae'n agor bocs o sialc ges i gan Mira Nadolig diwetha. "Dyw'r lliwiau eraill ddim cweit yn iawn i beth dwi isie cyfleu," esbonia.

Mae'n tynnu llun wyneb dyn ar un ochr i'r dudalen ac yn plygu'r papur fel bod ôl yr wyneb i'w weld fel adlewyrchiad ar yr ochr arall. Mae'n rhwbio'r ochr yna'n ysgafn fel ei fod e'n edrych fel cysgod. Ond mae'r wyneb yn dal yn weddol amlwg.

"Beth yw hwnna?" gofynnaf.

"Dyna be sy'n digwydd pan mae hanner dy fywyd yn cael ei ddileu," meddai heb godi ei phen.

Dwi eisiau holi mwy, ond mae hi'n edrych arna i ac yn plygu'r papur gan guddio llun y cysgod o'r wyneb. Mae hi'n gwneud y wên fach yna sydd ddim wir yn wên o gwbl. Golwg sy'n dweud, "Paid gofyn. Alla i ddim dweud."

"Ga i weld dy stafell di?"

Wrth i ni gerdded i fyny'r grisiau mae Pari'n aros i edrych ar yr holl luniau sydd ar y landing.

"Beth yw'r lle 'ma?" gofynna.

"Landing."

Mae Pari'n edrych yn ddiddeall.

"Fel lle i basio heibio."

"Ond ma 'na le i eistedd… fel stafell aros."

Efallai ei bod hi'n iawn. Lle tebyg i stafell aros yw e.

Ond y broblem yw dwi ddim yn siŵr am beth dwi'n aros.

"Hon oedd fy hen stafell wely," dwedaf gan bwyntio at y drws o'n blaenau, "a hon yw stafell Mira fy chwaer," a dwi'n agor y drws. "Hon yw fy stafell i i fod nawr, ond dwi ddim 'di symud i mewn yn iawn eto."

"Ti mor lwcus i gael chwaer," meddai Pari, gan gerdded draw at y ffenest ac edrych allan ar yr ardd islaw. Mae'n sylwi ar olion y fframiau ar waliau'r stafell. "Ydy'r stafell 'ma i gyd i ti? Ti ddim yn gorfod rhannu?" gofynna.

Dwi erioed wedi teimlo mor anghyfforddus o'r blaen. Dwi'n siglo fy mhen, yn chwilota dan y gwely ac yn tynnu'r Llyfr Protest o'r Bag Baneri… Dwi'n meddwl dangos baner Nain Josie iddi, ond nawr ei bod hi yma dwi ddim mor siŵr, felly dwi'n chwarae â'r cloeon ac yn trio meddwl pam fod y tensiwn yma'n cynyddu rhyngddon ni, nid mynd yn llai.

"Dyma'r llyfr o'n i'n sôn amdano."

Dwi'n ei gario allan i'r landing ac rydyn ni'n eistedd ar y soffa i edrych trwyddo gyda'n gilydd.

"Dwi'n gweld nawr pam sgwennest ti gymaint yn dy waith cartre!" meddai, ac mae hi'n troi pob tudalen yn araf bach nes cyrraedd y diwedd. Mae'n aros am amser hir ar y dudalen olaf, yn edrych ar lun Nain a Simon ar eu gorymdaith olaf lle maen nhw'n dal baner yn dweud:

DIM BOMIO IRAC
NID YN EIN HENW NI

"Dyna'r brotest olaf i Nain cyn iddi farw," esboniaf.

Mae Pari'n syllu ar y llun. Dyw Nain Josie ddim yn edrych yn ddigon cryf i ddal y faner yn uchel.

"Oedd hi'n sâl?" gofynna Pari.

"Roedd hi'n marw, ond yn benderfynol o fynd i'r brotest."

"Rhaid bod hi'n deall yn iawn," meddai Pari, gan roi'r Llyfr Protest yn ôl i fi.

Pan dwi'n gwylio'r newyddion dyw e byth yn teimlo fel petai'r byd i gyd yn gysylltiedig, ddim fel yr eiliad hon. Roedd Nain Josie a Simon yn protestio am y rhyfel oedd yn digwydd i deulu Pari.

Dwi'n tynnu'r gloch o'r glustog ac yn ei rhoi i Pari.

"Ges i hon gan Nain cyn iddi farw. Un Nain pan oedd hi'n fabi," dwedaf wrthi.

Mae'n canu'r gloch ac yn gwyro ei phen i un ochr i wrando. "Mae'n swnio fel rhywun yn crio," meddai.

Dwi'n teimlo'n benysgafn ac yn grynedig. Mira a Mam sydd fel arfer yn cael y teimladau sbwci yma am bethau, ddim fi… ond dyna beth ydw i wedi bod yn ei deimlo ac yn methu ei roi mewn geiriau. Weithiau *mae*'r gloch yn swnio fel llais Nain Josie, yn crio, yn chwerthin, yn galw arna i, yn gofyn i fi wneud rhywbeth…

Mae Pari'n ei rhoi'n ôl. "Ti mor lwcus i gael hyn i gyd," meddai, gan bwyntio o gwmpas y landing.

Mae hi'n sefyll ar flaenau ei thraed i edrych ar y llyfrau sydd ar y silffoedd uchel.

"Do'n i ddim yn gwbod bod gan bobl gymaint â

hyn o lyfrau yn eu tai. Mae fel llyfrgell!" meddai Pari, gan edrych yn agosach ar rai o'r llyfrau clawr lledr yn y cabinet.

"Ma Dad yn caru llyfrau, yn enwedig hen rai sydd â darluniau… a mapiau," esboniaf wrth iddi edrych ar yr hen atlasau anferth.

"Ti isie mynd â rhai o'r rhain?" dwedaf wrthi, gan ddangos pentwr o hen lyfrau Mira dwi wedi eu rhoi un ar ben y llall ar y landing. "O'n i'n mynd i fynd â nhw i siop elusen."

Yn sydyn mae wyneb Pari'n troi'n galed fel craig. Galla i ddeall beth sy'n mynd trwy ei phen. Pam ddwedais i hynna…? Hoffwn gydio yn y geiriau a'u stwffio'n ôl i 'ngheg dwp.

Mae Pari'n neidio ar ei thraed.

"Rhaid fi fynd nawr."

Mae hi hanner ffordd i lawr y grisiau pan dwi'n gweld cysgod Mam drwy'r gwydr. Mae'n agor y drws.

"Haia, ferched!"

"Haia, Mam! Ma Pari'n mynd nawr," dwedaf.

"O, 'na biti! Mor gynnar?"

"Rhaid i fi gael y trên 'nôl i'r Barri, Mrs Levenson, ond diolch am y bwyd. Roedd e'n flasus iawn."

"Mae bron yn dywyll! Aros funud, a galla i roi lifft i ti," cynigia Mam.

Ond mae Pari eisoes wedi mynd i lawr y llwybr. Dyw hi ddim hyd yn oed yn troi'n ôl a chodi'i llaw.

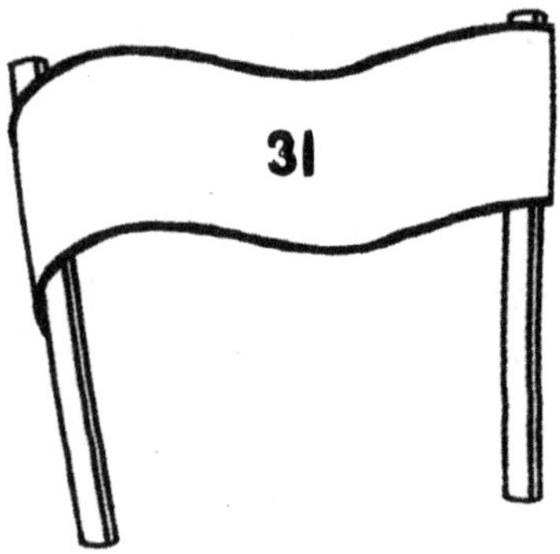

"Roedd hi i weld yn ferch neis, cwrtais iawn! Dda 'mod i heb neud pitsa 'te!" meddai Mam, gan godi caead y sosban. "Mae tipyn o dwll yn y stiw 'ma!" Mae'n bwyta llwyaid. "Dim yn ddrwg, ydy e?"

Dwi'n gwybod yn iawn bod Mam yn pysgota am sgwrs. Dwi ddim yn ateb, felly mae'n taflu'r wialen i mewn eto.

"Beth oedd hi'n feddwl o dy stafell di?"

"Shwt wyt ti'n disgwyl i fi wbod?" Dwi'n methu siarad, bron, gan embaras wrth i fi ailchwarae ymweliad Pari yn fy mhen drosodd a throsodd. Mae gen i gur y tu ôl i fy llygaid. Dwi'n difaru ei gwahodd hi. O'r funud gerddodd Pari drwy'r drws, a'i stumog yn grwnian, ges i'r teimlad gwag yna yn fy stumog *i* dwi'n methu cael gwared arno.

"O'n i jyst yn meddwl… hi yw'r ffrind cynta i weld…"

"'Naethon ni ddim aros yna'n hir! Eistedd fan hyn 'naethon ni fwya, ac ar y nyth. Dwi'n mynd lan nawr!" dwedaf wrth ddechrau dringo'r grisiau.

"Aros eiliad, Laila, ni'n siarad!" Mae Mam yn fy nilyn i. "Wel, *beth* 'naethoch chi 'te?"

"Dim byd lot! Bwyta, siarad chydig bach, gwaith cartre."

"Ar nos Wener? O, gall hi ddod 'ma eto!" meddai Mam gan dynnu coes.

"Sdim cyfrifiadur 'da hi adre. Ddim pawb sydd â hyn i gyd!" dwedaf yn siarp a phwyntio at silffoedd llyfrau'r landing.

Mae Mam yn mwytho'i thalcen ac yn eistedd wrth fy ymyl. Efallai fod ganddi hi ben tost hefyd.

"Laila, ni 'di cael galwad ffôn wrth dy athrawes ddosbarth di. Roedd hi'n sôn bod ti'n edrych 'di blino. Ac yn crafu dy ecsema. A hefyd bod ti'n hwyr rhyw fore. Ddwedest ti ddim byd. Sut ddigwyddodd hynny?"

Dwi'n codi fy ysgwyddau fel petawn i wedi anghofio bod yn hwyr. "O ie, anghofies i fy allweddi."

"Byddet ti'n teimlo'n well, mwy o gwmpas dy bethau, taset ti'n cysgu'n well."

"Falle."

Mae Mam yn ochneidio ac yn codi. Erbyn iddi gyrraedd gwaelod y grisiau dwi'n teimlo'n wael. Ddim ei bai hi yw e fod pethau heb fynd yn dda gyda Pari. Dwi'n teimlo mor unig yn eistedd fan hyn. Dim Mira na Krish yn dadlau, neb yn blastio cerddoriaeth dros y tŷ, neb yn trio fy nghario i… Dwi eisiau galw ar Mam a gofyn a fyddai'n fodlon gorwedd gyda fi tan i fi syrthio i gysgu, fel roedd hi'n arfer ei wneud pan o'n i'n fach.

Mae fy ffôn yn pingio.

Diolch am heno. Sori am redeg allan. Alli di gadw'r llyfrau i fi plis? Dwi rili moyn nhw. Dwi di gadel y gwaith cartre ar y bwrdd. Alli di ddod ag e dydd Llun plis? Px

Mae ton o ryddhad yn llifo drosta i.

Dwi'n tecstio'n ôl.

Falch bod ti'n ok. Cadwa i'r llyfrau a dod â'r gc. Laila x

Pan mae Mam yn mynd i'r gwely dwi ddim yn cuddio'r ffaith 'mod i'n cysgu ar y landing. Mae'n plygu ac yn rhoi cusan ar fy nhalcen.

"Pryd bydd Dad 'nôl?" gofynnaf.

"Yn hwyr, dwi'n meddwl. Ma fe mewn *do* gwaith. 'Neith e ddim dy ddeffro di." Mae Mam yn edrych tuag at stafell Mira ond dyw hi ddim yn awgrymu y dylwn i gysgu yno heno.

"Caru ti, Laila."

"Caru ti, Mam," sibrydaf.

"Af i â'r rhain i'r banc llyfrau fory," meddai.

"Na, paid!"

"Paid be?"

"Mynd â nhw. Dwi 'di newid fy meddwl. Dwi *isie* nhw!"

"O, Laila!" Mae'n gadael i un llyfr syrthio ar y pentwr,

gan wneud iddo ddymchwel. "Os ti isie'u cadw nhw, alli di o leia'u rhoi nhw'n ôl ar y silffoedd yn dy stafell, plis?" Mae'n plygu i godi'r llyfrau sydd ar lawr. "Beth am i ni fynd i siopa am wisg ysgol newydd i ti fory?"

"Dwi 'di newid fy meddwl am hynny hefyd. Dwi ddim isie un newydd. Sdim pwynt."

Mae Mam yn crychu ei thalcen, gan greu tair llinell ddofn, ac yn mynd yn ei blaen i fyny'r grisiau top i'w stafell. Dwi eisiau esbonio popeth iddi fel nad yw hi'n meddwl 'mod i'n trio bod yn anodd. Ond mae pethau'n newid o hyd. Fyddai cael gwisg ysgol newydd ddim yn teimlo'n iawn nawr, rywffordd.

Dyw Dad ddim yn dawel pan mae'n cyrraedd adre. Mae'r golau'n dal ymlaen gen i ac mae'n gallu gweld 'mod i ar ddihun.

"Dwi *ddim* yn mynd i ofyn i ti sut aeth hi 'da dy ffrind!"

"Da iawn! Achos dwi *ddim* yn mynd i ddweud wrthot ti!"

Mae Dad yn cusanu fy nhalcen. "'Nawn ni *ddim* siarad fory, iawn?"

"Edrych mlaen!"

Dwi ddim yn cysgu winc. Mae pob eiliad o ymweliad Pari'n chwarae ar fy meddwl a dwi eisiau dad-wneud yr holl beth. Mynd yn ôl i'r dechrau. Ddylwn i ddim bod wedi ei gwahodd yn y lle cyntaf. Dwi'n crafu ac yn crafu y tu mewn i blyg fy mhenelin. Does dim ots gen i os bydd e'n gwaedu.

*

Mae Dad yn coginio bara wy yn y gegin, ac mae Mam yn dechrau pysgota eto.

"Dwi 'di bod yn meddwl pa mor annibynnol yw Pari, yn teithio ar y trên fel'na!"

"Ddim pawb sy'n moli-codlo'u plant fel ti," dwedaf.

"Moli-codlo?" Mae Mam yn chwerthin. "Dwi ddim 'di clywed y gair 'na ers blynyddoedd… Ble glywest ti e?"

"Sai'n gwbod – ei ddarllen e rywle, dwi'n meddwl."

"Wel, fydden i ddim yn hapus taset ti'n mynd ar y bws, neu'r trên, ar ben dy hunan, yn enwedig nawr, a'r dydd yn byrhau."

"Wel, bydd rhaid i Pari fynd i'r ysgol yn y gaeaf hefyd!"

"Fydden i ddim yn hapus chwaith," mae Dad yn rhoi ei big i mewn, gan ddod â'r bara wy at y bwrdd. "Dyma ti – ddim cweit fel y brecwast wedi ffrio fel o'r blaen, ond ddim yn ddrwg." Mae e'n gwenu ac yn rhoi ei blât ei hun ar y bwrdd hefyd.

"A sut ma Pari fod i fynd i'r ysgol, a mynd adre? Ti'n mynd i roi lifft iddi bob dydd a nos?"

Mae Mam yn fy anwybyddu. "Mae'n biti ches i ddim cyfle i siarad â hi." Mae'n twt-twtio'r offer celf sydd blith draphlith dros y bwrdd.

"Do'n i ddim isie wynebu'r llanast 'ma neithiwr. Popeth yn iawn i ti gael ffrindiau yma, dim ond i chi glirio'ch annibendod!"

Dwi'n neidio o'r gadair ond mae'n rhy hwyr. Mae Mam wedi cael gafael yn llun siarcol Pari.

"Dy ffrind na'th hwn?" gofynna. Mae'n gwgu ar lun

Pari fel petai wedi torri'r gyfraith neu rywbeth.

"Ie, anghofiodd hi fe." Dwi'n cymryd y llun oddi wrth Mam. "Gwaith cartre Hanes. Dwi'n mynd ag e iddi dydd Llun."

Mae Mam yn troi'r radio ymlaen ac mae eitem ar y newyddion am fom wedi tanio rywle yn y byd. Mae'n ei ddiffodd yn sydyn, fel roedd hi'n arfer newid sianeli'r teledu pan oedd rhaglenni 'anaddas' arno pan o'n i'n fach.

"Pam ti 'di diffodd y radio? Ti ddim isie i fi wbod am beth sy'n digwydd yn y byd go iawn?"

"O, Laila, dwi 'di blino'n lân. Ffaeles i gysgu o gwbl neithiwr. Rhaid bod ti hefyd. Mae'n ddiwrnod mawr fory, a Janu'n cyrraedd. Gad i ni gael diwrnod bach tawel."

"Sdim lot o ddewis 'da fi!" atebaf dan fwmial.

"Falle gallwn ni drio cael gafael ar Mira a Krish ar y ffôn nes mlaen."

"Syniad da. Roedd hi'n noson hwyr i fi hefyd! Gad i fi gael golwg ar dy waith cartre di 'te," meddai Dad gan ddylyfu gên.

"Ga i waith cartre Pari, plis, Mam?" Dwi'n dal fy llaw allan ac mae'n ei roi'n ôl i fi.

"Byddai'n dda cael sgwrs am hyn," meddai Mam.

"Pam ma pawb isie siarad am Pari o hyd? Mae yn fy nosbarth cofrestru i. Mae'n ffrind i fi, dyna i gyd. 'Ma chi! Darllenwch hwn hefyd i chi gael busnesa go iawn!" Dwi'n taro'r gwaith cartref ar y bwrdd gyda chlep ac yn rhedeg i'r cyntedd.

"Dere nawr, Laila, aros fan hyn!" Mae Dad yn estyn

drwy'r banister am fy llaw. "Dim ond sgwrs fach ni moyn." Mae'n codi'r gwaith cartref. "Mae hwn yn ddiddorol – cysylltu teulu a hanes. Sai'n cofio Mira a Krish yn neud rhywbeth fel hyn. Gallen i ddweud ambell stori..."

Dwi'n tynnu fy llaw i ffwrdd, yn mynd i fyny'r grisiau a chau drws stafell Mira ar fy ôl. Gorweddaf ar ei gwely yn chwarae'r gêm drist fframiau lluniau gwag, ond yn lle trio cofio pa luniau oedd gan Mira ar y wal, dwi'n dechrau llenwi'r bylchau â'r lluniau sydd yn fy mhen... o Kez, Pari, Bubbe, Simon, Hope a Nain Josie.

Hanner yn awr yn ddiweddarach ac mae cnoc ar y drws. Mae Dad yn agor y drws ac yn rhoi ei ben i mewn i'r stafell.

"Ga i ddod mewn?" Mae'n gwneud ei gerddediad doniol, gyda'i ysgwyddau wedi'u crymu a'i ben yn gwyro i lawr, yr un mae'n ei wneud pan mae e eisiau cymodi. Mae'n cario'r chwaraewr CD.

Dwi'n hanner gwenu ac mae'n sythu ei gorff, fel petai popeth yn iawn eto yn y byd gan 'mod i ddim yn flin bellach. Mae'n rhoi fy ngwaith cartref yn ôl.

"Ro'n i'n meddwl byddet ti'n hoffi gwrando ar hwn. Dwi'n falch 'mod i heb daflu'r peiriant 'ma nawr!"

Dwi'n symud draw ar y gwely.

"Dwi 'di bod yn twrio a dod o hyd i ambell hen beth," meddai, gan roi'r plwg yn y soced. "Ges i recordiad Taid wedi ei drosglwyddo i CD ar ôl angladd Nain Josie. Roedd e'n teimlo'n iawn i'w rhoi gyda'i gilydd... ond dwi heb wrando ers hynny."

Mae'n gwasgu PLAY ac yn dod i eistedd wrth fy ymyl ar wely Mira.

"Pan o'n i dy oedran di, ges i'r peiriant recordio 'ma ar fy mhen-blwydd. Ro'n i'n breuddwydio am fod yn newyddiadurwr neu rywbeth. Ma'r recordiad chydig bach yn graciog, ond…"

Mae llais bach bywiog bachgen yn torri drwy'r sain bytiog.

> "*Dad, alli di enwi dau beth rwyt ti wedi eu gwneud sy'n bwysig, yn dy farn di?*"

"Ti yw e?" dwedaf wrth Dad, gan symud fy ngwefusau'n fud, fel petai Taid Kit yn y stafell a 'mod i'n torri ar draws y sgwrs.

Mae Dad yn nodio.

> "*Mmm, cwestiwn da!*"

Llais Taid Kit. Mae e'n swnio fel Dad.

Mae Taid Kit yn siarad am rywbeth o'r enw 'The Battle of Cable Street' yn Nwyrain Llundain, pan wnaeth pobl sefyll yn erbyn dyn o'r enw 'Mosley'. Mae'n siarad am sut roedd e a'i ffrindiau yn gweld creulondeb Hitler a sut roedden nhw'n teimlo bod rhaid gwneud safiad yn erbyn twf ffasgiaeth yma hefyd. Mae'n sôn am gyngherddau a dramâu gwrth-ffasgiaeth, ac am ei gartwnau politicaidd.

Yna, mae Taid Kit yn siarad am y ffordd wnaeth e

stopio smygu a defnyddio'r arian i ddechrau ei fusnes llyfrau. Mae'n amlwg wrth ei fodd yn adrodd yr hanes. Mae'n mynd i hwyl, ond mae'r sain yn stopio.

"Dyna i gyd sydd ar ôl o lais Taid. Mae'n drist, dwi'n gwbod. Dwi'n meddwl bod y batris 'di rhedeg mas!" Mae Dad yn ochneidio.

"Ti'n swnio mor ciwt ac ma Taid mor ddoniol!"

"Roedd e'n gymeriad unigryw, Laila. Falle bod hyn yn anodd i ti ddychmygu, ond pan oedd dy fam a fi yr un oed â ti nawr, ro'n ni'n gofyn yr un cwestiynau..."

Dwi'n gorffwys fy mhen ar ysgwydd Dad. Mae'r llais ar y tâp wedi newid nawr, ac mae'r sain yn glir. Mae llais Nain Josie'n llyfn, bron fel newyddiadurwr proffesiynol.

"Dy Nain Josie... Mam," sibryda Dad.

Mae'n swnio fel petai hi'n cael cyfweliad radio am fod yn yr hosbis. Dwi'n teimlo brest Dad yn symud i fyny ac i lawr fel tonnau'r môr, ac mae'n cydio yn fy llaw i wrth wrando arni'n siarad am ei bywyd. Y peth rhyfedd yw, dwi'n teimlo 'mod i'n gwybod mai fel'na roedd ei llais hi'n swnio, er na chlywais i hi'n siarad erioed.

"Mae'n swnio'n rili hapus, er bod hi'n sâl... fel petai hi 'di cael bywyd da," dwedaf.

"Roedd hi wedi, Laila, a gweld ti'n cael dy eni oedd un o'r rhesymau pam roedd hi mor hapus."

"Ydy Mira a Krish 'di clywed hwn?" gofynnaf.

"Cyfweliad Nain? Ydyn, yn yr angladd. Ond dwi erioed wedi chwarae'r un ohona i'n holi Dad. Dylwn i fod wedi. Na'th Krish erioed gwrdd â Dad chwaith."

Do'n i ddim wedi meddwl am hynny. Dwi'n ystyried o hyd fod Krish a Mira yn gwybod yr un pethau, ond hyd yn oed o fewn yr un teulu, mae pawb yn cofio straeon gwahanol, a phob stori'n cael ei hadrodd mewn ffordd wahanol bob tro.

Dwi ar fin tynnu'r Llyfr Protest allan o dan y gwely a chyfaddef y cwbl am fynd i'w nôl gan Simon, pan mae Dad yn dweud rhywbeth sy'n fy stopio i.

"Ar ôl meddwl, sai'n credu 'mod i 'di chwarae hwn i neb ers ei recordio. Falle 'mod i isie'i gadw i fi'n unig. Dim ond sgwrs rhwng tad a mab oedd hi… tan nawr." Mae Dad yn gwasgu fy ysgwydd. "Pan o'n i dy oedran di ro'n i'n chwilio am rywbeth hefyd, a'r cyfweliad yna 'da Dad, wel, dyna'r union beth ro'n i isie ar y pryd. Mae'n siŵr 'mod i isie gwbod beth oedd yn digwydd yn y byd a 'mod i ddim yn blentyn rhagor."

Felly, fe *wnaeth* e glywed beth ddwedais i am Kez a'i Bat Mitzvah.

Mae Dad yn tynnu plwg y peiriant CD o'r wal ac yn mynd am y drws. Dwi ddim yn siŵr pam, ond dwi'n rhedeg ato a bron â'i daro i'r llawr gyda nerth fy nghoflaid.

"Hei, hei!" Mae e'n chwerthin. "Paid taro'r hen foi i'r llawr!"

"Ti'n swnio'n union fel Taid Kit nawr."

Yn y bore, ar stepen y drws, mae amlen wedi cael ei hanfon â llaw, gyda fy enw i arni. Gwahoddiad i Bat Mitzvah Kez. Mae nodyn bach yna hefyd, yn ein gwahodd ni am swper nos Sul diwedd hanner tymor i ffarwelio â Janu. Dyw e ddim hyd yn oed wedi cyrraedd eto! Petai hwn wedi cyrraedd ddoe byddai wedi bod yn dân ar fy nghroen, ond ar ôl gwrando ar dapiau Dad mae rhywbeth wedi newid.

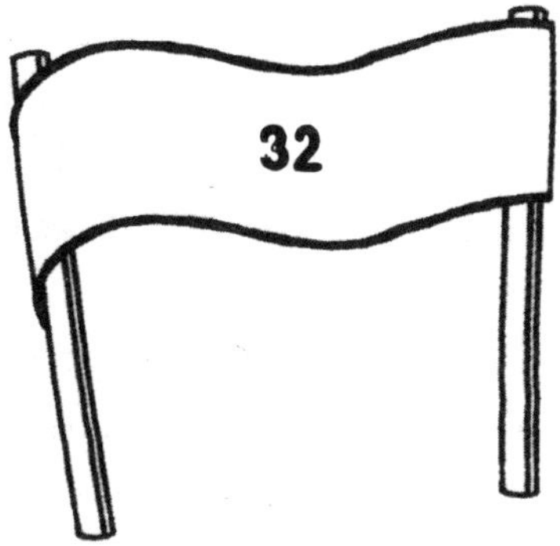

"Ma Janu 'di glanio. Fydd e ddim yn hir nawr!" meddai Dad, gan edrych ar y bwrdd sy'n dangos yr hediadau sydd ar fin cyrraedd.

Mae criw o ddynion a menywod busnes yn cerdded allan o Allanfa'r Teithwyr Dosbarth Cyntaf, pob un yn cario briffces, fel petaen nhw newydd fod mewn cynhadledd. Yna daw dyn byr moel, gyda dynes yng ngwisg y cwmni hedfan yn gwthio'i gês. Mae dau warchodwr anferth bob ochr iddyn nhw. Mae'r dyn moel yn gwenu ar bawb, fel petaen ni i fod i wybod pwy yw e.

"Pwy yw hwnna?" gofynnaf i Dad.

"Gwleidydd falle? Neu ddyn busnes… neu actor, o bosib? Falle 'mod i 'di gweld e ar y teledu." Mae'n codi ei ysgwyddau, fel petaen nhw i gyd yr un peth.

Ar ôl aros am amser hir, mae pobl fwy anniben yr olwg yn dod drwy'r brif allanfa. Mae bachgen bach sydd newydd ddeffro yn crio, gan adael olion snotlyd ar ysgwydd ei fam. Mae hen ddyn yn cael trafferth gwthio'i gês oherwydd bod un olwyn wedi torri. Yna mae haid o bobl yn cwrdd â'i gilydd ac yn cofleidio, ond ar ôl deg munud arall does dim sôn am Janu. Mae Dad yn dechrau camu'n ôl ac ymlaen.

"Aros funud!" Mae Dad yn mynd draw at ddesg i siarad â swyddog, sydd wedyn yn siarad â rhywun ar y ffôn. Yna daw Dad yn ôl ata i, eistedd a rhoi ochenaid fawr.

"Ble ma fe?" gofynnaf.

"Gorfod mynd drwy ryw archwiliadau yn y dollfa."

Mae ffôn Dad yn canu.

"Ie, ydy, ma fe'n aros 'da ni. Ydy, ar ôl hynny mae e'n mynd i weld teulu yn Efrog Newydd. Ry'n ni yma'n aros amdano."

Mae Dad yn tynnu wyneb ar y person ar ben arall y ffôn.

"Ie, dwi'n deall. Diolch... Am beth rhyfedd i'w ddweud!" Mae Dad yn codi ei ysgwyddau wrth ddiffodd yr alwad.

"Be?"

"Awgrymu 'mod i'n prynu pâr o sgidiau iddo fe!"

Ro'n i wedi anghofio'n llwyr am y blog cerdded yn droednoeth mae Janu'n ei wneud. Tybed ydy Mam wedi anghofio dweud wrth Dad? Rydyn ni'n clywed gwaedd ac mae dyn tal, heb flewyn ar ei ben yn rhedeg tuag aton ni.

"Sam! Lai Lai!" gwaedda. "Sori am yr holl aros!"

Wrth i Janu redeg draw mae pobl yn troi i syllu arno...

ac yn sydyn dwi'n teimlo cywilydd. Dwi'n methu credu ei fod e wedi teithio'n droednoeth, ond dyna ddwedodd e fyddai e'n ei wneud, ac mae'n rhaid iddo gadw at ei air. Mae e'n edrych yn wahanol i'r adeg fuon ni draw i India. Yn hŷn nag ychydig wythnosau'n ôl ar Skype, hyd yn oed. Ei wallt wedi ei siafio. Mae e'n gwisgo jîns tyn, top *salwar* trwchus, hir, glas tywyll gyda siwmper laes drosto… a dim sgidiau. Mae e'n edrych fel model wedi camu oddi ar *photo shoot* ar lan y môr, nid fel rhywun sydd newydd deithio am oriau mewn awyren.

"Eironig, on'd yw e? Os ti'n gwisgo sgidiau mae'n rhaid eu tynnu nhw i fynd drwy'r sganiwr diogelwch. Os nad oes 'da ti sgidiau maen nhw isie i ti wisgo rhai!" Mae e'n chwerthin.

"Gest ti amser caled 'da nhw?" gofynna Dad.

"Na, ddim fel'ny!" Mae Janu'n gwenu. "Ddim ar ôl i fi esbonio…" ac mae'n pwyntio at ei draed, "… a dangos y wefan. Wrth i fi aros dwi 'di cael syniad am y blog nesa: 'Troednoeth mewn maes awyr'! Na'th y ddynes diogelwch ddweud byddai'n rhoi £10 i'r achos! Fy arian cynta ar dir Prydain!"

Mae Dad yn edrych i lawr ar draed Janu ac yn siglo'i ben, fel petai'n methu deall bod hyn yn digwydd.

"Ddwedodd Anjali? Dwi'n mynd yn droednoeth o Kolkata i Lundain a Chaerdydd ac yna Efrog Newydd, a'r ffordd 'nôl!"

"Do'n i ddim yn credu fyddet ti'n neud e go iawn!" dwedaf.

"Do, dwi'n meddwl iddi sôn beth amser yn ôl," meddai Dad. "Fyddai ddim yn haws neud hyn yn yr haf?"

Mae Dad yn edrych arna i, ac ar griw o bobl sy'n syllu ar draed Janu, yna mae'n gwenu ac yn siglo'i ben fel petai'n dweud, *Mae hyn yn mynd i fod yn hwyl*!

Mae'n rhyfedd sut dyw pobl ddim yn sylwi ar y sgidiau mae rhywun yn eu gwisgo, ond yr eiliad mae rhywun heb sgidiau, yn enwedig mewn lle cyhoeddus fel maes awyr, mae pawb yn sylwi. Dwi ddim yn credu bod pobl droednoeth yn arfer teithio ar awyrennau.

Mae Dad yn talu am y parcio. "Dewch 'te, adre â ni!" meddai. "Mae'n dda dy weld di, Janu – sgidiau neu beidio!"

Mae Dad yn gyrru allan o'r maes awyr. Ar ôl i rywun adael iddo ymuno â llif y traffig, mae e'n dechrau siarad eto.

"Ble ma'r gwallt 'di mynd? Ti ddim 'di troi'n grefyddol neu rywbeth, wyt ti?" gofynna.

"Pan oedd gwallt *hir* gen i, gofynnest ti'r un peth yn union!"

"Gwir!" cyfaddefa Dad.

"Ma fe fel un Krish," dwedaf.

"A d'un di hefyd, Sam!" meddai Janu gan bwyntio at ddarn bach moel ar gefn pen Dad.

"Ddim byd i neud â ffasiwn yn fy achos i!" Mae Dad yn siglo'i ben, ond dyw e ddim yn flin. "Sai'n gwbod, wir! Gallet ti a Krish gadw mop o wallt. Ma gwallt wedi'i wastraffu arnoch chi bobl ifanc!" Mae e'n chwerthin ac yn ymuno â'r draffordd i gyfeiriad Caerdydd.

"Pa newyddion 'te, Lai Lai?" gofynna Janu.

"Wel, i ddechrau, ddim Lai Lai ydw i nawr..."

"O ie, sori. Ddwedodd Anjali wrtha i am dy aileni!"

"O ble mae'r tywydd garw 'ma 'di dod yn sydyn?" gofynna Dad wrth drio tynnu sach gefn Janu o fŵt y car. Mae Janu'n ei chymryd oddi wrtho ac yn codi'r bag allan fel petai'n ysgafn fel pluen. Mae'r gwynt yn chwipio dan gaead y bŵt ac mae Dad yn cael trafferth ei gau.

Dwi'n edrych i fyny ar y goeden sydd y tu allan i'r tŷ, gyda'r arwydd am y neidr arni o hyd. Mae'r ychydig ddail oedd yn dal i lynu arni wedi eu chwythu i'r llawr, gan adael y brigau'n foel. Mae Mam yn agor y drws ffrynt. Mae'r gwynt yn chwythu'r drws yn erbyn y wal ac mae cawod o ddail yn rasio i'r cyntedd o'n blaenau.

Mae lampau a chanhwyllau wedi eu cynnau ym mhob man – do'n i ddim yn gwybod bod *ganddon* ni gymaint o ganhwyllau. A dweud y gwir, mae Mam wedi mynd ychydig bach dros ben llestri. Mae hi hyd yn oed wedi cynnau'r ffyn bach arogldarth mae Dad yn dweud eu bod nhw'n ei atgoffa o Nain Josie, yr un rhai ag sydd gan Anti Anjali yn ei fflat yn Kolkata. I wneud i Janu deimlo'n gartrefol, mae'n siŵr. Mae yna wledd wedi'i gosod ar y bwrdd, gyda'r lliain a'r napcyns gorau ar gyfer fisitors. Oes gan dai deimladau? Cyn i Janu gerdded i mewn roedd y tŷ'n teimlo'n drist a gwag a di-raen, ond nawr mae popeth yn sydyn yn fwy llachar… Ac nid oherwydd y canhwyllau'n unig…

Ar ôl i Janu ymolchi a newid rydyn ni'n dechrau ar y wledd.

"*Paneer* bendigedig, Uma." Mae Janu'n rhofio mwy i mewn i'w geg. "Mor flasus ag un Anjali, o leia!"

"Wel, hi ddysgodd fi sut i'w goginio!" Mae Mam yn esgus peidio dangos, ond dwi'n gallu gweld ei bod hi'n llawn balchder.

"Iechyd da, Janu, croeso!" cyhoedda Dad, ac mae pawb yn codi eu gwydrau. Mae Mam wedi rhoi gwin coch a dŵr i fi. Mae gwydrau'n tincian a dwi'n mynd i gymryd sip ond mae'n arogli'n afiach, felly dwi'n ei adael.

"Felly, arbrawf i godi arian yw'r busnes troednoeth 'ma…?" gofynna Dad.

"Wel, ddim arbrawf yn union – ma fe 'di dechrau. Sut alla i esbonio?" Mae Janu'n yfed llymaid o ddŵr. "Dwi 'di bod ar ambell brotest droednoeth, yn ymwneud yn bennaf â sut ma'r tlodion yn cael eu trin yn y pentrefi. Ac fe 'nes i benderfynu neud mwy i godi arian at y lloches newydd. Dwi 'di gosod targed i godi 100,000 *rupee* erbyn cyrraedd adre."

"Faint yw hynny mewn punnoedd?" gofynnaf.

"Tua deg mil o bunnoedd."

Mae Dad yn chwibanu. "A faint sydd 'da ti mor belled?"

"Tua thair mil, dwi'n meddwl. Diolch i Anjali dwi 'di cael cymorth gan rai busnesau yn India, ac mae'r blog wedi cael ei noddi gan rai o ffrindiau cerddorol Priya.

Mae'n cynnal cyngerdd pan dwi yn Efrog Newydd. Ei syniad hi oedd y blog. Dwi'n methu credu faint o ddilynwyr sydd 'da fi – o bob rhan o'r byd! Ma pawb yn hoffi'r syniad..."

"Wel, fydden i ddim yn ffansïo cerdded yn droednoeth o gwmpas y ddinas 'ma," meddai Dad. "Fydde neb yn gweld bai arnot ti am newid dy feddwl!"

"Bydd e'n iawn, dwi 'di neud pethau gwaeth!" meddai Janu gan chwerthin. "Roedd Mam, Chameli, yn poeni amdana i'n teithio yma. Dyw hi erioed 'di bod allan o'i phentref, felly aeth hi at ei *sadhu* i gael gweld oedd y sêr ar fy ochr i. Chi'n gwbod pa mor bwysig yw hi i gysylltu â'r sêr! Dwi'n meddwl bod hi'n gobeithio y byddai'r dyn duwiol yn dweud y dylwn i anghofio'r cyfan am y trip. Ond na!" Mae Janu'n cau ei lygaid, yn nodio'n bwyllog, yn pwyntio at y nenfwd ac yn sibrwd yn araf a difrifol: "*Na, Chameli – rhaid i dy fab deithio'n droednoeth a mynd â'r brodyr a chwiorydd amddifad gydag e bob cam. Mae e wedi bod yn lwcus ac mae'n rhaid iddo gofio pwrpas ei daith o hyd. Wedi'r cyfan, dangosodd Gandhiji i bawb: mae'n anodd i ddyn troednoeth fod yn ddyn mawreddog.*" Mae'n agor ei lygaid ac yn gwenu arnon ni. "*Galla i sicrhau bod y sêr gydag e, Chameli. Gad iddo fe fynd!*" Mae Janu'n siglo'i ben a chwerthin. "Felly ma'r sêr o 'mhlaid a dwi 'di cael ei bendith hi."

"Wel, galli di ddweud wrth y *sadhu* pan ei di adre fod y swyddogion diogelwch ddim yn rhy hapus!" meddai Dad gan chwerthin. "Ac alli di ddim cymryd siawns ar gamau nesa'r daith chwaith! Ac esgusoda'r jôc."

Dwi'n meddwl bod Dad yn dechrau meddwi!

Ar ôl bwyd, mae Mam a Dad yn clirio'r bwrdd ac mae Janu yn dadbacio'r anrhegion mae e wedi dod gydag e. Wrth iddo dynnu'r pecynnau allan o dop ei fag mae arogl jasmin yn treiddio drwy'r stafell, sy'n fy atgoffa i o'r arogl oedd ar falconi Anjali. Dwi ddim yn cofio mynd â chymaint â hyn o anrhegion gyda ni pan aethon ni i India.

Mae *salwar* a *kurta* cotwm i Mam a Dad oddi wrth Anti Anjali, ac i fi mae llyfr nodiadau hardd o bapur wedi ei wneud â llaw, ac wedi ei orchuddio â sidan *sari* gwyrdd a glas.

Mae rhyw offeryn cerdd rhyfedd yr olwg i Krish a bocs bach lledr sgwâr… Mae Janu yn sylweddoli 'mod i wedi gweld y bocs, ac mae'n ei roi'n gyflym yn ei boced.

"Anrheg fach i Mira. Fe 'na i ei roi iddi pan wela i hi," meddai gan wenu. "Y'ch chi'n meddwl gall hi ddod adre o'r coleg?"

"Ydy hi 'di cysylltu â ti?"

Mae Janu'n siglo'i ben.

"Mae'n mynd i drio," meddai Mam.

"Gwych. Dwi heb ei gweld hi ers amser hir."

Dwi ddim yn siŵr ai dychmygu ydw i, ond dwi'n meddwl bod Janu wedi mynd yn emosiynol. Mae'n twrio'n ddwfn yn ei sach, gan guddio'i wyneb.

"Doedd dim lot o le i ddillad oherwydd y pwysau i gyd, ond ma Mam wedi mynnu 'mod i'n dod â hwn… Dangoses i'r neidr oedd yn y gegin iddi ar Facebook a phan ofynnes i iddi pa anrheg ddylwn i roi i chi, roedd rhaid i fi ddod â'r cerflun yma. Roedd hi'n dweud o hyd, 'Maen nhw wedi cyrraedd cylch newid.' A dwedes i wrthi, 'Mam, falle'u bod nhw, ond os gymra i hwn fydd dim lle i 'nillad i, a bydd rhaid i fi dalu'n ychwanegol am y pwysau!' A dwedodd hi, 'Galli di gael dillad yn unrhyw le'!"

Mae Janu'n tynnu'r cerflun allan â'i ddwy law ac yn edrych arno.

"*Dyna* pam roedd y bag yn pwyso tunnell!"

Gwenu mae Janu. "Chi'n gwbod am Shiva? Gormod o ddyn duwiol neu ormod o ddyn parti, tan iddo ffeindio'i Parvathi i'w gadw'n gytbwys."

"Wyt *ti* 'di ffeindio dy Parvathi?" gofynna Dad.

Pam mae'n rhaid i rieni godi cymaint o gywilydd?

Mae Janu'n chwerthin, ond yn dweud dim.

Ar ôl swper mae Mam yn mynd â Janu i fyny i stafell Krish, a dwi'n mynd i stafell Mira, yn cau'r drws ac yn ceisio'i ffonio hi. Mae'r ffôn yn canu a chanu. Roedd Krish a Mira wedi addo fy ffonio i'n aml, ond dydyn nhw byth, bron. Felly dwi'n anfon yr un neges at y ddau.

> Ma Janu yma. Ma fe wir isie'ch gweld chi'ch dau.
> Ma anrhegion i chi.
> Dwi isie'ch gweld chi hefyd.
> Dewch adre glou. Dim ond 'da Mam a Dad alla i gwympo mas nawr!
> Cariad, Laila x

33

"Ma Laila 'di sôn am ei gwaharddiad, Uma," meddai Janu y bore wedyn. "Sai'n gwbod pa ddrygioni ma hi 'di neud ond alli di neud un eithriad i fi? Bydd lot o waith trefnu 'da fi a thipyn o deithio gyda Hannah dros y pythefnos nesa. Falle na fydd diwrnod cyfan, heblaw heddi, i ni dreulio 'da'n gilydd."

"Wel..." Mae Mam yn chwerthin. "Laila sy tu ôl i hyn?"

Dwi'n codi fy ysgwyddau. Ie, fy syniad i *oedd* mynd â Janu i fyny Bryn Lluest i ddangos yr olygfa dros Gaerdydd a Phenarth.

Dwi yn fy nhreinyrs ar y llwybr concrit ac mae Janu'n droednoeth ar y gwair. Mae haenen denau o lwydrew yn glynu ar y tir.

"Ydy dy draed di'n rhewi?" gofynnaf.

"Chydig bach, ond ddo i i arfer. Ma'r gwadnau 'di caledu ers i fi ddechrau cerdded heb sgidiau adre."

"Wps, gofalus!" Dwi'n gwthio braich Janu ar ôl gweld darnau o wydr wedi torri ar y llwybr, ond mae e wedi eu gweld ac mae'n cylchu o'u cwmpas.

"Dwedodd *sadhu* Mam wrthi bod rhaid i fi ffeindio caeau gwyrdd ar fy llwybr. Mae e'n credu, pan mae rhywun yn cerdded yn droednoeth, bod y ddaear yn anfon nerth drwy'r corff."

"Wel, drycha am y baw ci gynta!" A dwi'n pwyntio at dwrdyn siâp selsig ar y gwair.

Mae Janu'n taflu ei ben yn ôl a chwerthin.

"Dere, y sinig… rasia i ti!"

Cyn i fi ddweud gair, mae Janu'n rhedeg i fyny Bryn Lluest. Does dim gobaith. Mae ei goesau ddwywaith yn hirach na fy rhai i.

"Dyw hynna ddim yn deg!" Dwi'n llwyddo i gael y geiriau allan yng nghanol fy anadlu herciog, wrth iddo gyrraedd copa'r bryn, ymhell o fy mlaen i, ac eistedd ar y fainc.

"Dyw bywyd ddim yn deg!" Mae e'n chwerthin. "Ma golygfeydd anhygoel fan hyn!" Mae'n tynnu ei iPhone o'i boced ac yn sganio'i gamera o'r chwith i'r dde ac yna i lawr at ei draed.

"Dwi'n neud cystadlaethau ar y blog. Trio gwahanol syniadau i ddenu sylw. Fan hyn rhaid i bobl ddyfalu ble dwi'n sefyll yn droednoeth!"

Rydyn ni'n edrych dros y ddinas ac mae Janu'n pwyntio at wahanol lefydd. Rydyn ni'n dau'n enwi rhai: Stadiwm Principality, afonydd Taf ac Elái, Tŵr BT, ac ychydig ymhellach i ffwrdd mae Mynydd y Garth, Penarth, Castell Coch…

Am ryw reswm, dwi'n dechrau chwerthin, ac efallai mai rhyddhad yw hynny o gael rhywun oed Mira i siarad ag e, ond dwi'n methu stopio giglan.

"Be sy mor ddoniol, Laila?"

"Sai'n siŵr… Bod ti yma."

Mae Janu'n nodio. "Ydw i allan o le yma?"

Dwi'n edrych i lawr ar ei draed ac yn tynnu wyneb 'be-ti'n-feddwl?'.

"Mae'n siŵr 'mod i… Beth amdanat ti? Dwi 'di clywed bod ti'n hoff o neud pethau dy ffordd dy hunan hefyd."

Dwi ddim yn gwybod sut i'w ateb.

"Buon ni'n siarad am sbel ar ôl i ti fynd i'r gwely neithiwr. Ma dy rieni'n poeni. Yn dweud bod pethau 'di bod yn anodd i ti dros yr wythnosau diwetha…"

Dyw Janu ddim yn edrych arna i ond dwi'n teimlo fy wyneb a fy ngwddw'n mynd yn boeth. Pa hawl sydd ganddyn nhw i siarad â Janu amdana i? Petai Krish a Mira yma, bydden nhw wedi galw cyfarfod mawr arall i drafod be-sy'n-digwydd-gyda-Laila.

Mae Janu'n troi ata i, yn aros am ymateb. Mae'n anodd osgoi'r llygaid tywyll sy'n treiddio y tu mewn i fi.

"Ti'n gwbod be? Roedd Priya yn cael gwaharddiad drwy'r amser am sleifio allan i gigs. Falle mai rebel fel Priya wyt ti hefyd! Ond drycha arni hi nawr, yn adeiladu teyrnas gerddorol yn Efrog Newydd! Gwed wrtha i, sut ma Mira? Dwi ddim 'di gallu siarad â hi eto."

"Iawn, dwi'n meddwl." Dwi'n tapio'r fainc. "Dyma'i hoff le hi."

"Wel, diolch am ddod â fi yma, felly," meddai Janu.

Mae hen wraig mewn cot amryliw yn cerdded i fyny'r bryn, braidd yn fyr ei hanadl. Mae Janu'n sefyll i gynnig lle iddi eistedd, ond mae hi'n patio'r awyr iddo eistedd i lawr. Mae hi'n pwyso'i llaw ar gefn y fainc ac yn edmygu'r olygfa. Mae'n edrych ar draed noeth Janu ac yn gwenu.

"Ro'n i'n arfer cerdded yn droednoeth drwy'r amser pan o'n i'n ifanc. Dal i neud weithiau, ond ddim yn y tywydd yma! Teimlad da, on'd yw e?" meddai.

Mae Janu a hithau'n sgwrsio am y lloches mae e'n codi arian iddi yn y pentref. Fel mae'n digwydd, roedd y ddynes wedi teithio o gwmpas India pan oedd hi'n ifanc ac wedi gweithio gyda phlant anabl mewn lle o'r enw Bhopal roedd Janu'n gyfarwydd ag e.

"Gwarthus!" meddai hi. "A does dal dim iawndal teg i'r teuluoedd hynny." Mae Janu'n dweud y bydd yn cynnwys ei stori hi ar ei flog os bydd hi'n tanysgrifio. Chwarter awr yn ddiweddarach mae'n rhoi cerdyn bach iddi sydd â llun traed arno, ac yn nodi:

Blogiwr Troednoeth
Yn cyfrannu gyda chorff ac enaid
www.blogiwrtroednoeth.com

Ar y ffordd i lawr y bryn rydyn ni'n gwylio'r hen ddynes yn stopio wrth fainc, yn tynnu ei sgidiau a'u cario yn ei llaw, gan siglo'i breichiau wrth gerdded.

"Mae'n atgoffa fi o Nain Josie," dwedaf. "Roedd hi'n byw lawr fan'na!"

"Ydy hi? Roedd Mira wastad yn siarad amdani pan oedd hi yn India. Reit, Laila, dwed wrtha i be ti 'di neud i achosi i dy rieni stopio dy ryddid di 'te?"

Mae'n rhaid fod Mam a Dad wedi siarad amdana i tan oriau mân y bore. Does dim rhyfedd iddyn nhw fynd i'r lolfa a chau'r drws yn dynn. A does dim pwynt dal yn ôl nawr, felly dwi'n dweud wrtho gymaint dwi'n colli Mira a Krish a sut dwi'n teimlo am Kez a 'mod i eisiau i bethau fod fel oedden nhw.

"Ma perthynas pobl yn gallu newid dros amser, sy'n gallu bod yn anodd." Mae Janu'n edrych i'r pellter yn llawn hiraeth.

Dwi'n sôn wrtho am y diwrnod wnaeth Kez wrthod cael ei chario lan a lawr y grisiau y tu allan i'r tŷ.

"Ma hynna'n codi gymaint o gywilydd ar ferch ifanc! Mae'n berson cryf, sy'n dda. Ond falle bydd y sefyllfa'n newid eto. Dwi'n meddwl am Mam – mae ganddi ffordd unigryw o edrych ar bethau. Pan dwi'n cynnig prynu cadair olwyn iddi, mae'n gwrthod – ac yn dweud ei bod hi'n fraint cael dy gario gan rywun sy'n dy garu..."

"Na, dyw Kes *byth* isie cael ei chario eto!" dwedaf.

"Ddim yn llythrennol, Laila! Sôn ydw i am gariad sydd ddim yn gwanhau os wyt ti'n derbyn help. Dyw hynny ddim yn wendid."

Dwi'n hoff iawn o Janu, ond weithiau does gen i ddim syniad am beth mae e'n siarad.

"Wel, dylai pawb gael y dewis. Ma sawl lle all Kez ddim mynd heb ofyn am help… a pam ddylai hi?"

"Digon gwir," meddai Janu, gan droi ata i ac edrych arna i fel petai'n fy ngweld i am y tro cyntaf.

Dwi'n meddwl am ba mor anodd fyddai hi i Kez ymuno â'r orymdaith fel wnes i y diwrnod o'r blaen. Byddai'n rhaid iddi fynd ar drafnidiaeth gyhoeddus, sy'n hunllef i rywun fel hi. Gobeithio y gallwn ni fynd ar orymdaith gyda'n gilydd rhywbryd.

"*Chalo*! Dere," meddai Janu, gan godi ar ei draed. "Ti 'di neud ffrindiau newydd yn yr ysgol?"

Dwi'n dweud wrtho am y diwrnod o'r blaen gyda Pari. Sut ro'n i wedi difaru gofyn iddi ddod i'r tŷ, a phopeth mor lletchwith.

"Mae'n ferch falch, Laila. Sneb isie piti."

"Ddim teimlo piti drosti o'n i!"

"Ond ti ddim yn gwbod beth yw sefyllfa Pari gartre, wyt ti? Rhaid i ti wbod mwy amdani cyn deall yn iawn."

"Dwi'n trio," dwedaf. Rydyn ni'n cerdded mewn tawelwch wedyn am sbel.

"Pam na 'nei di dynnu dy sgidiau? Sdim ots be ma pobl yn feddwl!"

Dwi'n tynnu fy nhreinyrs a sanau ac rydyn ni'n cerdded dros y gwair gyda'n gilydd. Mae e wir yn teimlo'n feddal ac yn ffres ar fy nghroen. Mae llun baner Nain

Josie yn llenwi fy mhen, Hope a Simon yn cerdded yn droednoeth gyda'i gilydd, a dwylo bach Fliss yn cydio yn y polyn bambŵ mor dynn fel bod ei migyrnau wedi troi'n wyn.

Mae Janu'n tynnu llun o fy nhraed.

"Hei, be ti'n neud?"

"Tudalen o luniau traed! Ma pawb sy'n cerdded 'da fi, pawb sy'n cyfrannu arian, yn gorfod tynnu llun o'u traed noeth ar y blog. Trueni ches i ddim traed yr hen ddynes!"

Pan ydyn ni'n cyrraedd y palmant rhaid i mi ochrgamu i osgoi sbwriel a stympiau sigaréts. Mae Janu wedi hen arfer â hyn. Mae'n cydio yn fy mraich ac yn fy arwain ar hyd y palmant. Ar y ffordd adre ar lawr uchaf y bws mae'n dechrau siarad â phobl. Mae e'n dda am ddewis rhai sy'n fodlon gwrando, ond mae un neu ddau yn troi i ffwrdd pan mae'n sôn am yr elusen. Ond dyw e ddim fel petai'n poeni. Mae'n siarad Bengali gyda dyn Indiaidd yn y sedd y tu ôl i ni am hydoedd. A dwi'n methu credu pan mae'r dyn yn tynnu ei sgidiau! Mae Janu'n tynnu llun o'i draed noeth cyn i ni adael. Mae'r ffordd mae e'n codi llaw ac yn gwenu ar Janu wrth i ni fynd oddi ar y bws yn gwneud iddi edrych fel petaen nhw'n ffrindiau gorau.

"Taith fws wahanol iawn!" meddai'r dyn.

Dwi'n cael tecst.

Sori, Laila, sai'n credu alla i ddod adre. Rhaid cael llun yn barod erbyn arddangosfa'r tymor cynta. Llun ohonot ti! Dwed haia wrth Janu drosta i. Gobeithio bod e'n cael amser da. Mira. X

Dwi'n dangos fy ffôn i Janu. Dwi ddim yn deall pam na all Mira siarad â Janu ei hun. Mae'n teimlo braidd yn anghwrtais ar ôl i'w deulu fod mor groesawgar tuag aton ni yn India.

"Dim ond tecst. Diolch am ddangos."

Dyw e ddim yn dweud rhagor am y neges ac mae e'n dawel iawn wedyn.

Dwi wedi anghofio fy allweddi, felly dwi'n cnocio ar y drws.

Mae Dad yn ateb ac yn edrych yn syth i lawr ar ein traed brwnt.

"Ydy'r busnes troednoeth 'ma'n heintus?!"

34

“Paid anghofio’r llyfrau ’na heddi, Laila, neu i’r banc llyfrau fyddan nhw’n mynd. Maen nhw’n cymryd gormod o le. Ro’n i ’di gofyn i ti fynd â nhw cyn i Janu gyrraedd,” meddai Mam.

Mae hi’n fy atgoffa bob dydd, a dwi’n anghofio bob dydd. Bob tro dwi’n gweld y pentwr llyfrau yn stafell Mira dwi’n cofio am Pari yn rhedeg allan, ac er ei bod hi eisiau’r llyfrau, mae’r hyn ddwedais i wrthi’n chwarae fel tiwn gron yn fy mhen.

“Laila, rhaid i fi fynd i’r gwaith nawr! Brysia neu byddi di’n hwyr eto!” gwaedda Mam i fyny’r grisiau.

Dwi’n codi rhai o’r llyfrau sy’n edrych fwyaf newydd o’r pentwr. Does dim ots pa mor drwm ydyn nhw.

Ar ddiwedd y diwrnod ysgol, mae Pari a Stella a fi’n bwrw mlaen â’r gwaith cartref cerddoriaeth. Mae’n haws pan mai dim ond y tair ohonon ni sydd yn y stafell. Gallwn ni ddewis unrhyw un o’r allweddellau a’r offerynnau taro, ac mae'n wych gallu clywed beth rydyn ni'n ei wneud.

"Dwi'n credu *'mod* i'n hoffi ysgol," meddai Stella gan wenu, "… pan sneb arall 'ma!"

"Ym, helô! *Ni* 'ma!" atebaf.

"Ie, ond dim ond ni'n tair. Ti'n gwbod be dwi'n feddwl?"

"Ydy lot o sŵn yn neud ti'n *stressed*?" gofynna Pari.

Mae Stella'n nodio.

"Fi hefyd!"

"Allwch chi ddychmygu pawb yn tynnu eu clustffonau ac yn gwrando ar yr un darn o gerddoriaeth dawel, hapus… am un daith?" dwedaf.

"Ie, iawn, dewch i neud hynna… darn digon diflas fydd e os ydy'r sain i gyd ym mhen yr unigolyn. Dwi'n hoffi ffantasi!" meddai Pari gan chwerthin.

Byddwn i wedi hoffi petai Pari a Stella gyda fi ar y daith honno ar ddiwrnod yr Orymdaith Menywod. Er ei bod hi'n daith swnllyd roedd rhyw naws heddychlon yno. Y cerbyd trên oedd un o'r llefydd mwyaf cyfeillgar erioed, er ei fod yn llawn dieithriaid.

Rydyn ni wedi bod yn gweithio am tua hanner awr ar 'y diweddglo hapus', fel mae Pari'n ei alw, pan mae Mr Rivera yn dod i mewn.

"Wel, A-seren am ymroddiad! Beth yw enw'r cyfansoddiad?" gofynna.

"Bydd rhaid i chi ddyfalu, syr," meddai Stella. "Ond ni ddim 'di gorffen eto. Ni isie samplo gwahanol fathau o gerddoriaeth; isie cael y teimlad o symud o'r sŵn sydd yng nghlustffonau un person i'r un nesa. Fel tase pawb yn sownd yn ei feddwl ei hunan."

"Diddorol! Beth y'ch chi 'di neud yn barod?" Mae syr yn gwrando fel petai ganddo wir ddiddordeb, nid dim ond am fod rhaid iddo.

"Dylech chi'ch tair gydweithio eto. Ma hwn yn grêt. Bydda i'n rhoi nodyn canmoliaeth i chi'n unigol, ac un i'ch athro dosbarth hefyd. Ond dwi'n ofni bod rhaid i fi gloi popeth nawr – dyw hi ddim yn noson ymarfer swyddogol heno."

Fel arfer, ar ôl gweithio ar y darn gyda'n gilydd, byddai Stella a Pari'n mynd gyda'i gilydd ar y trên, ond heddiw mae'n rhaid i Stella adael yn gynnar 'i helpu adre' ac mae Pari eisiau argraffu rhywbeth yn y llyfrgell, felly mae hi a fi'n mynd yno gyda'n gilydd.

"Ma hi fel fi," meddai Pari wrth i ni godi llaw ar Stella wrth y gatiau. "Dyw pethau ddim yn hawdd adre."

Dwi eisiau holi Pari pam nad yw hi'n hawdd iddi hi na Stella, a dwi ddim yn siŵr ydy hi'n dweud pethau fel hyn er mwyn i fi ofyn neu beidio. Felly dwi'n penderfynu peidio dweud dim ac rydyn ni'n cerdded ochr yn ochr i mewn i'r llyfrgell.

Mae llyfr Malala ar y silff sy'n arddangos llyfrau Hawliau Dynol. Dwi'n ei ddangos i Pari wrth i ni fynd draw at y cyfrifiaduron.

"Hm, llyfrau da, dwi'n siŵr, ond alla i ddim darllen llyfrau fel'na. Rhaid i fi gael ffuglen," meddai.

Weithiau mae hi'n datgan pethau a dwi'n disgwyl iddi

esbonio mwy, ond dyw hi ddim. Efallai mai awgrymu mae hi y gallwn i roi llyfrau Mira iddi.

Dwi bron â magu digon o blwc i dynnu'r llyfrau o fy mag, ond dwi'n newid fy meddwl. Mae eu rhoi nhw iddi yn y llyfrgell yn teimlo fel gormod o gyd-ddigwyddiad. Pam mae hi mor anodd rhoi cwpwl o lyfrau i ffrind heb wneud iddi deimlo'n wael?

"Sori, ferched, ma cyfarfod yn y llyfrgell heno," meddai Mr Coulson, y llyfrgellydd. "Allwch chi ddim gweithio 'ma, mae'n ddrwg 'da fi."

"Ond dwi angen argraffu rhywbeth! Fydda i ddim yn hir," meddai Pari.

"Sori, Pari. Bydd rhaid i ti ddod yn gynnar bore fory," esbonia Mr Coulson.

Mae Pari'n edrych arna i. Wnaiff hi ddim gofyn.

"Galla i argraffu fe i ti adre," awgrymaf.

Mae Pari'n oedi. "Ydy Janu'n mynd i fod yna?"

Efallai ei bod hi'n nerfus am gwrdd ag e ar ôl popeth dwi wedi'i ddweud wrthi amdano, pa mor wahanol yw e i unrhyw un arall dwi'n ei nabod.

"Sai'n credu. Prin dwi 'di gweld e. Ma fe'n gweithio 'da mam Kez bob dydd a dod yn ôl yn hwyr. Dim ond ni'n dwy fydd yna!"

Mae Pari'n ffonio'i mam ac yn sgwrsio am sbel mewn Arabeg. Ac ambell air arall dwi'n ei ddeall: 'Gwaith cartre' a 'llyfrgell'... Mae gwrando ar Pari'n siarad yn gwneud i fi deimlo 'mod i ddim yn ei nabod hi ddim gwell nag o'r blaen. Dwi'n cael yr argraff eu bod nhw'n dadlau.

Ond yna, dwi'n sicr eu bod nhw'n dadlau oherwydd mae Pari'n diffodd y ffôn â'i mam yn dal i siarad. Nid dim ond fi sy'n gwneud hynny!

"Sori, alla i ddim dod draw. Ma Mam isie i fi helpu. Dyw hi ddim 'di bod yn teimlo'n dda ac mae'n methu mynd i'r siop. Rhaid fi fynd adre. A dod i'r ysgol yn gynnar bore fory, dyna i gyd."

Baswn i'n hoffi gallu dychmygu ble mae Pari'n byw a gofyn mwy o gwestiynau iddi am ei bywyd adre. O'r ffordd mae'n siarad, mae'n rhaid i Pari helpu ei mam gymaint ag mae ei mam yn helpu Pari. Baswn i'n dwli gweld stafell Pari, gallu ei dychmygu hi yna. Dwi'n cerdded gyda hi at yr orsaf, gan feddwl tybed a wnawn ni byth ddod i nabod ein gilydd yn well. Mae fy ysgwydd yn brifo a dwi'n newid fy mag o un ysgwydd i'r llall.

"Laila, dwi wir isie gwahodd ti adre, ond dyw e ddim byd fel dy dŷ di! Sai'n cael ffrindiau draw… fel arfer," meddai Pari, fel petai hynny'n rheswm da i beidio fy ngwahodd i.

"Sdim ots 'da fi sut le yw e."

"Wel… erioed."

"Be…? Ti erioed 'di cael ffrind draw… ddim yn y Cynradd chwaith?"

Mae Pari'n siglo'i phen.

"Dwi erioed 'di bod isie gwahodd rhywun… tan nawr… ond dwi isie i ti ddod… Dwi 'di gofyn i Mam ac ma hi isie gwbod rhif ffôn dy gartre i siarad â dy fam, er mwyn trefnu i ti ddod draw hanner tymor."

Dwi'n teimlo'n wirion o hapus, gallwn neidio i fyny ac i lawr a dyrnu'r awyr. Dwi eisiau rhoi cwtsh iddi, ond dwi'n gwenu a dweud, "Ie, dim problem."

"Sdim rhaid i ti gerdded 'da fi'r holl ffordd i'r orsaf," meddai wedyn. "Ma dy fag di'n edrych yn drwm! Ddalia i'r bws 'ma." Ac mae'n estyn ei braich allan.

Dyma'r amser perffaith.

"O ie, anghofies i am rhain… os ti dal isie nhw!"

Dwi'n tynnu'r llyfrau o'r bag ar yr eiliad olaf a'u rhoi i Pari wrth iddi gerdded drwy'r drysau sydd bron â chau. Mae hi'n eistedd ar sedd wrth y ffenest ac yn meimio, "Diolch!"

Wrth i fi gerdded adre mae fy ffôn yn pingio.

Ti yw fy ffrind gorau cyntaf erioed. P. X

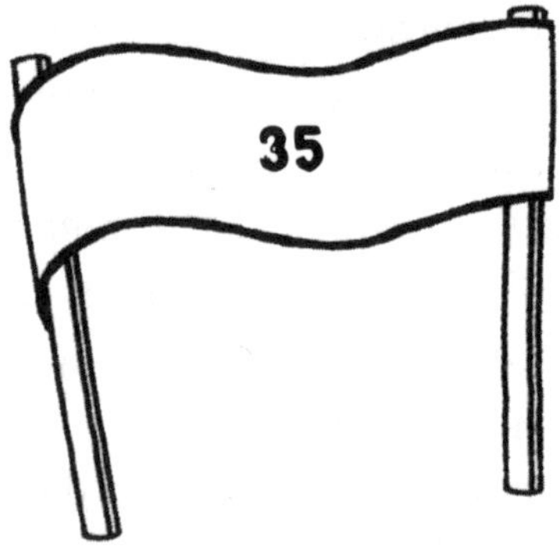

Dwi'n gorwedd ar y soffa ar y landing, yn edrych ar y nenfwd, yn pendroni am daith Pari adre ac yn trio dychmygu ble mae'n byw o'r pytiau mae hi wedi sôn amdanyn nhw. Dwi ddim yn gwybod pam dwi'n teimlo mor hapus ei bod hi wedi 'ngwahodd i draw, ond mi ydw i. Dwi'n llithro cloch Nain o'r bag, yn ei siglo a gadael i'r sain lenwi'r aer… ac mae hyn yn dod i fy meddwl yn glir:

Ddo i ddim i nabod Pari'n iawn tan i fi weld ble mae hi'n byw. Mae'n bwysig nad dim ond fi sy'n ei gwahodd hi yma. Ond mae'n amlwg yn poeni amdana i'n mynd yna, sy'n fy ngwneud i braidd yn nerfus. All e ddim bod mor wael â hynny, siawns? Sut allwn ni fod yn ffrindiau gorau heb wybod mwy am ein gilydd?

Efallai taw dyna'r sefyllfa gyda Kez hefyd… pam mae mor bwysig mai dim ond fi sy'n gallu mynd i'w thŷ hi, a hithau ddim yn teimlo'n gyfforddus i ddod i fy nhŷ i rhagor.

Dwi'n clywed allwedd yn troi yn y clo.

"Mam?" gwaeddaf.

"Janu sy 'ma!"

Mae e'n sefyll ar waelod y grisiau, yn glanhau ei draed â'r *wetwipes* mae'n eu cadw yn ei sach gefn. Dwi'n methu credu ei fod e'n mynd i gwblhau'r busnes troednoeth yma.

"Haia, Laila Landing! Dyna beth fydda i'n galw ti nawr," meddai Janu gan chwerthin, wrth iddo ddringo'r grisiau a mynd i'r stafell molchi i olchi ei draed yn lân. Y sychu a'r golchi yw ei ffordd e o dynnu ei sgidiau wrth y drws ffrynt.

"Dyna welliant," meddai, gan ddod allan o'r stafell molchi ac eistedd wrth fy ymyl ar y nyth. Mae'n tynnu ei iPad o'i sach ac yn agor ei dudalen Blogiwr Troednoeth. "Dere i ni gael gweld oes mwy o gyfraniadau…"

Mae'n darllen yn uchel:

"£10 gan Faes Awyr Heathrow!"

Mae e'n chwerthin eto a dweud, "Wel, gadwodd hi at ei gair, chwarae teg!"

Dwi'n darllen yr un nesaf dros ei ysgwydd.

> Fe wnaethon ni gwrdd ar Fryn Lluest. Mae'r byd yn fy ngwneud i'n ddiflas yn ddiweddar ond roedd cwrdd â ti a dy gyfnither wedi rhoi gobaith newydd i fi! Cyfraniad o £500.
> Gyda chorff ac enaid!
> Lizzy Melrose

"A, y ddynes Bhopal! Na'th hi ddim anghofio. Diolch yn fawr, Lizzy Melrose!" meddai Janu. "Caredigrwydd dieithriaid."

> Ar ran Cymdeithas Tagore. Fe gawson ni drafodaeth mewn cyfarfod o'r Bwrdd ac ymchwilio i'r prosiect. Mae dy gynllun codi arian yn llawn creadigrwydd! Byddai Tagore ei hun wedi'i gymeradwyo.
> Cyfraniad o £1000.
> Dilip Sen-Gupta

"Y dyn ar y bws! Methu credu! Mor garedig."

Mae Janu'n cau caead ei iPad ac yn pwyso'n ôl ar soffa Nain Josie gyda'i freichiau y tu ôl i'w ben.

"Be sy'n digwydd yn dy fyd bach *di*, Laila?"

Dwi wedi sylwi gyda'r athrawon yn yr ysgol fod pobl yn dueddol o ofyn yr un cwestiynau dro ar ôl tro. Ond y rhan fwyaf o'r amser dydyn nhw ddim wir eisiau clywed yr ateb na gwybod beth yw dy farn… Dyna pam mai "Iawn" yw'r ateb i'r rhan fwyaf o gwestiynau. Ond mae gan rai pobl ffordd arbennig o ofyn, fel Mrs Latif a Janu, sy'n gwneud i ti feddwl. Mae Janu fel petai'n sylweddoli y dylai beidio holi am yr ysgol, fel mae Mam a Dad yn ei wneud o hyd.

"Dwed ti gynta," dwedaf.

"Iawn!" Mae'n rhwbio'i dalcen am eiliad, wrth feddwl. "Dwi 'di sylweddoli… bod fy argraffiadau y byddai'r ddinas yma'n wahanol i adre yn hollol anghywir. Bues i mewn lle o'r enw Tŷ Diogel gyda Hannah heddi… ti'n gwbod amdano?"

Dwi'n siglo 'mhen.

"Lle i bobl ifanc ddigartref yw e. Digon tebyg i fy ffoaduriaid i. Llawer ohonyn nhw â phroblemau iechyd meddwl. Do'n i ddim yn sylweddoli bod cymaint yn dioddef fan hyn hefyd. Do'n i ddim 'di disgwyl hynny!"

Dwi'n nodio. "Ges i'r syniad 'ma na fydda i'n gallu nabod Pari'n iawn tan i fi fynd i'w chartre hi. A… dwi'n meddwl bod Mam yn poeni amdana i'n mynd… mae'n rhy ofalus ohona i."

"Ond dy fam yw hi!"

"Ond mae'n bosib fydd hi ddim yn gadael… wel, dwi 'di bod yn meddwl… os ydy Pari'n rhoi gwahoddiad i fi, fyddet *ti*'n fodlon mynd â fi draw?"

"Dim problem." Mae Janu'n nodio ac yn taenu ei law dros ei ben. "Dyna ran o'r rheswm ddois i yma, i weld ble wyt ti a Krish a Mira yn byw."

Mae drws y ffrynt yn agor.

"Haia, Laila! Ysgol yn iawn?" gwaedda Mam.

"Iawn!" gwaeddaf yn ôl.

Mae Janu yn gwenu wrth iddo gau ei iPad a mynd i stafell Krish, gan fy ngadael i gyda Mam. Mae e'n rhoi winc fach o gefnogaeth wrth fynd.

36

Nos Fawrth mae mam Pari'n ffonio. Dwi'n eistedd mor agos at Mam fel nad oes angen i fi ddyfalu beth sy'n cael ei ddweud ar ben arall y ffôn.

"Dim problem o gwbl. Ma croeso i Pari unrhyw bryd. Maen nhw'n dod yn ffrindiau da. Ac yn neud eu gwaith cartre hefyd."

Mae Mam yn siarad yn rhyfedd eto, fel petai'n meddwl y byddai mam Pari'n ei deall yn well o siarad fel hynny. Mae'n swnio'n wirion. Dwi'n rholio fy llygaid ar Mam ac mae hi'n pwnio fy ochr i wneud i fi chwerthin. Dwi'n pwyso ymlaen i glywed mam Pari'n well.

"Dangos yr un croeso, ie? Pnawn Sadwrn. Aros nos. Dod â sach gysgu. Neud pryd o fwyd sbesial. Dim problem."

Mae Mam yn cytuno ac yn gorffen yr alwad.

"Mae'n swnio'n hyfryd! Rhyfedd mai ei henw hi yw Leyla, yndyfe?" meddai Mam. "Hoffwn i gwrdd â hi. Fe af i â ti yn y car."

"Na! Ma Pari'n dod i'n nôl i. Ni 'di trefnu popeth. Ni'n mynd ar y trên… i helpu 'da'r gwaith cartre cyfansoddi cerddoriaeth. Dim ond cwpwl o stops."

"Beth sydd 'da'r trên i neud â cherddoriaeth?"

"Ni'n cyfansoddi darn am daith trên."

Mae Mam yn edrych arna i'n amheus.

"Be? Mae'n wir!"

"Iawn, ddo i 'da ti ar y trên 'te," meddai Mam wedyn.

"Ti ddim yn trystio fi?"

"Ddim hynny…"

"Beth 'te? Ma Pari'n mynd ar y trên bob bore a bob pnawn ac ma hi'n iawn."

"Ni 'di trafod hyn o'r blaen, Laila. Mae hi 'di arfer, a dwyt ti ddim!"

Dwi'n codi fy ysgwyddau. "Wel, bydd hi 'da fi, felly byddwn ni'n iawn."

"Laila, dwi'n fam i ti. Rhaid i fi wbod byddi di'n saff."

"Dwi'n gwbod beth yw hyn. Ddaeth mam Pari ddim draw fan hyn i weld sut bobl oedden ni cyn i Pari ddod yma."

Dwi'n teimlo fy hunan yn dechrau berwi tu mewn. Ar ôl yr holl amser mae wedi'i gymryd i Pari ymddiried yndda i a fy ngwahodd i draw i'w chartref, y peth diwethaf dwi'i angen yw Mam yn penderfynu 'mod i ddim yn cael mynd. Pam mae gymaint o sgyrsiau Mam a fi'n troi'n ddadlau? Doedden nhw ddim, pan oedd Krish a Mira yma.

Yng nghanol ein 'sgwrs' mae Janu yn dod i mewn.

"Os oes rhywun yn gorfod mynd â fi, gall Janu neud!"

"Laila! Paid bod mor anghwrtais." Mae Mam wedi ei syfrdanu. "Sori am hyn, Janu."

Mae Janu'n eistedd yn dawel wrth y bwrdd yn yfed te ac yn sgwennu rhyw fath o lythyr, ond mae ei freichiau'n cuddio'r papur, felly fedra i ddim gweld yn iawn. Beth bynnag mae'n ei sgwennu mae'n gorfod ailddechrau sawl gwaith. Mae'n rhwygo sawl tudalen yn ddarnau mân.

"Na! Popeth yn iawn, Uma; dwi'n hapus i fynd â hi. Fe na'th hi ofyn i fi yn gynharach." Mae Janu'n plygu tudalen o bapur ac yn ei roi yn ei boced. Mae'n casglu ei sbwriel ac yn rhoi hwnnw yn ei boced hefyd. "Pa ddiwrnod?"

"Dydd Sadwrn," meddai Mam a fi fel deuawd.

"Perffaith! Dwi'n mynd ffor'na beth bynnag, gyda rhai myfyrwyr dwi 'di cwrdd â nhw. Ac maen nhw wedi cynnig i fi aros draw hefyd! Paid poeni, Uma, galla i fynd â Laila yna a'i chasglu hi ar y ffordd 'nôl bore Sul."

Mae Mam yn edrych fel petai'n mynd i wrthwynebu ond does ganddi ddim rheswm i anghytuno â Janu.

Dwi'n ffonio Pari ac yn sôn am y cynllun. Mae'n gofyn pa fwyd dwi'n ei hoffi. Dwi ddim eisiau i'w mam fynd i drafferth, felly dwi'n dweud pitsa – rhywbeth hawdd. Wrth i ni siarad mae fy nhraed yn cicio yn erbyn rhywbeth ar y llawr. Dwi'n edrych o dan y bwrdd. Mae pelen o bapur yna. Dwi'n methu â'i llusgo'n agosach gyda fy nhroed, felly dwi'n cropian o dan y bwrdd i'w nôl.

Mae drws y ffrynt ar agor, ac mae Mam a Janu'n sefyll wrth y wal yn sgwrsio yn y stryd. Dwi'n troi fy nghefn arnyn nhw ac yn agor y belen bapur…

Annwyl Mira,

Sori nad y'n ni wedi siarad. Dwi wedi trio ffonio ac e-bostio heb unrhyw lwc, felly dyma sgwennu'r llythyr yma. Mae'n teimlo'n annaturiol i sgwennu pan y'n ni'n dau yn yr un wlad o'r diwedd, a dim ond oriau i ffwrdd oddi wrth ein gilydd! ~~Ti'n gwbod faint ydw i eisiau dy weld di…~~ Yn fwy na phopeth arall, dwi yma i dy weld di… Wnei di byth ddyfalu…

Dwi'n teimlo'n ofnadwy drosto. Nid fi yw'r unig un sydd yn cadw cyfrinachau, mae'n amlwg. Ydy e'n ei charu hi? Dwi'n gallu dyfalu nawr beth sydd yn y bocs bach sgwâr mae Janu wedi dod gydag e i Mira. Druan â Janu… Dwi'n flin 'mod i wedi gweld y gusan yna rhwng Jidé a Mira yn y cyntedd.

Dwi'n mynd i stafell Mira, cau'r drws a'i ffonio. Mae'n canu am dipyn cyn iddi ei ateb.

Fi: Haia, Mira.
Mira: Pam ti'n sibrwd, Laila?
Fi: Mira, rhaid ti ddod adre i weld Janu. Dwi'n meddwl bod e'n caru —

Mira: Gwranda, Laila. Alla i ddim. 'Na i esbonio rhyw ddiwrnod. Paid gofyn eto. Dwi wir yn brysur 'da'r arddangosfa 'ma.
Fi: Ti 'di clywed wrth Jidé eto?
Mira: Ydw, ma fe'n... Drycha, Laila, ma 'na rai pethau ti ddim yn deall, ac un diwrnod... Wel, dwi'n methu siarad amdano fe nawr ond alla i ddim dod 'nôl. Rhaid fi fynd. Ffonia i cyn bo hir...
Fi: Beth os ydy e isie gofyn i ti —
Mira: Dwi'n mynd, Laila, iawn? Siarad cyn bo hir.

Dwi'n gwybod yn iawn pan mae Mira'n crio. Dwi'n gallu'i glywed e yn ei llais hi. Dwi'n difaru ffonio a'i hypsetio, ond dwi'n teimlo 'mod i yng nghanol rhywbeth a does neb wedi meddwl sôn wrtha i – fel arfer. Beth fyddai Lai Lai fach yn ei ddeall beth bynnag?

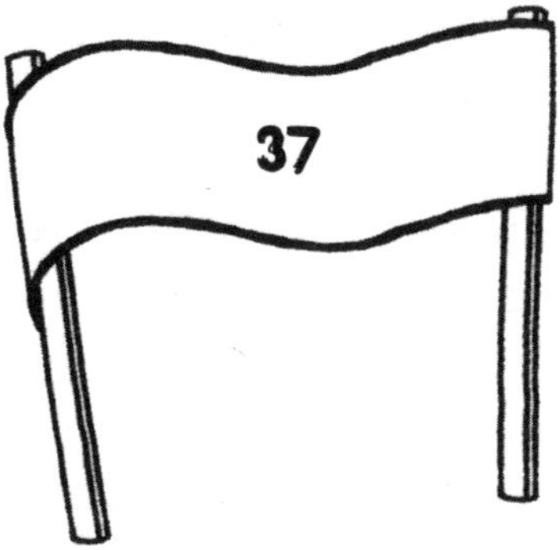

Y tu allan i'r orsaf mae dyn tua'r un oed â Janu yn eistedd ar y palmant, a sach gysgu wrth ei ochr, wedi cyrlio fel rhyw wlithen lwyd sgleiniog. Y tu mewn i'r sach mae caniau cwrw a sachau sbwriel. Mae'r dyn digartref yn edrych ar draed Janu.

"Ble ma dy sgidiau di, mêt?"

"Sai'n gwisgo nhw."

"Dwi'n gallu gweld hynny!"

"Tisie paned o de?" gofynna Janu.

"Ddweda i ddim na!"

"Sut baned – llaeth a siwgr?"

"Llaeth, pedwar siwgr," meddai'r dyn gan wenu. Mae hanner ei ddannedd yn ddu, a'r gweddill ar goll.

Mae Janu'n mynd i brynu te o'r ciosg bach yn yr orsaf, a 'ngadael i i benderfynu a ddylwn i ei ddilyn ai peidio. Mae'r dyn yn drewi o gwrw a sigaréts ac mae ei ddillad yn frwnt. Efallai ei fod e'n hŷn na Janu.

"Ydy e'n Hare Krishna neu rywbeth?" gofynna'r dyn i fi, gan bwyntio at Janu.

Wel, mae e'n gwisgo siwmper oren, fel mae'n digwydd. Dwi'n camu ymhellach oddi wrth y dyn. Dwi ddim wir eisiau sgwrsio ag e, ond gan fod Janu wedi 'ngadael i fan hyn does dim llawer o ddewis.

Dwi'n trio esbonio rhywfaint am y blog a'r lloches yn India. Do'n i ddim yn meddwl y byddai ganddo ddiddordeb ond mae e.

"Fydde fe ddim yn gallu byw ar y stryd drwy'r gaeaf fel'na!"

Dwi mor falch pan mae Janu'n dod yn ôl.

"Dyma ti!" meddai Janu a rhoi'r te i'r dyn.

Mae e'n cael trafferth agor y caead gan fod ei ddwylo'n crynu gymaint. O'r diwedd, mae'n llwyddo ac yn dechrau sipian. Mae'n edrych i fyw llygaid Janu a dweud:

"Dyma'r baned waethaf ers sbel fawr!"

"Diolch!" Mae Janu'n chwerthin ac yn estyn ei fraich i siglo llaw'r dyn.

Mae e'n oedi am eiliad ac yna'n cydio yn llaw Janu a'i dal wrth iddyn nhw siarad.

"Ddim dy fai di, mêt! Ddim ti na'th hi!"

"Alla i neud rhywbeth i helpu? Oes 'da ti rifau llochesau rownd ffordd hyn?"

Mae'r dyn yn nodio. "Ti'n un o'r rhain sy'n prynu paned a disgwyl i fi ddweud hanes fy mywyd wrthot ti?"

Mae Janu'n siglo'i ben.

"Wel, diolch am hwn," meddai, gan ollwng ei law.

"Sneb 'di cynnig siglo fy llaw ers amser hir."

Mae Janu'n nodio ac yn dechrau cerdded i ffwrdd, ond mae'r dyn yn galw arno.

"Isie cyngor?"

Mae Janu'n codi ei ysgwyddau.

"Gwisga sgidiau! Creda fi, ma gormod o fudreddi ar y strydoedd 'ma."

Ac mae e'n iawn. Mae traed Janu'n llawn budreddi dim ond ar ôl cerdded o'r tŷ i'r orsaf. Mae'r gwadnau'n ddu gan faw. Mae pobl yn cael eu denu i edrych i lawr, cyn edrych i ffwrdd yn gyflym, fel petaen nhw'n cywilyddio. Teimlad tebyg i'r daith pan ddaeth y teulu ar y trên i werthu hancesi papur... ond nawr dwi'n rhan o'r cywilydd gan 'mod i gyda Janu. Dwi'n estyn y tu ôl i fi am bapur newydd am ddim. Mae Janu'n ei ddarllen dros fy ysgwydd. Does gen i ddim llawer o ddiddordeb yn y papur, ond dwi ddim eisiau eistedd yna a gweld pawb yn syllu arnon ni'n dau. Bob tro mae drws y trên yn agor dwi'n hanner disgwyl i'r ferch a'r teulu ymddangos, yn gwerthu eu hancesi, ond dydyn nhw ddim. Mae pobl yn edrych ar ei draed ac yna'n troi eu pennau, fel petaen nhw'n teimlo'n anghyfforddus. Mae'r ddynes sy'n eistedd gyferbyn â fi yn edrych fel petai'n ein beirniadu ni... Fel petai Janu a fi ddim i fod gyda'n gilydd. Dwi eisiau cyhoeddi i bawb fod Janu'n rhyw fath o gefnder i fi. Pam mae pobl mor barod i feirniadu rhywun sy'n wahanol? Beth yw'r olwg yn eu llygaid? Cymysgedd o biti a ffieidd-dod, dwi'n meddwl. Dwi'n gallu gweld wyneb y ferch fach o 'mlaen i, fel petai'n sefyll yno gyda'i hances yn aros am ymateb. "Ti'n gwbod sut mae'n teimlo nawr," meddai wrtha i.

"Ti'n iawn?" gofynna Janu.

Dwi'n sychu fy llygaid.

"Ydw. Ma rhywbeth yn fy llygad i."

Mae fflat Pari i gyfeiriad gwahanol i Hafan Gofal. Does dim llawer o wyrddni ar y ffordd ac mae'n rhaid i Janu gerdded yn ofalus i fyny'r stryd. Mae budreddi a phyllau o ryw hylif dros y concrit, sy'n gwneud i fi deimlo'n sâl.

"Roedd y dyn digartre 'na'n iawn am y strydoedd. Maen nhw'n afiach. Ti'n ocê? Ti'n dawel iawn," meddai Janu.

Dwi'n nodio.

Rydyn ni'n pasio tŷ sy'n dechrau dadfeilio, gyda rhai o'r ffenestri wedi eu torri a graffiti mawr ar y wal.

"Do'n i ddim yn disgwyl gweld rhywbeth fel hyn, mae fel bod adre. Ond falle 'mod i'n naïf." Mae Janu fel petai'n siarad ag ef ei hun.

Rydyn ni'n cerdded ar hyd ffordd brysur. Mae Janu'n dweud rhywbeth wrtha i ond mae ei lais yn cael ei foddi gan sŵn rhuo'r traffig, ac mae'n dal ei law o flaen ei geg. Dwi'n gwneud yr un peth… Dwi'n gallu blasu'r llygredd metelaidd ar fy nhafod. Mae Janu'n tynnu ei law o'i geg am eiliad ac yn gweiddi uwchben dwndwr y bysys a'r ceir a'r loriau. Wrth gerdded ymlaen mae fy nghlustiau'n cael eu taro gan y synau roedd Pari eisiau eu rhoi yn ein darn cyfansoddi – y sgrechian a'r atsain ro'n i'n meddwl oedd dros ben llestri. Ond dwi'n deall nawr. Dwi'n meddwl mai synau ei thaith hi o'r ysgol i'w chartref oedd ganddi mewn golwg. Dim rhyfedd ei bod hi eisiau i'r gerddoriaeth fynd yn fwy swnllyd a hyll.

"Pa floc yw e?" gofynna Janu.

Mae waliau uchel tri bloc o fflatiau sgwâr ochr yn ochr yn gysgod dros bopeth, gan ein cynnwys ni'n dau.

"Goleudy, Bloc 2."

"Ma tyrau uchel fel hyn yn cael eu codi dros Kolkata hefyd. Ond dy'n nhw ddim yn edrych fel hyn pan maen nhw'n newydd sbon. Mae rhai'n smart iawn, ond ddim at fy nant i. Dwi'n hoff o gadw 'nhraed ar y ddaear, fel ti'n gwbod!" Mae Janu'n trio gwneud jôc ond does yr un ohonon ni'n gwenu.

Efallai fod y tyrau yma unwaith yn olau a glân ond ddim erbyn hyn, gyda hanner y ffenestri wedi eu byrddio. Dwi'n cofio'r hyn ddwedodd Pari y tro cyntaf ddaeth hi i'n tŷ ni.

"Ydy hyn yn saff? Byddai'n hawdd torri hwn."

Dwi'n deall ei sylw hi am y ffenest liw nawr. Dyw e ddim yn swnio'n rhyfedd rhagor.

Rydyn ni'n cerdded yn y cysgodion, heibio Bloc 1 at Floc 2, sy'n edrych yn union yr un fath, ond sy'n fwy yn y cysgod. I fyny'r llwybr cul at ochr yr adeilad wedyn, ac mae'n rhaid i Janu droedio'n araf. Mae ambell le parcio gwag gyda biniau anferth ar eu hochr a sbwriel sy'n arogli'n afiach yn tywallt dros bob man. Mewn lle parcio arall mae cragen o gar wedi ei ddymchwel, fel petai'r gyrrwr wedi sgrialu i stop gyda sgrech a rhedeg i ffwrdd. Mae gan y car un teiar yn y cefn, un yn y blaen a dim un drws. Dwi'n gwybod yn iawn, petai Mam wedi dod â fi yma, fyddai hi ddim yn fodlon o gwbl i fi aros.

Rydyn ni'n cerdded drwy ddrws metel melyn, rhydlyd, i ryw fath o gyntedd. Er, mae cyntedd yn air rhy grand ac yn gwneud iddo swnio fel gwesty, ac mae e'n bell o fod fel gwesty. Dyw e ddim patsh ar yr hostel ieuenctid ble arhoson ni ym Mharis unwaith – o leiaf roedd hwnnw'n weddol lân. O'n blaenau mae grisiau concrit a lifft. Dwi'n gallu clywed cerddoriaeth Pari'n sgrechian yn fy mhen. Mae Janu'n arafu, ac yn edrych ble i osod ei draed. Mae'n sbio o gwmpas y grisiau, ac yn cerdded i fyny un neu ddau, yna'n newid ei feddwl ac yn dod i lawr yn sydyn.

"Dere i drio'r lifft. Ma dringo ugain llawr yn bell i gerdded ar goncrit oer," meddai.

Dwi'n gwasgu'r botwm ac mae'r golau uwchben yn cyfri i lawr o ugain i un. Mae'n rhaid fod Pari'n byw ar y llawr uchaf. Mae'r drysau metel yn gwichian ar agor ac rydyn ni'n camu i mewn i'r lifft. Mae'n arogli fel arogldarth melys.

"Do'n i ddim yn disgwyl arogl neis fel hyn ar ôl gweld beth oedd ar y grisiau 'na!" meddai Janu.

"Beth welest ti?"

"Sdim ots. Anghofia amdano fe."

Ond wrth i ni esgyn drwy'r adeilad mae'r arogl yn troi'n wynt piso a chwistrellau aerosol. Mae'n codi cyfog arna i. Mae Janu'n codi un droed ac yn tynnu darn o gwm cnoi sydd wedi gludo ar ei sawdl. Mae'n tynnu weips o'i fag, yn plygu i lawr ac yn trio'i orau i lanhau ei draed a'i ddwylo. Wrth iddo blygu dwi'n gweld bod ochrau'r lifft wedi cael eu peintio… i drio cuddio'r hyn sydd wedi cael ei sgwennu yno. Ond dyw hynny ddim wedi gweithio. Mae'r neges i'w gweld o hyd.

REFUGEE SCROUNGERS
GO HOME

Nawr dwi'n gallu clywed y drôn uchel roedd Pari eisiau iddo redeg yn gyson drwy'r gerddoriaeth. Do'n i ddim wedi deall o'r blaen pam fod hynny'n bwysig iddi, ond dwi'n sylweddoli nawr beth ydy ystyr y sain aflafar: OFN a DICTER. Taswn i'n gorfod wynebu'r lifft yma bob un dydd ar fy mhen fy hun byddai'r sŵn taer yna yn fy mhen i hefyd. Dwi'n methu aros i'r lifft ddod i stop a chael dianc o'r drewdod.

"Janu… paid dweud wrth Mam am hyn i gyd, plis. Neu fydd hi ddim yn gadael i fi ddod 'ma eto."

"Wel, sai'n addo, Laila. Rhaid neud yn siŵr dy fod di'n saff gynta, cyn penderfynu."

Dwi'n teimlo fel gofyn i Janu fynd â fi adre, ond alla i ddim siomi Pari nawr. Sut mae edrych ar y neges yna bob dydd yn effeithio ar ei meddwl hi? Mae Janu'n edrych arna i fel petai'n gofyn ydw i'n dal eisiau mynd, ond dyw e ddim yn dweud gair.

Mae drws metel solet Fflat 20 fel pob drws arall ar y llawr yma. Mae Janu'n canu'r gloch ac mae rhywun yn chwarae â'r clo yr ochr arall. Mae'n agor fymryn bach. Dwi'n gweld rhychau o gwmpas llygaid tywyll, pryderus, a gwallt hir llwyd. Mam Pari, mae'n rhaid. Mae'n gweld Janu ac yn cau'r drws yn gyflym.

Dwi'n clywed llais Pari. Mae'n siarad â'i mam mewn Arabeg ac yn ailadrodd y geiriau yn Saesneg.

"Mae'n iawn, Mam, cefnder Laila o India… Ddwedes i wrthot ti amdano fe, ti'n cofio?"

Mae ei mam yn swnio'n nerfus.

"Arhoswch funud!" galwa Pari.

Mae'r drws yn agor fymryn eto wrth i fam Pari edrych ar Janu drwy'r bwlch bach cul, ond mae'n cadw'r tsiaen ar draws y clo. Mae Pari'n siarad â hi fel petai'n ei brysio. Yna, mae mam Pari'n agor y tsiaen o'r diwedd. Mae wedi gorchuddio'i phen nawr.

"Sori am hynna!" meddai Pari dan fwmial.

"*Ahlan wa sahlan*, croeso, croeso." Mae Leyla, mam Pari, yn clapio'i dwylo, yn sibrwd rhywbeth wrth Pari ac yn cyffwrdd â fy ysgwydd. "Ffrind tlws, fel dwy chwaer!"

Dwi'n edrych ar Pari ac yn sylweddoli am y tro cyntaf ein *bod* ni'n weddol debyg.

Mae Pari'n gwisgo jîns tyn a siwmper drwchus gydag edau sgleiniog yn gwau trwyddi. Mae ei gwallt yn llyfn fel sidan ac wedi ei liwio'r un lliw â gwallt Kez!

"Dim ond dros dro! Pan welais i wallt Kez, ro'n i isie trio hefyd!" Ac mae hi'n chwerthin.

"Mae'n..."

"Sdim rhaid i ti esgus," meddai Pari. "Sai'n hoffi fe chwaith. Bydd e'n golchi allan."

Dwi erioed wedi gweld ei gwallt hi i lawr o'r blaen, heb sgarff, a fyddwn i byth wedi dyfalu ei fod mor hir – mae'n mynd yr holl ffordd i lawr ei chefn. Dwi'n difaru na faswn i wedi gwisgo rhywbeth mwy smart nawr, yn lle hen legins a chrys chwys.

"Ffeindioch chi'r fflat yn iawn? Aethoch chi yn y lifft? Oedd e'n iawn? Mae'n well na'r grisiau." Mae Pari'n saethu cwestiynau, un ar ôl y llall.

"Oedd, oedd e'n iawn."

Mae Pari'n cnoi ei gwefus isaf. Mae'n poeni na fydda i eisiau aros.

"Sori, os yw'r gŵr yma, gallu gwahodd ti mewn, ond dwi ar ben fy hunan. Sori," esbonia mam Pari wrth Janu. Yna mae hi'n sylwi ar ei draed.

"O! *Bismillah*. Pam cerdded heb sgidiau?"

"Stori hir! 'Neith Laila adrodd yr hanes," meddai Janu gan syllu i mewn i'r cyntedd. "Oglau bendigedig!"

"Ma Mam 'di bod yn coginio ers dyddiau," meddai Pari gan rolio'i llygaid.

"Ddo i'n ôl bore fory, tua deg, Laila, iawn? Fe ffonia i Uma i ddweud bod ti 'di cyrraedd yn saff."

"Ocê, diolch!"

"Pari, peidio gadael i ffrind ti aros yn y cyntedd. Tynnu dy sgidiau, rhoi nhw'n fan'na..."

Dwi'n tynnu fy nhreinyrs. Mae tri phâr o sgidiau yn

y cyntedd: rhai twt, fflat, call, gyda lasys, sy'n berchen i Leyla, mae'n siŵr, sgidiau ysgol Pari a phâr o dreinyrs maint traed Pari. Mae hi'n pwyntio at sgidiau tebyg i sliperi ar y llawr a dwi'n eu gwisgo.

"Faint o bobl sy'n byw yma?"

"Dwi'n gwbod lle i ddod am sgidiau."

Mae geiriau Pari yn adleisio yn fy mhen. Dwi'n sylweddoli nawr beth roedd hi'n ei weld pan ddaeth hi draw i'n tŷ ni.

"Ewch i olchi gynta," meddai mam Pari, gan bwyntio at ddrws.

Dwi'n dilyn Pari i mewn i'r stafell molchi. Rhaid iddi hi fynd i sefyll y tu ôl i'r drws i wneud lle i fi. Ac mae digon o le i ni'n dwy yn y stafell os wnawn ni gau'r drws, sefyll ar flaenau'n traed a gwasgu'n cyrff o gwmpas y sinc. Mae yna gawod, sinc a thoiled, sy'n sgleinio'n lân, heblaw lle mae darnau o enamel wedi plicio i ffwrdd. Mae pentwr o dywelion glân wrth y sinc.

Mae Pari a fi'n sefyll gyda'n gilydd ac yn golchi'n dwylo gyda sebon sy'n arogli'n gryf o ddisinffectant meddygol. Mae Pari'n sgrwbio a sgrwbio'i dwylo, a byddwn i wedi hen orffen golchi fel arfer, ond dwi'n gwneud yr un fath â hi. Rhaid bod ganddi'r dwylo glanaf yn y byd.

Mae mam Pari'n aros amdanon ni y tu allan i ddrws y stafell molchi. Mae'n fyrrach na Pari, yn blwmp a chanddi wyneb crwn sy'n wahanol i wyneb hirgrwn Pari a'i hesgyrn bochau uchel. Mae hi wedi diosg ei sgarff. Mae ganddi wallt hir, llwyd wedi ei glymu'n blethen drwchus ac mae'n gwisgo cot hir at ei thraed o ddefnydd tywel glas, tebyg i un mae Nana Kath yn ei gwisgo weithiau amser gwely, ond mae fel petai mwy o ddillad odani. Am ei thraed mae sanau a sandalau.

"Leyla dwi, a Laila wyt ti?"

"Mam! 'Nest ti addo – dim jôcs!"

"Mae Pari wedi dweud, Laila... parodi o hen gân – 'I say tom-ay-to and you say tom-ah-to'..."

Dwi'n nodio ac yn trio peidio â chwerthin ar wynebau dwl Pari!

"Dwi'n dweud Leyla, a ti'n dweud Laila!" Mae Leyla'n cydio yn fy llaw ac yn dechrau dawnsio. "Ti'n gwbod y gân?"

"Ie, iawn, Mam!" cwyna Pari. "Gawn ni fynd mewn i'r stafell nawr?"

Dwi'n nodio ac yna dwi'n byrstio chwerthin.

"Ti'n gweld! Hi'n deall jôc dda!"

A nawr dwi'n deall pam mae Pari eisiau gorffen y darn cyfansoddi gyda cherddoriaeth hapus, chwareus. Cerddoriaeth sy'n adlewyrchu bod yng nghwmni ei mam, pan mae'n ddiogel yn y fflat y tu ôl i ddrws caeedig, wedi'i gloi.

"Mam! Fy ffrind *i* yw hi!" meddai Pari gan chwerthin.

"Ie, ie, dwi'n gwbod, ond ffrind fi hefyd. Ffrindiau gyda bron yr un enw! Nawr pawb yn ffrindiau."

"Mam, 'nest ti addo..."

Mae Leyla'n symud o'r drws. Ar y bwrdd mae cacen ac arni un deg tri o ganhwyllau.

"Pen-blwydd hapus i ti," cana Leyla, ac ymhen eiliad dwi'n sylweddoli… ac yn ymuno yn y canu. Dwi'n teimlo'n ofnadwy.

"Pam 'nest ti ddim dweud? Dim ond siocled sy 'da fi. Do'n i ddim yn gwbod bod dy ben-blwydd – yn dair ar ddeg!"

"Golles i lot o Flwyddyn 3, ar ôl symud i Gymru, pan oedd Mam ddim yn dda, felly wnes i ail-wneud blwyddyn," esbonia Pari'n dawel bach.

"A Kez hefyd! Fi yw'r babi felly!"

Mae Pari'n gwenu'n swil ac yn codi ei hysgwyddau. "Do'n i ddim isie ffŷs. Dim ond ti'n dod draw i aros. Dyna'r peth gorau!"

"Ffonies i mam ti, Laila. Roedd Pari isie i fi addo dim sôn am de pen-blwydd. Ond nawr dwi'n newid meddwl… er mwyn ffrindiau da. Dathlu gyda'ch gilydd?"

Yng nghegin Pari mae stof fach nwy gyda dau hob, sinc metel rhydlyd, meicrodon ac oergell fach. Ar yr ochr mae bwrdd pitw gydag wyneb glas sgleiniog a dwy gadair gardd blastig. Mae'r gegin a'r lolfa yn un stafell – fel tŷ ni, ond yn hollol wahanol hefyd gan fod y stafell yn ein tŷ ni bron yr un maint â'r fflat cyfan. Does dim llenni, ac mae'r ffenestri gwydr pŵl sydd ar draws dwy wal wedi eu gorchuddio â rhyw fwsog gwyrdd ar y tu allan. Mae tu mewn y fflat yn sgleinio'n lân ond mae bron yn wag. Mae'r rhan lle mae'r soffa o dan y ffenestri yn ddel iawn. Mae matres ar y llawr, ac arno mae defnydd hardd a chlustogau anferth fflat mewn gwahanol liwiau.

"Chi bwyta'r gacen wrth y bwrdd. Fi eistedd fan hyn ar y clustogau."

Mae Pari'n rhoi llwyaid o iogwrt ar fy mhlât. Mae Leyla'n edrych draw arna i o hyd, i wneud yn siŵr 'mod i'n mwynhau'r gacen.

"Laila hoffi?"

Dwi'n nodio.

"Felly Leyla hapus!"

Dwi'n bwyta cegaid arall o'r gacen, gan drio blasu'r holl flasau. Dwi'n meddwl bod sinamon, mêl a chnau ynddi. Mae'r cyfuniad yn fendigedig.

"Felly dweud! Pam mae traed cefnder heb sgidiau?" gofynna Leyla.

Mae Pari'n gwenu ac yn siglo'i phen ar ei mam.

Dwi'n trio esbonio wrthi am gartref plant amddifad Janu a'r codi arian, ac mae ganddi ddiddordeb mawr.

Dwi'n blasu'r iogwrt a'r gacen gyda'i gilydd.

"Sdim rhaid i ti fwyta popeth. Ti'n hoffi'r blas?" gofynna Pari. Mae ganddi olwg amddiffynnol bron ar ei hwyneb, yr un olwg â phan wnes i frifo ei balchder ac y rhedodd hi allan o'r tŷ. Hyd yn oed taswn i'n casáu'r gacen fyddwn i ddim yn cyfaddef hynny. Dwi'n cymryd cegaid arall. Does dim rhaid i fi esgus.

"Mae mor flasus!"

Mae'n sbeislyd ac yn felys ar yr un pryd ac ychydig yn boeth, felly mae'r iogwrt yn paru'n berffaith.

"Tasen i'n gwbod bod hi'n ben-blwydd bydden i 'di prynu presant i ti."

"Ti 'di rhoi'r llyfrau i fi'n barod!" meddai Pari.

Mae Leyla'n clapio'i dwylo, gan ddal llyfr yn ei llaw.

"Y llyfrau! Diolch, diolch. Teimlo'n ifanc eto!"

"Ma Mam yn darllen nhw hefyd," esbonia Pari.

"Dwi 'di dod â mwy, os ti moyn nhw."

"Ydyn, byth gormod o lyfrau. Bron gorffen hwn! Leyla'n darllen llyfrau Laila! Mae ffrind wedi dweud bod Saesneg fi'n gwella, a geiriau cariad pobl ifanc… Mae rhai da iawn," meddai Leyla gan chwerthin.

"Wel, llyfrau fy chwaer ydyn nhw," dwedaf.

"Paid esgus!" Mae mam Pari yn pwyntio'i bys ata i ac yn chwerthin eto. "Dwi'n meddwl mae calon feddal gyda ti fel fi a Pari!"

"Maaaaaam!" ochneidia Pari.

"A cefnder?" gofynna Leyla. "Ydy e wedi priodi?"

"Mam! Dyma beth o'n i'n ofni!"

"Na, dyw e ddim."

"Efallai traed noeth yn neud iddyn nhw redeg i ffwrdd! Yn lle dyn busnes maen nhw'n meddwl dyn ddim yn gallu fforddio sgidiau… Wel, dyna ni. Sawl ffordd i fod yn gyfoethog. Mae gan Nuri, fy ngŵr, a fi un plentyn. Dwi isie mwy ond… Nuri ddim yn dda."

"Mam! 'Nest ti *addo*," ac mae gwên Pari wedi diflannu.

"Dwi ddim yn cwyno. Dwi'n gyfoethog gydag un plentyn."

Mae Leyla'n dweud rhywbeth mewn Arabeg wrth Pari. Mae Pari'n codi o'r bwrdd ac yn rhoi cusan iddi ar ei thalcen. Mae Leyla'n siarad ond yn edrych i lawr ar y clustogau fel petai'n cuddio'i hwyneb oddi wrtha i.

"Mae'n dweud bod hi isie i ti fod yn gyfforddus yma. Fel taset ti gartref."

"Ie, teimlo fel gartref," meddai Leyla, gan godi ei llaw a fflicio'i bysedd, yn arwydd i ni adael llonydd iddi.

"Dere! Dangosa i i ti beth ma Dad 'di neud i fi ar fy mhen-blwydd."

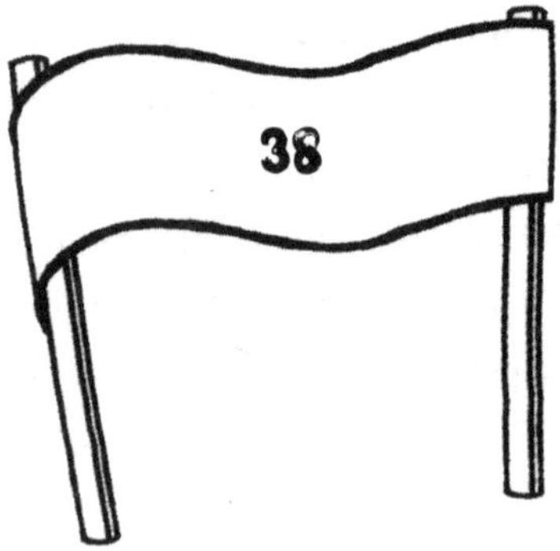

Yn stafell Pari, mae'r gwely dwbl sydd wedi cael ei wthio yn erbyn y ffenest bron yn llenwi'r lle. Ar waelod y gwely, wrth gerdded drwy'r drws, mae cratiau ffrwythau wedi eu pentyrru ar ben ei gilydd ac wedi eu peintio mewn lliwiau llachar cyferbyniol: coch, melyn, gwyrdd, pinc ac oren. Maen nhw fel y cratiau welwch chi ger stondinau ffrwythau yn y farchnad, ond maen nhw'n edrych yn hardd gyda'i gilydd fel hyn. Ynddyn nhw mae'r llyfrau gafodd Pari gen i ac ambell lyfr celf mawr gyda sticer llyfrgell yr ysgol arnyn nhw.

Y tu mewn i grât arall mae teledu bach.

"Ma Dad 'di dechrau neud gwaith coed. Mae'n neud rhywbeth i'r gegin nesa. Mam na'th rhain ar gyfer fy mhen-blwydd. Cyn heddiw roedd popeth ar y llawr – ond croeso i lansiad swyddogol fy silffoedd newydd!" meddai Pari. Dwi ddim wedi ei gweld hi'n parablu'n nerfus fel hyn o'r blaen.

Mae yna flanced wyrdd ac aur hardd ar y gwely, a

llenni yr un lliw wedi'u pwytho'n fân ac yn daclus ar y gwaelod. Yr un pwythau gofalus sydd ar labeli gwisg ysgol Pari. Dwi ddim yn siŵr sut lwyddon nhw i gael y gwely i mewn i'r stafell oherwydd does dim gwagle o'i gwmpas o gwbl.

Mae Pari'n dringo ar y gwely ac yn cropian i edrych allan drwy'r ffenest. Dwi'n ei dilyn ac yn penlinio wrth ei hymyl. Rydyn ni mor uchel. Dwi'n teimlo 'mod i'n hofran.

Ar hyd y sìl ffenest mae rhes o jariau jam wedi'u llenwi â goleuadau bach batri. Ac un llun mewn ffrâm blaen, wydr. Llun o Leyla yn ifanc, a dyn yn dal Pari'n fabi. Mae ei thad yn edrych yn union fel y darlun siarcol o'r hanner wyneb wnaeth hi yn ein tŷ ni. Mae Pari'n debycach i'w thad, hyd yn oed yn fabi. Mae e'n dal ac yn denau a'i wyneb yr un siâp hirgrwn â Pari, yr un llygaid tywyll ac amrannau du trwchus.

"Dyma fy hoff le i!" meddai Pari, gan edrych allan drwy'r ffenest. "Lle i orffwys, i wylio adar a meddwl."

Dwi'n estyn am fy mag. "A… bwyta siocled!" dwedaf gan agor y bocs. Rydyn ni'n bwyta hanner y bocs o fewn dim.

"Siŵr bod ti'n teimlo ar ben y byd fan hyn!" Ac yn syth ar ôl yngan y geiriau dwi'n dychmygu Kez yn siglo'i phen arna i.

Mae Pari'n rhoi rhyw olwg *Hm, dwi'n amau'n fawr*, yna'n troi ac eistedd ar ei gwely.

"Ar ben Goleudy 2, am wn i! Isie gwylio'r teledu?" gofynna.

Mae'n fflicio drwy'r sianeli. Mae'r newyddion ymlaen ac mae Pari'n troi i sianel arall yn syth.

"Dwi'n casáu'r newyddion! Wyt ti? Ma Mam yn ei wylio o hyd ac yn gofyn i fi gyfieithu'r geiriau dyw hi ddim yn deall!" Mae'n troi at raglen lle mae'r teulu yma eisiau trawsnewid eu tŷ ond yn methu fforddio, felly mae tîm o bobl yn dod i mewn a'i addasu.

"Beth os fyddan nhw ddim yn hoffi fe ar ôl gorffen?" gofynnaf.

"Sdim ots! Maen nhw fod i deimlo'n ddiolchgar." Mae'n troi at raglen gwis.

"Swper!" galwa Leyla. "Joiwch chi. Dwi'n mynd i'r gawod."

Mae swper wedi ei osod ar y bwrdd bach glas gyda lliain bwrdd blodeuog a napcyns papur. Mae Leyla hyd yn oed wedi clymu balŵns i'r ddwy gadair. Mae yna bitsa, sudd oren, cacen arall, wahanol, a bisgedi.

Mae Pari'n dechrau chwerthin pan mae'n gweld y bwrdd ac yn gweiddi rhywbeth ar ei mam. Mae hi'n gweiddi'n ôl drwy ddrws y stafell molchi.

"Beth ddwedest ti?"

"Ddim babi ydw i. Dwi ddim angen balŵns!"

"A beth ddwedodd hi?"

"Ond babi *fi* wyt ti o hyd!"

Rydyn ni'n bwyta a dwi'n helpu Pari i glirio wedyn. Mae'r lle fel pìn mewn papur. Mae Leyla'n dal yn y stafell molchi ar ôl i ni orffen.

*

Cyn naw o'r gloch mae Leyla yn cnocio ar ein drws.

"Sori, merched, golau allan yn y Goleudy!"

"Mam! Paid neud hyn heno," ymbilia Pari.

"Sori, Pari. Mewn i'r sachau cysgu, dan y dwfe, pen tu fewn i gadw'n dwym."

"Aros funud."

Mae Pari yn cynnau'r goleuadau bach i gyd ar hyd y sìl ffenest.

"Fyddi di'n iawn, Mam?"

"Bydda i'n ocê. Mae matres, clustogau, blancedi a llenni lleuad newydd," meddai gyda gwên, gan edrych ar y lleuad gilgant fel ewin bys drwy'r ffenest. "Dim problem cysgu un noson ar y clustogau cyfforddus! A breuddwydio am y penblwyddi hapus ges i ers un deg tri oed."

"Mam, oes rhaid?" cwyna Pari, ond mae'n penlinio ar y gwely ac yn rhoi cwtsh hir i'w mam.

O fewn munudau, mae'r goleuadau tylwyth teg a'r teledu wedi eu diffodd a'r unig olau yn y stafell yw'r jariau ar y sìl ffenest.

Mae Pari'n dringo i mewn i'w sach gysgu a phenlinio wrth y ffenest gyda'i thrwyn yn erbyn y gwydr oer. Dwi'n gwneud hynny hefyd.

"Pan ma'r golau'n diffodd fan hyn dwi'n edrych ar rai'r ddinas," meddai Pari. "Ma nifer o bobl fflatiau'r Goleudai yn diffodd popeth am naw. Weithiau allwn ni ddim fforddio cadw'r trydan mlaen drwy'r nos. Cofio pan ofynnodd Mrs Latif oes rhywun yn deall y gair 'eironig'? Wel, dyma beth yw eironi! Goleudy heb olau!"

Dwi'n edrych i'r chwith ac i'r dde ar y blociau o fflatiau ac mae'n wir, mae'r rhan fwyaf o'r stafelloedd mewn tywyllwch.

"Ma hynna'n ofnadwy."

"Dyna fel mae."

"Sori," sibrydaf.

"Pam wyt *ti*'n sori?"

Dwi ddim yn ateb. Dwi'n methu ateb. Beth alla i ei ddweud? Fydd unrhyw beth ddweda i ddim yn gwneud iddi deimlo'n well na gwneud y fflat yn gynhesach: *Dwi'n casáu gweld ti'n byw fel hyn, a sut dwi a Kez yn byw hefyd. Sut gall hyn fod yn iawn?*

"Dyw'r ddinas byth yn dywyll, ma wastad rhyw olau," meddai Pari, gan syllu i'r pellter.

"Dwi'n teimlo'n wael yn mynd â gwely dy fam. 'Nawn ni swopio?" gofynnaf.

"Fyddai hi ddim isie." Mae Pari'n codi ei hysgwyddau. "A gyda llaw, mae angen gwisgo sanau."

Mae'n wir, mae fy nhraed i fel blociau o rew yn barod.

Dwi'n plygu i nôl fy sanau. Mae un hosan wedi llithro o dan y gwely. Dwi'n teimlo o gwmpas i chwilio amdani ac mae can aerosol yn rholio tuag ata i. Mae rhywbeth arall yno hefyd. Pecyn o arogldarth. Sy'n arogli fel y lifft.

"Ti oedd e! Rhoi'r oglau neis a pheintio dros y graffiti yn y lifft?" gofynnaf.

"Ti'n gweld nawr pam do'n i ddim isie i ti ddod 'ma!"

Mae Pari'n syllu drwy'r ffenest gan rwbio blaen rhewllyd ei thrwyn, a dwi'n gwisgo fy sanau y tu mewn i'r sach gysgu.

"Ma dy fam 'di neud y fflat yn lyfli tu fewn," sibrydaf.

"Mae'n neud ei gore," meddai Pari. "Lleuad newydd fel heno yw'r gorau! Pan ti'n meddwl bydd hi'n dywyll am byth, mae darn bach o olau'n disgleirio drwodd a ti'n gwbod bod pethau'n mynd i oleuo!"

Mae Pari'n cydio yn fy llaw. "Ti mor oer!" meddai. "Ti ddim yn gyfarwydd â hyn."

Dwi'n trio cuddio'r ffaith 'mod i'n dechrau crynu. Mae anadl y ddwy ohonon ni'n gymylau rhewllyd sy'n niwlo'r gwydr. Mae Pari'n rhoi ei llaw o dan ei chlustog ac yn tynnu dwy het wlân â bobl ar y top.

"Het ymlaen!" Mae hi'n chwerthin ac yn gwisgo'i het. "Mam na'th wau'r rhain i ni, ar gyfer heno! Fy hoff liw coch. Edrycha! Pompoms pen-blwydd a phopeth!"

Mae Pari'n diffodd y goleuadau bach y tu mewn i'r potiau jam ac yn tynnu'r llenni sy'n cau'r holl olau allan.

Dwi'n gwisgo fy het ac yn llithro'n ddwfn i mewn i'r sach gysgu; mae Pari'n codi'r dwfe a blanced droston ni ac rydyn ni'n swatio o dan bwysau'r dillad gwely.

Mae'n dywyll fel bol buwch yn y stafell. A dyna pryd mae'n dweud wrtha i. Do'n i byth yn mynd i ofyn, os nad oedd hi eisiau siarad amdano. Dwi'n meddwl ei bod hi'n gwybod hynny, a fyddai hi ddim wedi rhannu ei stori o gwbl heblaw 'mod i wedi dod yma.

"Rwyt ti isie gwbod pam ma Mam a fi'n byw fan hyn, fel hyn. Dwi 'di gweld y cwestiynau yn dy lygaid di. Rwyt ti isie gwbod ble ma Dad. Fe ddweda i'r hanes i gyd wrthot ti, nawr, yn y tywyllwch, ac wedyn fydda i ddim isie trafod y peth byth eto. Ti'n deall?"

"Ydw! Ond sdim rhaid i ti ddweud," sibrydaf.

"Oes," sibryda'n ôl gan swatio'n agosach ata i. Wedi cyrlio gyda'n gilydd yn ein sachau cysgu o dan y dwfe, mae ein cyrff yn creu cylch.

"Sai'n cofio unrhyw beth. Do'n i ddim yna! Dim ond beth ma Mam 'di dweud. Yr adeg yna pan oedd dy nain yn protestio yn erbyn bomio'n gwlad ni..."

Mae'n estyn am fy llaw ac yn ei gwasgu, a dwi'n gwasgu'n ôl.

"Cafodd ein tref ni ei dinistrio... dim byd ar ôl. Ti 'di gweld lluniau ar y newyddion? Rwbel llwyd, llawn llwch, y tai wedi troi'n fynwent. Fy nhad-cus a mam-gus wedi eu claddu yna, a fy nghefndryd. Roedd gardd ddel 'da ni, meddai Mam, a choed pomgranadau. Cafodd popeth ei ladd. Popeth wedi marw, hyd yn oed y planhigion, y pysgod yn y pwll, yr adar... popeth. Dim byd ar ôl i ni. Roedd Mam yn cario'r unig beth gwerthfawr oedd ganddi yn y byd... sef fi!"

Dwi'n tynnu fy mraich allan o'r sach gysgu ac mae Pari'n gwneud yr un peth, ac rydyn ni'n dal dwylo rhewllyd ein gilydd yn dynn yn y tywyllwch.

"Roedd Mam yn disgwyl ers tri mis pan adawon nhw Irac. 'Neith Mam ddim siarad am sut 'naethon nhw ddianc. Pan o'n i'n fach byddai hi'n creu straeon a rhoi fi ynddyn nhw. Pan o'n i'n gofyn iddi sut gyrhaeddon ni fan hyn, byddai'n dweud, 'Ar garped hud gobaith!' Nawr dwi 'di gweld sut ma pobl yn teithio yma go iawn, ac mae'n well gen i feddwl am y straeon ffantasi. Bob nos ma Mam yn breuddwydio am foddi. Mae'n siarad yn ei chwsg – dyw hi ddim yn dweud wrtha i. Ond dwi'n gwbod ein bod ni 'di dod dros y môr. Pan dwi'n holi, y cyfan mae'n dweud yw, 'Roedd y dŵr yn ddiogel ac yn lân.'"

"Sdim rhaid i ti ddweud mwy os nad wyt ti isie," sibrydaf.

Mae Pari'n fy anwybyddu.

"Dwi isie dweud er mwyn i ti sylweddoli pam ni'n byw fel hyn. Dwi'n mynd i'n cael ni allan o'r lle 'ma. Dwi'n mynd i fod y gorau galla i ym mhopeth. Dwi'n mynd i fod yn athrawes fel Mrs Latif a chael cartre neis i Mam a Dad, ac ma Dad yn mynd i wella a dod 'nôl aton ni i fyw. Ac wedyn bydd Mam yn hapus, ddim yn esgus bod yn hapus o 'mlaen i, a bydd hi'n gallu gweithio eto..."

Dwi'n gallu teimlo'i dagrau'n dripian ar fy moch, yn gymysg â fy nagrau i. Dydyn ni ddim hyd yn oed yn trio eu sychu i ffwrdd.

Mae Pari'n brin o anadl, yn gobeithio bod siarad, a dychmygu pethau da a dweud yr holl eiriau, yn mynd i lenwi'r gwagle dieithr sydd o'i blaen hi.

Dwi'n gwasgu ei llaw ac mae ei hanadl yn arafu.

"Sdim rhaid i ti ddweud..."

"Gymerodd hi chwe mis iddyn nhw gyrraedd. Yn

ôl Mam, aeth y gyrrwr lorri â nhw at ddrysau Ysbyty Homerton yn Llundain, a dwy awr wedyn ges i fy ngeni! Ma hi'n neud i'r holl beth swnio'n syml!"

"A! *Dyna*'r llun o'r tri ohonoch chi 'da'ch gilydd. Yn yr ysbyty oedd e."

"Ma Mam bob tro yn gorffen y stori yr un ffordd: 'Ac fe gest ti, Pari Pashaei, dy eni ar dir Prydain…' fel petai'n ddiweddglo hapus a 'mod i i fod i sefyll a chlapio! Pedair oed o'n i, dwi'n meddwl, pan gawson ni'n statws ffoaduriaid. Daeth y papurau drwodd ac wedyn aeth Dad yn sâl… yn ei feddwl. Dyna pam doedd neb yn dod draw i'r fflat pan o'n i yn y Cynradd. Roedd ei galon e mor drist o'n i'n meddwl mai fe oedd yn troi'r awyr yn dywyll bob nos. Mae e'n aros yn yr ysbyty nawr. Ni'n mynd i'w weld e weithiau. Ni'n mynd â chacen iddo fe fory. Ma Mam yn meddwl bod e'n gwella achos mae e'n dechrau adeiladu eto – ond sai'n siŵr. Ma hi'n aros iddo fe wella. Ni'n aros am gartre newydd. Ma hi 'di gweld y fflatiau 'ma gyda gerddi bach ar y to. Mae'n breuddwydio am Dad yn dod adre ac yn eistedd ar falconi bach gyda blodau a llysiau o'i gwmpas…"

"Pari… dwi —"

Mae Pari'n siglo'i phen.

"Sai wir yn ei nabod e. Gad i fi ddweud popeth. Wedyn bydd e 'di gorffen… Mae'n rhaid i ni gadw'r fflat 'ma'n lân. Rhaid i ni. Dwi'n meddwl i ti sylwi. Nid dim ond fi, ond Mam hefyd. Mae 'di bod yn poeni am gael ei heintio ar y daith draw i fan hyn. Wastad yn golchi'i dwylo, a bod yn bur i weddïo hefyd. Roedd e'n anodd iddi. Ma'r gweithiwr cymdeithasol yn meddwl 'mod i 'di dal y bỳg glanhau wrthi hi." Mae Pari'n chwerthin. "Od, on'd yw e? Ma pobl yn meddwl am ddal haint oddi wrth rywbeth brwnt, ond dwi 'di dal yr haint glanhau."

Dwi'n aros am fwy…

"A dyna ni." Mae'n agor ei cheg yn llydan. "Dwi erioed 'di dweud hyn i gyd o'r blaen. Alla i ddim siarad mwy nawr, Laila. Oes ots 'da ti os af i i gysgu? Dwi 'di blino'n lân."

Pari sy'n syrthio i gysgu gyntaf. Dwi'n clywed ei hanadlu hi'n newid a dwi'n cwtsho'n nes ati er mwyn ei chadw'n gynnes. Dyma'r pen-blwydd hapusaf, tristaf dwi erioed wedi ei rannu ag unrhyw un.

"Brecwast yn barod. Tost ac wy. Dewch, deffro… mae'n ddeg o'r gloch! Cefnder Laila'n dod cyn hir a rhaid paratoi i fynd i weld Nuri… dy dad." Mae Leyla'n agor y drws, ac yn dod i eistedd ar waelod y gwely ac edrych ar y ddwy het wlân goch yn sbecian o'r sachau cysgu. Mae Leyla'n chwerthin wrth weld yr olwg sydd arnon ni.

"Chi'n edrych fel babis morloi yn y sw!" Mae'n chwerthin eto.

"Sai'n meddwl bod nhw'n gwisgo hetiau pompom!" meddai Pari gyda gwên.

"Pedwar llygad mawr, hardd! Rhyfeddod y byd!"

Dwi'n troi i edrych drwy'r llenni i weld sut ddiwrnod yw hi. Mae llwydrew ar y llawr am y tro cyntaf eleni. Dim rhyfedd ei bod hi mor oer yma neithiwr. Mae haul y bore yn disgleirio'n llachar, ac mae pelydr o oleuni aur ar hyd y gwely. Mae Leyla'n troi'r teledu ymlaen ac yn clicio ar sianel newyddion. Mae Pari yn codi ael arna i, cystal â dweud, "Ddwedes i!"

"Mam, ma hynna'n anghwrtais, tro fe bant!" meddai Pari.

Mae eitem newyddion am yr orymdaith oedd yng nghanol Llundain ddoe, a'r sgrin wedi ei rhannu i ddangos protestiadau Uno Yn Erbyn Hiliaeth tebyg mewn sawl gwlad arall. Mae pobl yn gweiddi sloganau a chario baneri, yn chwarae cerddoriaeth ac yn edrych yn hapus wrth gydgerdded. Mae un ddynes yn cario babi bach mewn poced, a theulu yn eistedd ar waelod cerflun o Gandhi yn gwylio a chlapio ac yn dal poster sy'n dweud:

SAFWN YN ERBYN CASINEB

Mae mam Pari'n dechrau clapio hefyd wrth i ni wylio'r cyfan o'r gwely.

"Mam, ti'n fodlon troi —"

"Aros eiliad. Alla i weld?" gofynnaf, gan gropian i ymyl y gwely.

"Os Nuri'n iach, bydden ni wedi mynd gyda'n gilydd."

"Gallet ti fynd 'da fi, Mam," meddai Pari.

"A fi!" dwedaf.

Mae Leyla'n troi at Pari fel petai erioed wedi meddwl am hynny.

Mae'r dorf yn gwneud y sŵn mwyaf anhygoel, yn cydweiddi fel côr, yn llenwi'r strydoedd. Dwi'n dychmygu Nain Josie, Simon a Hope yno yn rhywle, yn dal baneri. Dwi eisiau bod yno hefyd, gyda Pari a'i mam, Bubbe a Kez. Efallai un diwrnod gawn ni gyfle i orymdeithio gyda'n gilydd. Dwi'n darllen ambell un o'r placardiau: 'Cefnogwch y Ddynol Ryw', 'Undod nid Casineb', ac yn gweld bachgen bach ar ysgwyddau ei dad yn cario poster â'r geiriau wedi'u peintio mewn aur:

NID AUR YW TAWELWCH AM HILIAETH

Dwi'n edrych ar Pari ac mae ei llygaid mawr yn llawn dagrau. Dyna beth mae hi'n ei gofio – cael ei chario ar ysgwyddau ei thad – ond dyw hi ddim fel petai'n ei adnabod bellach.

"Mam, 'nest ti addo peidio gwylio'r newyddion..." Mae hi'n gwyro o flaen ei mam ac yn diffodd y teledu.

"Ti'n iawn, Pari fach," meddai Leyla, gan rwbio cefn ei merch lle mae'r haul yn taro. "Cusan gan yr haul!" meddai.

Mae Leyla'n troi i'r Arabeg ac mae Pari'n gafael yn ei mam ac mae'r ddwy yn eistedd ar waelod y gwely, yn siglo'n ôl ac ymlaen gan ddal ei gilydd yn dynn.

"Beth ddwedodd dy fam?" gofynnaf. "Roedd hi'n edrych mor hapus." Dwi'n dod allan o'r sach gysgu ac yn sefyll wrth y silffoedd cratiau, yn crynu.

"Dweud bod ti, a'r lleuad newydd, ar fy mhen-blwydd yn arwydd o ddechrau newydd. Ry'n ni'n mynd i'r mosg bore 'ma cyn ymweld â Dad. Ma Mam yn teimlo rhyw heddwch. Neithiwr oedd y tro cyntaf iddi gysgu drwy'r nos ers i fi gael fy ngeni!"

"Agor y llenni, merched!" gwaedda mam Pari. "Bydd yr haul yn ein cartref heddiw, dim troi'r gwres ymlaen. *Bismillah*."

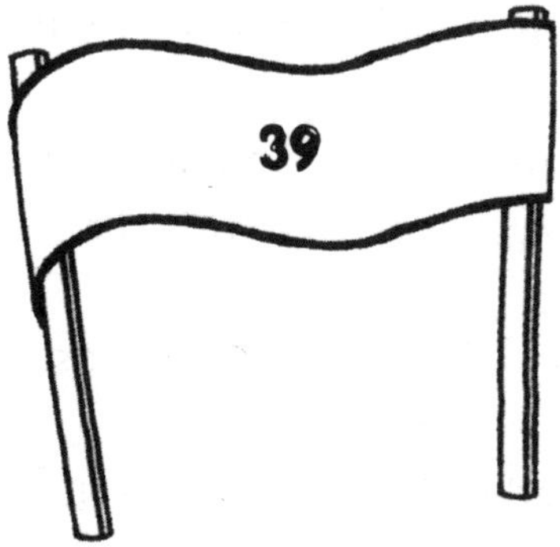

Mae Leyla'n aros wrth ddrws y gegin pan ddaw Janu i fy nôl i. Mae'n rhoi amlen i fi. "Rhoi hwn i dy gefnder."

"Beth yw e?" gofynna Janu, wrth i fi roi'r amlen iddo.

"Cymryd e," galwa Leyla. "Paid gwrthod neu bydda i'n grac. I'r cyfri ar gwefan ti. Gan Leyla Pashaei o Irac, ffoadur yng Nghaerdydd, i'r ysgol i ffoaduriaid yn India."

"Ond —"

"Dim 'ond'… dyw e ddim yn lot, ond pob ceiniog yn help. Mae tlawd, ac mae tlawd iawn. Dwi wedi gweld popeth, a byw'r cyfan… Beth amdana i 'te? Llun traed? Wedi peintio nhw!" Mae hi'n chwerthin ac yn pwyntio at ewinedd ei thraed, sy'n binc llachar.

Mae Janu'n sefyll wrth y drws ac yn rhoi ei ffôn i fi, a dwi'n tynnu llun o draed Leyla.

"Dwi'n prowd i gael traed fi yn stori ti."

"Mam!" cwyna Pari.

"Diolch, Mrs Pashaei," meddai Janu, gan blygu ei ben yn barchus.

"Diolch i ti am ddod â Laila yma – anrheg pen-blwydd gorau i Pari!"

Wrth iddi gau'r drws ar ein holau dwi'n ei chlywed yn dweud… "Bachgen golygus iawn. Fel seren Bollywood ifanc!"

Mae Janu'n chwerthin, ac yn pôsio fel model yn edrych i lygad camera.

"Yn dy freuddwydion!" dwedaf wrtho.

Wrth i ni gyrraedd yr orsaf, mae bachgen ar ochr arall y ffordd yn codi llaw arna i.

"Hei, Mira!" galwa'r bachgen, fwy nag unwaith.

Dwi'n esgus 'mod i ddim yn ei glywed, ond dwi'n gwybod pwy yw e'n syth; y bachgen ddangosodd y ffordd i Hafan Gofal y tro cyntaf es i i weld Simon. Y bachgen wnes i esgus 'mod i ddim yn ei ddeall e'n siarad. Dwi eisiau diflannu drwy'r llawr. Dwi'n cerdded yn gynt ond mae Janu'n stopio.

Mae'r bachgen yn rhedeg ar draws y ffordd ac yn syllu ar draed Janu. Mae e'n gwenu arna i.

"Haia, Mira!" meddai.

"Haia!"

Mae Janu'n edrych fel petai mewn penbleth.

Dwi mor anghyfforddus dwi'n methu anadlu'n iawn.

"Ti'n mynd i 'nghyflwyno i, Laila?" gofynna Janu.

"O ie, sori! Dyma Janu, fy nghefnder… o India," atebaf gan fwmial.

"Ma dy iaith di 'di gwella." Mae'r bachgen yn chwerthin.

"Braf cwrdd â ti. Tomek dwi… pawb yn galw fi'n Tom."

"Laila yw fy enw iawn i," dwi'n esbonio. "Fy chwaer yw Mira…"

"O, ocê." Mae'n codi ei ysgwyddau. "Wedi bod yn gweld dy ffrind eto?"

Dwi'n nodio. Mae Janu'n edrych arna i o gil ei lygad.

Mae tawelwch lletchwith arall.

"Wel, wela i di eto, Laila… gobeithio." Mae Tom yn mynd o'n blaenau am yr orsaf.

Rydyn ni'n cerdded ymlaen ar hyd y ffordd ac mae Janu'n dechrau chwerthin yn dawel.

"Pam oedd e'n meddwl mai Mira o't ti?" gofynna. "A beth oedd e'n feddwl am dy iaith di?"

Dwi'n codi fy ysgwyddau. Mae hynny'n haws na gorfod esbonio. Mae Janu'n parhau i chwerthin wrtho'i hun.

"Be sy mor ddoniol?" gofynnaf.

"Ti… yn llawn syrpreisys! Ges i 'magu 'da Priya, cofia. Ddwedest ti ddim bod cariad 'da ti."

"Does *dim*!"

Dwi'n taro Janu ar ei fraich ac mae e'n rhoi gwaedd.

"Wel, roedd e'n falch iawn i dy weld di!"

Dwi'n rholio fy llygaid, ond dwi'n deall sut mae hyn yn edrych.

Mae'r trên yn cyrraedd yr orsaf wrth i ni fynd ar y platfform, felly rydyn ni'n camu'n syth i mewn. Ond dwi'n difaru'n syth oherwydd dwi'n gallu gweld Tom yn y pen pellaf. Dwi'n troi fy nghefn ac yn pwyso yn erbyn y ffenest, felly petai'n sylwi arna i, galla i esgus 'mod i ddim yn ei weld e. Rydyn ni'n cyrraedd y stop nesaf. Mae pobl yn mynd oddi ar y trên a chriw o ddynion yn dod i mewn. Maen nhw'n swnllyd ac yn feddw. Mae pobl yn pellhau oddi wrthyn nhw'n raddol bach, ac yn gadael gofod o gwmpas y dynion. Mae un yn bwyta byrgyr, sy'n drewi'r lle ag oglau hen saim. Mae'r ffordd mae e'n cnoi ac yn llyncu yn troi fy stumog. Mae dyn arall yn tynnu can o gwrw o'i fag, yn tynnu'r tag a'i daflu ar lawr, ac yn dechrau yfed yn awchus, a gadael i'r cwrw ddriblo o'i geg a llifo i lawr ei ên. Mae'r trên yn ysgwyd ac mae cwrw'n syrthio dros y llawr ac ar draed Janu. Mae Janu'n camu'n ôl. Mae'r dyn yn rhythu arno, gan wasgu'r can yn ei law a'i ollwng ar y llawr, yn agos iawn at fysedd traed Janu.

Mae Janu'n plygu i lawr, yn codi'r can ac yn ei roi'n ôl i'r dyn, sy'n gwrthod ei gymryd.

"Beth yw'r broblem?" meddai'r byrgyr-ddyn.

Mae Janu'n arwyddo arna i i symud i ffwrdd, ar hyd y cerbyd o'r ffordd, ond dwi ddim yn symud. Mae'r dynion yn closio at Janu, mor agos fel eu bod yn sibrwd yn ei glustiau. Mae e'n gwingo wrth i ddiferion o boer lanio ar ei wyneb.

"Gollest ti dy sgidiau yn y jyngl?"

Dwi'n edrych i lawr ar eu traed. Maen nhw'n gwisgo bŵts mawr trwm. Mae tri dyn arall o'r un criw yn symud o flaen Janu, a'i gau i mewn. Mae'r sŵn rhyfedd yma'n dechrau – maen nhw i gyd yn ei wneud e, ac mae'n ddigon uchel i'r teithwyr eraill yn y cerbyd sylwi ar beth sy'n digwydd. Dwi'n meddwl mai sŵn mwnci yw e. Dwi'n teimlo'n sâl ac yn rhewi i'r unfan, fel petai 'nhraed i wedi stopio gweithio.

Yn y stop nesaf, mae pobl yn mynd oddi ar y trên ac yn symud i gerbyd arall. Dwi eisiau gafael yn rhywun a gofyn iddyn nhw'n helpu ni ond mae pawb yn gadael. Dwi'n troi o gwmpas. Dyw Tom ddim wedi symud. Rhaid ei fod e'n gweld y panig yn fy llygaid. Mae e'n cerdded i ben pella'r cerbyd, ymhellach i ffwrdd. Wn i ddim pam feddyliais i fyddai e'n helpu. Mae wyneb Janu fel masg caled – dwi heb weld yr olwg yna arno o'r blaen. Gan fod y cerbyd yn wag mae sŵn y dynion yn codi'n uwch ac maen nhw'n sefyll o gwmpas Janu gan fartsio yn yr unfan, a stampio'n galed ar draed Janu bob hyn a hyn. Mae e'n gwingo mewn poen. Mae'r cwrw-ddyn yn syllu'n agos i lygaid Janu, ond mae Janu'n edrych heibio iddo a dyw e ddim yn symud modfedd nac yn camu'n ôl nac yn ymateb mewn unrhyw ffordd.

Dwi'n edrych am Tom mewn panig. Plis bydd yno, plis gwna rywbeth i'n helpu ni.

Mae Tom yn nodio arna i ac yn pwyso'r botwm larwm coch.

Dwi'n mynd i gyfogi unrhyw eiliad.

Dwi'n methu credu sut mae Janu'n gallu bod mor dawel. Mae un o'r dynion yn taro cefn ei ben, lle mae'r tatŵ i'w weld o dan y gwallt byr.

"Beth yw'r tat?"

Maen nhw'n ailddechrau'r synau mwnci.

"Gadwch e fod!" gwaeddaf.

"Beth sy 'da hyn i neud â ti?"

"Fy nghefnder yw e!"

"Ti'n un ohonyn nhw hefyd? Dyna'r broblem, anodd dweud dyddiau 'ma." Mae'r cwrw-ddyn yn dechrau ei synau mwnci eto ac yn poeri ar fy sgidiau.

"Dyna be maen nhw'n neud!" meddai'r byrgyr-ddyn. "Bridio a chael teulu mawr!"

"O leia ma sens 'da hon i wisgo sgidiau!" Mae un o'r criw'n chwerthin ac yn fy ngwthio o'r ffordd. Dwi'n baglu am yn ôl ac yn taro 'mhen yn erbyn gwydr y ffenest.

Mae Tom yn rhedeg draw ata i ac yn cydio yn fy mraich. Mae e wedi bod mor dawel nes bod y dynion heb sylwi arno.

"Well i chi stopio nawr! Bydd yr heddlu yn y stop nesa," meddai.

"Jyst bach o hwyl, mêt!"

Mae'r drysau'n agor ac mae'r dynion yn cerdded allan yn syth i freichiau'r heddlu diogelwch.

"Sai'n fêt i ti!" gwaedda Tom.

Mae cyhoeddiad i'w glywed ar draws yr orsaf.

> 'Oherwydd digwyddiad sy'n dal i barhau, bydd y trên yma'n rhedeg yn hwyr. Gofynnwn yn garedig i unrhyw dystion hysbysu'r heddlu trafnidiaeth ar y platfform.'

Dwi'n edrych i'r cerbyd nesaf ac mae rhai pobl yn cerdded

at yr heddlu. Mae Janu'n syrthio i sedd ac mae Tom yn eistedd wrth fy ymyl. Mae plismyn yn dod i mewn ac yn dechrau holi'r tri ohonon ni.

Dwi'n methu stopio crio. Dwi'n teimlo mor flin ac mor drist dros Janu. Dwi'n tynnu hances bapur o'r pecyn roddodd y ferch ar y trên i fi ac yn trio sychu'r dagrau, ond fedra i ddim stopio crio. Dwi'n defnyddio pob un yn y pecyn.

"A ti'n ffrind i Laila?" gofynna'r blismones i Tom.

"Ydw," meddai, fel petaen ni'n nabod ein gilydd ers blynyddoedd. Mae'n cydio yn fy llaw ac yn ei dal yn dynn.

"Ma Dad wedi cael ei gam-drin," meddai'n dawel. "Ond dwi erioed wedi, oherwydd dyw pobl ddim yn gwbod mai Pwyliad ydw i – tan i fi ddweud fy enw llawn. Dyna pam mai Tom dwi i'r rhan fwyaf o bobl."

Mae'r heddlu'n dweud eu bod nhw'n cymryd y math yma o gasineb hiliol o ddifri a'u bod nhw eisiau mynd â'r peth ymhellach, ond mae Janu'n esbonio mai yma ar ymweliad yn unig mae e, a dyw e ddim eisiau mynd i gyfraith. Dwi'n dal fy ffôn ac mae Tomek yn ei gymryd o fy nwylo ac yn bwydo ei rif i mewn iddo.

"Os ti isie siarad rhywbryd, Laila."

"Diolch, Tomek," dwedaf.

Mae 'mhen i mor niwlog dwi ddim yn cofio ei weld e'n gadael. Mae'r heddlu yn gyrru Janu a fi adre. Maen nhw'n trio siarad â Janu yn y car. Eisiau gwybod pam ei fod e'n droednoeth. Mae'n sôn rhywfaint am y blog, ond mae e mor dawel dwi'n poeni amdano. Mae'n rhoi un o'i gardiau iddyn nhw wrth adael y car.

Mae neges gan Mam ar y bwrdd.

Adre erbyn 3yp. Mam x

Dwi'n mynd i'r gegin i wneud paned o de i Janu.

Mae e wedi mynd i fyny i'r llofft ac mae e'n gorwedd ar fy nyth pan af i â'r baned iddo.

"Diolch, Laila. Dwi'n meddwl af i i gael bath nawr a mynd i gysgu chydig wedyn."

"Ti'n ocê, Janu?"

"Bydda i'n iawn, Laila. Ond bydd hi'n cymryd amser i olchi'r casineb i ffwrdd. Sut ma dy ben? Gest ti gnoc?"

Mae'n rhoi ei law ar fy nhalcen lle mae clais siâp wy yn dechrau ymddangos.

"Dyw e'n ddim byd. Dwi'n iawn," dwedaf a cherdded i lawr y grisiau. Dwi'n sefyll ar y gwaelod, heb wybod beth i'w wneud na'i ddweud i leddfu poen Janu.

"Bydda i'n ocê, Laila, wir. Y gwir yw 'mod i 'di cwrdd â gymaint o bobl gyfeillgar yma. 'Na i ddim gadael i hyn ddifetha fy ymweliad i Gymru. Ni'n dau 'di brifo chydig, dyna i gyd!"

Mae Janu'n pwyso ar y canllaw fel petai'n rhaid iddo gael help i sefyll.

"Gwell peidio sôn am hyn wrth Uma na Sam nac unrhyw un arall —" Mira sydd ar ei feddwl, mae'n siŵr – "sdim isie ypsetio nhw… sdim angen."

Mae ffôn Janu'n canu.

"O, haia, Krish!" Mae Janu'n gwenu ac yn hercian i mewn i'r stafell molchi a rhedeg y tap.

Dwi'n gwrando ar Janu'n siarad drwy sŵn y dŵr yn llifo.

"'Nest ti lwyddo i gael amser o'r gwaith? O, 'na siom, ond rhaid i ti addo dod i weld agoriad y lloches newydd... Ocê, iawn, *deal*."

"Paid rhoi'r bai arna i! Dim ond llun gest ti gen i! Be ddwedith Uma?"

Mae mor rhwystredig peidio clywed y person arall yn siarad.

"Ie, ie, popeth yn iawn, *man*! Caru'r ddinas 'ma!"

Dwi'n teimlo gymaint o gywilydd fod hyn wedi digwydd yn fy ninas i, a dyw hi ddim yn edrych yn debyg chwaith y bydd Krish na Mira'n gallu dod i'w weld. Ond mae Krish yn amlwg wedi dweud rhywbeth sy'n gwneud iddo chwerthin a thagu'r un pryd.

"Ie, dwi'n nabod y gân..." Mae'n hymian canu rhywbeth dwi wedi clywed Krish yn ei chwarae o'r blaen. Mae'n siŵr bod Krish yn ei chanu eto. "*And we live in different worlds... forsake me... brothers in arms*."

"Sori, sai'n deall." Mae e'n gwrando ar Krish eto, ac yna'n dechrau chwerthin. "Gobeithio fydd Uma a Sam ddim yn beio fi! Dangosa i fe i Laila."

Dwi'n eistedd ar fy nyth yn gwrando ar Janu'n hymian y gân yn y bath... dim ond ambell air mae e'n ei wybod, felly mae'n hymian y gweddill ac yn canu'r geiriau mae e'n gyfarwydd â nhw. "*I will not forsake you, my brother in Aums...*" ac mae'n dechrau chwerthin eto. Does dim syniad gen i beth yw'r jôc.

Mae Janu'n dod allan o'r stafell molchi gyda thywel o gwmpas ei ganol ac un arall dros ei ysgwyddau, gan chwerthin o hyd. Mae'n rhoi ei ffôn i fi.

"Dy frawd!" meddai, gan siglo'i ben.

Mae llun yn dangos cefn pen Krish gyda thatŵ Aum yn union yr un lle ag un Janu. O dan y llun mae wedi sgwennu'r capsiwn: 'Brothers in Aums.'

"Ma Mam yn mynd i ladd e!" dwedaf.

"Gobeithio ddim!" Mae Janu'n chwerthin. "Arwydd o heddwch yw e i fod!"

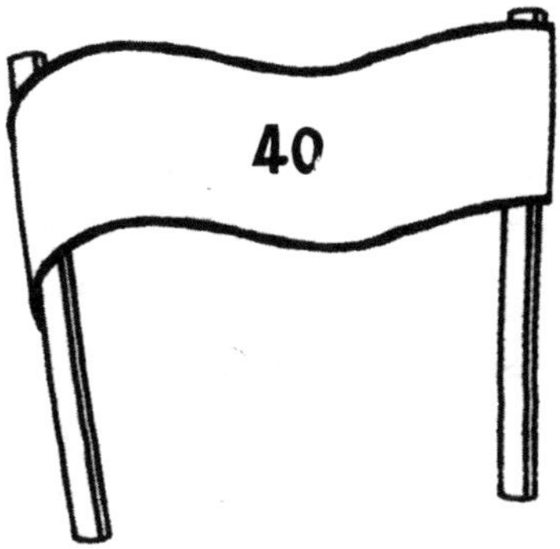

"Dyw Laila ddim yn awyddus i fynd chwaith," dadleua Dad.

"Wel, dyw hi ddim yn cael llawer o anogaeth wrthot ti, ydy hi? Dim ond swper nos Sul yw e. Ma ysgol 'da'r merched fory, felly fydd hi ddim yn noson hwyr."

"Sbo."

"Dere mlaen, Sam. Ma Hannah a Maurice 'di bod mor dda wrth Janu – ac ma Kez yn codi arian at yr elusen yn ei Bat Mitzvah."

"Ydy, dwi'n gwbod, Uma. Ond ma pethau'n dechrau setlo 'da Laila nawr, diolch byth, a dwi ddim isie iddi deimlo ar ben ei hun eto oherwydd y Bat Mitzvah. *Ni* ddylai fod yn neud swper iddyn *nhw*, ie?"

"Ie, mae'n siŵr! Ond nhw roddodd wahoddiad i ni yn gyntaf a dwi'n meddwl mai ffordd Bubbe yw hyn o gael y merched yn ôl at ei gilydd. Ac ma Janu'n awyddus iawn i fynd. Ma fe 'di mynd i brynu sbarcleri!"

*

Rydyn ni'n eistedd o gwmpas bwrdd bwyd teulu Kez, yn siarad ac yn bwyta dan eu siandelïer disglair sy'n taflu siapiau sêr gwib dros y waliau a'r nenfwd.

Mae Janu'n sôn wrth Kez am yr ŵyl Durga Puja sy'n digwydd yn Kolkata ar hyn o bryd ac maen nhw'n cymharu'r seremoni â Hanukkah, sydd newydd ddod i ben. Dylwn i fod wedi anfon cerdyn at Kez. Ro'n i'n arfer gwneud bob blwyddyn. Mae'n rhyfedd meddwl bod y gwyliau hyn yn digwydd fwy neu lai'r un adeg. Mae Pari'n dweud y bydd hi'n dod draw ar ôl Eid ymhen rhai diwrnodau. Dwi'n cael y syniad yma mae'n siŵr bod miliynau o bobl wedi'i gael o fy mlaen i, ac mae e'n rhy amlwg i hyd yn oed ei ddweud, ond pam na fyddai'r holl grefyddau yma'n dod at ei gilydd yr adeg yma o'r flwyddyn ac yn creu un ŵyl oleuni *anferth*, beth bynnag yw'r gwahaniaethau rhyngddyn nhw?

Ac yna mae Janu'n dweud yr union beth sydd yn mynd drwy fy mhen – ac yn gwneud i mi deimlo nad yw'r syniad mor wirion â hynny, wedi'r cwbl:

"Yr un egwyddor, fwy neu lai. Cael gwared o'r tywyllwch, gadael i'r goleuni wawrio, ac yna cael gwledd! Dylech chi ddod i 'mhentref i'r amser hyn o'r flwyddyn. Pam na 'newch chi drefnu taith adeg gŵyl Durga Puja blwyddyn nesa? Byddwn ni'n cael dathliad arbennig bryd hynny. Pam na 'newch chi i gyd ddod? Mynd i Kolkata, ymweld â Reena yn yr ysgol, aros gydag Anjali ac yna dod i weld y lloches Vimana newydd. Rhoi dyddiad i fi anelu ato! Dylen ni agor flwyddyn union i'r diwrnod. Gallwch chi ddod i'r seremoni agoriadol! Ma Krish 'di addo dod. Fe gewch chi'r croeso gorau erioed gan Chameli ac Anjali!"

Mae'n teimlo'n dipyn llai lletchwith nawr na phan oedd Kez a fi yma ar ben ein hunain. Dwi wedi hiraethu am y bwrlwm wrth i bawb siarad ymysg ei gilydd amser bwyd, a phawb eisiau dweud ei ddweud ynghanol yr holl sgwrsio.

Mae Mam yn siarad fel pwll y môr gyda rhieni Kez am gymaint mae hi'n mwynhau ei swydd newydd, ar ôl dod i adnabod y plant yn well. Dwi'n teimlo'n wael nad ydw i wedi gofyn llawer iddi am ei gwaith.

Mae Bubbe a Dad yn siarad yn ddifrifol am rywbeth neu'i gilydd.

"Na, Sam! Alla i ddim credu'r peth!" Dyw Bubbe byth yn codi ei llais fel arfer. "Ers pryd y'n ni'n nabod ein gilydd? O'n i'n arfer mynd i'r union siop lyfrau. Do'n i ddim yn gwybod ei gyfenw! Mae hyn yn anhygoel. Pam mai nawr y'n ni'n darganfod hyn…? Pwy feddyliai mai mab Kit wyt ti!"

"Allwch chi gredu hyn, ferched? Laila! Siop dy dad-cu oedd un o hoff lefydd Stan yn Llundain. Roedd e'n delio â llyfrau gafodd eu cadw gan y ffoaduriaid Iddewig yn y rhyfel. *Kinderbooks* roedd e'n eu galw nhw… Dyna sut dechreuodd Stan a fi siarad ag e."

"Swnio fel Dad!"

"Ro'n ni'n treulio oriau yn y siop yn edrych drwy'r holl lyfrau gwerthfawr. Roedd Stan wastad yn dweud ei fod fel 'dal darn o hanes yn eich llaw'. Ro'n i wastad yn cael y teimlad nad oedd dy dad yn awyddus i'w gwerthu – ac am wn i, roedden nhw fel ei *Kinder*, ei blant!" Mae Bubbe'n chwerthin. "Roedd e'n fwy o geidwad llyfrau na gwerthwr llyfrau, yn bendant..."

Dwi mor hapus fod Dad wedi chwarae'r tâp i fi, oherwydd galla i glywed llais Tad-cu yn fy mhen pan maen nhw'n siarad amdano. Dwi'n dechrau deall nawr pam mae Kez yn adrodd gymaint o straeon am ei thaid Stan, oherwydd mae'n gwneud i chi deimlo eich bod yn rhan o'r we anferth yma dydych chi ddim wedi cael cyfle i'w harchwilio'n iawn eto. Mae Mrs Latif yn trio'n cael ni i ddeall hynny yn yr ysgol.

"Ma hyn yn ormod! Rhaid i fi gael hoe fach." Ac mae Bubbe'n codi ac yn cerdded tuag at y soffa.

Mae Kez yn sgwrsio â Janu am y blog mae hi eisiau ei sgwennu am deithio o gwmpas y ddinas.

"Ma'r sefyllfa'n gwella rhywfaint ar fysys, ond mae'n anodd i berson mewn cadair olwyn fynd ar drafnidiaeth gyhoeddus." O feddwl am ddiwrnod yr orymdaith byddai hi wedi bod yn anodd iawn i Kez. Mae hi'n iawn... pam nad yw'r hawl ganddi hi i fynd i brotestio?

Mae Bubbe'n edrych yn ei bag llaw ac yn tynnu rhywbeth ohono. Dwi'n gallu gweld o fan hyn. Y llun ohoni hi a Stan. Mae hi wedi troi'r newyddion ymlaen ar y teledu ond mae'r sain wedi ei diffodd. Mae ei llygaid yn llenwi â dagrau, felly dwi'n mynd draw i eistedd wrth ei hymyl. Mae hi'n edrych ar y lluniau o blant yn cael eu cario i'r lan mewn rhyw fath o gwch rwber. Mae ganddi'r is-deitlau ar waelod y sgrin oherwydd bod ei chlyw yn wael. Dwi'n darllen y geiriau wrth iddyn nhw symud ar draws y sgrin.

Un diwrnod arall a byddai'r storm wedi lladd y plant yma o Syria.

Dwi'n rhoi hances bapur iddi. Dwi ddim yn siŵr pam, ond es i i'r siop i brynu mwy. Mae gen i rai yn fy mhoced bob amser. A bob tro dwi'n agor pecyn newydd dwi'n meddwl am y ferch fach yna ar y trên, a'i llygaid yn llawn poen. Dwi'n meddwl amdani yn aml. Tybed beth mae hi'n ei wneud yr eiliad hon, a ble mae hi? O ble daeth hi? Gobeithio nad yw hi'n begera ar y stryd yn rhywle.

"Pam na eisteddwn ni i *gyd* ar y cadeiriau esmwyth?" awgryma Maurice. "Cyw iâr, cawl pysgod ac afalau pob. Popeth yn fendigedig… ond gormod o fwyd! Bubbe, pam ma'n rhaid i ti fod yn gogydd mor dda? Dwi'n dechrau magu bol!"

Mae Kez yn ei atgoffa, "Fi na'th y *risotto* llysiau. Ond do'n i ddim yn sylweddoli faint o waith troi fyddai arno – mwy anodd i'r breichiau na ffisio!"

Mae Janu'n chwerthin. Wrth iddo yntau a Kez ddod draw mae Bubbe'n estyn ei breichiau at y tri ohonon ni.

"Dewch i eistedd 'da fi." Mae Bubbe'n dal fy llaw i ar

un ochr a llaw Kez ar y llall. “Dwi’n meddwl mai chi, y bobl ifanc, sy’n gallu cael calon y byd ’ma i guro eto.”

“Mam! Gad i ni ddiffodd hwn. Ni ddim isie difetha’r noson.” Mae Hannah yn cydio yn y rimôt, yn gwasgu OFF ac mae’r sgrin yn troi’n ddu. Mae hi’n eistedd ar gefn y soffa ac yn rhoi llaw gysurlon ar ysgwydd Bubbe.

“Sori, Hannah, dwi’n *methu* troi’r lluniau i ffwrdd yn fy mhen, a ddylet ti ddim chwaith. Fyddai Stan a fi ddim yma tase pobl wedi troi i ffwrdd bryd hynny! Na ti chwaith, o ran hynny!”

“Plis, Mam, paid â chynhyrfu, ti’n gwbod beth ddwedodd y doctor am ymlacio mwy. Maurice, rho gerddoriaeth ymlaen.”

Mae Kez yn tynnu wyneb ar ddewis cerddoriaeth ei thad. Dwi’n ei hoffi fe. Mae’n swnio fel cerddoriaeth werin.

“Sori! Ddim at dy ddant di, Kez? Y’ch chi’ch dwy isie dianc i dy stafell di ’te?”

Mae Kez yn cau drws ei stafell wely.

“Ydy Bubbe’n iawn?” gofynnaf.

“Mae’n gorfod cymryd tabledi pwysau gwaed,” esbonia Kez. “Mae’n cael ei hypsetio gan bopeth yn y newyddion, fel petai’n digwydd iddi hi eto. Dyw Mam a Dad ddim isie iddi wylio, na gwrando arno, ond mae hi’n mynnu. Mae’n cadw dweud bod hanes yn cael ei ailadrodd ac mae’n mynd yn flin iawn ’da Mam a Dad pan maen nhw’n trio’i thawelu hi.”

Dwi'n cofio pan eisteddais i gyda Bubbe, ar ddiwrnod *Yahrzeit* Stan… a gwrando ar y bachgen bach yna'n siarad.

"Be ti'n feddwl o'r *makeover*?" gofynna Kez, gan ddilyn y rheilen sydd o gwmpas ei stafell at ei gwely. Dwi y tu ôl iddi, yn edrych ar y waliau oedd unwaith wedi eu gorchuddio â lluniau ohoni hi a fi gyda'n gilydd pan oedden ni'n fach. Does dim hyd yn oed rhaid edrych ar y nenfwd i sylweddoli bod y parasiwtiau sidan wedi mynd. Mae'n teimlo fel oes ers i ni gwympo mas, a dwi'n teimlo braidd yn blentynnaidd nawr am ypsetio gymaint.

Mae'r wal wrth wely Kez wedi ei pheintio'n felyn llachar.

"Ti'n hoffi'r lliw?" gofynna. "Os nad yw hi'n heulog tu allan, o leia mae gen i wal heulog! Dwi newydd orffen y *collage* 'ma. Be ti'n feddwl?"

Mewn ffrâm ar y wal heulog mae casgliad anferth o ffotograffau. Dwi'n nabod rhai o'r bobl, ond mae nifer fawr dwi ddim yn gwybod pwy ydyn nhw.

"Dyna ni'n dwy, reit yn y canol!" Ac mae Kez yn pwyntio at glwstwr o luniau ohonon ni'n dwy gyda'n gilydd – rhai o'r ysgol feithrin hyd at ddiwrnod olaf yr ysgol gynradd – ond dim un ers hynny. Mae llun o Reena, y ferch fach yng nghartref amddifad House of Garland Janu mae Kez a'i theulu wedi ei mabwysiadu o ryw fath, ac mae'n dal y tedi helpais i Kez i'w ddewis iddi. Dwi'n gweld llun diweddar o Selina a Kez yn gwisgo eu dillad chwaraeon ac yn codi eu breichiau mewn buddugoliaeth.

Mae'r holl bobl ddieithr yn y lluniau o'r gwersyll haf, mae'n siŵr. Alla i ddim credu pa mor genfigennus o'n i. Nawr dwi eisiau gwybod mwy am yr holl bobl newydd yma ym mywyd Kez.

Mae Hannah yn cnocio ac yn agor y drws. "Sori, ferched. Ma Janu isie tsiecio rhywbeth am gynllun dy stafell di… Oes ots 'da ti os ddaw e i gael golwg ar y pod, Kez?"

"Ydyn, maen nhw'n cael eu haddasu yn dibynnu ar y safle," esbonia mam Kez wrth iddi hi a Janu edrych yn y stafell molchi fach sydd yng nghornel y stafell. "Mae'n fater o beirianneg go iawn, dychymyg ac, wrth gwrs, arian. Ond fyddet ti'n synnu, dyw popeth ddim yn ddrud. Ry'n ni wedi gallu cadw costau'r un sylfaenol yn isel iawn. Ma 'na ateb syml fel arfer. Mantais fawr y system yw ei bod hi'n bosib adeiladu mwy o adrannau wrth i'r lloches ehangu… dechrau'n fach."

"A dweud y gwir, roedd Kez a fi'n trafod rhywbeth am yr egwyddor yma, a hoffwn gael dy gyngor…" a diflanna llais Janu yn raddol.

"Beth o'ch chi'n trafod?" gofynnaf i Kez.

"O! Mae e'n mynd i'n helpu i i greu gwefan, dyna i gyd." Mae Kez yn cymryd fy mraich ac yn ei throi drosodd. "Ma dy ecsema di'n gwella," meddai gan ddal yn fy mraich. "Laila, ro'n i'n siarad â Bubbe a dwi wir isie gwahodd Pari i'r Bat Mitzvah. Dwi'n gwbod nad yw hi'n ffrind go iawn i fi eto… ond dwi'n hoffi hi, a byddwn ni i gyd yn ffrindiau rhyw ddiwrnod, fyddwn ni? Be ti'n feddwl? Ddylwn *i* ofyn iddi, neu wyt ti isie neud?"

"Sdim ots 'da fi ofyn iddi."

Mae Kez yn rhoi amlen i fi, ac enw Pari arni. Mae'n amlwg wedi meddwl am hyn cyn nawr.

Dwi ddim cweit yn deall pam mae Kez eisiau gwahodd Pari i'w Bat Mitzvah, ond mae'r ffaith ei bod hi'n dymuno gwneud hynny yn gwneud pethau'n llai lletchwith rhyngddon ni'n tair. Dwi ddim yn teimlo bod rhaid i fi ddewis rhwng Kez *neu* Pari rhagor.

"W, a dwi 'di creu *playlist*... caneuon newydd dwi 'di bod yn gwrando arnyn nhw. Meddwl faset ti'n hoffi fe." Mae Kez yn gwenu arna i yn swil, fel petai'n ansicr a fydda i'n ei dderbyn. "'Na i rannu os ti moyn."

"Diolch, Kez!"

Mae'n wych gallu gwneud pethau cyffredin fel hyn eto.

"Amser sbarcleri, ferched!" Mae tad Kez yn cnocio ar y drws. Mae Kez yn codi ei llygaid i'r awyr – ond pan ydyn ni i gyd yn sefyll yn yr ardd, ac oglau fflint yn yr aer, yn chwifio ein sbarcleri gan greu siapiau sêr a phatrymau yn y tywyllwch fel bob mis Tachwedd, dyw e ddim yn teimlo'n blentynnaidd. Mae'n teimlo fel *ni* eto... fi a Kez fel o'r blaen.

Cyn gadael, mae Janu'n gwneud i bawb dynnu eu sgidiau a sefyll gyda'i gilydd wrth iddo dynnu llun o'n traed ni mewn rhes.

"Ddim dyna'r rhan orau o 'nghorff i!" meddai Bubbe gan chwerthin, ac edrych i lawr. "Ma'r hen draed 'ma wedi neud eu siâr o gerdded, fel gallwch chi weld! Dwi dal methu credu, Sam. Ar ôl yr holl flynyddoedd o dy nabod di a Laila, a'r merched 'di bod yn ffrindiau mor agos, 'mod i'n nabod dy fam a dy dad."

"Oeddech chi'n nabod Nain Josie hefyd?" gofynnaf.

"Rhywfaint... ond i fod yn onest, Laila, ro'n i'n edmygu ei dawn greadigol hi o bell!" Mae Bubbe'n mwytho fy moch ac yn rhoi arwydd i fi i blygu er mwyn iddi sibrwd yn fy nghlust.

Mae hi fel petai wedi mynd yn llai o faint, ond fi sydd wedi tyfu, am wn i.

"'Nei di adael i fi gael golwg ar y Llyfr Protest yna rhyw ddiwrnod, Laila?"

Dwi'n nodio. Byddwn i wir yn mwynhau eistedd wrth y bwrdd gyda Bubbe a mynd drwy'r tudalennau. Byddai'n gallu dweud tipyn mwy wrtha i nag unrhyw gwglo ar y we. Dim ond gobeithio na fydd Mira'n flin ac yn mynd â'r llyfr oddi arna i.

Wrth ffarwelio, mae Bubbe'n rhoi sws ar fy moch.

"Rhyfedd! Nawr dwi'n cofio. Y tro cynta welais i dy wyneb bach di yn yr ysgol feithrin, feddyliais i fod 'na rywbeth cyfarwydd amdanat ti."

41

"*Plis* paid cysgu ar y landing heno, Laila. Gei di dy ddeffro pan fydd Janu'n gadael. Rhaid mynd ag e yn gynnar iawn bore fory," pledia Dad.

Felly dwi'n mynd i orwedd ar wely Mira, er mwyn ei wneud e'n hapus.

Dwi'n gallu clywed Janu ar y ffôn drwy'r wal. Mira. Dwi'n ei glywed e'n dweud ei henw. Dwi'n teimlo'n drist dros Janu. Dwi ddim eisiau clywed y sgwrs. Dwi'n gwisgo'r plygiau clust ac yn gwrando ar y caneuon ar *playlist* Kez. Dyw e ddim yr un math o gerddoriaeth ag roedd hi'n arfer gwrando arno. Mae yno gerddoriaeth ddawns, ac ychydig o rapio, a rhai traciau offerynnol amgylchol fel mae Krish yn eu hoffi, ond fy hoff rai i o hyd yw'r caneuon roedden ni'n arfer eu canu gyda'n gilydd. Dwi'n troi'r sain i fyny ar 'To make you feel my love' ac yn ei chwarae sawl gwaith, gan geisio anwybyddu sgwrs Janu a Mira. Dwi'n dychmygu Kez ac Adam, y bachgen yn y llun roedd hi'n trio'i guddio oddi wrtha i. Y ffordd wnaeth hi dynnu'r ffôn o 'ngolwg i oedd wedi gwneud i mi feddwl ei fod e'n fwy na dim ond ffrind. Wrth ganu, dwi'n meddwl am y ffordd garedig roedd Tomek wedi ymddwyn y diwrnod o'r blaen. Mae'n siŵr bod sawl peth dyw Kez ddim yn ei wybod amdana i chwaith. Dwi wedi bod yn meddwl tecstio Tomek sawl gwaith ond dwi ddim yn siŵr beth i'w ddweud. Dwi'n gwrido eto wrth feddwl am ein cyfarfod cyntaf. Beth ddaeth dros fy mhen i, yn esgus bod yn rhywun arall?

Wrth wrando ar weddill caneuon Kez dwi'n meddwl am sut wnaeth Bubbe a Nain Josie gwrdd â'i gilydd, a Taid Kit; sut roedd Simon a Nain yn nabod ei gilydd, yn gorymdeithio yn erbyn y rhyfel yn Irac; mai dyna pam mae Pari yma; ac mai fi yw'r llinyn sy'n cysylltu pawb â'i gilydd… Ac amdana i'n dod o hyd i'r gloch. Hebddi, mae'n bosib na fyddwn i byth wedi agor llythyr Simon a mynd i gasglu'r Llyfr Protest a'r Bag Baneri… a dwi'n teimlo ym mêr fy esgyrn fod hyn i fod i fy arwain at rywbeth…

Mae cnoc ar y drws.

Daw pen Janu i mewn. "Ro'n i'n gallu clywed dy gloch di! Ma fy ffrind Yannis yn defnyddio gleiniau gofidiau fel'na!" Mae e'n gwenu. "Ga i ddod mewn?"

Dwi ddim yn gallu penderfynu ydy e'n drist neu'n hapus.

Mae'n dod i mewn ac yn eistedd ar y llawr wrth fy ymyl, gan bwyso yn erbyn y gwely.

"Dwi 'di bod yn siarad â Mira."

"Am amser hir," dwedaf.

"O't ti'n gwrando?"

Dwi'n siglo fy mhen ac yn tynnu'r plygiau clust.

Mae'n lledu ei freichiau. "Ma gan dy chwaer a fi lot i siarad amdano ar ôl bod ar wahân ers gymaint o amser."

Dwi'n syllu ar wyneb Janu. Dwi'n teimlo trueni drosto. Ar ôl yr ymosodiad hiliol y diwrnod o'r blaen, dwi ddim eisiau iddo adael mewn cwmwl o dristwch.

"Paid poeni, Laila. Ma hi 'di gofyn i fi roi'r rhain i ti, i gadw'n saff tan iddi ddod adre."

Mae Janu yn gosod amlen goch ac aur ar y carped ac yn rhoi bocs modrwy i mi, yr un welais i e'n ei guddio pan gyrhaeddodd e gyntaf.

"Gadwi di'r rhain yn saff, Laila, tan i Mira ddod adre? Ro'n i 'di gobeithio rhoi nhw iddi fy hunan… ond ma rhyw gamddealltwriaeth 'di bod!" Mae'n gwenu arna i ac yn tapio cefn fy llaw. "Dwi'n meddwl falle bod *ti* 'di camddeall hefyd, Laila. Agor e!" meddai.

Dwi'n oedi am eiliad.

"Dere mlaen! Dwedodd Mira wrtha i am ddangos e i ti, dim ond i ti ei warchod â dy fywyd tan iddi ddod adre. Dim pwysau!" Mae Janu'n gwenu eto.

Dwi'n agor y bocs, ac nid modrwy sydd ynddo o gwbl.

"Ac i feddwl bod dy chwaer ddim yn credu mewn Karma!"

Dwi'n tynnu glain siâp artisiog Mira o'r bocs. Roedd hi'n arfer ei wisgo o hyd. Yr un roddodd Nain Josie iddi, gyda'r haenau bach arian a'r rhuddem fach, fach yn y canol.

“O’n i’n meddwl bod hwn ar goll.”

“Dyna *ddwedodd* hi wrthot ti.”

Mae Janu’n edrych ar ei oriawr. “Ma Mira ’di gofyn i fi fynd dros y stori bum gwaith yn barod fel bod yr holl fanylion gen i. Ond na, Laila, nid ei golli na’th hi. Rhoddodd hi hwn i ferch ar y trên ger fy mhentref i.”

“Ond roedd hi’n dwli ar hwn… Pam na’th hi hynna?” Dwi ddim yn gallu credu hyn.

“Rhyw reddf sydyn. Eiliad o wallgofrwydd. Roedd hi’n teimlo trueni dros y ferch ’ma oedd yn eistedd ’da ni ar y trên. Daeth rhyw euogrwydd drosti, achos…” Mae Janu’n chwifio’i fraich o gwmpas y stafell, “… popeth, a doedd gan y ferch ddim digon i fwydo’i brodyr a’i chwiorydd.”

Mae llygaid y ferch fach ar y trên yn dod i fy meddwl eto. Dwi’n deall sut roedd Mira’n teimlo.

“Ma dy chwaer fel ti, Laila. Ma ganddi galon fawr. Ddwedais i wrth Mira ar y pryd y byddai’r ferch yn ei werthu a welai hi hwn byth eto.”

Mae Janu’n estyn am ei ffôn, yn sganio drwy’r albwm lluniau ac yn dangos llun i fi o ddynes hardd gyda gwallt sgleiniog mewn bòb, yn gwisgo jîns tyn a *salwar kameez* glas llachar gyda’r llewys wedi’u rholio i fyny. Mae hi a Janu’n sefyll ar lan afon.

“Alla i weld?” gofynnaf, gan gymryd y ffôn oddi arno a swmio i mewn ar y ferch. “Mae ei llygaid hi’n anhygoel!”

“Ydyn, mae hi’n hardd iawn – ond drycha beth sydd ar ei garddwrn hi.”

Y glain artisiog.

"Daeth hi am gyfweliad i weithio i fi, i greu'r wefan ar gyfer y blog… Ro'n i'n anghywir – na'th hi ddim ei werthu."

"Rhaid i fi ddweud wrth Pari a'i mam am hyn!" chwarddaf.

Mae Janu'n siglo'i ben.

"Dwi'n gwbod! Bydd Leyla'n meddwl eto 'mod i'n gymeriad mewn ffilm Bollywood! Ond o ddifri, mae'r pethau 'ma'n digwydd weithiau."

Mae Janu'n rhoi'r amlen i fi, a dwi'n ei hagor.

"Parvathi yw ei henw hi!" dwedaf, gan chwerthin.

"Dwi'n gwbod, mae fel nofel! Ma Mira'n mynd i neud paentiad ohonon ni, fel anrheg priodas. Blwyddyn nesa, ar ôl Durga Puja. Gobeithio galli di ddod. Dwi'n mynd i roi gwahoddiad i Kez a'i theulu hefyd."

Dwi'n methu credu pa mor dwp dwi wedi bod.

"O'n i'n meddwl mai isie priodi *Mira* o't ti! Bod ti'n caru hi!"

Mae Janu'n chwerthin.

"Dwi'n sylweddoli hynny nawr… a dwi'n meddwl bod ti 'di awgrymu hynny wrth Mira, a dyna pam doedd hi ddim isie cwrdd â fi!"

"Sori!"

"Na, na! Ma bai arna i hefyd. Roedd 'da fi ryw syniad rhamantus yn fy mhen 'mod i'n mynd i ddychwelyd y glain iddi fy hunan. I weld yr olwg ar ei hwyneb hi." Mae Janu'n edrych i lawr ar ei ddwylo. "Ma cariad yn gymhleth, Laila. Bydda i'n caru dy chwaer am byth, mewn rhyw ffordd… wedi'r cyfan, hi ddaeth â Parv a fi at ein gilydd." Mae Janu'n codi'r freichled. "Neu falle mai hon na'th!"

Dwi'n nodio ac yn gafael yn dynn yn Janu.

"Mae 'di bod yn dda dod i dy nabod di'n well, Laila. Cadwa mewn cysylltiad… a chofia, cadwa'n dawel am yr…" Mae'n pwyntio at ei draed cleisiog. "Maen nhw 'di gwella nawr."

Dwi'n gorwedd ar y landing pan mae Janu'n gadael. Dwi'n esgus cysgu fel bod Dad ddim yn mynd yn flin.

"Hwyl fawr, Laila Landing!" sibryda Janu wrth basio.

Dwi'n gwylio Mam, Dad a Janu'n casglu ei stwff ynghyd ar waelod y grisiau.

"Ffoniodd Mira yn hwyr neithiwr. Gofyn i fi roi'r rhain i ti… meddwl bydden nhw'n dy ffitio di'n berffaith." Mae Mam yn rhoi pâr o sgidiau sgleiniog du i Janu. "Rhai fy nhad, Bimal."

"Alla i ddim cymryd rhain…"

Mae Dad yn rhoi pâr o sanau iddo. "Dyma ti, Janu. Drycha, gwyrth! Dwi 'di ffeindio pâr sy'n matsio!"

Mae Janu'n gwisgo'r sanau ac yn plygu i roi'r sgidiau am ei draed.

"Gallwn ni wastad brynu rhai yn y maes awyr os —"

"Na, Sam!" meddai Janu. "Maen nhw chydig bach yn dynn, ond byddan nhw'n iawn ar gyfer y daith. Bydd hi'n fraint cael cerdded yn y sgidiau 'ma."

"Addo byddi di'n eu gwisgo nhw tan i ti fynd drwy faes awyr JFK? Ma Anjali'n poeni byddi di'n neud pethau'n fwy anodd i ti dy hunan. Ti'n gwbod pa mor dynn yw diogelwch nawr," meddai Mam.

"Ond ti'n siŵr, Uma? Sgidiau dy *baba* y'n nhw."

"Plis gwisga nhw, Janu – bydde fe isie…" Mae llais Mam yn torri.

"Ma'r dywediad 'ma gan Mam, Uma: Os ydy ôl troed y person marw yn cael ei gofio gan rywun byw, byddwn ni wastad yn cerdded gyda nhw."

Mae Mam a Janu'n cofleidio am amser hir.

"Reit 'te! Ma dy dad yn teithio gyda ni, sbo, Uma! Dere, gad Janu i fynd. Sdim iws colli'r ffleit!"

Bob hyn a hyn mae fel petai'r pŵer yma gen i i weld pethau o bell. Taswn i'n gweld fy hunan fel cymeriad yn yr olygfa hon, yn eistedd ar y landing, byddwn i fel arfer yn gweld y llun agos. Ond yn ddiweddar, weithiau, dwi'n camu'n ôl ac yn gweld fy hunan a phopeth arall sydd yn y ffrâm hefyd, ac mae gen i deimladau gwahanol, fel tristwch Mam, ddim yn unig oherwydd fod Janu'n gadael, a pham roedd Mira eisiau i Janu wisgo sgidiau Tad-cu Bimal.

Dwi'n dal cloch Nain Josie yn fy llaw ac yn ei chanu. Dwi'n dychmygu awyren Janu yn esgyn i'r awyr ac yn hedfan drwy'r nos. Yn dychmygu Janu'n edrych drwy'r ffenest ac yn gweld y lleuad a'r sêr ac yn mynd i gysgu a deffro i wawr newydd mewn gwlad arall, yn gwisgo hen sgidiau Tad-cu.

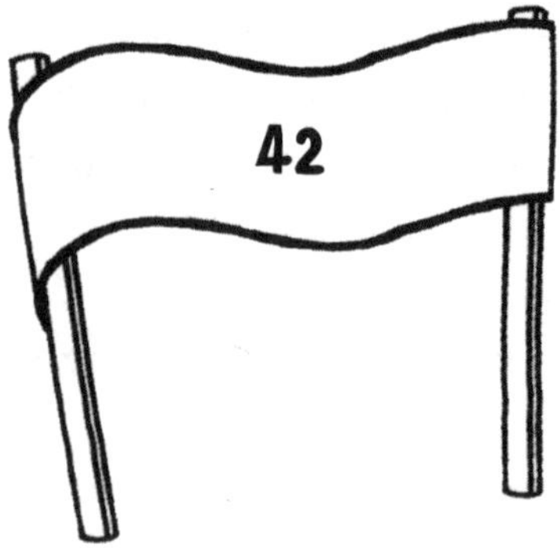

Mae'r synagog yn edrych fel neuadd gymunedol. Y tu allan mae yna arwydd yn dweud 'Synagog Ddiwygiedig'. Dylwn i fod wedi gwisgo'n smart fel Pari. Mae hi wedi mynd dros ben llestri braidd â'r sbarcls yn ei sgarff pen, y top secwins a'r sgert werdd net, fel twtw hir. Efallai y dylwn i fod wedi gwisgo ffrog hefyd. Rhy hwyr nawr.

Mae Hannah yn dod at y fynedfa ac yn ein cyfarch ni i gyd, yn cofleidio Mam a Dad ac yn siglo llaw Pari. Mae hi'n edrych mor hapus, ei llygaid yn disgleirio, yn gyffrous ac yn nerfus yr un pryd. Mae hi'n dweud mai ni yw gwesteion arbennig Kez, felly byddwn ni'n eistedd yn y blaen gyda ffrindiau eraill Kez.

Mae Dad yn estyn am gap gwyn ac yn ei roi ar gorun ei ben.

Mae dynes sy'n sefyll y tu ôl i fwrdd yn rhoi dau lyfr gweddi trwm i ni.

"Ydych chi'n gwybod sut ma darllen rhain?" gofynna.

Mae Mam yn siglo'i phen.

"Ddangosa i." Mae Dad yn cymryd y llyfrau oddi wrthi ac mae Mam yn edrych arno fel petai'n synnu ei fod e'n gwybod beth i'w wneud.

Mae'r stafell yn llawn pobl o bob oed. Mae Kez yn eistedd yn y blaen gyda'i mam a'i thad, Bubbe, a'i theulu. Mae'n edrych yn hardd. Mae ei gwallt wedi mynd yn ôl i'w liw castan naturiol ac mae e'n gyrls llac sy'n hongian i lawr ei chefn. Dyw hi ddim yn gwisgo colur ac mae'n edrych fel yr hen Kez gyfarwydd. Mae'n gwisgo ffrog arian â llewys hir, ac am ei thraed mae sgidiau fflat. Mae'n gwenu a chodi llaw arnon ni wrth aros i'r gwasanaeth ddechrau. Mae Rebeca a Selina o'n blaenau ni… a Stella. Mae hi'n troi ei phen a gwenu arna i a Pari. Do'n i ddim yn gwybod ei bod hi wedi cael gwahoddiad. Do'n i ddim yn sylweddoli bod Kez yn ei nabod hi, hyd yn oed. Mae Rebeca yn troi aton ni ac yn cyflwyno'r ffrindiau eraill. "A dyna Adam!" sibryda, gan godi ael a phwyntio at fachgen tal â gwallt du tonnog sy'n eistedd yn y rhes flaen.

"Gadwodd hi *fe*'n dawel, yn do?" Ac mae Rebeca'n chwerthin.

Am y tro cyntaf ers dechrau'r ysgol uwchradd dwi ddim yn teimlo'n bod ni mewn grwpiau ar wahân.

"Dyna'r Rabbi – Miriam," sibryda Rebeca, ac mae pawb yn tawelu wrth iddi gerdded i fyny at y platfform a'n croesawu. Mae hi'n gwisgo blows flodeuog, siôl o gwmpas ei hysgwyddau, ac ar ei phen mae cap tebyg i'r un sydd ar ben Dad. Ro'n i'n meddwl mai dyn fyddai'r Rabbi. Mae Rabbi Miriam yn edrych tua oed Mam a

Hannah. Mae'n gwenu cyn cyfarch pawb ar ran y teulu, ac yn dweud bod hwn yn achlysur hapus i ddathlu Bat Mitzvah Kezia Braverman.

Mae llygaid Bubbe'n disgleirio gan falchder.

Mae'r Rabbi'n mynd ymlaen i ddweud bod y Bat Mitzvah yn nodi'r trawsnewid o blentyndod i fod yn oedolyn a'i holl gyfrifoldebau.

"… Ac i wneud hyn rhaid i ni godi'n lleisiau i ddathlu. Rydyn ni'n lwcus i gael Ruth yma gyda ni heddiw, ein Cantor, fydd yn chwarae'r gitâr ac yn ein harwain i ganu mewn tiwn, gobeithio!"

Mae'n gofyn i ni droi at y weddi groeso. Mae Rebeca'n troi i ddangos bod rhifau'r tudalennau yn dechrau o'r cefn. Mae Pari a fi'n cael trafferth gyda'r papur tenau, ac wrth ddal y llyfr trwm a throi'r tudalennau o'r cefn i'r blaen, ond rydyn ni'n dod o hyd i'r weddi yn y diwedd. Dwi'n hoffi sain y canu swynol i gyfeiliant y gitâr. Mae'n werinol, fel y gerddoriaeth mae Bubbe'n gwrando arni weithiau. Mae'n bosib dyfalu i ryw raddau ble mae'r alaw yn mynd, ac er nad ydw i'n deall Hebraeg dwi'n dod i ddeall ambell air a chymal sy'n cael eu hailadrodd yn aml.

"Beth yw ystyr *Adonai*?" sibrydaf wrth Rebeca.

"Arglwydd!" sibryda'n ôl.

Mae Rabbi Miriam yn siarad wedyn am deulu Kez ac yn dweud y byddwn ni mewn munud yn offrymu gweddi i'r Avot… y cyndeidiau. Mae llygaid sgleiniog Bubbe'n troi'n llif o ddagrau sy'n powlio i lawr ei bochau. Mae'n dal fy llygad ac yn nodio i 'nghyfeiriad i, a dwi'n teimlo'n agos ati oherwydd 'mod i'n gwybod ei stori bersonol. Mae Kez yn gafael yn llaw Bubbe wrth weddïo a chanu 'L'dor Vador' – 'o genhedlaeth i genhedlaeth'. Mae Bubbe'n sychu ei llygaid ac erbyn diwedd y gân mae hi wedi ymuno yn y canu.

Mae canu mewn Hebraeg yn mynd â chi i fyd arall. Ro'n i wedi meddwl y byddai'n ddiflas heb ddeall y geiriau. Ar y dechrau dwi'n edrych yn y llyfr gweddi ac yn gwneud fy ngorau i ddilyn y cyfieithiad, ond wedyn dwi'n gadael i'r llafarganu lifo drosta i. Mae Pari'n siglo'n ôl ac ymlaen rhywfaint i'r rhythm wrth wrando.

"Dwi'n gallu deall rhai o'r geiriau," meddai hi.

Mae Rabbi Miriam yn gwenu'n garedig ar Kez. "Nawr, Kezia, gad i ni gymryd amser i anadlu a chysylltu ag anadl ein henaid – Neshima – cyn symud ymlaen at weddi'r Cyfamod. Mae Kezia wedi gofyn i Bubbe fod wrth ei hochr ar gyfer y rhan yma o'r seremoni wrth i ni agor drysau'r Arch."

"Dyma fy hoff ran. Dyna ble mae'r llyfr sanctaidd yn cael ei gadw… y Torah," esbonia Rebeca wrth Selina.

Mae Rabbi Miriam yn arwain pawb mewn gweddi eto, ac yna'n cyflwyno Kez. Mae Sarah, merch ychydig yn hŷn, yn sefyll wrth ymyl Kez. Mae'r Rabbi'n diolch iddi am helpu Kez i baratoi ar gyfer ei Bat Mitzvah. Dwi'n deall nawr pam fod paratoadau'r diwrnod mawr wedi cymryd gymaint o amser.

Mae'r teulu cyfan, a rhai dynion a menywod eraill sy'n

gwisgo siôl, yn sefyll gyda'i gilydd. Mae Hannah ar un ochr i Kez, a Maurice ar yr ochr arall. Mae Wncl Leonard Kez yna hefyd, a'i chefnder ieuengaf, Noah, gyda'i wallt cyrliog ciwt, ac mae'n edrych yn smart yn ei siwt fach las tywyll. Do'n i ddim yn credu bod siwtiau i blant pedair oed yn bosib! Mae Wncl Leonard yn dal y sgrôl enfawr. Mae Kez, gyda Hannah a Maurice yn ei chynnal bob ochr iddi, yn cerdded yn araf o gwmpas y stafell wrth i weddi gael ei chanu. Mae pobl yn ymestyn i gyffwrdd â'r sgrôl wrth iddi gael ei chario o gwmpas.

Mae'r sgrôl wedyn yn cael ei hagor. Mae Kez yn dal i sefyll ond yn pwyso'n drwm yn erbyn y pulpud. Mae Rabbi Miriam yn gwasgu ei llaw ac mae Kez yn dechrau canu adnodau o'r Torah.

Mae ei llais llyfn swynol yn canu'r *parsha* cyfan mewn Hebraeg… Allwn i byth ganu fel yna, heb gopi na dim byd. Mae fel llafarganu, heb lawer o nodau gwahanol, ond weithiau mae'n ychwanegu ei nodau ei hun ar ddiwedd cymal, fel mae hi'n arfer ei wneud wrth ganu gydag Adele!

Mae Rebeca'n troi ata i eto ac yn gwenu. "Mae'n rocio hwn. Perffaith!"

Ar ôl y gân mae Kez yn siarad â Rabbi Miriam, sydd yn sibrwd rhywbeth wrth Hannah. Mae hi'n dod â chadair olwyn Kez i fyny i'r platfform ac mae'r rhyddhad yn amlwg ar wyneb Kez pan mae'n eistedd o'r diwedd. Mae'n rhaid bod hynny'n ymdrech fawr iddi. Mae Rabbi Miriam yn symud y pulpud er mwyn i'r gynulleidfa allu gweld Kez. Mae hi'n nôl y nodiadau o'r stand ac yn eu rhoi i Kez. Mae Kez yn oedi ac yn rhoi trefn ar y papurau ar ei chôl.

Yna mae hi'n edrych i fyny ar bawb ac yn esbonio, "Mae'r *parsha* dwi'n mynd i'w drafod yn dod o ran o'r Torah dwi wedi bod yn astudio. Mae'n sôn am bŵer cymuned yn ein byd ni heddiw."

Mae'n edrych yn fwy nerfus nawr wrth siarad, ac mae ei llais yn crynu.

"Mae fy *parsha* yn sôn am dair agwedd wahanol ar gymuned. *Edah* – dyma'r rhan lle mae pawb yn tystio i'r hyn sy'n digwydd o'n cwmpas ni. Mae Bubbe wedi fy helpu i baratoi ar gyfer heddiw ac rydyn ni wedi bod yn siarad tipyn am hyn. Dwi wedi gofyn i'r gymuned yma gyfrannu at loches newydd mae ein ffrind Janu yn ei hadeiladu yn India ar gyfer plant y stryd." Mae Kez yn edrych draw ac yn gwenu arna i. "Pan o'n i yn yr ysgol gynradd gwelais i a fy ffrind Laila fideo o ferch bedair oed yn dioddef o barlys yr ymennydd, yn eistedd ar y llawr am oriau yn aros am help. Roedd hynny wedi gwneud i ni sylweddoli gymaint sydd ganddon ni, a phenderfynodd Laila a fi bod rhaid gwneud rhywbeth yn ein cymuned i godi arian i'r lloches yn Kolkata. Mae hyn wedi'n helpu i ddeall bod gwir ystyr 'cymuned' yn eang… ac mae'r ferch fach yna, Reena, nawr yn chwaer fabwysiedig i fi. Un diwrnod, yn fuan, fe wnawn ni gwrdd. Er ei bod hi'n byw ymhell i ffwrdd mae'n rhan o fy nghymuned i yma hefyd, gan 'mod i'n dyst i'w hanghenion hi."

Mae Selina a Stella'n troi ac yn gwenu arnon ni. Dwi erioed wedi gweld Stella mor addfwyn ac emosiynol.

"Dwi mor hapus ei bod hi 'di'n gwahodd ni i gyd," sibryda Pari.

Mae Kez yn oedi, yn aros yn llonydd am eiliad gan dynnu anadl ddofn, ac yna'n ailadrodd mwy o eiriau Hebraeg.

"Ail ystyr cymuned yw *tzibbur.* Ystyr hyn i fi yw pan mae pobl yn dod ynghyd am yr un rheswm, er nad oes gan bawb yr un pethau yn gyffredin, fel crefydd. Syniad Bubbe oedd i fi wahodd rhai pobl yma heddiw dwi'n eu nabod yn dda, a rhai dwi eisiau dod i'w nabod yn well. Yn yr ysgol mae gen i nifer o ffrindiau o wahanol grefyddau. Ond dwi'n meddwl bydden ni i gyd yn sefyll gyda'n gilydd fel cymuned dros yr hyn sy'n iawn, a hefyd sefyll yn erbyn y pethau rydyn ni'n meddwl sy'n anghywir."

Mae ysgwydd Pari'n cyffwrdd â fy un i ac mae'n pwyso draw ata i. Dwi'n deall nawr pam rydyn ni i gyd yma gyda'n gilydd.

Yna mae Kez yn ailadrodd mwy o eiriau Hebraeg.

"Y trydydd ystyr, a'r un olaf, yw *kehilla*. Gall hyn gael ei ddefnyddio i greu daioni, neu i greu gwrthdaro. Dyma sut mae pobl yn dod at ei gilydd fel grym pwerus, a chymryd cyfrifoldeb fel un grŵp. Mae Bubbe a fi wedi siarad tipyn am hyn hefyd. Pan dwi'n gweld beth sy'n digwydd i ffoaduriaid, yn enwedig plant, dwi ddim yn meddwl bod yr agwedd *kehilla* o gymuned yn cael ei dilyn gan arweinwyr y byd heddiw. Pan mae gymaint o bobl mewn byd o anhrefn mae'n hawdd dweud, 'Alla i ddim gwneud unrhyw beth i helpu', ond petai pawb yn dweud, 'Alla i helpu i newid hyn', fel y gwnaeth teulu o Grynwyr helpu fy nheulu i pan ddaethon nhw yma fel ffoaduriaid, gallai *kehilla* fod yn rhywbeth pwerus i newid pethau er gwell.

"Mae popeth dwi wedi ei ddweud yn fy *parsha* wedi deillio o fy ffrindiau a fy nheulu, a sut maen nhw wedi fy nghefnogi a'n helpu i i sefyll fan hyn. Mae fy ffrindiau sydd yma yn fy Bat Mitzvah yn rhoi gobaith y bydd y tair agwedd ar gymuned dwi wedi dysgu amdanyn nhw yn rhoi arweiniad i fi mewn bywyd, ac i ni. Rydyn ni i gyd yn dystion ac felly yn gyfrifol."

Dwi'n teimlo'r dagrau ar hyd fy mochau a dwi ddim hyd yn oed yn trio eu sychu. Dwi'n edrych draw ar Mam ac mae hi'n crio hefyd. Mae'n gwenu arna i drwy ei dagrau.

Mae gweddill y gwasanaeth, y gweddïau a'r codi a'r eistedd, yn niwlog braidd.

Mae mwy o weddïo a chanu ac mae'r Torah yn cael ei rolio unwaith eto. Mae wncl Kez yn ei gario o gwmpas y stafell eto. Wedyn mae'n cael ei osod yn ôl yn yr Arch a'r drysau'n cael eu cau.

Wrth i Rabbi Miriam wneud y 'cyhoeddiadau a'r newyddion', mae Kez yn troi aton ni â gwên lydan yn llenwi ei hwyneb. Mae Bubbe'n ei dal hi'n dynn. Dwi eisiau rhedeg draw ac eistedd gyda nhw. Mae lwmp yn fy ngwddw wrth feddwl ei bod hi wedi'n gwneud ni yn rhan fawr o'i stori. Mae fel petai wedi defnyddio ei Bat Mitzvah i ddod â ni'n agosach, ac ar hyd yr amser ro'n i wedi meddwl nad o'n i'n golygu llawer iddi rhagor.

"Amser parti!" gwaedda Rebeca.

Mae rhywun yn taflu losin ac mae'r plant bach i gyd yn eu casglu… ac yna mae popeth drosodd. Mae golwg o ryddhad a hapusrwydd ar Kez. Mae'r Rabbi yn cynnig gweddi i ddiolch am y gwin a'r bwyd ac yn gwahodd pawb i fynd i'r stafell nesaf i fwynhau'r *kiddush*.

Mae Pari, Stella a fi yn dilyn Rebeca a'r lleill i'r cyntedd lle mae Dad yn dod allan o'r tŷ bach gyda thad Kez. Mae'r ddau â'u breichiau o gwmpas ysgwyddau ei gilydd, ac maen nhw'n cymryd diod o hambwrdd ac yn dymuno iechyd da i'w gilydd.

"Ie, *much nachas*!"

"Wel, yn hollol, Maurice. Ma 'da ti bob hawl i fod yn browd iawn."

"Ond ma'r cyfan yn dechrau fan hyn!" ac mae tad Kez yn amneidio i gyfeiriad y drws.

Dwi'n dilyn eu llygaid ac yn gweld Kez wrth y drws yn sgwrsio ag Adam, ac mae'n amhosib peidio â sylwi ar yr olwg rhyngddyn nhw wrth iddo ffarwelio.

Wedyn rydyn ni i gyd yn mynd i fflat Kez am barti. Mae pob wal â goleuadau bach arni, ac mae bwnshys o flodau lliwgar anferth ym mhob man. Mae Pari'n dweud mai blodau adar paradwys ydyn nhw.

Wrth gerdded drwy'r drws, mae Pari'n fy nhynnu i'r naill ochr. Mae'r un olwg ar ei hwyneb â phan ddaeth hi i fy nhŷ i am y tro cyntaf.

"Paid dweud wrth neb am y Goleudy, 'nei di?" sibryda.

Dwi'n siglo fy mhen, ond nawr dwi'n teimlo'n wael eto. Dwi ddim eisiau teimlo fel hyn ym mharti Kez. Ydw, dwi'n dawnsio ac yn cael hwyl, ac mae Pari'n ymuno hefyd, ond alla i ddim peidio â meddwl am beth ddwedodd Kez am fod yn rhan o'r un gymuned. Mae'r hyn ddwedodd hi'n gwneud synnwyr perffaith ond gyda Pari'n dawnsio wrth fy ymyl a finnau'n gwybod sut mae hi'n byw, mae gen i'r teimlad eto ym mêr fy esgyrn nad yw hyn yn iawn. Pam *ddylai* Pari deimlo cywilydd am fod yn dlawd? Pam *ddylwn* i gadw'n dawel am y bobl hiliol wnaeth ymosod ar Janu? Sut allwn ni i gyd ddawnsio gyda'n gilydd os nad ydyn ni'n wynebu'r gwir am sut mae pethau?

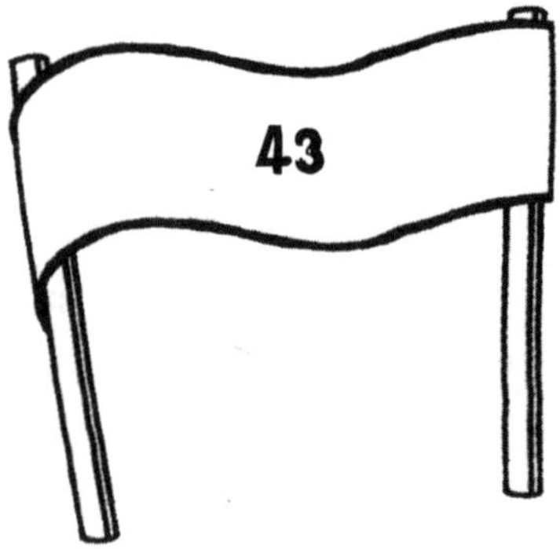

Ar fy ffordd i'r ysgol ar y dydd Llun dwi'n cael neges gan Kez wrth i fi basio'r Fainc Colli Ffrind.

> Dwi wedi ymlâdd. Wedi blino gymaint ac yn cymryd diwrnodau bant o'r ysgol i ddod dros bob peth. Mae'r athrawon wedi rhoi caniatâd i fi weithio adre wythnos ma. Ti'n gallu dod draw i aros nos Sul i chillio? Mam a Dad ddim yma. Dim ond ti, fi a Bubbe!

Dwi'n eistedd ar y fainc yn aros am Pari, a dwi'n tecstio'n ôl.

> Ie, plis!

Ar ôl ysgol dwi'n gofyn i Mam ac mae hi'n hapus iawn â'r syniad.

"Bydd hynna'n gweithio'n dda. Ma adeiladwyr yn dod

i gael golwg ar y wal, a dwi'n meddwl gall Dad a fi fynd am noson fach i Benrhyn Gŵyr. Cael awyr iach y môr!"

*

Rydyn ni'n dwy'n gorweddian ar soffas cyfforddus Kez ac yn gwylio fersiwn newydd o *Peter Pan*. Rydyn ni wedi gwylio'r ffilm ddegau o weithiau ers ein bod yn fach ond dwi'n hoffi'r ffaith eu bod nhw wedi ei haddasu fel bod y cymeriadau yn hŷn – gallen nhw fod yn ni... Kez, fi, Pari, Stella a Rebeca. Rydyn ni'n dal i gofio rhai o'r geiriau ac yn eu gweiddi ar dop ein lleisiau pan maen nhw'n ymddangos yn y ffilm. Byddai Pari wrth ei bodd.

"So come with me, where dreams are born, and time is never planned. Just think of happy things, and your heart will fly on wings, forever, in Never Never Land!"

Mae Bubbe'n chwerthin arnon ni wrth i ni ganu'r geiriau. "Falch gweld nad y'ch chi'n rhy hen i neud hyn!"

"Do'n i ddim yn gwbod bod ti'n ffrind i Stella, o 'nosbarth cofrestru i," dwedaf wrth Kez.

"Ydw, ma hi mor neis. Mae'n dod 'da fi a Selina i Add Gorff weithiau, ac yn dod i ffisio hefyd. Dwi 'di gweld hi yn y pwll hydro cwpwl o weithiau. Ma efaill 'da hi, brawd sydd â niwed ar yr ymennydd. Mae'n nofio 'dag e. Mae ei wyneb e'n goleuo pan mae e'n gwbod bod hi yna. Ma ganddi ffordd mor dda 'dag e. Ma hi'n mynd yn *stressed* pan maen nhw ar wahân."

Wrth wylio gweddill y ffilm alla i ddim peidio ag

atgoffa fy hun o bopeth ro'n i'n meddwl 'mod i'n ei wybod am Stella. A dwi ddim wir yn gwybod unrhyw beth amdani.

Mae Bubbe'n coginio toesenni ac yn gadael i ni eu bwyta ar y soffa, ac mae amser yn hedfan heibio fel roedd e'n arfer ei wneud; does dim angen dweud na gwneud dim byd – dim ond bod yn gwmni i'n gilydd.

Pan mae'r ffilm yn gorffen mae Kez a fi'n mynd yn ôl i'w stafell.

"Ti isie clywed stori garu go iawn am Janu a Mira a Jidé?" gofynnaf i Kez.

"Yyy, ydw i isie *byw*?" Mae hi'n chwerthin.

Rydyn ni'n gorwedd ar y gwely yn y tywyllwch, pen wrth draed, a dwi'n dweud y cyfan wrthi, gan chwarae â'i thraed fel ro'n i'n arfer ei wneud pan oedden ni'n fach ac yn mynd draw i dai'n gilydd i gysgu.

"Mae'n stori mor… rhamantus!" meddai Kez ar ôl i fi orffen. "A soniodd Mira ddim gair?"

Dwi'n siglo fy mhen. "Mae'n siŵr fod 'da pawb gyfrinachau. Beth am Adam? Welais i'r ffordd roedd e'n edrych arnot ti drwy'r Bat Mitzvah!"

"Ti'n meddwl?"

"Ydw. A ti hefyd!"

"Os ddweda i rywbeth, ti'n addo peidio dweud wrth neb? Achos sai'n siŵr eto os bydd unrhyw beth yn dod ohono fe."

"Addo."

Am eiliad dwi'n ystyried dweud wrthi am Tomek.

Ond beth sydd i'w ddweud? Does dim byd wedi digwydd rhyngddon ni, ac er 'mod i'n meddwl ei ffonio, bob tro mae'r amser yn dod dwi'n newid fy meddwl. Mae'n siŵr ei fod e'n meddwl 'mod i'n rhyfedd, yn esgus peidio â'i ddeall e'n siarad pan gwrddon ni y tro cyntaf. Does dim byd i'w ddweud.

"Yn y gwersyll, ro'n ni'n abseilio. Ti'n nabod fi, Laila, dria i unrhyw beth, ond roedd un eiliad pan es i wir yn ofnus ond siaradodd Adam fi drwyddo. Daethon ni i nabod ein gilydd yn well wedyn ac fe ganon ni ddeuawd 'da'n gilydd yn y sioe wirion 'ma 'naethon ni."

"A…?"

"Pan 'naethon ni adael, cusanodd e fi! Ond falle mai jyst rhywbeth diwedd-gwersyll-haf oedd e."

"Chi'n mynd allan 'da'ch gilydd 'te?"

"Sai'n gwbod! Dwi'n methu credu iddo ddod yr holl ffordd o Fanceinion i'r Bat Mitzvah!"

"Dwi'n meddwl bod e'n hoffi ti. Y ffordd roedd e'n plygu mlaen ac yn gwrando'n astud ar bob gair…"

"Ti'n meddwl? Dim ond unwaith ma fe 'di tecstio i ddweud diolch… dim byd wedyn."

Mae ffôn Kez yn bipian. Mae'n troi'r golau ymlaen ar y lamp fach wrth y gwely a dwi'n gweld yr amser ar y cloc. Mae wedi hanner nos yn barod ond mae'n teimlo fel petaen ni newydd fynd i'r gwely!

Mae gwên fawr ar wyneb Kez wrth iddi ddarllen y neges.

"Rhaid bod ei glustiau'n cosi!"

Mae'n dangos y neges i fi.

> Methu cysgu! Kez ar fy meddwl! Pryd alla i weld ti eto? Rhaid ymarfer y ddeuawd!
>
> Cariad, Adam x

Fi sy'n deffro gyntaf. Mae cornel llun i'w weld dan obennydd Kez. Dwi'n ei godi i gael golwg agosach. Darlun annwyl o Kez gyda'i gwallt coch yn hofran y tu ôl iddi, sydd ynghlwm â gwallt du merch fach sy'n hedfan drwy'r awyr mewn rhyw fath o long ofod. Dwi'n syllu arno am amser hir, tan i fi deimlo Kez yn ystwyrian. Dwi'n rhoi'r llun iddi. "Pwy na'th hwn?"

"Reena," meddai, gan agor ei cheg yn ddiog. "Hi a fi'n hedfan yn Vimana, ein cerbyd hud!" Mae hi'n pwyntio at ei chadair. "Ti'n cofio yn y Cynradd o'n i'n gofyn i ti redeg yn fy lle i?"

Dwi'n nodio.

"Ti'n deall, Laila, on'd wyt ti, pam oedd rhaid i fi dorri'n rhydd am chydig bach?" Mae'n gafael yndda i'n dynn.

Mae wedi cymryd amser, ond dwi *yn* deall. Roedd angen i fi dorri'n rhydd hefyd, dwi'n meddwl, ond do'n i ddim yn sylweddoli hynny tan nawr. Fyddai'r hen Laila byth wedi mynd i orymdaith ar ei phen ei hun.

Ar y bore Llun rydyn ni'n gwneud rhywfaint o'n gwaith cartref ac yna'n mynd i'r parc. Dwi wrth fy modd â diwrnodau Hyfforddiant mewn Swydd, mae'r wythnos yn mynd tipyn cynt wedyn. Rydyn ni'n eistedd ar y Fainc Colli Ffrind, ond Mainc Ffrind yw hi nawr. Mae Pari'n ffonio, felly dwi'n siarad â hi am ychydig a dyw e ddim yn teimlo'n lletchwith o gwbl fod Kez gyda fi.

Pan ydyn ni'n cyrraedd yn ôl mae Adam yn ffonio, ac mae Kez yn troi'n goch. Dwi'n gwneud iddi biffian chwerthin o hyd, felly mae hi'n mynd i'r stafell molchi ac yn sgwrsio ag e am hydoedd y tu ôl i ddrws caeedig. Dwi'n gorwedd ar wely Kez ac mae Mam a Dad yn tecstio i ddweud eu bod nhw'n cael amser tawel 'yn cerdded wrth y môr gaeafol'.

Ar ôl cinio mae Bubbe'n gwisgo'i chot.

"Dwi'n mynd i'r fynwent. I dacluso carreg fedd Stan; wedi meddwl neud ers sbel," meddai. "Dyw e ddim yn lot o hwyl, ond y'ch chi ferched isie dod i gadw cwmni i fi?"

"Ond ti ddim yn cael gyrru?" meddai Kez.

"Nonsens. Dwi'n hollol iawn!"

"Ddown ni 'te. A Vimana."

Dwi'n cael y teimlad nad yw Kez eisiau i Bubbe yrru yno ar ei phen ei hun.

Wrth i fi wylio Bubbe'n mynd i mewn i'r car a pharatoi'r ramp i Kez, dwi'n meddwl sut fyddai'r teulu yn ymdopi heb help Bubbe. Efallai fod Kez yn cael ei hyder *oherwydd* help Bubbe. Wrth i ni yrru heibio pen draw ein ffordd ni dwi'n edrych ar y tŷ ac yn gweld sgip mawr melyn y tu allan, ac adeiladwyr yn gweithio ar y wal.

Mae Bubbe'n siarad yn ddi-baid wrth yrru.

"Amser maith yn ôl, ar ôl symud i Gaerdydd, dechreuodd Stan a fi fynd i'r Synagog Ddiwygiedig. Dwi'n teimlo'n lwcus ei fod wedi ei gladdu yma, yn Nhrelái, mor agos… Dwi'n hapus ein bod ni wedi trefnu i gadw lle i fi fod wrth ei ochr pan ddaw fy amser i."

"Fydd hynny ddim am amser hir," meddai Kez. Mae'r cyhyrau yn ei bochau'n caledu fel petai'n methu ystyried peidio cael Bubbe yna.

"Fe ddaw pan ddaw." Gwena Bubbe wrthi hi ei hun. "Ac mae'n ddigon agos a chyfleus i'w gadw'n lân!" meddai'n ddireidus, gan godi llaw ar y dyn diogelwch wrth gât y fynedfa i Fynwent y Gorllewin.

Rydyn ni'n parcio'r car ac mae Bubbe'n cerdded o'n blaenau ar hyd y llwybr.

Mae'r fynwent mor heddychlon. Prin allwch chi glywed unrhyw draffig. Mae Bubbe'n cerdded ymlaen, gan bellhau oddi wrthon ni. Mae fel petai hi eisiau bod ar ei phen ei hun, felly rydyn ni'n arafu. Yn sydyn, mae hi'n stopio ac yn syrthio ar ei phengliniau. Dwi'n meddwl ei bod hi wedi cyrraedd y bedd, ond mae'r ffordd mae Kez yn cyflymu yn gwneud i fi feddwl bod rhywbeth yn bod. Dwi'n rhedeg atyn nhw.

Pan mae Kez yn cyrraedd Bubbe, dwi'n ei gweld hi'n rhoi ei llaw dros ei cheg ac yn edrych arna i mewn panig.

"Lai Lai!" Mae'n sgrechian fy enw.

I ddechrau, dwi'n tybio bod Bubbe wedi syrthio a brifo. Ond mae'n pwyntio at y beddi, gan grio, ac yna dwi'n gweld. Ar garreg fedd Stan, o dan ei enw, mae rhywun wedi peintio arwydd swastica coch. Mae'r bedd drws nesaf, a'r rhai eraill mor bell yn ôl â wal y fynwent, wedi cael eu hagru hefyd. Mae Bubbe'n syllu a syllu, dagrau'n powlio i lawr ei bochau, yn methu credu'r hyn mae'n ei weld. Mae'n cydio mewn dyrnaid o bridd a'i daenu dros y garreg er mwyn cuddio'r staen coch hyll, ond mae'r pridd yn llithro i ffwrdd.

Dwi'n estyn am fy ffôn i alw Mam. Pam mae'n rhaid iddyn nhw fod mor bell nawr?

"Paid poeni unrhyw un." Mae Bubbe'n sythu ac yn dechrau cerdded yn araf allan o'r fynwent heb ddweud gair arall.

Mae Kez yn edrych fel petai mewn sioc hefyd; mae'n crynu, a phan dwi'n gafael yn ei llaw mae'n ei gwasgu mor galed mae'n brifo.

"Ffonia i Mam a Dad," meddai Kez.

"Na! Arhoswch wrth y fan," gorchmynna Bubbe ac mae'n cerdded draw i'r dderbynfa ac yn canu'r gloch. Daw'r dyn diogelwch allan ac mae Bubbe'n pwyntio at y beddi yng nghornel bellaf y fynwent. Mae'r dyn yn siglo'i ben, yn gafael yn ei braich ac yn ei helpu i fynd yn ôl at y car.

"Ofnadwy! Rhaid bod e 'di digwydd neithiwr. Fe 'na i rywbeth am hyn yn syth. Bydd rhaid codi'r wal yn uwch yn y pen pellaf yna."

“Sai’n credu mai waliau yw’r broblem,” meddai Bubbe gan fwmial.

“Rhaid bo’ nhw ’di dod mewn dros y llwybr. Y’ch chi’n iawn i yrru?” gofynna’r dyn. Mae Bubbe’n anwybyddu’r cwestiwn ac yn eistedd yn sedd y gyrrwr. Dyw hi ddim yn dweud gair wrth yrru oddi yno. Rydyn ni’n edrych arni drwy’r drych bob hyn a hyn i wneud yn siŵr ei bod hi’n iawn, yn disgwyl iddi ddweud rhywbeth, ond mae ei llygaid wedi eu hoelio ar yr hewl o’i blaen. Dwi erioed wedi gweld yr olwg yna ar ei hwyneb o’r blaen. Mae’r holl feddalwch wedi diflannu ac mae wedi troi’n garreg.

Pan gyrhaeddwn ni adre mae hi’n mynd yn syth i’w stafell. Rydyn ni’n gwneud paned o de iddi ac yn cnocio ar ei drws, ond dyw hi ddim yn ateb.

“Sdim ots ’da fi beth ddwedith hi, dwi’n ffonio Mam,” ac mae Kez yn deialu’r rhif.

“Bubbe… Mam, rhaid ti ddod adre nawr.” Mae Kez yn trio esbonio beth sydd wedi digwydd ond mae ei geiriau’n troi’n slwj ac alla i, hyd yn oed, ddim deall oherwydd mae hi wedi ypsetio gymaint.

“Mae’n iawn, Kez. Ni bron adre nawr beth bynnag,” clywaf Hannah yn dweud.

Bum munud yn ddiweddarach mae Hannah a Maurice yn cerdded drwy’r drws. Maen nhw’n dod i’r gegin ac yn eistedd wrth y bwrdd wrth i ni ddweud yn union beth welon ni.

“Pam?” Mae Maurice yn taro’r bwrdd yn galed, sy’n gwneud i ni neidio mewn braw. Daw dagrau i fy llygaid.

Mae Kez yn ofnus.

"Dad!"

Mae Hannah'n rhoi ei llaw ar ysgwydd Maurice. "Paid, Maurice. Pa iws yw hynna?"

Ond dwi'n gwybod sut mae e'n teimlo. Roedd Janu'n anghywir wrth ddweud wrtha i am gadw'n dawel am beth wnaeth y dynion hiliol iddo, ac alla i ddim cael y neges afiach yna mae Pari'n gorfod ei gweld bob dydd allan o fy mhen. Os ydy pobl yn ofni dweud neu wneud rhywbeth, sut mae pethau byth yn mynd i newid?

"Rhaid galw hyn yn union beth yw e… gwrth-Semitiaeth… os nad y'n nhw cymryd…"

"Hei nawr, Maurice – ti'n ypsetio'r merched hyd yn oed yn fwy."

Mae tad Kez yn cerdded i ben arall y stafell ac yn gorffwys ei dalcen ar y wal am funud, tan i'w ysgwyddau ddechrau ymlacio. Mae'n troi.

"Sori, ferched. Dewch i weld Dara."

Dyw hi ddim yn teimlo'n iawn i fi eu dilyn, felly dwi'n aros y tu allan i'w stafell. Dwi'n gallu eu clywed yn siarad â hi, ond dyw hi ddim yn ateb. Dwi'n mynd yn ôl i'r gegin, cerdded draw at y dreser a chodi'r lluniau o'r ferch a'r bachgen a dyfodd i fod yn Stan a Bubbe. Mae'r sgyrsiau i gyd yn llifo drwy fy mhen: Bubbe'n siarad am Stan a pham ddaeth hi yma; llais Taid Kit ar y tâp yn disgrifio'r gorymdeithio ar hyd Cable Street; Simon yn rhoi'r Bag Baneri i fi; y ferch â'r hancesi papur ar y trên; Simon a Nain Josie yn gweiddi a gorymdeithio dros y pethau roedden nhw'n credu bod angen eu newid. Fi... yn cadw'n dawel am yr hyn ddigwyddodd i Janu ar y trên a nifer o bethau eraill dwi'n gwybod sydd yn hollol anghywir. Dwi'n teimlo'n sâl wrth feddwl am Bubbe'n gorwedd yn ei gwely, yn credu nad oes dim wedi newid yn y byd... bod popeth yn mynd yn waeth.

Pan maen nhw'n dod allan o stafell Bubbe, mae Hannah yn ffonio'r doctor.

"Llawn gofid, galar... Ie, hynny hefyd."

"Pam 'neith hi ddim siarad â ni, Mam – pam ddim dweud?" Mae'r cyhyrau yn wyneb Kez yn crynu. Ddylai hi ddim mynd i stad fel hyn. Mae Maurice yn dweud wrthi am gymryd ei meddyginiaeth er mwyn tawelu.

Mae popeth wedi mynd o'i le. Yr un Kez yw hon oedd yn hedfan wythnos yn ôl; gallai gyflawni unrhyw beth, a nawr mae'n rhaid iddi gymryd tabledi i'w thawelu oherwydd hiliaeth greulon. Rhaid i fi feddwl am rywbeth i'w WNEUD am hyn... fel wnaeth Nain Josie a Simon pan welon nhw bethau annheg. Ar ôl popeth mae Bubbe wedi ei wneud, yn dod â phawb ynghyd yn y Bat Mitzvah. Popeth roedd hi a'i gŵr wedi mynd drwyddo, yn blant oedd wedi goroesi ar y Kindertransport. Mae Janu'n anghywir. Nid dyma'r amser i aros yn dawel. Dyw pethau ddim wedi gwella. Dwi ddim yn mynd i adael i Bubbe ddioddef a meddwl bod hanes yn ailadrodd ei hun, a'n bod ni'n mynd i eistedd yn ôl yn gwylio a gwneud dim.

"Laila, dwi'n meddwl bod dy rieni adre nawr; welon

ni nhw ar y ffordd 'nôl," meddai Maurice, sydd wedi troi'n llwyd.

"O, iawn..." dwedaf, gan roi'r lluniau'n ôl yn ofalus ar y silff. "Wrth gwrs, sori. Af i nôl fy stwff."

Pan dwi'n barod i adael mae Kez, Maurice a Hannah gyda Bubbe, yn eistedd o gwmpas ei gwely. Dwi ddim eisiau amharu, felly dwi'n gadael, gan gau'r drws yn dawel y tu ôl i fi.

"Rwyt ti'n deulu hefyd, Laila!" Mae geiriau Bubbe'n rhedeg drwy fy meddwl wrth i fi gerdded adre.

*

Mae Dad yn cwrdd â fi hanner ffordd i lawr y stryd. Mae'n rhoi ei freichiau o gwmpas fy ysgwyddau ac yn cerdded adre gyda fi.

Ond... dyw e ddim fel adre rhagor, mae fel safle adeiladu. Mae'r wal ffrynt i gyd wedi mynd ac mae'r gwaith yn bell o fod wedi ei orffen. Mae ramp mwdlyd yn lle grisiau yn arwain at y drws ffrynt. Mae popeth mor wahanol nawr, hyd yn oed y tŷ.

Dwi'n carlamu i fyny'r grisiau i stafell Mira, cau'r drws yn glep, cropian dan y gwely a nôl Llyfr Protest Nain Josie. Dwi'n troi'r tudalennau sy'n gyfarwydd erbyn hyn. Pan dwi'n edrych yn fanylach ar y lluniau, mae'r un faner mewn sawl gorymdaith wahanol. Mae'n dweud: 'Nid yn Fy Enw I'. Dwi'n meddwl bod y slogan yna ar orymdaith welon ni ar y teledu yn fflat Pari hefyd.

Mae Mam a Dad yn gadael llonydd i fi am dipyn, ac yna mae'r cnocio'n dechrau.

"Gadwch lonydd i fi!"

Maen nhw'n aros am sbel, ond yna maen nhw'n ôl. Mam yn gyntaf, wedyn Dad… dwi'n eu hanwybyddu ac yn ffonio Pari i ddweud wrthi am Bubbe. Mae hi'n dawel iawn. Dwi'n gofyn sawl gwaith ydy hi'n dal yna.

"Pari…?"

"Ydw, dwi 'ma!" meddai. "Sori, ma Mam yn siarad yr un pryd. Aros funud, Mam." Dwi'n gallu clywed Leyla yn siarad mewn Arabeg. Mae'n swnio'n drist. "Ddwedodd Mam bod e ar y newyddion… wedi digwydd mewn llefydd eraill hefyd. Mae'n poeni bydd pobl yn rhoi'r bai arnon ni."

"Sai'n deall!" dwedaf. "Pam? Sneb yn gwbod pwy na'th."

"Ond dal… mae'n meddwl bydd e'n achosi mwy o densiwn."

"Iawn, Mam, ocê, ddweda i, neud yn siŵr bod nhw'n deall… Ma Mam isie i ti ddweud wrth deulu Kezia bydd hi'n gweddïo drostyn nhw. Roedd digon o drwbl yn ôl adre. Mae hi isie heddwch rhwng pawb. Mae'n fodlon neud unrhyw beth i helpu."

"Iawn, dwed diolch wrthi," atebaf.

Ar ôl rhoi'r ffôn i lawr dwi'n eistedd yno am dipyn. Mae'r hyn ddwedodd mam Pari wedi gwneud i fi feddwl. Efallai *fod* rhywbeth y gallwn ni i gyd ei wneud gyda'n gilydd.

"Gwrandwch ar hyn." Mae Dad yn darllen y newyddion ar ei ffôn amser brecwast. "Ma dyn o'r Cyngor yn dweud, 'Our sincere condolences go to the Jewish Community and we will endeavour to remove the hateful graffiti as quickly as possible. Anti-Semitism will not be tolerated in this country or any part of this city.'"

Dwi erioed wedi teimlo fel hyn o'r blaen. Mae popeth mae pobl yn ei ddweud yn bwydo fy nghynllun i…

Dyw Kez ddim yn yr ysgol. Dwi'n tecstio ac yn ffonio ond dyw hi ddim yn ateb. Dwi'n cerdded heibio'r tŷ wrth ddod adre o'r ysgol ond mae'r bleinds i gyd ar gau, fel petai rhywun wedi marw. Dwi'n rhoi nodyn drwy'r drws yn holi am Bubbe ac yn dweud wrth Kez am ffonio pan fydd cyfle…

Pan dwi'n cyrraedd adre mae llwybr concrit yn dechrau cael ei greu, a dyn mewn diger bach yn arllwys pridd bob ochr i'r llwybr. Mae sŵn grwnian y diger yn crafu yn fy mhen a dwi'n cael poen tu ôl i fy llygaid.

"Pryd bydd popeth 'di gorffen, Dad?" gofynnaf wrth gerdded i mewn.

"Ddim yn hir nawr…"

Dwi'n mynd i fyny'r grisiau ac yn tynnu'r Bag Baneri o dan y gwely. Dwi'n agor y cloeon. Maen nhw'n fwy rhydd nawr. Dwi'n estyn y Llyfr Protest, yn ei roi ar y llawr ac yn agor y bag mor llydan ag sy'n bosib. A thu fewn i'r bag, yn y lledr sydd wedi pylu, dwi'n sylwi ar rywbeth newydd, llawysgrifen rhywun… mae'n debyg i un Simon. Dwi'n troi'r bag ar ei ochr. Dyw'r geiriau ddim yn glir ond dwi'n gallu eu darllen:

> *'Days are scrolls – write on them what you want to be remembered.'*

Mae gen i dân yn fy mol a dwi'n gwybod beth sydd rhaid i fi ei wneud.

Dwi'n dadrolio sgrôl lân ac yn ei gosod ar y carped. Dwi'n meddwl am y neges am amser hir. Dwi'n codi brwsh paent ac yn dewis y paent glas oedd ar faner Nain Josie ar ei gorymdaith olaf.

Mae popeth yn troelli yn fy mhen. Wynebau'r dynion ar y trên, yn gwatwar Janu gyda'u gweiddi, y geiriau atgas yn lifft Pari, yr hyn roedd ei rhieni wedi'i ddioddef, Bubbe a Stan yn cyrraedd yn blant, Taid Kit yn gorymdeithio ar Cable Street yn erbyn y ffasgiaeth gynyddol yn y ddinas, dagrau Bubbe wrth wylio'r ffoaduriaid ar y newyddion, wrth fedd Stan... Beth petai... beth os nad oes neb yn sylweddoli eu bod nhw'n byw mewn cyfnod sy'n colli'i galon? Beth os mai dyna pam mae pethau creulon yn digwydd? Does neb yn dweud na gwneud unrhyw beth tan ei bod hi'n rhy hwyr; dim ond newid cerbyd trên ac esgus nad oes unrhyw beth yn digwydd o flaen eu llygaid.

Dwi eisiau i Bubbe gofio pawb yn sefyll gyda'i gilydd yn Bat Mitzvah Kez – a dwi eisiau i Janu wybod nad ydw i'n cadw'n dawel, fy mod i'n gwneud hyn er ei fwyn e hefyd. Dwi'n cofio am yr arwydd uwchben bwrdd gwyn Mrs Latif.

Dwi eisiau i rai o bob crefydd, a'r digrefydd a'r rhai sy'n deall dim am grefydd – pobl o fan hyn a fan draw a phob man – ddod at ei gilydd. Dwi'n methu stopio meddwl am wyneb Bubbe wrth iddi yrru o'r fynwent, fel petai pob gobaith wedi llifo ohoni. Beth os… Beth petai Bubbe'n marw ac mai'r holl gasineb yma fyddai'r peth olaf iddi ei gofio?

Dwi'n peintio llythrennau mawr glas llachar.

GWRTH-SEMITIAETH
POB HILIAETH
NID YN EIN HENW NI

Dwi'n dadrolio pob sgrôl lân ac yn sgwennu'r un neges drosodd a throsodd. Eu peintio gyda phaent Nain, gyda'r brwsh oedd yn ei dwylo hi, a'r holl feddyliau yma'n chwyrlïo drwy fy mhen, fel petai hi'n fy nghymell i wneud hyn. Mae popeth ers y diwrnod ffeindiais i'r gloch yn arwain at hyn. Mae pob llythyren dwi'n ei pheintio yn dod â fi'n agosach at Nain, a dwi'n gwybod 'mod i'n gwneud y peth iawn.

Ar ôl gorffen dwi'n rhoi'r baneri yn ôl o dan y gwely i sychu.

Dwi'n gwglo cyfeiriad y fynwent Iddewig ac yn sgwennu:

Gwylnos Gwrth-hiliaeth
Dydd Sul, Rhagfyr 10fed – 3yp
Mynwent y Gorllewin, Trelái
Dewch â dillad cynnes, pot jam a chanhwyllau.

Nawr 'mod i wedi ei sgwennu, mae'n teimlo'n real.

Dwi ddim eisiau e-bostio na thecstio unrhyw un rhag ofn y bydd Dad yn edrych ar fy nghyfrifon ac yn ceisio fy stopio. Dwi'n copïo'r gwahoddiad sawl gwaith, ac yna'n torri'r papur yn stribedi ac yn eu rhoi yn fy mag ysgol. Erbyn i Mam roi ei phen i mewn i'r stafell i ddweud nos da, mae popeth wedi ei dacluso.

"Arogl paent yw hwnna?"

"Dwi 'di bod yn gorffen gwaith cartre celf." Mae'r celwydd yn dod yn hawdd.

"Fel Mira!"

"Ti 'di clywed sut ma Bubbe?" gofynnaf.

"Maen nhw 'di glanhau'r cerrig beddi ond ma hi 'di torri ei chalon. Mae 'di anobeithio'n llwyr. Kez hefyd, dwi'n credu. Mae'n ofnadwy, on'd yw e?"

Dwi mor flinedig, ond mae meddwl am Bubbe a Kez yn fy ngyrru ymlaen.

Dwi'n sgrolio ar fy ffôn a dod o hyd i:

Tomek

Efallai yn y bore y bydd gen i'r hyder i'w ffonio.

Dwi'n deffro'n benderfynol o siarad â Tomek, ond pan mae'r amser yn dod, dwi'n tecstio yn lle hynny. Dwi'n sgwennu 'Annwyl Tomek...' yna'n ei ddileu. 'Haia Tomek...' ac mae hynny'n edrych yn rhyfedd, felly dwi'n dileu hynny hefyd ac yn tecstio'r manylion yn unig ato.

O leiaf mae'n gwneud synnwyr i fi anfon gwahoddiad ato, ac os nad oes diddordeb ganddo dyw e ddim yn lletchwith 'mod i wedi cysylltu. Mae cofio'r hyn wnaeth e dros Janu ar y trên y diwrnod hwnnw yn fy ngwneud i'n fwy penderfynol ynglŷn â gwneud hyn.

Dim neges gan Kez, a dyw hi ddim yn yr ysgol eto.

Dwi'n dweud popeth wrth Pari. Dwi'n esbonio fy nghynllun ac mae hi eisiau bod yn rhan ohono.

"Paid dweud wrth dy fam, Pari. Ein cyfrinach ni yw hon am y tro, i ddangos i Bubbe ei bod hi'n iawn i roi ei ffydd ynddon ni."

"Ddweda i ddim byd. Ond os oes rhywun yn deall, Mam yw honno. Ddweda i 'mod i'n dod draw i dy dŷ di," meddai Pari.

Dwi'n pasio pentwr o wahoddiadau i Rebeca ac mae hi'n addo rhoi gwybod i'r bobl do'n i ddim yn eu nabod yn Bat Mitzvah Kez.

"Beth yw'r holl sibrwd?" gofynna Stella amser egwyl. Dwi'n tynnu darn o bapur o fy mag a'i roi i Stella. Mae hi'n edrych arno ac yn ei roi yn ei phoced. "Diolch!"

Mae Mrs Latif adre'n sâl a dyna'r wythnos hiraf, fwyaf diflas yn yr ysgol erioed. Dydyn ni ddim yn clywed unrhyw beth gan Kez na Maurice na Hannah. Fel petaen nhw wedi troi eu cefn ar y byd.

Ar y dydd Gwener dwi'n tecstio Kez eto, ond does dim ateb.

Mae'r tywydd wedi troi'n oer. Yn wirioneddol

oer – mor oer fel bod eich anadlu'n troi'n fwg. Dwi'n penderfynu gwisgo fest ac un o hen siwmperi Mira, fel mae Mam wedi bod yn cwyno wrtha i am wneud ers oesoedd. Dyw'r llwydrew ar lawr ddim yn dadmer drwy'r dydd. Hyd yn oed ar ôl ysgol mae'r dail yn wyn ffres, fel y dail siwgr y gallwch chi eu prynu i addurno cacennau. Dwi'n meddwl am Pari. Gobeithio y gall ei mam gadw'r trydan ymlaen heno.

*

Ar y dydd Sadwrn dwi'n methu cysgu winc, yn meddwl am Kez a Bubbe. Dwi'n mynd i stafell Mira ac eistedd ar y gwely. Dwi'n agor y llenni tua thri o'r gloch y bore. Mae'n olau, a'r lleuad bron yn llawn. Wrth edrych allan mae'n dechrau bwrw eira. Rhyw eirlaw i ddechrau, ond yna mae'n bwrw'n drymach ac mae plu mawr meddal yn llenwi'r awyr. Dwi'n penlinio wrth y ffenest ac yn edrych ar yr eira'n gorchuddio popeth â haenen wen ysgafn. Mae corneli caled yr ardd yn diflannu… Tybed fydd yr eira yn cadw pobl draw fory?

Yn y bore dwi'n rhedeg i lawr y grisiau ac yn edrych allan i'r ffordd. Does dim byd yn symud. Dwi'n agor y drws ffrynt. Does dim byd i'w glywed. Mae mor dawel, fel petai'r ddinas gyfan wedi ei gorchuddio â blanced wen feddal.

Mae Rebeca'n fy ffonio. "Ddylen ni ganslo?"

"Na!" dwedaf. "Dyw e ddim yn bell. A prynhawn 'ma ma fe. Falle bydd popeth yn symud erbyn hynny. Os ydy pobl yn dod, mae'n golygu eu bod nhw'n poeni hyd yn oed yn fwy. Beth bynnag, ma digon o amser i bawb gerdded yna."

Mae fy ffôn yn canu eto. Pari.

"Sori, Laila, ond roedd rhaid i fi ddweud wrth Mam neu fydde hi ddim yn gadael i fi ddod. Sdim bysys yn rhedeg, ti'n gweld. Mae'n dweud ei bod hi'n browd iawn ac ma hi'n fodlon i fi gerdded o'r stesion."

Dwi'n rhoi cyfarwyddiadau iddi ar sut i gyrraedd y fynwent o'r Orsaf Ganolog, ond mae hi a'i mam wedi bod yn ymchwilio.

"Un awr, tri deg wyth munud o gerdded yn ôl y Journey Planner," dwedaf. "Ti'n siŵr byddi di'n iawn?"

"Ydw! Dwi'n gwbod yn iawn beth yw oerfel. Falle bydda i'n cwrdd â Stella ar y ffordd."

"Ydy hi'n dod?" gofynnaf.

"Ydy! Dyna ddwedodd hi."

Dwi fel arfer yn casáu gwisgo het, ond mae'r un wnaeth mam Pari ei gwau mor feddal, dwi'n ei thynnu i lawr dros fy nghlustiau. Does dim sôn am Mam a Dad pan dwi'n gadael y tŷ. Dyw'r Bag Baneri ddim yn teimlo mor drwm heb y paent a baner fawr Nain ynddo, ond gyda phob cam, mae'r bag yn mynd yn drymach. Pan mae un fraich yn brifo, dwi'n ei roi ar y fraich arall. Er bod y strydoedd yn arallfydol o wag dwi'n cael y teimlad rhyfedd nad ydw i ar fy mhen fy hun. Gyda phob ôl troed newydd yn yr eira dwi'n meddwl am yr holl bobl rydyn ni'n eu cofio wrth wneud hyn: Bubbe, Kez, Stan, Maurice, Hannah, Janu, Pari, Leyla, Nuri, Nain Josie, Taid Kit, Tad-cu Bimal, Nana Kath, Mira, Krish, Mam, Dad, Anjali, Priya…

Dyna'r enwau sy'n dod i fy mhen i ddechrau – yna mae enwau eraill yn llifo drwy fy meddwl… Stella, Rebeca, Selina, Adam, Tomek…

Ar hyd y rhan fwyaf o'r daith i'r fynwent dwi'n cerdded ar eira glân, heb unrhyw olion traed.

Fi yw'r cyntaf i gyrraedd. Dwi'n mynd draw i'r dderbynfa lle roedd y dyn diogelwch pan ddaethon ni yma ddiwethaf, er mwyn siarad ag e am ein cynllun, ond mae'r holl le ar glo. Efallai fod yr eira wedi ei atal rhag dod i'r gwaith.

Dwi'n edrych ar fy oriawr drosodd a throsodd ac yn poeni. Beth os daw neb ond fi, Pari a Stella? *Byddai hynny'n rhywbeth, am wn i*, dwi'n dweud wrtha i fy hun. Byddan nhw yma cyn hir. Dwi'n meddwl am ffonio Pari eto… a dwi ar fin gwneud pan dwi'n gweld rhywun yn codi llaw. Pari, yn gwisgo'i het bompom goch – a Stella gyda hi. Maen nhw'n gwisgo siwtiau eira glas union yr un fath.

"Gwrddes i â Stella ar y ffordd!" meddai Pari. "Mae 'di rhoi benthyg y dillad 'ma i fi, a sai'n teimlo'r oerfel o gwbl!"

"Efeilliaid!" esbonia Stella, ac mae'n gwenu arna i.

Dwi ddim yn siŵr ai cyfeirio ata i a Pari yn ein hetiau

coch mae hi, neu ati hi a Pari yn eu siwtiau eira glas.

"Ddim *ni*!" Mae Stella'n chwerthin. "Fi a fy mrawd. Fe sy biau'r siwt eira!" meddai, gan bwyntio at wisg Pari.

Rydyn ni'n aros, y tair ohonon ni, i fwy o bobl gyrraedd. Ar ôl tua deg munud mae criw lliwgar o bobl mewn cotiau a hetiau llachar yn cerdded tuag aton ni.

Dwi'n rhoi cwyren hir i Pari a Stella – ffeindiais i nhw yn y Bag Baneri.

"'Newch chi gynnau canhwyllau pawb?" gofynnaf.

Mae rhai eraill yn cyrraedd gyda'u canhwyllau a'u potiau jam, ac un wrth un mae Pari, Stella a fi'n cynnau'r canhwyllau. Mae ffrindiau Kez o'r Bat Mitzvah yma i gyd, a rhai o'i dosbarth cofrestru hefyd. Mae tipyn mwy o bobl nag y gwnes i ei ddychmygu. Dwi'n cyfri dros hanner cant. Does dim digon o faneri i bawb.

Er 'mod i'n nerfus, heb wneud unrhyw beth tebyg o'r blaen, dyw hi ddim mor anodd â hynny i sôn am fy nghynllun wrth y dorf, oherwydd dwi'n gwneud hyn er mwyn Bubbe. Dwi'n gofyn i bawb ddiffodd eu ffonau, ac maen nhw'n ufuddhau. Ro'n i wedi meddwl y byddai pobl yn credu bod y syniad o fod yn droednoeth yn rhy ryfedd, ond pan dwi'n dweud bod ôl ein traed yn yr eira yn dangos faint mae hyn yn ei olygu i ni, mae pawb yn cymryd y peth o ddifri.

"Dwi'n deall hynna!" meddai Stella. "Pan ma pobl yn gweld olion traed, sneb yn gwbod pwy sy biau nhw."

Gallwn i fod wedi rhoi cwtsh mawr i Stella… ond dyw hi ddim y math o berson fyddai'n gadael i chi ei chofleidio.

Dwi'n rhoi fy iPad i Rebeca. "Ti'n fodlon ffilmio'r holl beth o'r dechrau? Dwi'n mynd i anfon e at Kez a Bubbe wedyn."

"Iawn!" meddai. "Barod?" Ac mae'n pwyntio'r iPad aton ni.

Rydyn ni'n sefyll y tu allan i'r fynwent, ac mae'r beddi tu mewn yn edrych fel bryniau bach o eira. Dwi prin yn gallu gweld y llwybr.

Ar ôl tynnu ein sgidiau mae meddalwch ac oerfel yr eira yn mynd â'n gwynt ni. Dyma'r tro cyntaf i fi wir deimlo beth yw eira.

Dwi'n dweud fy enw ac yn gadael fy sgidiau wrth gatiau'r fynwent. Mae Pari'n gwneud yr un fath ar fy ôl i:

"Pari Pashaei" – ac yn gosod ei sgidiau yn daclus y tu ôl i fy rhai i.

"Stella Firn."

"Selina Sen."

"Carmel Baninga."

"Nathan Mathews."

"Louis Falks."

"Riba Allan."

"Akil Husseini."

"Milena Aleksandrov."

"Kian Edwards."

"Carlos Mandego."

Mae'r sgidiau, y bŵts eira a'r welis yn un rhes hir ymhell ar hyd y llwybr. Mae rhywbeth mor rhyfedd am y llinell o sgidiau yn yr eira, dwi'n cael fy hypnoteiddio ganddi a gan y bobl yn dweud eu henwau, felly dwi ddim yn ei weld yn cyrraedd.

"Tomek Romanek."

Dwi'n troi, ac mae e'n gwenu a nodio arna i fel petai e ddim eisiau tynnu gormod o sylw.

"Sut ma Janu?" gofynna.

"Iawn... wedi mynd i weld ei chwaer yn Efrog Newydd," dwedaf wrtho.

Dwi'n gallu synhwyro Pari a Stella'n syllu arnon ni. Mae Pari'n tynnu wyneb arna i, cystal â dweud, *Pwy wyt ti, yn cadw cyfrinachau?*

Dwi'n anwybyddu eu gwenau ac yn dosbarthu baneri i'r rhai sydd eisiau eu cario. Mae pobl yn casglu eu potiau jam ac yn goleuo'u canhwyllau. Rydyn ni'n ffurfio grwpiau bychain ac yn dechrau cerdded yn droednoeth ar hyd y llwybr tuag at fedd Stan Braverman.

Dyw Tomek ddim yn dweud gair wrtha i. Mae e'n cerdded wrth fy ochr ac weithiau mae ei law yn taro yn erbyn fy llaw i. Ydy e'n gwneud hynny ar bwrpas? Bob tro mae'n dwylo'n cyffwrdd dwi'n teimlo sioc drydanol yn teithio drwy 'nghorff. Er mai dim ond dwy waith rydyn ni wedi cyfarfod, a dyw e ddim yn nabod 'run o fy ffrindiau, mae e'n deall cystal â neb pam rydyn ni yma'n cydgerdded. Y tro nesaf mae ei law yn cyffwrdd fy llaw i, dwi'n estyn am ei fysedd ac mae ein dwylo'n plethu.

Mae popeth yn llonydd heblaw am gân robin goch sy'n hercian o'n blaenau, fel petai'n arwain y ffordd.

“Aderyn gwan… â llais cryf.” Mae geiriau Simon yn nofio i mewn i ’mhen.

Rydyn ni’n cyrraedd pen pellaf y fynwent lle syrthiodd Bubbe, ac yn gosod y baneri ar lawr. Un wrth un, rydyn ni’n rhoi’r canhwyllau o gwmpas y beddi gafodd eu hagru. Dwi’n sychu’r eira oddi ar garreg fedd Stan. Mae’r garreg wedi gwynnu lle maen nhw wedi golchi’r swastica i ffwrdd, ond mae cysgod y siâp ar ôl o hyd. Mae’n gwneud i fi feddwl am lun Pari o’i thad, ac am beth ddwedodd Janu ar ôl yr ymosodiad… am y casineb yn cymryd amser i glirio. Dwi’n gosod fy nghannwyll ar fedd Stan Braverman ac mae Tomek yn rhoi ei gannwyll yntau wrth ymyl fy un i. Mae’r gornel hon o’r fynwent yn edrych mor hardd nawr, yng ngolau’r canhwyllau. Does neb yn siarad ac mae’r robin, hyd yn oed, wedi stopio canu. Mae’r heddwch mor feddal ac mor ddwfn â’r eira. Mae Rebeca’n ffilmio’r cyfan, yn trio dal y naws hudolus.

Ar ôl i’r canhwyllau i gyd gael eu cynnau a’u trefnu yn yr eira, rydyn ni’n codi’r baneri ac yn cerdded yn ôl dros ein holion traed tuag at fynedfa’r fynwent, gan adael y canhwyllau ynghyn. Mae Tomek yn edrych draw arna i bob hyn a hyn a gwenu wrth i ni ddal y faner rhyngddon ni, ac er taw gwylnos fach iawn sydd yma, dim byd tebyg i’r Orymdaith Menywod na’r gorymdeithiau mawr aeth Nain a Simon arnyn nhw, na’r un welodd Pari, Leyla a fi ar y newyddion, mae hon yn dal i fod yn sbesial.

Mae Rebeca’n cymryd un siot olaf o’r sgidiau gwag yn yr eira ac yna’n stopio ffilmio.

“’Nei di anfon e nawr… at Kez?” gofynnaf.

“Beth ddylwn i sgwennu arno?” gofynna Rebeca.

Rydyn ni’n trafod ambell syniad ac yn cytuno ar: ‘Ein gwylnos i ti, Bubbe, a dy deulu, cariad mawr gan dy holl ffrindiau.’

Ar ôl cerdded yn ôl drwy’r fynwent mae pobl yn troi eu ffonau ymlaen, ac mae côr o bingio a siarad â rhieni sydd eisiau gwybod ble mae eu plant.

Rydyn ni’n sefyll o gwmpas yn siarad am ychydig, a hyd yn oed ar ôl gwisgo’u sgidiau mae pobl yn dechrau crynu. Mae’r cyfan drosodd erbyn hyn, dwi’n meddwl. Mae rhai’n dechrau ffarwelio. Mae tipyn o gofleidio a dal breichiau. Dwi’n deall beth roedd Nain Josie wedi’i ddweud yn y Llyfr Protest nawr, ynglŷn â sut mae sefyll gyda’ch gilydd yn eich gwneud chi’n gryfach, er nad ydych chi’n gallu gweld sut mae pethau’n newid yn syth.

Rydyn ni’n cymryd ein tro i gerdded yn ôl at y beddi i sicrhau fod y canhwyllau’n dal ynghyn. Mae digon o ganhwyllau sbâr gen i yn y Bag Baneri, digon i’w cynnau yr holl ffordd i’r fynedfa ac o gwmpas y cerrig beddi.

Erbyn iddi dywyllu mae’r ffordd wedi ailagor a rhai ceir yn gyrru heibio’n ofalus, ond dim bysys. Mae’n siŵr bod pobl yn rhyfeddu o’n gweld ni fan hyn.

Mae’r oerfel yn cnoi drwy fy nillad a dwi’n dechrau crynu. Byddai wedi bod yn anodd i Kez ymdopi â’r wylnos yma i Bubbe.

"Alla i fynd â ti adre?" gofynna Tomek.

Mae Pari a Stella'n clywed, ac yn piffian chwerthin.

Rydyn ni ar fin pacio'r baneri pan glywaf sŵn injan. Dwi'n gyfarwydd â sŵn y fan.

Dwi'n methu credu fy llygaid. Mae Bubbe'n camu'n ofalus o sedd y gyrrwr, yn cerdded o gwmpas ac yn agor cefn y fan i Kez.

"Roedd rhaid i Bubbe ddod! Bydd Mam a Dad yn lladd fi! Dwi i fod adre'n gofalu amdani! Ond… diolch," gwaedda Kez o'r fan wrth aros am y ramp.

Mae Kez yn dod yn araf ar draws yr eira tuag aton ni yn Vimana.

"Sai isie hedfan!" Mae'n gwenu arna i ond mae golwg drist arni. Ei llygaid yn llawn dagrau. Mae'n estyn ei breichiau ata i ac rydyn ni'n dal ein gilydd am amser hir. Mae'n goflaid sy'n llawn atgofion. Mae'n teimlo fel oes ers i ni chwarae'r gemau hedfan gwirion yna.

Mae Bubbe'n edrych yn fregus, fel y brigau bach gaeafol sydd o'n cwmpas, ond mae ei hwyneb yn feddal eto, ac mae'n gwenu.

"Fy annwyl Laila fach! Dwi'n eu gwisgo nhw!" sibryda, gan bwyntio at y sgidiau bach lledr du oedd am ei thraed ar y diwrnod y gadawodd ei chartref am byth.

"Alli di helpu, Laila?" gofynna Kez, a dwi'n tynnu ei welis hi oddi ar ei thraed.

"Nawr, ble ma'r camera 'na oedd yn ffilmio?" gofynna Bubbe, gan rynnu yn yr oerfel.

Dwi'n dechrau ffilmio.

"Dara Braverman," meddai, gan edrych yn syth i'r camera.

"Kezia Braverman."

Dwi'n cynnau cannwyll i Bubbe ac un i Kez. Mae Bubbe'n cerdded yn ofalus tuag at fedd Stan, gyda Kez wrth ei hochr.

Dwi'n dilyn llwybr yr olion traed merch-fach sy'n troedio drwy'r eira.

Prin 'mod i'n gallu gweld brigau'r coed uwchben. Wrth iddyn nhw gerdded ymhellach i lawr y llwybr mae llewyrch yr eira a'r niwl yn un, ac mae'r ddaear, yr aer a'r awyr wedi toddi i'w gilydd. Mae Bubbe a Kez yn diflannu a'r cyfan sydd i'w weld yw goleuni gwan eu canhwyllau.

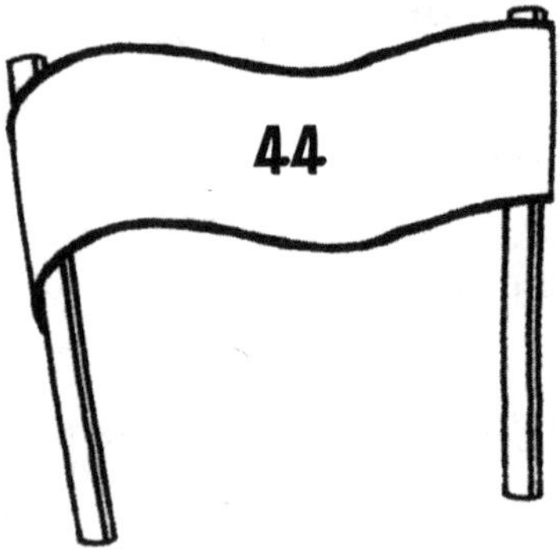

Mae'r daith yn ôl yn y fan yn llawn hwyl, gyda Pari, Stella a Kez yn chwerthin yn afreolus ac yn fy mhwnio bob tro mae Tomek yn siarad!

Mae Bubbe yn amlwg yn mynd i 'ngollwng i adre gyntaf. Piti na allwn i aros yn y fan i fynd â Pari, Stella a a Tomek adre hefyd.

"Ma'r arwydd 'di mynd!" meddai Kez wrth agosáu at y goeden.

"Pa arwydd?" gofynna Tomek.

"O! Stori hir… roedd neidr yn y gegin," dwedaf.

"Ocê!" Mae Tomek yn chwerthin. "Bydd rhaid ti ddweud yr hanes rhywbryd!"

Mae Dad yn dod allan i 'nghyfarfod ac yn codi llaw wrth i Bubbe a Kez fynd.

"Llond fan o ferched!" meddai Dad gan chwerthin, ond yna mae'n sylwi ar Tomek. "O, ond pwy yw hwn?"

"Dim ond ffrind!" dwedaf.

"Dwi 'di clywed hynna o'r blaen! Ydy Dara'n well? Pan

ddwedodd hi ble o't ti, ro'n ni i gyd isie'i gyrru hi a Kez i'r fynwent, ond roedd hi'n mynnu mai dim ond hi a Kez oedd yn mynd."

"Mae'n iawn, ond 'di blino nawr, felly mae hi'n mynd adre, a bydd Maurice yn gyrru Pari, Stella a Tomek adre."

"Dyn lwcus!" meddai Dad, gan dynnu coes.

"Be sy 'di digwydd i'r arwydd?" gofynnaf.

"O ie." Mae Dad yn lapio'i freichiau o gwmpas fy ysgwyddau. "Daeth Eddie, ffrind Krish, draw â rhywbeth i ti! Roedd e'n meddwl byddet ti am gadw fe."

"Beth yw e?"

"Croen neidr! Dwedodd Eddie bod hi 'di colli ei chroen a tua hanner awr yn ddiweddarach, roedd cnoc ar y drws a rhywun yn dweud mai eu neidr nhw oedd hi. Roedd llun a phopeth! Roedd y perchnogion 'di symud tŷ a'r neidr wedi dianc yn ystod y symud. Ro'n nhw'n methu credu bod hi dal yn fyw! Ac roedd hi wedi codi gymaint o ofn arnon ni!" Mae Dad yn gwenu.

"Ddim arna i!"

Dwi'n teimlo'n wahanol wrth gerdded i mewn i'r tŷ. Mae'r ardd ffrynt yn edrych mor hardd wedi ei gorchuddio gan eira… allwch chi ddim gweld yr holl fwd ar ôl taro'r wal uchel i lawr. Ond pan af i tu mewn mae'r lle'n *dal* i edrych fel safle adeiladu.

"*Be* sy'n digwydd yn y tŷ 'ma?"

"Llanast llwyr. Ma peipen 'di byrstio. Rhaid codi llawr y cyntedd. *Plis* cer i gysgu yn stafell Mira! Ni ddim isie i'r ecsema fynd yn waeth," esbonia Dad. "Dere, i ti gael cynhesu." Mae'n fy arwain heibio'r llieiniau llwch a'r bocsys tŵls ar y llawr. Yn sydyn dwi'n teimlo'n sigledig. "Paned o de? Ma Mam 'di neud cawl."

"Dwi'n meddwl ga i fath," dwedaf.

"Aros funud! Ni isie'r gwir, a dim ond y gwir! O ble ddaeth hwnna?" gofynna Dad wrth i fi osod y Bag Baneri ar y bwrdd.

"Ma popeth ar hwn!" dwedaf, gan bwyntio at yr iPad. "Ble ma Mam?"

"Ar ei ffordd 'nôl o dŷ'r Bravermans. Bydd rhaid i ti ateb sawl cwestiwn, 'merch i! Ond dere, tynna'r got 'na. Dwi 'di cynnau'r tân i ti."

Dwi'n sefyll o flaen y lle tân ac yn teimlo'r gwres yn treiddio'n araf drwydda i.

Pan mae Mam yn cyrraedd adre, mae'n gwrthod gadael i fi fynd. Mae'n dal gafael arna i. Dyw hi ddim hyd yn oed yn fy ngadael ar fy mhen fy hun wrth i fi aros i'r dŵr lenwi'r bath. Mae fy nhraed yn llosgi a chrafu – fel petaen nhw wedi'u rhewi'n gorn a nawr yn dechrau dadmer.

"Bydd pawb yn dioddef o losg eira," meddai Mam, gan chwyrlïo'r swigod yn y bath. "Fydd hyn *ddim* help i dy ecsema."

Dwi ddim wedi bod yn crafu fy mraich ers amser. A dweud y gwir, dwi ddim wedi meddwl am yr ecsema. Dwi'n estyn fy mreichiau i weld, ac mae'r croen sych wedi mynd, a dim ond cysgod coch gwelw i ddangos bod ecsema wedi bod arna i erioed.

"Fe weithiodd yr eli dwetha 'te," meddai Mam, gan gusanu plyg fy nwy fraich.

"Mam!" chwarddaf. "Be ti'n neud?"

"Dwi jyst yn falch i gael ti adre'n saff ac yn iach!" Mae Mam yn ochneidio ac yn eistedd ar y toilet, fel taswn i'n mynd i fynd i mewn i'r bath a hithau'n eistedd yna.

"Ga i lonydd nawr plis?"

Mae'n chwerthin ac yn gadael y stafell, gan gau'r drws ar ei hôl.

Mae'r tŷ i gyd yn llychlyd, felly ar ôl fy math dwi'n mynd i stafell Mira, cau'r drws a chwtsho yn ei gwely. Dwi'n estyn am gloch Nain Josie ac yn ei chanu un waith…

Hen draed noeth yn cerdded mewn rhes yn yr eira. Hen, hen draed, traed du, traed gwyn, traed brown. Wrth i'r sodlau godi o'r eira maen nhw'n sych, wedi cracio, yn boenus, yn binc gan yr oerfel.

'Dilyn sŵn y gloch, Laila.' Dwi'n clywed llais ac yn dilyn y traed a sŵn breichled yn tincian ar bigwrn.

'Ti sy 'na, Nain Josie?' galwaf, ond mae'r traed yn dal i gerdded a'r gloch yn dal i ganu.

Mae rhywun yn rhedeg y tu ôl i fi, allan o wynt. 'Aros amdana i!'

Mae'r llais yn gyfarwydd ond y cyfan alla i ei weld ydy traed yn yr eira.

Mae'r gloch yn canu.

'Simon, amser i ni fynd!' galwa llais Nain Josie.

Dwi'n eu dilyn, ond er i fi gerdded yn gyflym, maen nhw'n pellhau oddi wrtha i, yn cerdded tuag at yr haul.

Mae'r gloch yn canu yn fy llaw, yn gryfach ac yn gryfach…

Ac mae'r gloch yn dal yn fy llaw pan dwi'n deffro. Dwi'n teimlo'n gynnes drwydda i, fel taswn i wedi syrthio i gysgu yn yr haul a deffro â'r gwres wedi treiddio i mewn i 'nghroen. Dwi byth yn breuddwydio fel arfer. Mira sy'n cael y breuddwydion ag ystyr dwfn iddyn nhw, nid fi.

Dwi'n cerdded i lawr y grisiau, ac mae adeiladwr yn gweithio yn y cyntedd yn barod.

"Sori!" dwedaf, wrth wasgu heibio iddo a chydio yn fy siaced. Does dim amser am frecwast. Bydda i mewn gymaint o drwbl os bydda i'n hwyr i'r ysgol eto.

Mae'r haul mor llachar wrth i fi fynd allan drwy'r drws dwi prin yn gallu gweld y llwybr.

Mae'r eira wedi ei wasgu gan yr holl olion traed. Mae'r llwybr yn llithrig, felly dwi'n camu ar y gwair yn y parc, ac yn rhedeg. Dwi wrth fy modd â'r boreau ffres, llachar, gaeafol yma pan mae'ch sgidiau'n crensian yn y rhew, ond dwi'n hapus i beidio bod yn droednoeth heddiw, fel mae Janu. Rhaid ei bod hi mor oer yn Efrog Newydd.

Dwi'n arafu wrth gyrraedd gatiau'r ysgol. Mae Mrs

Latif yn aros amdana i, gyda… Kez, Pari a… pam mae Bubbe yna?

Mae Mrs Latif yn cerdded ata i.

"Y'ch chi'n well?" gofynnaf.

"Dwi ddim yn sâl! Er, dwi ddim wedi bod yn hollol iach dros yr wythosau diwetha! Ti 'di sylwi ar y bwmp?" Dwi'n edrych i lawr ar ei bol a dwi'n sylwi bod ei chorff main wedi newid. Mae Mrs Latif yn goleuo â hapusrwydd.

"Llongyfarchiadau… O, dwi 'di anghofio rhoi llyfr Malala yn ôl i chi!" dwedaf.

Mae Mrs Latif yn siglo'i phen. "Na, Laila, fe bryna i gopi arall pan fydd e neu hi'n ddigon hen. Meddylia amdano fel anrheg llongyfarchiadau… Dewch, awn ni i weld Mrs Kaur – mae ganddi ambell air mae hi isie dweud wrthot ti."

"Ydw i mewn trwbl? Sori, ond —"

"Dwed wrth y Prif!" Mae Mrs Latif yn gwenu arna i, yn cymryd braich Bubbe ac yn ein harwain i mewn i'r ysgol.

Mae Kez yn dal fy llaw ar un ochr, a Pari ar yr ochr arall, ac rydyn ni'n cerdded trwy'r gatiau gyda'n gilydd. Y tu allan i swyddfa'r Prif mae rhai'n sefyll mewn rhes – Rebeca, Stella, Carlos, Selina, Carmel, Milena, Nathan a rhai o ddosbarth cofrestru Kez ddaeth i'r wylnos. Mae Mrs Latif yn cnocio ar y drws ac mae Mrs Kaur yn ateb.

"Fy syniad i oedd e!" Dwi'n tasgu'r geiriau allan o 'ngheg.

"Dwi wedi clywed y cyfan!" Mae Mrs Kaur yn gwenu

ar Bubbe ac yn arwyddo i ni i gyd wasgu i mewn i'w swyddfa. "Nawr 'te! Gad i fi siglo dy law, Laila Levenson," meddai'r Prif ar ôl i bawb lwyddo i fynd i mewn.

Dwi erioed wedi siarad â'r brifathrawes o'r blaen. Ro'n i wedi dychmygu y byddai hynny'n frawychus, ond mae hi'n edrych yn weddol gyffredin a chyfeillgar.

"Paid edrych mor ofidus, Laila! Dwi erioed wedi cael grŵp o Flwyddyn 7 sydd wedi creu cymaint o argraff. Dwi'n browd iawn ohonoch chi, ac rydych chi'n glod i'r ysgol. Dwi mor hapus fod Mrs Braverman fan hyn wedi gwneud ymdrech fawr i ddod i mewn i ddweud beth rydych chi bobl ifanc wedi ei wneud. Gyda'ch caniatâd chi, hoffwn i rannu hyn a chael sylw yn y wasg."

Mae Bubbe'n troi aton ni ac yn gwenu o glust i glust. Mae golwg wan a blinedig arni ond mae ei llygaid yn ddisglair gan hapusrwydd, fel roedden nhw adeg araith Kez ar ddiwrnod ei Bat Mitzvah.

Drwy'r bore rydyn ni yn swyddfa Mrs Kaur yn cael ein cyfweld gan y papurau newydd lleol, a hyd yn oed yn ffilmio eitem ar gyfer y teledu.

"Beth am lun grŵp?" gofynna'r newyddiadurwr.

Mae Mrs Latif, Mrs Kaur, Bubbe, Kez, Pari, Carlos, Selina a Rebeca yn barod i dynnu'r llun ond mae Stella'n aros yn ôl.

Mae Mrs Latif yn galw arni. "Dere, Stella! Pawb i sefyll gyda'i gilydd."

Mae'r llun yma wedi gwneud i fi sylweddoli rhywbeth arbennig, a dim ond Mrs Latif a Pari a fi fyddai'n deall hyn yn iawn. Ar y diwrnod cyntaf hwnnw yn y dosbarth cofrestru fyddwn i byth wedi dychmygu Pari, Stella a fi yn ffrindiau agos. Fyddwn i byth wedi rhoi hynny ar fap Mrs Latif.

Mae cloch diwedd y dydd yn canu, a phawb yn codi o'u seddi. Mae Mrs Latif a Mr Rivera yn dod draw i gael gwybod mwy am yr wylnos. Mae Mrs Latif eisiau i bawb oedd yno o'r ysgol ddod at ei gilydd i wneud gwasanaeth amdano. Mae Bubbe wedi cytuno i ddod i siarad hefyd.

"Helpa i chi i roi'r peth at ei gilydd," meddai Mrs Latif.

"Gallwn ni chwarae'r gerddoriaeth ry'ch chi wedi cyfansoddi," awgryma Mr Rivera.

"A dangos ffilm o'r wylnos," ychwanega Mrs Latif.

"Iawn, a galla i ddangos baner Nain Josie i bawb," dwedaf.

Maen nhw'n ymddangos yn gyffrous am yr holl beth.

"Fe 'na i sôn wrth y lleill," dwedaf, a throi i holi Stella a Pari am eu barn. Ond maen nhw wedi mynd.

Dwi'n aros wrth gatiau'r ysgol ond dwi ddim yn gallu gweld neb. Dwi ddim yn siŵr pam, ond dwi'n teimlo'n reit fflat. Beth dwi eisiau'n fwy na dim nawr yw cael fy ffrindiau i gyd draw i'r tŷ, eistedd ar y gwely, cau'r drws a siarad am bopeth sydd wedi digwydd dros y dyddiau diwethaf. Ond does neb yma nawr. Efallai fod Pari a Stella eisoes ar y trên. Dwi'n aros wrth y Fainc Colli Ffrind ond dwi'n cael digon o aros ac yn mynd am adre.

Wrth i fi groesi'r ffordd dwi'n gweld criw o bobl y tu

allan i'r tŷ. Kez a'i mam a'i thad a Pari a'i mam yn sefyll ar y palmant. Mae rhywun wedi plannu coeden fach, ac mae blodau coch a gwyn bob ochr i'r llwybr newydd siâp S sy'n arwain at y drws ffrynt. Mae'r ardd yn edrych yn hyfryd. Ac yna mae'r drws yn agor ac mae Mam yn sefyll yna, a dwi'n sylwi bod gan y tŷ ddrws newydd ers y bore, wedi ei beintio'n wyrddlas.

Mae Dad yn sefyll wrth y llwybr ger y drws, yn dal ei iPhone ac yn recordio.

"Gwylia'r blodau!" meddai Mam, gan symud Dad draw rhag iddo sefyll ar blanhigyn sy'n dringo'r wal ac arno flodau bach melyn siâp seren.

"Beth yw'r planhigyn 'na?" gofynna Hannah.

"Jasmin y gaeaf. Janu ddewisodd e!" meddai Mam.

"Be sy'n digwydd, Laila?" gofynna Dad.

"Sai'n gwbod! Dim clem!" Dwi'n chwilio am ateb gan Pari neu Kez.

"Cer di gynta!" meddai Kez, felly dwi'n cerdded ar hyd y llwybr at y drws ffrynt.

Mae Mam a Dad yn camu hanner ffordd i fyny'r grisiau ac yn gwylio.

"Ti'n ffilmio? Ma Krish a Mira isie gweld," meddai Mam.

"Dim probs!" Ac mae Dad yn codi bawd.

"Dwi hefyd!" meddai Maurice, gan ddal ei ffôn yn yr awyr.

Dwi ar drothwy'r drws nawr ac yn troi i edrych yn ôl.

Mae Kez ar waelod y llwybr.

"Ti'n mynd i wahodd ni mewn neu be? Mae'n serth ond galla i neud e." Mae hi'n chwerthin ac yn llywio ei hun yn araf i fyny at y drws ffrynt.

Mae Dad yn pwyntio at ochr y tŷ lle mae yna ran dan do newydd.

"Galli ddod draw unrhyw bryd nawr. Os y'n ni yma neu beidio!" meddai Dad, wrth i Kez ddod i fyny'r llwybr a pharcio Vimana. Dwi ar bigau, ond dyw Dad ddim yn cynnig ei helpu, diolch byth.

Mae hi'n edrych ar Dad yn ffilmio ac yn gwenu, ond yna mae'n pwyso mlaen ata i ac yn gafael yn fy mraich. "Dwi 'di gweld isie dod yma'n fawr."

Rhaid 'mod i wedi bod mor brysur yn meddwl am yr wylnos fel 'mod i heb sylwi nad trwsio'r wal a'r beipen yw'r unig waith sydd wedi bod yn mynd ymlaen.

"Paid gadael i'r gwahoddedigion sefyll tu allan!" meddai Dad gan wenu, ac mae Pari a'i mam yn cerdded drwy'r drws gyda'i gilydd.

"O't ti'n gwbod am hyn, Pari?" gofynnaf.

"Falle!"

Dwi'n edrych ar Bubbe a Maurice a Hannah am ateb.

"Syniad Janu oedd e!" meddai Hannah. "Ar ôl i ti ddweud wrtho gymaint o't ti isie i Kez allu dod 'ma, a sut roedd hynny 'di effeithio ar eich perthynas chi."

"A hefyd, ro'n ni isie prosiectau cartref yn ein portffolio gwaith. I ddangos i bobl beth sy'n bosib... felly roedd yr amseru'n berffaith," ychwanega Maurice.

Dwi'n edrych i fyny'r grisiau at Mam a Dad. Y penwythnos pan ddwedon nhw…

"Fan hyn oeddech chi y penwythnos es i i aros 'da Kez…?" Dwi'n edrych ar Bubbe yn dal y goeden fach bonsai, ac yn rhwystro fy hun rhag dweud mwy.

"I ddweud y gwir, doedd dim un ohonon ni 'di mynd yn bell y penwythnos hwnnw!" meddai Hannah, gan roi ei llaw ar gefn Bubbe. "Ond i Janu ma'r diolch am hyn i gyd."

Mae Bubbe'n cydio yn fy mraich ac yn rhoi'r goeden bonsai i fi.

"Rhywbeth bach wrth y teulu i ddiolch i ti!" sibryda, a golwg paid-dadlau-â-fi ar ei hwyneb.

"Pam na ewch chi ferched i stafell wely newydd Laila?" gofynna Dad, gan bwyntio at y lolfa.

Dwi'n chwilio am y stepen gyda 'nhroed a bron â syrthio'n fflat ar fy wyneb wrth drio peidio gollwng anrheg Bubbe.

"Wps, gofalus! Ma fe i fod i ddod â chydbwysedd i dy fywyd!" meddai Bubbe gan chwerthin.

"Paid neud i fi chwerthin mwy, Bubbe, dwi isie'r tŷ bach! Esgusoda fi, Laila."

Dwi'n symud er mwyn i Kez ddilyn y stribed gydio yn y wal fel sydd ganddi o gwmpas ei fflat hi. Mae'r llawr fel un eu tŷ nhw hefyd, gyda chylchoedd bach ynddo i stopio rhywun rhag llithro. Dyw hwn… ddim yn edrych fel ein lolfa ni.

"Ble ma'r lolfa?" gofynnaf.

"Ry'n ni wedi symud y celfi fyny llofft. Bydd hen stafell Mira'n cael ei throi'n lolfa!" Mae Mam yn gwenu. "Dwi wastad wedi mwynhau'r olygfa yna o'r ardd gefn!"

Mae Kez yn cerdded i mewn i'r pod sydd wedi ei ychwanegu i'r stafell, sydd fel rhyw fath o giwb fel yr un sydd ganddi yn ei chartref hi.

Mae Hannah a Maurice yn gwenu arna i.

"Reit 'te!" meddai Mam. "Fe 'nawn ni'ch gadael chi. Dewch drwodd i'r gegin. Dwi 'di paratoi te. Mae diodydd a snacs i chi ar y bwrdd yn dy stafell newydd." Mae Mam yn pwyntio at fwrdd isel o flaen y ffenest wrth fy nyth.

"Chi 'di dod â hwn o'r landing!"

Mae Mam yn gwenu ac yn cau drws fy stafell newydd.

Mae Pari'n mynd draw at fy nyth ac yn eistedd. Mae'n tapio'r glustog wrth ei hymyl. Yna mae'n dal y glustog felfed lle mae hi'n gwybod mae fy nghloch, ac mae'n ei siglo.

"Ti mor lwcus!" meddai wrth i fi osod y planhigyn ar y silff ben tân, wrth ymyl bocs bach Nain Josie, yr un â'r goeden bonsai wedi ei pheintio arno. Mae'n rhaid bod Mam wedi bod drwy fy mhethau. Dyw'r Llyfr Protest ddim yn gyfrinach bellach ac mae'n eistedd yn falch ar y silff ben tân. Mae Mam wedi rhoi'r cerflun o Shiva ddaeth Janu i ni reit yn y canol. Mae'n edrych yn dda, ac wrth ei ymyl mae'r croen neidr. Syniad Dad, mae'n siŵr! Mae'r Bag Baneri wedi ei roi'n daclus ar y teils wrth y lle tân.

Dwi'n eistedd gyda Pari. Bydd rhaid i fi ddod i arfer

â'r ffaith mai dyma fy stafell newydd. Mae wedi cael ei haddurno, ac mae gen i wely newydd, hyd yn oed.

"Dwi'n hoffi lliw'r wal!" meddai Pari. "Dyna'r lliw ddefnyddiest ti i beintio'r baneri? Galli di hongian baner yr wylnos 'ma hefyd."

Ie, *gallwn* i, ond dwi eisoes wedi penderfynu pa faner sy'n mynd i fod ar y wal. Efallai, rhyw ddydd, y bydd Mira'n gallu peintio baner ohona i, Kez a Pari ar orymdaith.

Mae'r amser yn hedfan wrth i ni gynllunio fy stafell newydd. Kez sy'n gadael gyntaf, a dwi a Pari yn eistedd a sgwrsio am ddiwrnod yr wylnos a beth gallwn ni ei ddweud yn y gwasanaeth.

Mae cnoc ar y drws.

"Rhaid i Leyla fynd nawr!" meddai Mam, wrth agor y drws a rhoi ei phen i mewn i'r stafell.

Mae Pari yn edrych ar ei mam, sy'n sefyll wrth y drws, yn siglo'i phen yn wyllt ar Dad.

"Na, na, Leyla, dim trafferth o gwbl," mynna Dad. "Wrth gwrs af i â chi."

Mae Leyla'n dechrau siarad â Pari. Yr unig eiriau dwi'n eu deall ydy 'aros dros nos'. Dyw Pari ddim yn siŵr beth i'w wneud. Mae'n edrych ar ei mam, ac yna'n ôl ata i. Wedyn mae'n rhedeg at ei mam ac yn gafael ynddi'n dynn.

"Na, na, arhoswch chi fan hyn. Cael hwyl."

"Fy nhro cyntaf yn aros dros nos!" ac mae Pari'n chwerthin fel petai'n methu credu.

"Alli di byth deithio adre ar y trên, Leyla, yn cario'r pot coginio trwm yma!"

"Ro'n i'n meddwl byddai'r pot yn cael ei ddefnyddio drwy'r amser, ond mae'n cymryd gormod o le yn y gegin," meddai Mam yn llawn celwydd.

"Os chi'n siŵr… gallu dangos sawl pryd o fwyd i chi, Uma: *Iraqi shourba, lentil biryani, chelefry* – fel stiw – *kibbe batata.*" Mae Leyla'n tapio Dad ar ei fraich. "Ac i ti, cig oen, *makloba…* cymaint o fwyd! Gallu mynd i'r farchnad gyda'n gilydd ar ddydd Sadwrn i gael bwyd ffres a dangos sut i goginio, iawn?"

"Stop, Leyla, dwi'n teimlo'n llwglyd!" meddai Dad gan chwerthin.

Mae Pari'n edrych arna i a dwi'n methu edrych arni hi rhag ofn iddi ddweud y gwir. Mae Mam yn defnyddio'r pot coginio yna bron bob dydd, ac mae Pari'n gwybod hynny. Mae hi'n gwyro'i phen ychydig i'r ochr ac yn gostwng ei gên, a heb ddweud gair, dwi'n siŵr bod yr un peth yn mynd drwy feddwl y ddwy ohonon ni.

Ydy hi'n anghywir *bob tro* i ddweud celwydd?
Ydy hi'n iawn *bob tro* i ddweud y gwir?

Wnaiff Pari ddim dweud wrth ei mam ein bod ni'n defnyddio'r pot drwy'r amser, a wnawn ni ddim siarad am hynny byth eto.

Mae Pari'n rhoi cusan i'w mam ac yn dweud rhywbeth wrthi mewn Arabeg. Mae'n poeni am ei mam yn gadael.

"Na, na, bydda i'n cysgu nawr, bydda i'n iawn," meddai Leyla.

Dwi'n sylweddoli mai Pari sy'n poeni am adael ei mam ar ei phen ei hun, nid fel arall.

"Gyda llaw, Laila! Dim rhoi bonsai fan hyn," meddai Leyla, gan bwyntio at y planhigyn ar y silff ben tân wrth iddi adael. "Rhaid rhoi mewn golau. Cadw'r un tymheredd, dim oer o'r ffenest, i dyfu'n well."

Ar ôl i Leyla adael, mae Pari'n fy helpu i hongian baner Nain Josie ar y wal uwchben fy ngwely.

"Mae hyn yn wych," meddai Pari, gan orwedd ar fy ngwely a syllu i fyny ar y faner. "Nawr, dwi isie gwbod popeth am y *mystery boy*… Tomek!"

Pan dwi ar fy mhen fy hunan ac yn eistedd ar fy nyth yn edrych o gwmpas fy stafell wely newydd, mae'r holl beth yn dechrau teimlo'n real. Dwi'n agor fy laptop ac yn e-bostio Janu.

Annwyl Janu,

Gobeithio dy fod yn cael amser gwych yn Efrog Newydd gyda Priya.

Dwi'n gweld dy fod wedi codi llawer o arian yn y cyngerdd.

Sori 'mod i heb gysylltu ers sawl diwrnod, ond dwi eisiau dweud diolch o galon am beth wnest ti i Kez a fi. Mae'n anhygoel. Dwi'n eistedd yn fy stafell newydd nawr. Mae Kez a Pari newydd fod yma. Dwi'n methu credu 'mod i heb ddyfalu beth oedd yn digwydd.

Trefnais i wylnos i Bubbe. Dwi'n atodi'r linc i ti gael gweld. Falle bod Dad yn iawn fod y busnes troednoeth yma'n heintus!

Fel y gweli di, daeth Tomek hefyd ac mae e'n holi sut wyt ti. Dwi wedi bod yn meddwl, er i fi addo peidio dweud gair am beth ddigwyddodd ar y trên, wna i byth anghofio. Pan oedden ni yn yr wylnos ro'n i'n meddwl amdanat ti, ac roedd Tomek hefyd. Rydyn ni wedi siarad am hyn, ac rydyn ni'n dau'n meddwl dy fod di'n anghywir wrth gadw'r peth yn dawel. Roedd hynny'n rhan o'r rheswm pam fod yn rhaid i mi wneud rhywbeth. Beth bynnag, ro'n i eisiau i ti wybod bod yr wylnos i ti hefyd.

Cariad mawr
Laila x

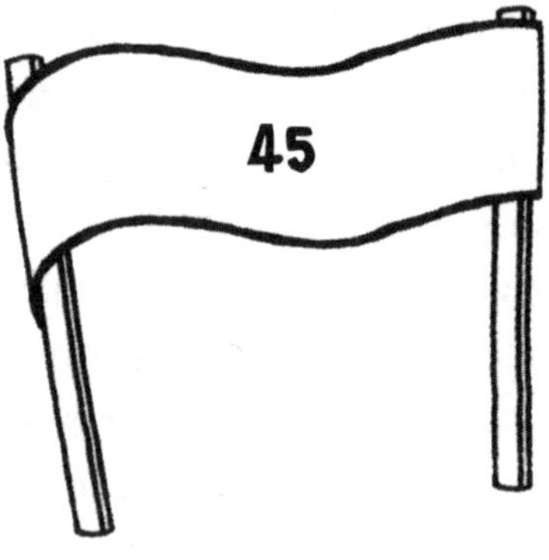

Mae'r bocs llythyrau'n cadw sŵn.

Dwi'n eistedd ar fy nyth, ac o'r fan hyn dwi'n gallu tynnu'r llenni ochr yn ôl a gweld pwy sydd wrth y drws. Mae fflach o aur yn pasio'r ffenest. Dwi'n rhedeg at y drws ac mae dynes dal, a'i phen wedi'i lapio mewn defnydd aur, mewn cot hir, werdd yn croesi'r ffordd. Mae hi'n pwyntio at y bws sydd yn dod i stop, yn mynd arno ac yn codi llaw arna i.

"Hope!" gwaeddaf.

Mae'n chwifio ei llaw ac yna'n dal ei dwrn yn uchel fel petai'n fy annog i mlaen. Yna mae'n taflu cusan, ac mae wedi mynd.

Dwi'n edrych i lawr, ac ar y mat wrth fy nhraed mae llythyr wedi ei gyfeirio at Laila Levenson.

Dwi'n mynd ag e i fy stafell, yn cwtsho ar y nyth, agor yr amlen a thynnu darn o bapur newydd allan sydd ag erthygl am yr wylnos: dwi'n dal i fethu credu iddo fod yn y papur.

Ysgol yn dathlu gwylnos wrth-hiliaeth

Daeth pobl ifanc Iddewig, Mwslemaidd, Hindŵaidd, Cristnogol a digrefydd at ei gilydd i sefyll yn erbyn hiliaeth mewn gwylnos wefreiddiol ar gyfer Stan a Dara Braverman, dau o ffoaduriaid y Kindertransport.

Roedd carreg fedd Stan yn un o nifer a gafodd eu hagru mewn mynwentydd Iddewig ar draws y wlad. Dywedodd Arweinydd Cyngor y Ddinas, 'Rhaid cymeradwyo'r wylnos emosiynol hon gan bobl ifanc. Mae'n rhoi gobaith i ni am ddyfodol gwell.'

Dywedodd Dara Braverman ei bod wedi digalonni'n llwyr, ond bod ei hysbryd wedi'i godi gan neges glir yr ymgyrchwyr ifanc yn erbyn hiliaeth a rhaniadau crefyddol o bob math. Cafodd yr wylnos ei threfnu gan Laila Levenson, 12 oed. Meddai hi, 'Mae un o fy ffrindiau gorau yn ffoadur o Irac, a daeth mam-gu a thad-cu ffrind gorau arall i'r wlad yma yn blant ar y Kindertransport, felly ro'n ni eisiau sefyll gyda'n gilydd i brotestio am weithredoedd hiliol ac i ddangos i bawb nad ydyn nhw'n digwydd yn ein henw ni...'

Alla i ddim credu mai fi a fy ffrindiau wnaeth i hyn ddigwydd. Mae llythyr Simon i Mira am y Llyfr Protest fel petai wedi cyrraedd oesoedd yn ôl. Ond mae'r llythyr hwn yn bendant i fi, ac mae fy nwylo'n crynu wrth i fi ei agor a dechrau darllen.

Annwyl Laila,

Dwi'n ysgrifennu gyda newyddion trist a newyddion hapus.

Bu farw Simon rai diwrnodau'n ôl, ond ei ddymuniad olaf oedd i fi ddod â'r llythyr yma i ti. Ysgrifennais i'n union beth ddywedodd e, felly dyma ti.

'Diolch o galon am ddod i nôl Llyfr Protest dy Nain Josie. Yr eiliad welais i ti - pan agorais fy llygaid a meddwl bod Josie yno yn eistedd yn yr heulwen - roedd gen i deimlad arbennig amdanat ti. Felly roeddwn i wrth fy modd pan ddangosodd Hope yr erthygl yn y papur newydd amdanat ti a dy ffrindiau yn yr wylnos, yn dal baneri fel oedd ganddon ni ers talwm. Ro'n i'n gwybod fy mod i'n gwneud y peth iawn yn rhoi'r Bag Baneri i ti. Byddai dy Nain Josie wedi bod yno wrth dy ochr di.'

Roedd Simon o hyd yn dweud sut roedd e am ein gadael ni. Bu farw gyda'r erthygl hon yn ei ddwylo. Fe adawodd ni, yn eistedd wrth y planhigyn yucca, yng ngoleuni'r haul, yn myfyrio. Roedd ei dreinyrs gwag wrth ei draed!

Gyda chariad,
Hope x

Y DIWEDD

Cydnabyddiaethau'r Awdur

Hoffwn ddiolch i fy ngŵr Leo, a'r plant, Maya, Keshin ac Esha a'r teulu i gyd, yn y presennol a'r gorffennol, sydd wedi dysgu cymaint i mi. Hebddyn nhw, fyddai'r stori hon na'r storïau eraill heb eu sgwennu.

Diolch enfawr i Venetia Gosling am y teithiau cerdded a'r sgyrsiau golygyddol, ac am ddeall pa mor bwysig oedd hi i mi dreulio amser yn datblygu'r haenau sydd yn *Daear Dyner*. Hoffwn ddiolch hefyd i Rachel Vale am ddyluniad hardd y tri llyfr yn y gyfres, i Helen Crawford-White am y siacedi llwch celfydd, ac i'r tîm anhygoel yn Macmillan Children's Books. A diolch yn ogystal i'm hasiant, Sophie Gorell Barnes o Asiantaeth Lenyddol MBA (MBA Literary Agents), am ei chyfeillgarwch, ei mewnwelediad, ei hanogaeth a'i harweiniad.

Mae nifer o ddarllenwyr y deipysgrif hon yr hoffwn ddiolch iddyn nhw. Maya Cobley ac Anna Lawrence. Diolch arbennig i Nina Mansourian ac Avisha Patel ac i staff ymroddgar The Archer Academy, Llundain. Roedd darllen y stori hon iddyn nhw yn un o uchafbwyntiau fy ngyrfa fel awdur. Daeth y syniad am y cerbyd Vimana (gydag adenydd), profiadau'r digwyddiadau chwaraeon, ac ymroddiad Kez i elusennau o'r trafodaethau fu rhyngddon ni. Yn olaf, diolch i Alexandra Strick a Beth Cox o Inclusive Minds am y gwaith gwirio hollbwysig ar y deipysgrif derfynol.

Diolch i aelodau Canolfan Ffoaduriaid ac Ymfudwyr Islington am agor fy meddwl a'm calon i ddeall mwy am y trafferthion a'r rhwystrau sy'n wynebu teuluoedd wrth ymsefydlu mewn cymdeithas newydd. A diolch i fy ffrind Jo Cobley am ei chefnogaeth wrth sgwennu'r stori hon.

Diolch i Susu Lawrence ac Anna Lawrence am fy ngwahodd i Bat Mitzvah Anna ac am y cyfweliad a gefais gyda nhw. Hefyd i Noga Applebaum am y gwahoddiad i Bat Mitzvah Dana Taylor Goldman, ac i Dana a'i mam-gu, yr awdur Marilyn Taylor, am eu cyfweliadau hwy. Diolch i fy ffrind a'm cymydog ers amser maith, Stephanie Rose, gyda'i gwybodaeth amhrisiadwy yn sgil ei gwaith gyda Rhaglen y Goroeswyr Iddewig, am ei chyngor ar ôl darllen y deipysgrif hon.

Diolch i Astrid Griffiths am fy helpu gyda theitl y llyfr, sydd mor gydnaws â'r holl gydgerddded wnaethon ni. Diolch unwaith eto i fy ffrind annwyl Maria Levenson a'i theulu am adael i mi ddefnyddio'u henw.

Diolch i Susan Gould am fod mor garedig â rhannu straeon a dyfyniadau am Simon, a fu'n gymaint o help wrth sgwennu'r gyfrol hon, ac i Paula Hollings, Jane Osborn a Marianne Mattison am eu hanogaeth i gadw'r cof am Simon yn fyw.

Hoffwn ddiolch i fy niweddar fam yng nghyfraith, Rosie Harrison (oedd yn ysbrydoliaeth i *Artichoke Hearts*), i'm tad yng nghyfraith Bernard Harrison (a fu'n gorymdeithio ar Cable Street), ac i Simon Gould, ffrind teuluol a'r ysbrydoliaeth y tu ôl i Simon Makepeace yn y stori hon.

Diolch i fy mam, Freda Brahmachari, ac i'm diweddar dad, Dr Amal Krishna Brahmachari, y gallaf ddychmygu Janu yn cerdded yn ei sgidiau caredig. Gobeithio bod ysbryd yr holl bobl hyn, eu hymdeimlad o gyfiawnder, eu tegwch, eu hwyl, eu hantur, eu dynoliaeth ddofn a'u hanogaeth i genedlaethau'r dyfodol, yn seinio'n glir drwy dudalennau *Daear Dyner*.

Cyfeiriadau

Cafodd yr wylnos droednoeth ei hysbrydoli gan y gofeb 'Esgidiau ar lan afon Donaw' yn ninas Bwdapest, Hwngari.

Daw darnau Bat Mitzvah Kezia o erthygl ar-lein Rabbi Jonathan Sacks: 'Three Types of Community: Interpreting the Parsha Vayakhel'.

Mae Laila yn darllen y gyfrol *I am Malala* gan Malala Yousafzai ar y cyd â Christina Lamb.

Amnest Rhyngwladol

Mae Amnesty International UK yn cymeradwyo *Daear Dyner* am ei bod yn arddangos pwysigrwydd cydraddoldeb, cyfeillgarwch ac undod, ac yn cefnogi ein hawl i brotestio yn erbyn anghyfiawnder.

Mae Amnest Rhyngwladol yn fudiad o filiynau o bobl gyffredin ar draws y byd sy'n sefyll yn gadarn dros ddyngarwch a hawliau dynol. Ei nod yw amddiffyn unigolion pan nad yw cyfiawnder, tegwch, rhyddid a gwirionedd yn bosib.

O'r crud mae gennym i gyd hawliau dynol, pwy bynnag ydyn ni a ble bynnag rydyn ni'n byw. Y datganiad cyntaf i ddynodi'r hawliau sylfaenol y mae angen eu gwarchod ym mhob gwlad oedd y Datganiad Cyffredinol o Hawliau Dynol – Universal Declaration of Human Rights (UDHR) – yn 1948, a luniwyd er mwyn datgan 'byth eto' yn wyneb erchyllterau'r Holocost. Mae'n ddogfen hollbwysig yn hanes hawliau dynol, y ddogfen gyntaf o'i math i gytuno ar amodau cyffredinol, byd-eang ar gyfer sefydlu gwirionedd, cyfiawnder a chydraddoldeb.

Mae hawliau dynol yn ein helpu i fyw ein bywydau gyda thegwch a gwirionedd, heb unrhyw gam-drin, ofn nac angen, a gan barchu hawliau pobl eraill. Ond yn rhy aml caiff yr hawliau hyn eu sathru, a rhaid i ni fod yn effro gan sefyll yn gadarn i'w hamddiffyn, er ein mwyn ein hunain ac eraill. Gallwn ni i gyd helpu i greu byd gwell.

Gallwch chi amddiffyn eich hawliau dynol hefyd:

- Gweithredu dros unigolion sydd mewn perygl ar draws y byd – www.amnesty.org.uk/actions

- Darganfod sut i ddechrau grŵp ieuenctid yn yr ysgol neu'r gymuned leol – www.amnesty.org.uk/youth

- Ymuno â rhwydwaith Junior Urgent Action – www.amnesty.org.uk/get-involved-our-human-rights-education

Os ydych chi'n athro neu'n llyfrgellydd, mae croeso i chi ddefnyddio'r adnoddau addysgol helaeth sydd ar ein gwefan yn rhad ac am ddim – www.amnesty.org.uk/education. Mae adnoddau Cymraeg ar gael hefyd ar www.amnesty.org.uk/resources/pecynadnoddau a cheir gwybodaeth am Gymru ar www.amnestycardiff.org

Amnesty International UK,
The Human Rights Action Centre,
17–25 New Inn Yard, London EC2A 3EA
Ffôn: 020 7033 1500
E-bost: sct@amnesty.org.uk
Gwefan: www.amnesty.org.uk

Yr Awdur

Yn ystod ei gyrfa mae Sita Brahmachari wedi ysgrifennu nofelau, straeon byrion a dramâu, gan gynnwys addasiad enwog o *The Arrival* gan Shaun Tan. Mae ganddi MA yn Addysg y Celfyddydau ac mae'n cynnal cyrsiau ysgrifennu creadigol yn rheolaidd ar gyfer darpar awduron, gan gynnwys ffoaduriaid, myfyrwyr ac athrawon, sy'n archwilio pa mor bwerus yw gwau clytwaith amrywiaethol wrth adrodd straeon. Yn 2011 enillodd y Waterstones Children's Book Prize am ei nofel gyntaf, *Artichoke Hearts*. Mae wedi treulio cyfnod fel Awdur Preswyl Ar-lein gyda'r Book Trust. Mae rhai o'i nofelau eraill, *Jasmine Skies*, *Kite Spirit* a *Red Leaves*, wedi eu cymeradwyo gan y Book Trust, The Reading Agency, School Library Association ac Amnest Rhyngwladol, ac wedi cyrraedd rhestr hir Medal Carnegie a'r UKLA Book Award. *Tender Earth* yw ei nofel ddiweddaraf ar gyfer Macmillan Children's Books.

www.sitabrahmachari.com
@sitabrahmachari

Hefyd gan y Lolfa:

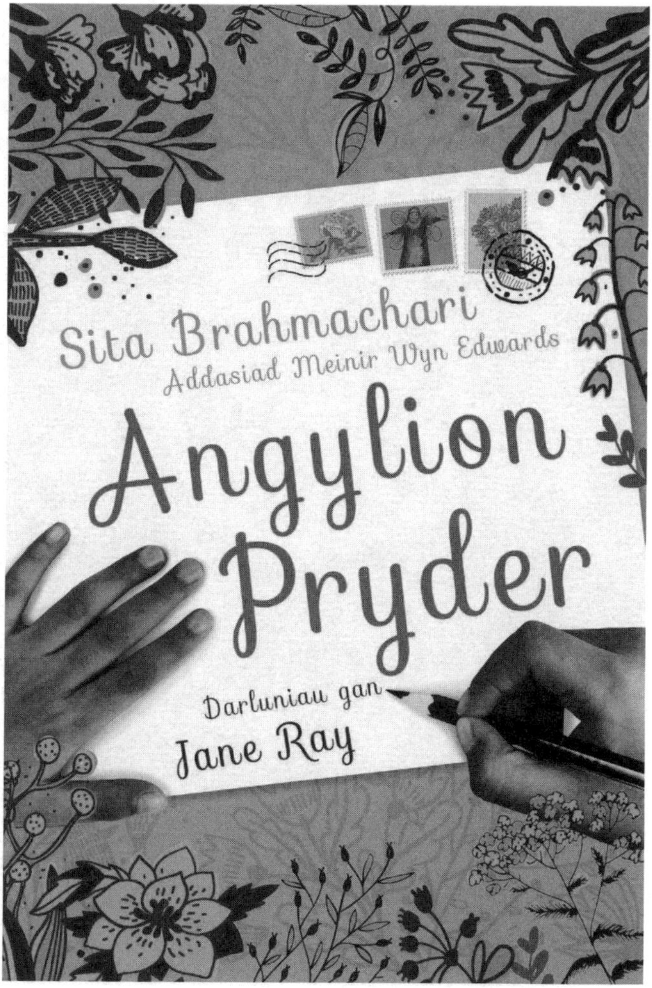

£6.99

"Nofel arallfydol ac anturus, cyflym a chyffrous, llawn rhamant a dirgelwch – stori sy'n rhaid ei darllen." Erin Evans, Ysgol Ardudwy
DISGYBLION
RHIANNON LLOYD WILLIAMS
y lolfa

£6.99

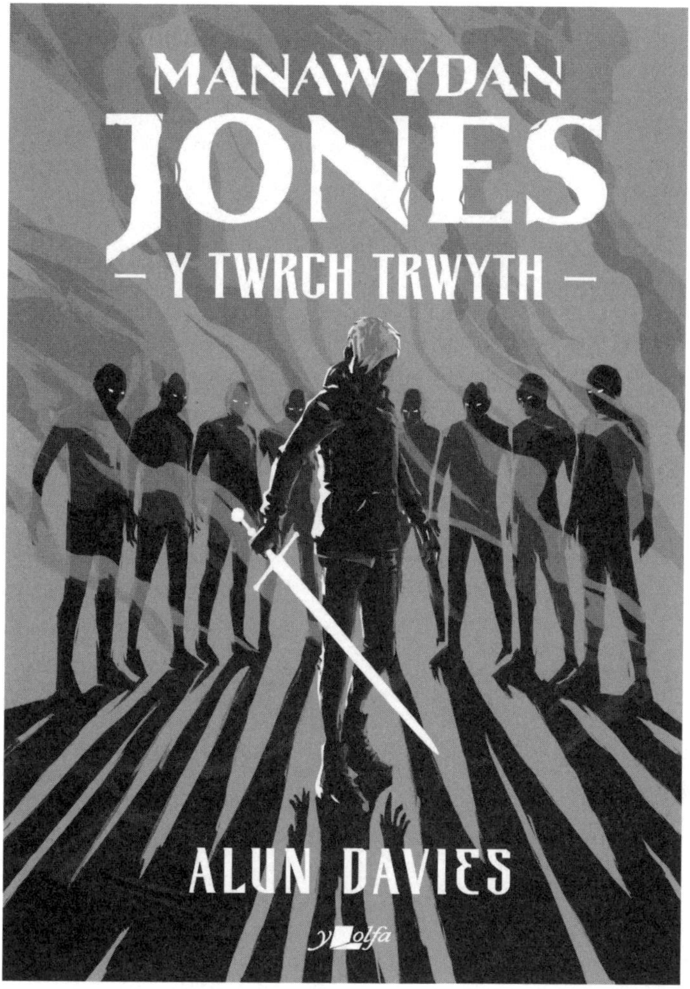

£8.99